Die Autorin

Dr. Juliane Wahren ist Professorin für Soziale Arbeit an der IU Internationale Hochschule. Ihr Forschungsinteresse gilt den Themen häusliche Gewalt, soziale Gesundheit(-sförderung), soziale Unterstützung und Digitalisierung in der Sozialen Arbeit.

Sie ist Diplom Sozialarbeiterin/-pädagogin (FH) und MA Klinische Sozialarbeit. Sie war langjährig als Projektleiterin einer Beratungsstelle für gewaltbetroffene Frauen und von Frauenzufluchtswohnungen tätig. Kontakt: jwahren@web.de.

Ausgewählte Publikationen

Wahren, J. (2016): Soziale Unterstützung für gewaltbetroffene Frauen. Neue Wege der Gesundheitsförderung. Marburg: Tectum.

Wahren, J. (2015): Klinische Sozialarbeit und Häusliche Gewalt. Neue Erkenntnisse in der Arbeit mit gewaltbetroffenen Frauen. Hamburg: Diplomica Verlag GmbH.

Juliane Wahren

Soziale Arbeit mit gewaltbetroffenen Frauen

Erklärungsmodelle, Interventionen und Kooperationen

Verlag W. Kohlhammer

Dieses Werk einschließlich aller seiner Teile ist urheberrechtlich geschützt. Jede Verwendung außerhalb der engen Grenzen des Urheberrechts ist ohne Zustimmung des Verlags unzulässig und strafbar. Das gilt insbesondere für Vervielfältigungen, Übersetzungen, Mikroverfilmungen und für die Einspeicherung und Verarbeitung in elektronischen Systemen.

Die Wiedergabe von Warenbezeichnungen, Handelsnamen und sonstigen Kennzeichen in diesem Buch berechtigt nicht zu der Annahme, dass diese von jedermann frei benutzt werden dürfen. Vielmehr kann es sich auch dann um eingetragene Warenzeichen oder sonstige geschützte Kennzeichen handeln, wenn sie nicht eigens als solche gekennzeichnet sind.

Es konnten nicht alle Rechtsinhaber von Abbildungen ermittelt werden. Sollte dem Verlag gegenüber der Nachweis der Rechtsinhaberschaft geführt werden, wird das branchenübliche Honorar nachträglich gezahlt.

Dieses Werk enthält Hinweise/Links zu externen Websites Dritter, auf deren Inhalt der Verlag keinen Einfluss hat und die der Haftung der jeweiligen Seitenanbieter oder -betreiber unterliegen. Zum Zeitpunkt der Verlinkung wurden die externen Websites auf mögliche Rechtsverstöße überprüft und dabei keine Rechtsverletzung festgestellt. Ohne konkrete Hinweise auf eine solche Rechtsverletzung ist eine permanente inhaltliche Kontrolle der verlinkten Seiten nicht zumutbar. Sollten jedoch Rechtsverletzungen bekannt werden, werden die betroffenen externen Links soweit möglich unverzüglich entfernt.

1. Auflage 2023

Alle Rechte vorbehalten
© W. Kohlhammer GmbH, Stuttgart
Gesamtherstellung: W. Kohlhammer GmbH, Heßbrühlstr. 69, 70565 Stuttgart
produktsicherheit@kohlhammer.de

Print:
ISBN 978-3-17-035737-2

E-Book-Formate:
pdf: ISBN 978-3-17-035738-9
epub: ISBN 978-3-17-035739-6

Inhalt

Einleitung 9

1 Häusliche Gewalt 12
   1.1   Entstehung 13
   1.2   Arten 20
         1.2.1   Physische Gewalt 20
         1.2.2   Psychische Gewalt 21
         1.2.3   Emotionale Gewalt 22
         1.2.4   Soziale Gewalt 22
         1.2.5   Sexuelle Gewalt 23
         1.2.6   Ökonomische Gewalt 24
   1.3   Ausmaß häuslicher Gewalt 25
   1.4   Dynamiken häuslicher Gewalt 26
         1.4.1   Der Kreislauf der Gewalt 28
         1.4.2   Trennungshemmnisse und Gründe, die eine Trennung erschweren 30
         1.4.3   Der Zusammenhang zwischen Bindungsmustern und häuslicher Gewalt 34
         1.4.4   Die vier Muster der Gewaltdynamik 37
         1.4.5   Das »Stockholm-Syndrom« 38
   1.5   Folgen häuslicher Gewalt 41
         1.5.1   Körperliche Auswirkungen 41
         1.5.2   Psychische Auswirkungen 42
         1.5.3   Psychosomatische Auswirkungen 43
         1.5.4   Gynäkologische Auswirkungen und Folgen für die reproduktive Gesundheit 44
         1.5.5   Gesundheitsgefährdende (Überlebens-)Strategien 44
         1.5.6   Soziale Auswirkungen 46
         1.5.7   Sozioökonomische Folgen 48
         1.5.8   ›Potenzierende‹ Effekte 51
         1.5.9   Folgen für die Kinder 52
   1.6   »Protektive« Faktoren 55
   1.7   Gesellschaftliche Reaktionen auf häusliche Gewalt 57
         1.7.1   Empowerment-Strategien 57
         1.7.2   Die Rolle der Massenmedien 58
         1.7.3   Gesetzliche Regelungen und ihre Wirkungen 58

	1.7.4	Krisenintervention bei häuslicher Gewalt	59
1.8		Determinanten des Hilfesuchverhaltens und Coping bei häuslicher Gewalt	60
	1.8.1	Soziodemografische Faktoren	60
	1.8.2	Gesundheitsfaktoren	68
	1.8.3	Personale und soziale Ressourcen und Barrieren	69
	1.8.4	Multiple Gewaltbiografie	80
	1.8.5	Häufigkeit und Schwere der Gewalt	83
	1.8.6	Weitere Einflussfaktoren	84

2 Soziale Arbeit mit gewaltbetroffenen Frauen — 86

2.1		Hilfebedarfe	86
2.2		Prinzipien der Sozialen Arbeit mit gewaltbetroffenen Frauen	87
2.3		Hilfeformen	100
	2.3.1	Beratung	101
	2.3.2	Unterbringung	109
	2.3.3	Kooperation, Vernetzung, Gremienarbeit	110
	2.3.4	Vermittlung von Informationen, Kenntnissen, Fähigkeiten	110
	2.3.5	Qualitätsmanagement und Projektmanagement	111
2.4		Rollenvielfalt in der Sozialen Arbeit	112
	2.4.1	Klinische Sozialarbeit mit gewaltbetroffenen Frauen	112
	2.4.2	Die Sozialarbeiterin in verschiedenen Rollen	113
2.5		Auf häusliche Gewalt spezialisierte Stellen	119
	2.5.1	Beratungsstellen	119
	2.5.2	Interventionsstellen	119
	2.5.3	Frauenzufluchtswohnungen	120
	2.5.4	Frauenhäuser	120
	2.5.5	Frauennotrufe	121

3 Handlungstheoretische und methodische Hintergründe — 122

3.1	Sozioedukation/Psychoedukation	122
3.2	Nähe-Distanz-Verhältnis	124
3.3	Selbstreflexionsfähigkeit	124
3.4	Subjektive und objektive Falleinschätzung	125
3.5	Parteilichkeit in Arbeitsweisen und Methoden	125

4 Rechtliche Grundlagen — 130

4.1	Frauenrechtskonvention	130
4.2	Zivilpakt, Sozialpakt, Kinderrechtskonvention und weitere relevante Konventionen	134
4.3	Istanbul-Konvention	136
4.4	Strafrechtliche und zivilrechtliche Schutzmöglichkeiten	139
4.5	Rechtliche Interventionsmöglichkeiten	141

5	**Intervention – Beteiligte, Kooperationspartner*innen und Aufgaben**	**144**
	5.1 Polizei	144
	5.2 Jugendamt und freie Jugendhilfe	146
	5.3 Familiengericht	148
	5.4 Staatsanwaltschaft und Strafgericht	150
	5.5 Unterstützungseinrichtungen für von Gewalt betroffene Frauen	151
	5.6 Rechtliche Rahmenbedingungen der Kooperation	151
6	**Rolle und Auftrag des Gesundheitswesens**	**153**
	6.1 Das Gesundheitswesen als Anlaufstelle bei häuslicher Gewalt	153
	6.2 Häusliche Gewalt als Krankheitsursache erkennen	154
	6.3 Berufsgruppen, die im Gesundheitswesen mit häuslicher Gewalt konfrontiert sind	155
	6.4 Was verhindert die Frage nach häuslicher Gewalt im Gesundheitswesen?	156
	6.5 Warum Gewalt anzusprechen wichtig ist	157
	6.6 Die Rolle der Aus- und Weiterbildung	158
	6.7 Inhalte von Fort- und Weiterbildungen zu häuslicher Gewalt	159
	6.8 Empfehlungen für das Vorgehen im Gesundheitsbereich	161
7	**Häusliche Gewalt und Corona**	**166**
	7.1 Risikofaktoren auf den Ebenen der Gewaltentstehung	166
	7.2 Häufigkeit/Entwicklung der Fallzahlen	170
	7.3 Maßnahmen und Empfehlungen zur Gewaltprävention unter Pandemiebedingungen	172
8	**Fazit**	**179**
9	**Fallbeispiele**	**181**
	9.1 Fallbeispiel 1: Frau S.	181
	9.2 Fallbeispiel 2: Frau U.	186
Literatur		**194**
Anhang		**208**
	I Ansprechpartner*innen/Hilfeprojekte/Kontaktdaten	208
	II Sicherheitsplan	211
	III Notfallkoffer	214
	IV Handzeichen bei häuslicher Gewalt	215

Einleitung

Häusliche Gewalt ist ein Phänomen, das weltweit existiert und unabhängig von Bildung, sozialer Lage, Einkommen, Nationalität oder Alter auftritt. Sie ist jede Form der Verletzung zwischen (Ex-)Partner*innen, die zielgerichtet erfolgt. Sie ist erlernt und die Gewaltausübenden sind vollumfänglich für ihr Verhalten verantwortlich. Häusliche Gewalt ist darauf ausgerichtet, Kontrolle über eine andere Person zu bekommen und Macht (wieder) zu erlangen. »Gewalttätiges Verhalten ist in historische und gesellschaftliche, insbesondere das Genderverhältnis betreffende Kontexte eingebunden und dient überwiegend der Stabilisierung und Erhaltung von Machtverhältnissen« (BMFSFJ 2019: 5). Beziehungsgewalt kann mit kontrollierendem Verhalten einhergehen, das schwerwiegende und lang andauernde negative Auswirkungen haben kann.

In über 80 % sind die Betroffenen Frauen. Die Weltgesundheitsorganisation (WHO) sieht häusliche Gewalt inzwischen als eines der größten Gesundheitsrisiken für Frauen weltweit an (vgl. Krug et al. 2005). Die erste repräsentative Studie zu häuslicher Gewalt gegen Frauen in Deutschland, die Prävalenzstudie, kommt zu dem Ergebnis, dass in Deutschland ein Viertel aller Frauen jemals in ihrem Leben von körperlicher und/oder sexueller Gewalt in der Partnerschaft betroffen sind (vgl. Müller/Schröttle 2004a). Bei einem Einwohnerinnenanteil von derzeit 42,2 Millionen Frauen in Deutschland sind das über 10 Millionen, die jemals im Leben häusliche Gewalt erleiden. Für psychische Gewalterfahrungen liegen die Zahlen noch höher (40 %) (vgl. ebd.). Mit dem Bewusstsein für diese Ausmaße ist es nicht verwunderlich, dass Soziale Arbeit auf häusliche Gewalt als gesellschaftliches soziales Problem reagiert. Nicht erst seit der Unterzeichnung der Frauenrechtskonvention ist der Gegenstand häusliche Gewalt in der Sozialen Arbeit präsent. In Beratungs- und Interventionsstellen, bei Frauennotrufen, in Frauenhäusern und Frauenzufluchtswohnungen sind soziale Fachkräfte tagtäglich mit dem Thema und daraus resultierendem Leid und anderen Auswirkungen konfrontiert. Auch in Arbeitsfeldern der Sozialen Arbeit, die sich nicht explizit mit häuslicher Gewalt beschäftigen sowie im medizinischen Bereich sind gewaltbetroffene Menschen zu finden. Eine Sensibilisierung zum Erkennen der Anzeichen häuslicher Gewalt ist notwendig, um frühzeitig präventiv handeln und zielgerichtete Hilfe leisten bzw. an fachspezifische Stellen vermitteln zu können.

Das Buch beginnt mit einer Einführung in das Thema häusliche Gewalt (▶ Kap. 1). Dabei werden Entstehung, Arten, Ausmaß und zugrunde liegende Dynamiken in den Blick genommen, deren Kenntnis zum Bewusstsein beiträgt, warum es so schwierig sein kann, sich aus einer gewaltgeprägten Beziehung zu lösen. Die Folgen häuslicher Gewalt sowie »protektive« Faktoren, gesellschaftliche Reaktionen auf häusliche Gewalt, Determinanten des Hilfesuchverhaltens und Coping in Fällen häuslicher Gewalt stehen zudem im ersten Kapitel im Mittelpunkt. Die theoretischen und empirischen Erkenntnisse wurden durch Beispielzitate von gewaltbetroffenen Frauen ergänzt, um deren Situation noch stärker zu verdeutlichen. Diese stammen aus Interviews, die mit den Betroffenen im Rahmen einer Studie geführt wurden (vgl. Wahren 2016). Um keine Rückschlüsse auf die Befragten zu ermöglichen, wurden die Namen geändert.

Anschließend werden im zweiten Kapitel, als Reaktion auf die Hilfebedarfe der Betroffenen, die Hilfeformen und Aufgabenbereiche der Sozialen Arbeit mit gewaltbetroffenen Frauen aufgezeigt, auf häusliche Gewalt spezialisierte Hilfeangebote vorgestellt sowie die unterschiedlichen Rollen aufgezeigt, in denen soziale Fachkräfte in diesem Handlungsfeld agieren (▶ Kap. 2). Im dritten Kapitel werden handlungstheoretische und methodische Hintergründe thematisiert, die für Sozialarbeitende in Hilfe- und Schutzeinrichtungen für gewaltbetroffene Frauen bedeutsam sind, z. B. Psycho- und Sozioedukation (▶ Kap. 3). Kapitel 4 beschäftigt sich mit rechtlichen Grundlagen und Interventionsmöglichkeiten im juristischen Bereich (▶ Kap. 4). Da Soziale Arbeit oft in Kooperation mit anderen Professionen interdisziplinär erfolgt, werden im fünften Kapitel die an Interventionen beteiligten Kooperationspartner*innen und deren Aufgaben vorgestellt (▶ Kap. 5). Häusliche Gewalt ist ein soziales Problem, das mit schwerwiegenden gesundheitlichen Beeinträchtigungen einhergehen kann. In vielen Fällen ist der Kontakt zum Gesundheitswesen aufgrund der Gewaltfolgen die erste Möglichkeit für die betroffenen Frauen Hilfe zu suchen bzw. zu bekommen. Daher sind die im Gesundheitswesen Tätigen wichtige Kooperationspartner*innen für die Anti-Gewalt-Projekte. Ein sensibles Ansprechen des Gewaltverdachts, z. B. bei dem Zahnarzt oder der Zahnärztin, dem Gynäkologen oder der Gynäkologin kann den Weg zu Schutzeinrichtungen und in ein gewaltfreies Leben ebnen. Aufgrund der Bedeutsamkeit der medizinischen Fachkräfte beim Ansprechen und Aufdecken von häuslicher Gewalt werden im sechsten Kapitel Rolle und Auftrag des Gesundheitswesens thematisiert (▶ Kap. 6).

In den letzten beiden Jahren berichteten die Medien über den Anstieg häuslicher Gewalt aufgrund der Corona-Pandemie. Inzwischen liegen erste Studienergebnisse vor, die im siebenten Kapitel Raum finden (▶ Kap. 7). Dabei werden die Fallzahlen und pandemiebedingte Risikofaktoren beleuchtet und daraus schließend Maßnahmen und Empfehlungen zur Gewaltprävention unter Pandemiebedingungen auf unterschiedlichen Ebenen aufgezeigt. Nach einem Fazit zur Sozialen Arbeit mit gewaltbetroffenen Frauen (▶ Kap. 8) wird anhand von zwei Fallbeispielen zum einen die Situation gewaltbetroffener Frauen dargestellt (▶ Kap. 9). Zum anderen wird exemplarisch das Vorgehen der Sozialen Arbeit in diesen Fällen aufgezeigt. Ein herzlicher Dank geht an die gewaltbetroffenen Frauen, die einen Einblick in ihr Leben erlauben. Auch den Mitarbeiterinnen des offensiv›91 e. V. möchte ich für das Zurverfügungstellen der beiden Fallbeispiele am Ende des Buches danken.

Im Anhang befinden sich Adressen und Kontaktinformationen von Hilfeprojekten, ein Sicherheitsplan und eine Checkliste für den Notfallkoffer, zudem die Abbildung eines Handzeichens, an dem gewaltbetroffene Frauen erkannt werden können.

Dieses Buch soll einen Beitrag zur Aufklärung über das Phänomen häusliche Gewalt gegen Frauen leisten und die Spezifika der Sozialen Arbeit mit diesen herausstellen. Es richtet sich an Fachkräfte und Studierende der Sozialen Arbeit und andere an der Thematik Interessierte.

1 Häusliche Gewalt

Häusliche Gewalt ist ein komplexes Geschehen, das schwer zu fassen ist. Wenn von Gewalt im sozialen Nahraum, familiärer Gewalt, Beziehungsgewalt oder Domestic Violence, Intimate Partner Violence im englischsprachigen Raum gesprochen wird, ist häusliche Gewalt gemeint. Die aufgeführten Begrifflichkeiten werden synonym verwendet. Wie häusliche Gewalt definiert wird, variiert je nach juristischer, polizeilicher, sozialarbeiterischer oder (sozial-)wissenschaftlicher Sichtweise.

> **Definition: Häusliche Gewalt in der Sozialen Arbeit**
>
> In der Sozialen Arbeit werden unter dem Terminus häusliche Gewalt alle Gewaltformen gefasst, die zwischen erwachsenen Personen stattfinden, die in einer nahen Beziehung stehen oder standen oder deren Beziehung sich in Auflösung befindet. Oft sind dies (ehemalige) Partnerschaften, aber auch andere Verwandtschaftsbeziehungen können zugrunde liegen (vgl. BIG o. J.). Die eigene Wohnung, die als Schutz- und Rückzugsort gelten sollte, wird zur Bedrohung für die physische und psychische Integrität und möglicherweise zur Gefahr für die Gesundheit und das eigene Leben. Das subjektive Empfinden der Betroffenen ist ausschlaggebend dafür, ob es sich um häusliche Gewalt handelt oder nicht, unabhängig davon, ob ein Straftatbestand vorliegt.

> »Unter Gewalt wird […] jede zielgerichtete Verletzung der körperlichen, seelischen und sozialen Integrität einer anderen Person verstanden. Häusliche Gewalt kann ein Muster von kontrollierendem Verhalten beinhalten, das ernsthafte und langanhaltende negative Auswirkungen auf Wohlergehen, Selbstwertgefühl, Autonomie, körperliche und seelische Gesundheit der geschädigten Person haben kann. Häusliche Gewalt beinhaltet physische, psychische, sexualisierte, soziale, emotionale und ökonomische Gewalt, Isolation, Stalking, Bedrohung und Einschüchterung« (BMFSFJ 2019: 5).

Dieses Zitat verdeutlicht, dass sich häusliche Gewalt nicht auf körperliche Gewalt reduzieren lässt, auch wenn diese Gewaltform vordergründig die deutlichsten Spuren hinterlässt. Weiterhin ist fraglich, ob jede aggressive Handlungsweise, die sich gegen (ehemalige) Beziehungspartner*innen richtet, unter den Terminus »häusliche Gewalt« fällt. Gloor und Meier (2010) unterscheiden zwischen Gewalt als spontanem Konfliktverhalten und systematischem Gewalt- und Kontrollverhalten. Manche Paare neigen in Konfliktsituationen zu physischen Aggressionen, die durch verschiedene Meinungen und Diskussionen ausgelöst werden und unter Umständen in gewalttätigem Verhalten enden. Die Gewalt tritt in diesen Paarkonstellationen nicht regelmäßig auf, wird eventuell von beiden Seiten ausgeübt und ist das Resultat eines entgleisenden Konflikts.

Abzugrenzen davon ist nach Gloor und Meier (vgl. ebd.) systematisches Gewalt- und Kontrollverhalten. Dieses setzt sich aus wiederkehrenden Einschüchterungen, Drohungen, unterdrückenden Verhaltensweisen einer Person gegen die andere Person zusammen. Ziel ist es, Macht auszuüben, den anderen zu unterwerfen und eine Atmosphäre der Angst und Kontrolle zu schaffen. Auch körperliche Gewalttaten und Einschränkungen des Gegenübers werden eingesetzt, um langfristig asymmetrische Machtverhältnisse aufzubauen und zu sichern. Die Vormachtstellung der gewalttätigen Person bestimmt die Dynamik in der Paarbeziehung. Nicht selten separieren sich in dieser Phase Freundschaften oder nahestehende Familienmitglieder, da sie die Spannungen in der Paarkonstellation nicht gutheißen, aber nicht wissen, wie sie damit umgehen bzw. der ›schwächeren‹ Person beistehen können, ohne dass diese Nachteile in der Beziehung erdulden muss. Hier ist eine klare Positionierung gegen Gewalt gefragt. Doch wie entsteht häusliche Gewalt?

1.1 Entstehung

Die Erklärung für die Entstehung häuslicher Gewalt existiert nicht. Vielmehr gibt es verschiedene Erklärungsmodelle zur Gewaltentstehung allgemein und im Besonderen im Bereich der häuslichen Gewalt. Historische Erklärungsmodelle zur Gewaltentstehung waren biologische, psychoanalytische, psychopathologische Ansätze. Biologische Ansätze gehen davon aus, dass gewalttätige Übergriffe zur Verbreitung des eigenen Erbmaterials und zur Sicherung der Art beitragen (vgl. Wascher 2013). Psychoanalytische Ansätze erklären Gewalt zwischen Menschen mit dem Todestrieb, der als eine biologisch angelegte Tendenz der Selbstzerstörung verstanden wird. Diese wird nach außen getragen und auf andere projiziert (vgl. Crain 2008). In psychopathologischen Ansätzen stehen psychische Defizite, wie Eifersucht, Depressionen, Persönlichkeitsstörungen, Suchtmittelabhängigkeiten oder andere psychische Erkrankungen bei Männern im Fokus. Sie sollen ursächlich für die Gewaltentstehung sein. Dabei wird zwischen potenziellen Opfern differenziert, da bspw. gegenüber Arbeitgeber*innen oder männlichen Bekannten keine Gewalt ausgeübt wird, sondern gegen ›schwächere‹ Personen (vgl. Wascher 2013).

Die historischen Ansätze der Gewaltentstehung wurden im Laufe der Zeit und mit Fortschreiten der Forschung weiterentwickelt bzw. ergänzt um Theorien des sozialen Lernens, feministische Ansätze, machttheoretische Ansätze, symbolisch-interaktionistische Theorien, kulturtheoretische oder sozialstrukturelle Ansätze. Oft beziehen sich diese Anschauungen auf ein zentrales, die Gewalt förderndes Phänomen. »Ursprünglich bauten die Erklärungen auf der Asymmetrie [der Macht, Anm. J. W.] bei der Ausübung dieser Form von Gewalt auf und sahen einen Zusammenhang mit der Herrschaft und Kontrolle des Mannes« (Dobash/Dobash 2002: 930). Mithilfe dieser Modelle ist es möglich, die Hintergründe der Gewaltentstehung und Ausübung zu beschreiben, allerdings bleibt unklar, warum die Gewaltausübenden oft ausschließlich im häuslichen Umfeld agieren und nicht gegenüber anderen Personen(-Gruppen) handgreiflich werden.

Modell der sozialen und erziehungsbedingten Ursachen

Exemplarisch sei zuerst ein Modell der sozialen und erziehungsbedingten Ursachen beschrieben. Die Abwesenheit der Väter in Familien aufgrund von Trennung, langen Arbeitszeiten, Montagearbeiten etc. führt nach Wascher (2013) dazu, dass Jungen männliche Rollenmodelle fehlen. Damit wächst die Bedeutung außerfamiliärer Rollenbilder. Auch in Kindergarten, Hort und Schule begegnen Kinder überwiegend weiblichen Personen mit Erziehungs- und Bildungsauftrag. Das führt dazu, dass sich Jungen auf der Suche nach der eigenen Identität an klischeehaften Rollenbildern aus den Medien oder Filmen, Superhelden und dergleichen orientieren. Sie greifen auf stereotype männliche Verhaltensweisen zurück, um ein Selbstverständnis zu etablieren, dass sich im Lösungsprozess von der Mutter herausbildet. Da positive Rollenvorbilder fehlen, orientieren sich Jungen an stereotypen Rollenbildern, die auf einer eigenen Machtposition und der Unterordnung und Abwertung von Mädchen und Frauen basieren. Patriarchal geprägte Identitäten gehen oft mit mangelnder Emotionalität einher, das bedeutet, dass Jungen ihre Gefühle nicht ausleben dürfen, um in der männlichen Welt zu bestehen (»Ein Indianer kennt keinen Schmerz«, »Jungen weinen nicht«, »Du bist doch kein Mädchen«). Die Abspaltung der eigenen Hilflosigkeit, zwischen den äußeren Männlichkeitsanforderungen und dem inneren emotionalen Erleben, führt zu aggressivem Verhalten gegen ›Schwächere‹, zur Unterordnung und Abwertung von Frauen. Dieser Prozess bietet die Grundlage für spätere Gewaltanwendung, da ein Männlichkeitsbild konstruiert wird, das auf der allgegenwärtigen Macht von Männern gegenüber Frauen gegründet ist (vgl. ebd.).

Die Erklärungsmodelle zur Gewaltentstehung überschneiden und ergänzen sich oder bauen aufeinander auf. Daher ist es Konsens in der Forschung, dass eindimensionale Erklärungsansätze für die Entstehung häuslicher Gewalt nicht ausreichen und es sich bei dieser Thematik immer um ein komplexes mehrdimensionales Geschehen handelt. Dieses fußt weder allein auf Persönlichkeitsmerkmalen des Gewalttäters noch ausschließlich auf einer gewaltlegitimierenden Gesellschaftsstruktur. Zudem beschäftigen sich die meisten Forschungsarbeiten mit Einflussfaktoren auf männliche Gewaltausübung in heterosexuellen Partnerschaften und klammern die Sicht auf gewalttätige Frauen, Gewaltausübung in homosexuellen Partnerschaften und anderen Beziehungsformen oder Einflussfaktoren auf Gewaltausübung auf Seiten der Betroffenen aus.

Neuere Gewaltentstehungstheorien, z. B. systemtheoretische oder ökologische Ansätze beziehen mehrere Risikofaktoren ein und bieten so umfassendere Erklärungen zur Gewaltentstehung. Exemplarisch wird an dieser Stelle ein ökologisches Modell der Gewaltentstehung vorgestellt.

Ökologisches Modell

Ökologische Ansätze beruhen auf der Annahme, dass die Person, die unmittelbare Umwelt und größere Kontexte (z. B. das Gesellschaftssystem) sich dauerhaft wechselseitig beeinflussen und formen (vgl. Bronfenbrenner et al. 1981). Vertreter*innen dieser Ansätze gehen davon aus, dass »die Umwelt für Verhalten und Entwicklung bedeutsam ist, wie sie wahrgenommen wird und nicht, wie sie in der ›objektiven‹ Realität sein könnte« (Bronfenbrenner et al. 1981). Dafür sind drei Schichten von Bedeutung: die unmittelbare Umgebung (Mikrosystem), die sozialen Netzwerke und Institutionen, die auf die unmittelbare Umgebung Einfluss nehmen (Mesosystem) sowie ein ideologisches System, das soziale Netzwerke, Rollen, Institutionen und Tätigkeiten mit Motiven und Bedeutungen versieht (Makrosystem) (vgl. Bronfenbrenner/Lüscher 1976). In Bezug auf Gewalt bedeutet das, dass in Gesellschaften, in denen Gewalt toleriert oder sogar legitimiert wird, das Risiko der Gewaltanwendung steigt. Zudem kann die Akzeptanz von Gewalt in sozialen Netzwerken und Institutionen die Ausübung und das Erdulden von Gewalt unterstützen. Diese Faktoren wirken zusätzlich zu persönlichen Einstellungen, Glaubenssätzen, Motiven etc., die auch gesellschaftlich geprägt werden. Eine Ausdifferenzierung der Schichten erfolgte in der Weiterentwicklung dieses ökologischen Modells. Bronfenbrenner (1990) spricht von konzentrischen, ineinander gebetteten Strukturen und benennt diese als Mikro-, Meso-, Makro-, Chrono- und Exosystem. Die Mikro-, die Meso- und die Makroebene wurden oben bereits vorgestellt. Mit dem Chronosystem ist die zeitliche Dimension gemeint, in der sich ein Individuum oder seine Umwelt wandeln bzw. nicht verändern. Das Chronosystem kann zum einen die Veränderung der Position in der Umwelt, einen Übergang bezeichnen, z. B. durch eine Veränderung der Rolle oder des Lebensbereiches. Dazu zählen bspw. der Wechsel der beruflichen Rolle beim Eintritt ins Rentenalter oder bei Arbeitsplatzverlust, Umzug, Eheschließung, Scheidung oder längere Erkrankung. Zum anderen beschreibt Bronfenbrenner (vgl. ebd.) eine Kette von Übergängen über einen langen Zeitraum als zweite Form des Chronosystems. Diese hat Einfluss auf funktionierende soziale Beziehungen. Die Familie als ökologische Nische soll der Verbesserung der Lernbedingungen und der Herstellung von Lebensqualität dienen und somit gelingende Sozialisation ermöglichen. Werden Lebensübergänge nicht (erfolgreich) bewältigt oder tritt eine Aneinanderreihung von Übergängen über eine lange Zeit auf, erhöht sich das Risiko der Gewaltentstehung in der Familie.

Das Exosystem wird bestimmt durch einen Lebensbereich, in dem Ereignisse stattfinden, die nicht unmittelbar mit der fokussierten Person in Verbindung stehen, aber sich auf den Lebensbereich dieser Person auswirken wie z. B. Unfall eines Kindes, Arbeitsveränderung des Partners oder der Partnerin. Der ökologische Ansatz der Gewaltentstehung bezieht sich auf Gewalt allgemein. Von Dutton (1985, 1988) wurde dieser in Bezug auf häusliche Gewalt gegen Frauen weiterentwickelt. Über den beschriebenen ökologischen Ansatz der Gewaltentstehung hinausgehend bezieht er die ontogenetische Entwicklung, z. B. Kindheitserfahrungen des Gewaltausübenden als Zeuge oder direkt Betroffener von Gewalt, das Empfinden und den Umgang mit Stress, erlernte Fähigkeiten, Empathie, verbale Fertigkeiten, emotionale Reaktionen und das Gewissen, dass eine Person ausgeprägt hat in den Erklärungsansatz ein (vgl. Dutton 1988). Die ontogenetische Entwicklung bezieht sich also auf Faktoren, die der*die Gewaltausübende im Verlauf eines Lebens erworben bzw. erfahren hat. Diese sind eingebettet in das Mikrosystem. Als Mikrosystem werden die familiäre Situation, die Kommunikationsmuster innerhalb dieser und die damit verbundenen Machtressourcen gesehen. Wechselwirkungen zwischen der ontogenetischen Ebene und der Mikrosystemebene treten auf, wenn die Reaktion auf bzw. der Umgang mit familiären Konflikten ontogenetisch erlernt wurden (vgl. ebd.).

Als dritte Ebene beschreibt Dutton das Exosystem, das (in-)formelle Strukturen z. B. Isolation und Stress beinhaltet, die auf das Mikrosystem einwirken. »[J]ob stress, unemployment and the presence or absence of social support systems, [...] low income, [...] and part-time-employment were also related to violence against spouses« (Dutton 1988: 53). Bedingungen auf der Ebene des Exosystems korrespondieren mit ontogenetischen und Mikrosystemfaktoren. Beispielsweise führt fehlende soziale Unterstützung nicht zwangsläufig zu gewalttätigem Verhalten, aber das Risiko für Gewalttätigkeiten kann steigen in Familien mit dysfunktionalen Interaktionsweisen bzw. bei Personen, die nicht über adäquate Stressbewältigungsstrategien verfügen und mit erhöhter Gewaltbereitschaft reagieren.

Dutton (vgl. ebd.) benennt die vierte Stufe des Systems als Makrosystem. Dieses basiert auf kulturellen Werten und Überzeugungsmustern. Häufig tragen rechtliche Bestimmungen und soziale Dienstleistungen zum Fortbestehen von Gewalt bei, z. B. durch aufenthaltsrechtliche Bedingungen oder fehlende Verurteilung der Gewalt: »the use of physical violence in families has been condoned by both social services and the criminal justice system, often locking women into brutal marriages« (Dutton 1985: 406). Wird in einer Kultur Gewalt als legitimes Kontroll- und Disziplinierungsmittel des Mannes gegenüber der Frau toleriert oder sogar propagiert, steigt die Gefahr der Ausübung häuslicher Gewalt.

Treten Risikofaktoren auf unterschiedlichen Ebenen auf, potenziert sich das Risiko der Gewaltentstehung. Im Vergleich zu Bronfenbrenners Ansatz kommen das Meso- und das Chronosystem bei Dutton nicht zur Anwendung.

Auch im »World Report on Violence and Health« (vgl. Krug et al. 2002a) wird die Entstehung von Gewalt durch ein ökologisches Modell erklärt. Da häusliche Gewalt ein individuelles und vielschichtiges Phänomen ist, das nicht durch einfache Ursache-Wirkungs-Zusammenhänge erklärt werden kann, bieten sich ökologische Ansätze zur Beschreibung der Gewaltentstehung auf diversen Ebenen und aus unterschiedlichen Perspektiven an. Faktoren, die das Risiko für die Entstehung häuslicher Gewalt erhöhen können, sind auf der gesellschaftlichen, sozialen, kulturellen, ethischen, biologischen, wirtschaftlichen und politischen Ebene beheimatet (▶ Abb. 1; vgl. Krug et al. 2002a: 12). Sie stehen in wechselseitigem Einfluss.

Auf der ersten Ebene werden biologische und Faktoren aus der Persönlichkeitsgeschichte verortet, die dafür verantwortlich sind, wie sich Personen verhalten und

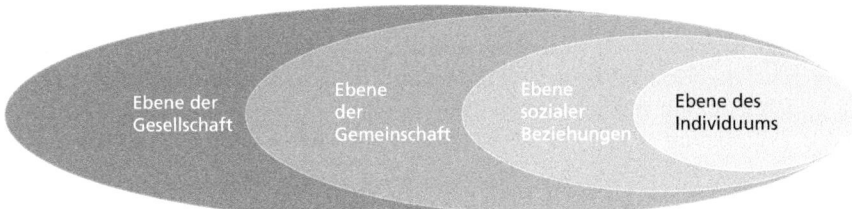

Abb. 1: Ökologisches Modell der Gewaltentstehung

ob sie Risiken in sich tragen Täter*in oder Opfer von Gewalt zu werden. Beispiele dafür sind demografische Merkmale (Alter, Bildung, Einkommen), psychische oder Persönlichkeitsstörungen, häufiges aggressives Verhalten, Missbrauchserfahrungen oder Substanzmissbrauch (vgl. ebd.).

Beispiel

Frau Gardner wuchs bei Adoptiveltern und im Kinderheim auf, wo sie als Kind körperliche und sexuelle Gewalt durch die Adoptiveltern sowie Gewalt der Adoptiveltern untereinander erfahren hatte. Mit 29 Jahren wendet sie sich mit ihren zwei Kindern an eine Beratungsstelle für gewaltbetroffenen Frauen, da ihr Partner und Vater des jüngeren Kindes massive psychische, emotionale und soziale Gewalt gegen sie und die ältere Tochter ausübt. Zu dieser Zeit ist Frau Gardner arbeitslos und bezieht Arbeitslosengeld II.

Auf der zweiten Ebene werden enge Beziehungen wie die zu Familie, zu Freundschaften, intimen Beziehungen oder Peers betrachtet und deren Einfluss darauf, wie sie das Risiko der Gewaltentstehung erhöhen.

> »Frauen, die in Kindheit und Jugend körperliche Auseinandersetzungen zwischen den Eltern miterlebt haben, haben später mehr als doppelt so häufig selbst Gewalt durch (Ex-) Partner erlitten, wie Frauen, die keine körperlichen Auseinandersetzungen zwischen den Eltern erlebt haben (47 % vs. 21 %)« (Müller/Schröttle 2004b: 21).

In der Arbeit mit gewaltbetroffenen Frauen berichteten einige, dass sie sich früh in Beziehungen geflüchtet haben, risikoreiche Beziehungen eingegangen sind oder frühzeitig zum Partner gezogen sind, um der elterlichen Gewalt zu entfliehen. Aber auch das Ignorieren oder Kleinreden der Gewalt durch Freundschaften oder Familienangehörige, wenn die Betroffenen sich offenbaren, kann zum Verbleib in der gewaltbelasteten Beziehung und zur längeren Gewaltduldung führen.

Beispiel

Frau Gardner verfügt außer zu ihrem Bruder über keine sozialen Kontakte. Freund*innen haben sich entweder abgewandt, da sie die Abwertung von Frau Gardner durch ihren Mann nicht länger ertragen haben bzw. hat sich Frau Gardner aus freundschaftlichen Beziehungen zurückgezogen, weil sie sich für das Verhalten ihres Mannes schämt bzw. dieser ihre Freund*innen schlechtredet und ihr verbietet zu diesen Kontakt aufzunehmen. »Keiner konnte den leiden und ich habe halt ganz oft zu hören bekommen: ›Du, wenn wir uns treffen wollen, kommst du her, aber da komme ich nicht mehr hin.‹ Genauso meine Eltern, die …. Ich kann nur noch zu meinen Eltern fahren, […] sie haben auch gesagt: ›In diese Wohnung gehen wir nicht mehr, wir wollen ihn nicht sehen‹« (Frau Gardner I: 98).

Teilweise drohen Mitglieder der Herkunftsfamilien die Frauen zu verstoßen, wenn sie sich von ihrem Partner trennen, oder halten sie mit körperlicher oder sozialer Gewalt (z. B. durch Freiheitsberaubung, Überwachung, Isolation) davon ab. Auch dadurch erhöht sich das Risiko für die Betroffenen erneut Gewalt durch den Partner zu erfahren. Bei Frauen, die sich trotz der Missbilligung der Trennung durch Familie oder Freund*innen von ihrem gewalttätigen Partner trennen, steigt das Risiko der Isolation.

Beispiel

Frau Zolbayar bemerkt nach der Trennung von ihrem Partner, dass sich Verwandte nicht mehr um sie kümmern. »Die sind halt nie so richtig da, wenn ich die brauche oder so« (Frau Zolbayar I: 114). Freundschaftliche Kontakte ziehen sich nach der Trennung zurück »Also am Anfang haben die mir noch Unterstützung ja und danach sind die immer weiter weg geh…. Also haben immer mehr Abstand von mir genommen, warum auch immer« (ebd.: 134).

Auf der dritten Ebene sind die gemeinschaftlichen Kontexte angesiedelt, in denen soziale Beziehungen stattfinden. Kindergärten, Schulen, Nachbarschaften, Vereine, Betriebe oder andere Arbeitsstätten sind Beispiele dafür. Auch aus diesen beziehungsstiftenden Umfeldern können Risikofaktoren für Gewaltentstehung resultieren, z. B. häufige Umzüge der Bevölkerung in der Nachbarschaft, eine hohe Arbeitslosenrate im Viertel, lokaler Drogenhandel oder eine hohe Bevölkerungsdichte (vgl. Krug et al. 2002a). Sozioökonomische Fehlbedarfs- oder Mangellagen, die mit benachteiligenden Lebens- und Arbeitsbedingungen einhergehen sowie die Einbindung in institutionelle Settings (z. B. Bezug von staatlichen Unterstützungsleistungen), die Abhängigkeiten mit sich bringen, erhöhen das Gewaltrisiko auf dieser Ebene (vgl. Hornberg et al. 2008). »Gewalt könnte aber auch das Ergebnis anderer mit Armut einhergehender Faktoren sein, beispielsweise durch beengte Wohnverhältnisse« (Krug et al. 2003: 21).

Beispiel

Frau Gardner erlebt die Zufluchtswohnung als Belastung aufgrund der beengten Wohnsituation »Sechs Kinder in einer Drei-Zimmer-Wohnung, das belastet auch extrem – bin eigentlich nur auf der Flucht, ganz ehrlich. […] wha, nee, ich mag Kinder wirklich, aber sechs? Vor allem willst du kochen, da sitzt eines neben dir auf dem Mülleimer, eines steht vor dem Herd und wha…. Also das belastet extrem. […] Ich hatte gehofft, dass ich ein bisschen zur Ruhe kommen kann. […]

das ist halt im Moment schon .... krass [...] Diese Lautstärke, diese permanente Lautstärke, dieses Gewusel« (Frau Gardner I: 53–57). Die beengten und unruhigen Zustände führen bei Frau Gardner dazu, dass sie in die gewaltgeprägte Situation zurückkehrt.

Auf der vierten Ebene werden die vielfältigen gesellschaftlichen Bedingungen abgebildet, die zu einem gewaltfördernden Klima beitragen. Dazu zählen die Verfügbarkeit von Waffen sowie gesellschaftliche Normen und Werte. Diese wirken gewaltfördernd, z. B. wenn Elternrechte den Vorrang vor Kinderrechten haben, wenn suizidale Handlungen als freie Wahl der Person statt als vermeidbare Gewalthandlung gesehen werden, wenn die Herrschaft von Männern über Frauen und Kinder legitimiert ist, wenn der Einsatz massiver Polizeigewalt gegen Bürger*innen oder politische Konflikte (z. B. in Krisen- oder Kriegsgebieten) unterstützt werden (vgl. Krug et al. 2002a). In Ländern, die männliche Dominanz billigen, in denen große Statusunterschiede zwischen Frauen und Männern, traditionelle Rollenverteilungen und religiöse Vorstellungen vorherrschen und Gewalt als ein legitimes Konfliktlösungsmittel angesehen wird, fallen die Raten häuslicher Gewalt höher aus im Vergleich zu Gesellschaften, die diese Merkmale nicht aufweisen (vgl. Krug et al. 2002b).

Beispiel

»Er wollte nicht, dass ich rausgehe, er wollte nicht, dass wir in einem Café sitzen. Er wollte nicht... er wollte, dass ich Kopftuch trage, er wollte, dass ich lange Sachen anziehe, dass ich nicht weg... nichts. [...] *Er* war nie für uns da. Er ist immer nach Hause gekommen, da waren die Kinder schon im Bett. Ja und äh... er hat immer mein Geld genommen, das ich vom Amt bekommen habe hier. Hat das immer nach dem Libanon geschickt für seine Familie. Hat Häuser dort gebaut« (Frau Juvier I: 7).

Die vier Ebenen sind ineinander verschachtelt, durchdringen und beeinflussen sich gegenseitig, wobei sich die Faktoren unterschiedlicher Ebenen potenzieren, wodurch das Gewaltrisiko steigt. Das ökologische Modell soll dazu beitragen, ein Bewusstsein für die Komplexität der Gewaltentstehung zu schaffen, Gewaltursachen auf unterschiedlichen Ebenen (Person und Umwelt) und deren gegenseitige Beeinflussung aufzeigen. In der Arbeit mit gewaltbetroffenen Frauen kann auf diesen wissenschaftlichen Erkenntnissen aufgebaut werden. Präventions- bzw. Interventionsmaßnahmen sollten sowohl auf der individuellen Ebene (Verhaltensprävention) als auch an der Umwelt (Verhältnisprävention) ansetzen. Beispiele für die Verhaltensprävention sind das Bereithalten von Schutzunterkünften in Frauenhäusern und Zufluchtswohnungen, Beratungsstellen für gewaltbetroffene Frauen* oder Männer*, Anti-Aggressions-Training, Selbstverteidigungskurse etc.

Die Verhältnisprävention sollte schon möglichst früh ansetzen, z. B. mit Projekttagen oder Workshops zum Thema häusliche Gewalt in Kindergärten, Schulen und Betrieben. Mithilfe von Kampagnen und Aktionen kann Einfluss auf die Politik und Gesetzgebung ausgeübt werden. Durch Flyer, Notfallkarten und Werbespots wird der Fokus auf das Thema häusliche Gewalt gelegt und so zur Enttabuisierung beigetragen. Die eindeutige Verurteilung von häuslicher Gewalt in der Öffentlichkeit und die Betonung der gleichen Rechte für Männer* und Frauen* sollen auf der gesellschaftlichen Ebene ein Zeichen setzen, dass Gewaltanwendung nicht legitim ist und die Betroffenen zum Aufsuchen von Beratungs-/Hilfeangeboten ermutigen. Denn

> »Frauen sind der Misshandlung durch ihren Intimpartner besonders in Gesellschaften ausgesetzt, in denen zwischen Männern und Frauen deutliche Ungleichheit herrscht, die Geschlechterrollen streng festliegen, kulturelle Normen unabhängig von den Gefühlen der Frau das Recht des Mannes auf ehelichen Geschlechtsverkehr unterstützen und dieses Verhalten gesellschaftlich nur geringfügig geahndet wird« (Krug et al. 2003: 21).

1.2 Arten

Die Arten häuslicher Gewalt sind vielfältig und variieren je nachdem, welche Institution in Forschung oder Praxis in welchem Land die Definition vornimmt. Allen Gewaltformen ist gemein, dass sie als Mittel eingesetzt werden, um Macht und Kontrolle gegenüber einer anderen Person auszuüben. Meist werden körperliche, psychische und sexuelle Gewaltarten unterschieden. Diese werden bei anderen Autor*innen (z. B. vgl. Gabriel 2004) um emotionale, soziale und finanzielle Gewalt ergänzt.

1.2.1 Physische Gewalt

Zu den Arten physischer Gewalt zählen alle Gewaltarten, die körperliche Schädigungen bis hin zum Tod nach sich ziehen können, z. B. Schläge, an den Haaren ziehen, boxen, treten, stoßen, mit Gegenständen bewerfen. Auch jemand mit Fäusten zu prügeln, Schlaf- und Essensentzug, den Kopf gegen die Wand schlagen, Verbrennungen, Quetschungen, Schnitte, Gewalt unter Anwendung von Gegenständen, Hieb-, Schuss- und Stichwaffen bis hin zum Mord(-Versuch) werden zu den physischen Gewaltarten gerechnet (vgl. Lamnek et al. 2013). Mit Bezug auf Nunner-Winkler (2004) bezeichnen Lamnek et al. (vgl. ebd.) körperliche Gewalt als prototypisch monologisches Phänomen, dass vom Täter oder von der Täterin allein vollzogen werden kann. Dagegen wird psychische Gewalt als interaktive Handlung verstanden, dass die Mitwirkung der*des Betroffenen benötigt, um erfolgreich für den*die Täter*in zu sein (vgl. ebd.). Oft wird zwischen leichten und schweren Formen physischer Gewalt unterschieden. Bei ersteren handelt es sich um teilweise gesellschaftlich tolerierte Formen der Gewaltausübung wie z. B. leichtere Ohrfeigen. Schwere Formen der Gewaltausübung werden wesentlich weniger toleriert und teilweise strafrechtlich verfolgt. Die vom Bundeskriminalamt (BKA) in der polizeilichen Kriminalstatistik zur Partnerschaftsgewalt aufgeführten Delikte zur körperlichen Gewalt umfassen die Kategorien Mord und Totschlag, gefährliche Körperverletzung, schwere Körperverletzung, Körperverletzung mit Todesfolge und vorsätzliche einfache Körperverletzung (vgl. Bundeskriminalamt 2018).

Beispiel

»Und da hat er dann seine Körperverletzung an mir ausgelassen und dann hat er mich geärgert gehabt und meinte, er hat sich mein Auto geholt und daraufhin habe ich die Polizei gerufen. Die wollten wissen, warum ich so eigenartig aussehe. Ein Teller bunter Knete war ja nun ein Scheißdreck gegen mich. Und da hat mein Sohn zu ihm gesagt, na der hat meine Mutter geschlagen« (Frau Pusmeier I: 637–641).

In der Praxis lassen sich die Gewaltarten häufig nicht eindeutig voneinander trennen, da körperliche Gewalt in unterschiedlichen Schweregraden oft in Verbindung mit psychischen Gewaltarten ausgeführt wird.

1.2.2 Psychische Gewalt

Unter psychischer Gewalt werden Handlungen zusammengefasst, die das Ziel verfolgen, den Betroffenen Angst einzuflößen und Druck aufzubauen. Das können das Aussprechen oder Ausführen von Drohungen, Beschuldigungen, Beleidigungen, Einschüchterungen sein. Darüber hinaus zählen Mobbing, Auflauern, Einsperren, Aussperren, durch Gesten, Handlungen oder Blicke Angst einflößen oder die Zerstörung des Eigentums der Person zu psychischen Gewaltarten (vgl. Weingartner 2010). In der langjährigen Arbeit mit gewaltbetroffenen Frauen wurde deutlich, dass diese Art der Gewalt von vielen Frauen als die schwerwiegendste Form mit den langfristigsten gesundheitlichen Folgen wahrgenommen wird.

»Die ›Narben‹, die sie [psychische Gewalthandlungen, Anm. J. W.] hinterlassen, sind nicht seltener gravierender und nachhaltiger als bei physischen Übergriffen und werden auch von den Betroffenen nicht selten als schwerwiegender empfunden« (Lamnek et al. 2013: 115).

In der polizeilichen Kriminalstatistik (PKS) werden die Tatbestände Freiheitsberaubung, Bedrohung, Stalking und Nötigung als Formen psychischer Gewalt erfasst (vgl. Bundeskriminalamt 2018). Zusätzlich werden Beleidigung und Verleumdung erwähnt, aber nicht in der PKS berücksichtigt.

Beispiel

»Oder wo ich für ihn gekocht habe. Essen hat ihm nicht geschmeckt. Hat er mir ins Gesicht geworfen. Und statt danke zu sagen. Egal, ob ihm mein Essen gut geworden ist, ich war damals noch jung, oder nicht gut. Sollte er mir doch was sagen halt, ja, dieses Mal war nicht so, mach das nächstes Mal besser. Nein, er hat es einfach in mein Gesicht geschmissen« (Frau Juvier I: 54–57).

Emotionale und soziale Gewalt werden in der Fachliteratur teilweise unter den Terminus psychische Gewalt subsummiert, sollen der Vollständigkeit halber hier abgegrenzt beschrieben werden.

1.2.3 Emotionale Gewalt

Emotionale Gewalt bezeichnet alle Handlungen, die die Gefühle des Gegenübers verletzen. Beispielsweise das Bloßstellen oder Lächerlich-Machen in der Öffentlichkeit, Schuldzuweisungen, die Person für verrückt, dumm, krank etc. zu erklären, das Isolieren oder das Ignorieren der Person werden als emotionale Gewalthandlungen verstanden. Ergänzend seien die Kontrolle jedes Schrittes, von Handlungen und sozialen Kontakten der Person, die Drohung, die Kinder wegzunehmen, vorsätzlich widersprüchliche Handlungen oder die mutwillige Zerstörung von Dingen, die großen emotionalen Wert haben (z. B. Fotos), genannt (vgl. Gabriel 2004). Ziel emotionaler Gewaltanwendung ist die Kontrolle aller Lebensbereiche bis hin zur vollständigen Verweigerung der Anerkennung des Gegenübers als eigenständige Person. »Auch die Androhung, Dritte zu verletzen (Verwandte, Haustiere) wird eingesetzt, um den eigenen Willen durchzusetzen« (Lamnek et al. 2013: 115).

Beispiel

»[W]enn Streit war oder sonst was, hat er die Tür abgeschlossen, den Schlüssel abgezogen, mich ins Schlafzimmer geschubst, Handy weggenommen und eingeschlossen und hat mir meinen Hund weggenommen, weil er weiß, ich hänge an dem Tier unwahrscheinlich, und hat die weggesperrt und hat die Hunde vor mir getreten« (Frau Pusmeier I: 127–131).

1.2.4 Soziale Gewalt

Unter sozialer Gewalt werden alle Gewaltformen zusammengefasst, die sich auf soziale Kontakte einer Person beziehen. Durch die Abwertung der Person in der Öffentlichkeit, am Arbeitsplatz, in freundschaftlichen Kontakten und anderen Zusammenhängen werden langfristig Kontakte eingeschränkt und die Betroffene isoliert. Weitere Ausdrucksformen dieser Gewaltart sind die alleinige Beanspruchung der Entscheidungsmacht für alle (schwerwiegenden) Entscheidungen für die Partnerin oder die Familie, die Herabwürdigung der Person als ›Bedienstete‹, die Einschränkung und Kontrolle aller sozialen Kontakte. Zudem kann der Einsatz der Kinder als Druckmittel zur Durchsetzung des eigenen Willens als soziale Gewalt gewertet werden (vgl. Gabriel 2004; Gloor/Meier 2007; Mark 2006).

Beispiel

»Und äh.. ich bin hierher [Frauenzufluchtswohnung, Anm. J. W.] gekommen, weil mein Mann oder Ex-Mann mich bedroht, mir die Kinder wegzunehmen. Und er hat auch seine Familie auf mich losgelassen. Dann mich … also wir sind halt islamisch verheiratet. Ich war 14 als ich geheiratet habe. Und wir haben miteinander fast sieben Jahre zusammengelebt. Und er war ... ich war 14, er war 28 ... Ja, ich bin hier mit sieben nach Deutschland gekommen, er ist mit 27, 28 nach Deutschland gekommen. Er kommt aus einem Dorf und seine ganzen Gedanken, sein ganzer Kopf ist also halt anders als bei mir. Er hat also halt sein Leben gelebt und er wollte nur eine Frau zu Hause haben, die Kinder zur Welt bringt, kocht und putzt und ... ich durfte keine Freunde haben, ich durfte nicht raus, ich durfte gar nichts. Ich durfte nur zu Hause bleiben, putzen, kochen, Kinder kriegen« (Frau Juvier I: 12–18).

1.2.5 Sexuelle Gewalt

Der Terminus sexuelle Gewalt bezeichnet alle sexuellen Handlungen, die mit Drohungen oder Gewalt erzwungen werden. Dabei spielt es keine Rolle, ob die Betroffene unter Zwang die sexuelle Handlung an sich geschehen lässt oder dazu gedrängt wird sexuelle Handlungen gegen ihren Willen an anderen auszuführen. Auch Handlungen, die gegen das Recht auf sexuelle Selbstbestimmung verstoßen und gegen den Willen einer Person erfolgen, zählen zu sexuellen Gewalthandlungen (vgl. Mark 2006). Diese können sowohl mit Körperkontakt, z. B. Vergewaltigung, sexuelle Nötigung, Zwang zur Prostitution, als auch ohne Körperkontakt stattfinden, bspw. durch Exhibitionismus, sexuelle Beschämung oder sexuelle Witze.

In der polizeilichen Kriminalstatistik werden als Delikte sexueller Gewalt sexuelle Übergriffe, Vergewaltigung und sexuelle Nötigung erfasst, 2017 wurden Zuhälterei und Zwangsprostitution als neue Kategorien ergänzt (vgl. Bundeskriminalamt 2018).

Beispiel I

»Am Ende hatte ich auch keine Lust mit ihm auch ... ähm .... Geschlechtsverkehr. Und er wollte unbedingt. Ich habe immer gesagt: ›Ich habe keine Lust. Ich will nicht.‹ Er hat immer gesagt: ›Das dauert nur fünf Minuten. Da geht das ganz schnell.‹ […] Ja, er hat so mit mir, obwohl ich das nicht wollte. Er hat mit mir geschlafen. Hauptsache er hat seinen Spaß und das wars. Und hat mich dann heulen gelassen und ich musste Kopftuch tragen« (Frau Juvier I: 70–77).

Beispiel II

»Migräne, meine Tage konnte ich ja nun nicht mehr kriegen, also nee. Naja, die Wehwehchen die man dann so kriegt. Um Gottes Willen, dann kommt der mit ins Bett. (leise) Und wenn du nichts gemacht hast, dann haste auch Ärger gekriegt. Also hinhalten. Schön. Und das brauchte ich nicht mehr [in der Schutzunterkunft, Anm. J. W.]. (laut) ›Das brauch ich nicht mehr‹. Seitdem geht's mir gut. Scheiß Kerl. (lacht) Na, das ist doch so. Ich weiß noch, wie meine Anwältin mich gefragt hat, ›Sind Sie vergewaltigt worden?‹ Na, ich weiß das nicht, wie man das ausdrückt, wenn man hinhalten muss, ist eigentlich dem Selbigen, aber beweise das mal vor Gericht. Mein Gott! Da bist du froh, wenn du draußen bist und das nicht mehr machen musst und dann [ist] die Sache für dich erledigt« (Frau Pusmeier II: 420–429).

1.2.6 Ökonomische Gewalt

Von ökonomischer Gewalt ist dann die Rede, wenn eine Person nicht frei über ihre finanziellen Ressourcen verfügen kann. Dazu zählen bspw. das Vorenthalten von Transferleistungen, von Erspartem und Arbeitslohn, das Zuteilen von (›Taschen‹-) Geld, das Verbot oder der Zwang zu arbeiten, die Überwachung der Ausgaben oder riskante finanzielle Unternehmungen durch den Partner. Ziel dieser Gewaltform ist die Herstellung bzw. Aufrechterhaltung finanzieller Abhängigkeit, die bspw. eine Herauslösung aus der Beziehung erheblich erschwert. Häufig sind (Ehe-)Frauen durch die Verschuldung des Partners mitbetroffen, da sie gemeinsam für Mietschulden, Telefonkosten, Schulden aus Kredit- und Ratenkäufen etc. haften. Das Bundeskriminalamt nahm für das Jahr 2017 die Verletzung der Unterhaltspflicht nach § 170 StGB in die kriminalstatistische Auswertung zur Partnerschaftsgewalt auf (vgl. Bundeskriminalamt 2018).

Beispiel

»[N]aja o.k. ich habe noch nicht mal Taschengeld bekommen und ich finde, permanent um das Geld betteln zu müssen irgendwo, weiß ich nur dass ich letztes Jahr vom Februar bis September krankgeschrieben war, wegen meinem Knie. Er brauchte dadurch für mich keine Krankenkasse zu zahlen, er brauchte keinen Lohn zahlen, hat für mich 890 Euro Krankengeld bekommen und hat mich trotzdem, ich sag's jetzt mal krass, wie eine Bordsteinschwalbe arbeiten geschickt« (Frau Pusmeier I: 250–256).

Das Ineinandergreifen der verschiedenen Arten der Gewalt lässt sich am Beispiel von Frau Gardner gut demonstrieren.

Beispiel

»Na, ähm ... Ich habe halt nichts zu sagen gehabt, bin auch nie zu Wort gekommen oder halt immer unterbrochen, wenn ich was gesagt habe und halt ... es musste nach seiner Nase gehen, sonst war halt schlecht Wetter. Also, sonst ... ich musste halt komplett eigentlich machen, was er wollte, sonst gab's halt regelrecht Krieg. Und wenn ich halt in Stresssituationen von ihm weg wollte, halt mal auch ins Nebenzimmer oder so, dass da Ruhe reinkommt, ist er dann hinterher, hat die Türen ausgehängt oder wenn ich telefoniert habe, einfach das Telefon (Telefon stark betont) abgezogen oder wenn ich am Internet saß, das Modem (auch stark betont) rausgerissen oder ja, halt auch dermaßen gebrüllt, dass die Nachbarn die Polizei gerufen haben (lacht). Ja, so war es halt. Und halt Gegenstände ... Also an Gegenständen hat er sich ständig vergriffen. Also nicht an mir; dass er mal versucht, da habe ich mich zur Wehr gesetzt, und das Ding auch echt gewonnen (lacht). Ähm, aber halt naja ... Türen. Also wir haben keine heile Tür mehr in der Wohnung gehabt, zum Schluss und halt auch sonst, also überall gegengetreten und ja ... und halt erpresst mit der Kleinen; hat immer versucht mit der Kleinen zu erpressen« (I: 37–51).

1.3 Ausmaß häuslicher Gewalt

Häusliche Gewalt ist ein gesamtgesellschaftliches Phänomen, das alle sozialen Schichten durchzieht und unabhängig von Einkommen, Bildung, Herkunftsmilieu auftritt. Ca. 81 % der Betroffenen sind Frauen (vgl. Bundeskriminalamt 2021). »Die Anzahl weiblicher Opfer hat im Vergleich zum Vorjahr erneut zugenommen (2016: 108.956; 2017: 113.96588; 2018: 114.393; 2019: 114.903; 2020: 119.164 weibliche Opfer)« (ebd.). Im Jahr 2020 haben 148.031 Personen Anzeige aufgrund von häuslicher Gewalt erstattet, davon 119.164 Frauen (vgl. ebd.).

> »Aus der kriminalstatistischen Auswertung der Daten zur Partnerschaftsgewalt kann geschlossen werden, dass das Phänomen in Deutschland in den letzten Jahren an Bedeutung gewonnen hat. Dafür spricht, dass die erfasste Opferzahl in den letzten fünf Jahren insgesamt um 11,2 % (2016: 133.080; 2017: 138.8937; 2018: 140.755; 2019: 141.792; 2020: 148.031) angestiegen ist« (ebd.).

Im Vergleich zum Vorjahr stieg die Anzahl der weiblichen Opfer häuslicher Gewalt um 3,7 % (vgl. Bundeskriminalamt 2021).

Zu den Delikten häuslicher Gewalt zählten vorsätzliche einfache Körperverletzung, Bedrohung, gefährliche Körperverletzung, Stalking und Nötigung, Freiheitsberaubung sowie Mord und Totschlag. 139 Frauen wurden im Jahr 2020 getötet (vgl. ebd.). Durch die EU-weite Erhebung zu Gewalt gegen Frauen wurde erfasst, dass zwei Drittel der Frauen mit Erfahrungen häuslicher Gewalt schwere oder sehr schwere körperliche und/oder sexuelle Gewalt erfahren haben (vgl. FRA 2014). Damit ist nicht nur das Ausmaß, sondern auch die Schwere der Taten alarmierend. Etwa die Hälfte (51,2 %) der Tatverdächtigen lebte mit den Betroffenen im gemeinsamen Haushalt, bei 51,3 % davon handelte es sich um den Ehepartner, bei 36,1 % um den Partner in einer nichtehelichen Lebensgemeinschaft (vgl. Bundeskriminalamt 2021). Das eigene Zuhause, das einen sicheren Rückzugs- und Erholungsort darstellen sollte, wird somit zum Risikoort für die physische und psychische Gesundheit der Betroffenen.

Diese Zahlen bilden das sogenannte Hellfeld häuslicher Gewalt ab. Es ist davon auszugehen, dass längst nicht alle Gewalttaten zur Anzeige kommen und die Dunkelziffern der einzelnen Gewaltdelikte um ein Vielfaches höher ausfallen. Da der gesellschaftliche Fokus immer noch zum großen Teil auf physischer Gewalt liegt, wird das Leid der Opfer verharmlost, die anderen Gewaltarten ausgesetzt sind.

Folgen davon können keine, späte oder ungeeignete Hilfen sein, die das gewalttätige Verhalten des Täters oder der Täterin festigen bzw. legitimieren (vgl. Steingen 2020).

Befragungen von Gewaltbetroffenen geben ein genaueres Bild der tatsächlichen Häufigkeit und des Ausmaßes der Gewaltarten. Die erste repräsentative Studie zu häuslicher Gewalt in Deutschland (vgl. Müller/Schröttle 2004a) kommt zu dem Ergebnis, dass mindestens jede vierte Frau in Deutschland jemals in ihrem Leben körperlicher und/oder sexueller Gewalt durch einen ehemaligen oder aktuellen Beziehungspartner ausgesetzt ist. Im europäischen Vergleich hat jede dritte bis fünfte Frau körperliche Gewalt im häuslichen Kontext erfahren (vgl. Schröttle/Martinez/Condon et al. 2006). Im »World Report on Violence and Health«, in dem 48 Studien aus allen Erdteilen verglichen wurden, betragen die Lebenszeitprävalenzen für körperliche Gewalterfahrungen durch den aktuellem oder ehemaligen Beziehungspartner zwischen 10 und 69 % (vgl. Krug et al. 2002). Insbesondere in Ländern, die durch bewaffnete Konflikte, große Armut und/oder soziale Umbrüche geprägt sind oder waren (z. B. Nicaragua 69 %, Papua-Neuguinea 67 % und Türkei 58 %), fielen die Betroffenenzahlen in puncto körperliche Gewalt deutlich höher aus als in anderen Ländern. Krug et al. (2002) machen u. a. eine Störung der sozialen Beziehungen, soziale und wirtschaftliche Zerrüttung dafür verantwortlich, insbesondere in Ländern, in denen Waffengewalt an der Tagesordnung ist. Andere mögliche Ursachen der hohen Prävalenz für häusliche Gewalt sind unflexible Geschlechterrollenverteilung in den Kulturen, starke strukturelle Unterschiede zwischen Männern und Frauen und ein Männlichkeitsbild, das mit Macht, Ehre, Aggression und Dominanzverhalten in Verbindung steht (vgl. ebd.).

Nach Müller und Schröttle (2004a) tritt mittlere bis schwere psychische Gewalt in jeder fünften bis sechsten Paarbeziehung in Deutschland auf. In europäischen Untersuchungen gaben 19 % bis 42 % der befragten Frauen an, dass sie jemals in ihrem Leben von psychischer Gewalt durch den Beziehungspartner betroffen waren (vgl. Martinez et al. 2006). In einer repräsentativen Telefonumfrage in der Schweiz lag die Lebenszeitprävalenz psychischer Gewalt bei 40,3 % (vgl. Gillioz et al. 1997).

Arten, Formen, Anlässe und Kontexte des Gewalthandelns differieren zwischen den Geschlechtern. Während Männer eher körperliche Auseinandersetzungen suchen, instrumentelle und offene körperliche Gewalt zeigen und diese gezielter zum Einsatz bringen, um ihre Interessen durchzusetzen, agieren Frauen eher mit weniger körperlichen Gewaltformen als Reaktion auf Konflikte und Probleme in Beziehungen (vgl. Steingen 2020).

1.4 Dynamiken häuslicher Gewalt

Mit dem Bewusstsein, dass durchschnittlich jede vierte Frau von häuslicher Gewalt betroffen ist, stellt sich die Frage: Wer sind denn die gewaltbetroffenen Frauen? Das Erleben häuslicher Gewalt ist höchst individuell, wie auch häusliche Gewalt die unterschiedlichsten Ausprägungen haben kann. Es gibt also nicht *die* gewaltbetroffene Frau. Oft geht die Gewalterfahrung mit einem Bruch mit den Vorstellungen oder Wünschen an die eigene Beziehung einher und löst Enttäuschung, Wut, Trauer, Scham, Hilflosigkeit, Angst bis hin zu Todesangst aus. Infolgedessen können eigene Bedürfnisse nicht mehr wahr- oder ernst genommen werden. Es folgt die Fokussierung auf den Partner und dessen Bedürfnisse bis hin zur Entfremdung von sich selbst und sozialen Kontakten. Manchmal wird Isolation als Mittel sozialer Kontrolle eingesetzt, was zum Verlust wichtiger sozialer Beziehungen führen kann. Eine Spiegelung von außen ist nicht mehr möglich, selbstwertfördernde Erfahrungen verringern sich. Das Gefühl für die eigene Handlungs- und Selbsteinschätzungsfähigkeit geht verloren. Zur Kompensation wird die Gewalt bagatellisiert und der Täter in Schutz genommen. Die Erklärung seines Verhaltens als vermeintlich angemessene Reaktion auf ihr Verhalten führt zu einer Schuldumkehr durch den Täter, die Gesellschaft oder durch das soziale Umfeld (vgl. Röck 2020). Mögliche Folgen können der Verlust von Selbstwertgefühl und Selbstvertrauen sein.

Beispiel

»[D]as Psychische das hat mich völlig … ich war wirklich mal, wirklich selbstbewusst und wusste was ich wollte und bis wohin jemand gehen kann und wenn er weitergegangen ist, war halt Schluss und tschüss. Und das hat er irgendwie kaputt gemacht in den Jahren. Also da war dann wirklich … so kenn ich mich halt auch gar nicht, also, dass ich so kusche und kleinlaut bin, ich habe eigentlich eine große Klappe und sage was ich denke, bis auf vielleicht auch nicht immer das Richtige ist. Aber, das hat er halt echt hingekriegt und ich weiß auch nicht wie. Ich habe keine Ahnung, also … (ironisch) Respekt davor. Also, ich weiß nicht, wie er es gemacht hat, aber er hat es wirklich hingekriegt, dass ich wirklich eigentlich nur noch gekuscht habe. Was gar nicht meine Art ist« (Frau Gardner I: 91–101).

Als weitere Folgen können verminderte Freude und Interessen, Schlafstörungen, »müde und erschöpft … ja, ich kann nicht schlafen« (Frau Steinmüller I: 21), Unruhe, Gewichtsveränderungen, »Naja, halt durch das, was er getan hat, da habe ich halt immer mehr in mich hineingegessen und bin dann ein bisschen aufgegangen … ja, so halt dieses Alles-in-mich-Hineinessen und dieses: Blos weg mit den Sorgen« (Frau Zolbayar I: 71–73), Konzentrationsprobleme bis hin zu Selbstverletzungen und Suizidversuchen auftreten. Weiterhin kann das Immunsystem infolge der Gewalterfahrungen geschwächt sein, depressive Störungen und dissoziative Zustände auftreten. Das Risiko für die Ausprägung von Depressionen als Spätfolge chronischen Stresses ist bei gewaltbetroffenen Frauen deutlich erhöht im Vergleich zu nicht betroffenen Frauen (vgl. Röck 2020). Die WHO zählt sie zu den häufigsten und schwerwiegendsten Folgen von erfahrener Gewalt (2013). Weitere Auswirkungen finden sich im Kapitel 1.5 (▶ Kap. 1.5).

Um gewaltbetroffene Menschen verstehen und beraten zu können, ist das Wissen um nachfolgend beschriebene Dynamiken häuslicher Gewalt unabdingbar.

1.4.1 Der Kreislauf der Gewalt

Gewalttätigem Verhalten in Beziehungen liegen verschiedene Dynamiken zugrunde. Walker (1994) beschrieb nach zahlreichen Interviews mit gewaltbetroffenen Frauen die Zyklustheorie der Gewalt bzw. den Gewaltkreislauf. Sie entwickelte ein spiralförmiges Modell, in dem gewalttätiges Handeln in drei Phasen unterteilt wird: Phase des Spannungsaufbaus, Phase der akuten Gewalt und Phase der Reue und der liebevollen Zuwendung (vgl. ebd.). Diese Phasen sind zwar theoretisch trennbar, in der Praxis sind sie jedoch oft miteinander verbunden (▶ Abb. 2).

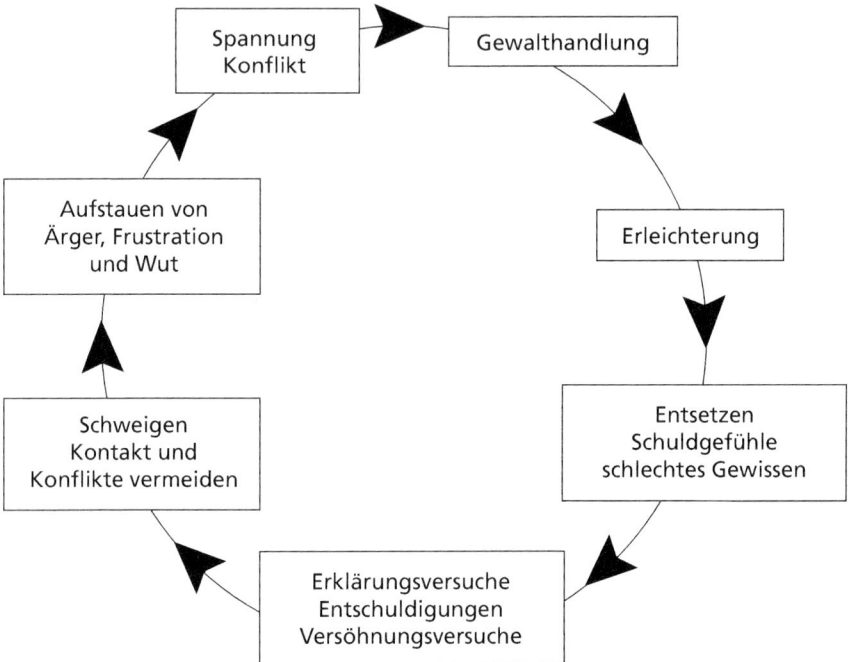

Abb. 2: Rad der Gewalt (aus: Röck, S. (2020): Frauen als Opfer häuslicher Gewalt. In: A. Steingen (Hrsg.): Häusliche Gewalt. Handbuch der Täterarbeit (S. 29–35). Göttingen: Vandenhoeck & Ruprecht)

Die Phase des Spannungsaufbaus ist geprägt durch verbale Angriffe in Form von Beschimpfungen, Beleidigungen, Demütigungen, Kontrolle, Einschränkungen und dergleichen. Als Auslöser werden oft äußere Faktoren herangezogen, z. B. Stress auf der Arbeit. In dieser Phase versucht die Frau, keine weiteren Anlässe zur Provokation zu geben. Sie richtet ihre gesamte Aufmerksamkeit auf den Partner, unterdrückt bzw. ignoriert eigene Gefühle wie Wut, Scham oder Angst, um die wachsende Spannung abzubauen und weiteres gewalttätiges Verhalten zu verhindern. Zum Teil kommt es in dieser Phase bereits zu leichteren körperlichen Gewalthandlungen. In der praktischen Arbeit mit gewaltbetroffenen Frauen berichteten diese, dass jegliche Form ihres Verhaltens zum Spannungsaufbau beitrug und durch den Partner als

Auslöser für die akuten Gewalthandlungen bezeichnet wurde. Dabei spielte es keine Rolle, ob sich die Frauen besonders vorsichtig verhielten (was Misstrauen hervorrief) oder besonders ›provokativ‹ auftraten, um die Anspannung nicht länger ertragen zu müssen und den Gewaltausbruch zu beschleunigen in der Hoffnung auf eine nachfolgende Entspannung der Situation.

Die Phase der akuten Gewalt ist geprägt durch die Entladung der in der ersten Phase aufgebauten Spannung. Dies passiert durch körperliche und/oder sexuelle Gewaltausübung und geht häufig mit Kontrollverlust einher (vgl. Walker 1994). Die Gewaltbetroffene fühlt sich schutzlos und hilflos, da sie nicht vorhersehen kann, wann, in welcher Schwere und welcher Art Gewalt ausgeübt wird und wie lange diese andauert. Diese Situationen können mit emotionalen Schockzuständen und Todesängsten verbunden sein (vgl. ebd.). Eskaliert die Situation erstmalig, sind die Betroffenen meist fassungslos, misstrauen ihrer eigenen Wahrnehmung und fühlen sich ohnmächtig, hilflos und abhängig. In dieser Phase ist die Chance am größten, dass die Betroffenen ärztliche Hilfe annehmen, um Verletzungsfolgen behandeln zu lassen. Auch psychosoziale Unterstützung wird gesucht, da in dieser Phase eine Offenheit gegenüber Hilfeangeboten und Interventionen von außen vorhanden ist (vgl. Schmid 2010).

In der dritten Phase, der Phase der Reue und liebevollen Zuwendung kommt es zur Versöhnung und Entschuldigung. Der Täter bereut und bedauert seine Tat und versucht alles ›wieder gut zu machen‹. Diese Phase wird auch als »Honeymoon-Phase« bezeichnet, da sich der Partner liebevoll und aufmerksam zeigt. Er bringt Blumen und Geschenke mit, stellt seine eigenen Bedürfnisse zurück, ordnet sich der Partnerin für eine bestimmte Zeit unter, um sein schlechtes Gewissen zu beruhigen (vgl. Röck 2020). In der Praxis berichteten die Frauen, dass sie in dieser Phase den Mann ihrer Träume zu Hause vorfanden und nicht glauben konnten, dass er ihnen gegenüber gewalttätig war. Dieses Bild des ›Traumpartners‹ wurde häufig noch durch Bekräftigungen durch Freund*innen und/oder Familie bestärkt. Durch die liebevolle Zuwendung und das reumütige Verhalten des Partners sinkt die Motivation von Frauen zur Trennung, selbst wenn sie sich in der akuten Gewaltphase eindeutig für das Verlassen der Beziehung entschieden hatten. In dieser Phase kommt es zur Rücknahme von Anzeigen, falls diese in der akuten Gewaltphase erstattet wurden. Zum Teil erfolgt der Auszug aus Schutzeinrichtungen. Ursache dafür ist die Hoffnung auf eine harmonische Beziehung und die Besserung des Partners. Frauen sind zu diesem Zeitpunkt (eher) bereit, in der Beziehung zu verbleiben und ihrem Partner eine zweite bzw. letzte Chance einzuräumen. Obwohl es den eigentlichen Bedürfnissen nach Schutz und Abstand widerspricht, lassen sich Frauen in dieser Phase vorschnell auf Versöhnung und körperliche Nähe ein (vgl. Röck 2020). Sie verhalten sich vorsichtig und versuchen jegliches Verhalten zu vermeiden, das zur Provokation des Partners führen könnte, damit der Zustand der liebevollen Beziehung möglichst lange andauert. Aufgrund der Unterordnung des Partners sinkt dessen Selbstbewusstsein. Zudem bleiben die individuellen bzw. interpersonellen Ursachen des Gewalthandelns unbearbeitet. Nach einer gewissen Zeit der Selbstwertherabsetzung des Täters steigt dessen Bedürfnis nach Selbstaufwertung. Dieses Gefühl wird oft durch Macht und Dominanz und (schwerere)

Gewaltformen erreicht (vgl. ebd.). Danach setzt das Schamgefühl wieder ein und verringert das Selbstwertgefühl. Die Gewaltspirale beginnt von vorn.

Mit Wiederholung des Gewaltkreislaufes verringert sich die Dauer der Reuephase je Zyklus und die Hemmschwelle zur häufigeren (massiven) Gewaltanwendung sinkt. Laut Röck (vgl. ebd.) kommt es bei Paaren in langjährigen gewaltgeprägten Beziehungen zum Ausbleiben der Reuephase und zum nahtlosen Übergang zum Alltag nach der Gewalttat. Das Wechselbad der Gefühle verunsichert die Frauen. Werden sie zudem sozial isoliert oder isolieren sie sich selbst, da sie sich für den Verbleib in der gewaltgeprägten Beziehung und das gewalttätige Handeln des Partners schämen, trauen sie ihrer eigenen Wahrnehmung nicht mehr und gelangen an den Rand der Verzweiflung und Erschöpfung. Der Wechsel zwischen der Abwertung in der Spannungsphase und der Aufwertung der Person in der Reuephase zerstört das Selbstwertgefühl nachhaltig und kann zu Resignation führen. Somit wird das Herauslösen aus der Beziehung erschwert. Selbst wenn es Fluchtmöglichkeiten gibt, werden diese nicht (mehr) wahrgenommen. In der Praxis war häufig zu beobachten, dass Frauen, die über einen längeren Zeitraum häuslicher Gewalt ausgesetzt waren, versuchten, die Gewalttaten zu rechtfertigen, indem sie die Ursachen dafür bei sich suchten. In der Beratung gewaltbetroffener Frauen erwies sich die Vermittlung des Gewaltkreislaufes an die betroffenen Frauen als hilfreich. Sie merkten dadurch, dass ihr Verhalten eine normale Reaktion auf ›unnormale‹ Umstände war und sie weder ›dumm‹ noch ›verrückt‹ waren. Das Wissen darüber, dass andere Opfer von Gewalt ähnliche Verhaltensweisen zeigen, half ihnen, ihre Situation neu zu bewerten. Trotzdem braucht es oft mehrere Versuche der Trennung und/oder Flucht, bis eine endgültige Herauslösung aus der gewaltgeprägten Beziehung erfolgt.

1.4.2 Trennungshemmnisse und Gründe, die eine Trennung erschweren

Betrachtet man die gravierenden Auswirkungen häuslicher Gewalt, so scheint es schwer verständlich, warum es manchen Frauen nicht gelingt, sich aus der gewaltgeprägten Beziehung zu lösen. Häufig wird ihnen in ihrem sozialen Umfeld mit Unverständnis begegnet. Unterstützungsversuche von Familie und Freund*innen bei ersten Trennungsversuchen weichen im Verlauf der Zeit Rückzugsverhalten und Schuldzuweisungen und tragen zur zunehmenden Isolation der gewaltbetroffenen Person bei. Warum verbleiben Betroffene von häuslicher Gewalt in der Beziehung bzw. halten sie diese über Jahre aus? Jeder Mensch bringt unterschiedliche biografische Vorerfahrungen und Bindungsmuster mit. Menschen, die in gewaltgeprägten Verhältnissen aufgewachsen sind, erlernen Verhaltensmuster, die sie später in der eigenen Beziehung anwenden, wenn andere Möglichkeiten der Konfliktbewältigung fehlen. Neue Beziehungserfahrungen gehen mit Unsicherheiten und dem Einlassen auf Unbekanntes einher. Das kann dazu führen, dass in Situationen, die mit Angst verbunden sind, auf bekannte Verhaltensmuster zurückgegriffen wird.

Dauerhafter Stress der Gewaltdynamik kann zur Veränderung der Persönlichkeit führen. In der Praxis sprachen die Frauen von Gehirnwäsche, die sie durch die dauerhafte Anspannung und Angst vor erneuter Gewalt erlebten. Diese Persönlichkeitsveränderung macht ein gesundes selbstschützendes Handeln unmöglich. Z. B. berichteten die Frauen, dass sie Gewaltauslöser bewusst provozierten und sich damit in Gefahr brachten, um den Spannungszustand nicht länger ertragen zu müssen und ein geringes Maß an Kontrolle über die Situation zu erlangen. Zudem spielen reale Bedrohungen und Abhängigkeitsfaktoren eine Rolle, z. B. Angst vor dem Unglauben der Umgebung oder gewalttätigen Handlungen des Partners, emotionale Abhängigkeit und Sehnsucht nach einer ›heilen‹ Familie zum Verbleib in der Situation. Auch gesellschaftliche Erwartungen des Nicht-Trennens und rigide Geschlechterbilder, z. B. dass Frauen für das Funktionieren der Beziehung zuständig sind, erschweren die Herauslösung der Betroffenen. Weiterhin können finanzielle oder aufenthaltsrechtliche Abhängigkeiten, der Wunsch gemeinsam Aufgebautes nicht zu verlieren, Ängste vor Kindesentführung, vor Suizid oder Todesangst die Trennungsabsicht mindern. Gelingt die räumliche Distanzierung vom gewalttätigen Partner, verblassen die Erinnerungen an die negativen Seiten der Beziehung. Die Sehnsucht nach Beziehung und der Integration in ein Familiensystem werden wieder stärker. Das ist der Moment, der oft Frauen in die gewaltgeprägte Beziehung zurückkehren lässt, insbesondere wenn das soziale Umfeld wenig unterstützend ist. Das Ausbrechen aus der Beziehung führt häufig zum Verlust der Herkunftsfamilie oder des sozialen Umfeldes. Folgend können Isolation und Einsamkeit auftreten, die auf Dauer immer schwerer aushaltbar sind und die Entscheidung zum Rückkehren in die Beziehung maßgeblich beeinflussen (vgl. Röck 2020).

Umfassender und differenzierter argumentiert Schmid (2010), wie nachfolgend dargestellt, Gründe, die eine Trennung erschweren.

Finanzielle Motive und Existenzängste

Die Angst, durch die Trennung den Arbeitsplatz zu verlieren, klingt im ersten Moment nicht nachvollziehbar. Sieht man genauer hin, so wird deutlich, dass nicht die Trennung an sich den Arbeitsplatzverlust bedingt, sondern damit einhergehende Faktoren. Zum Beispiel kann Stalking des Ex-Partners am Arbeitsplatz zur Kündigung führen oder durch die Trennung eine adäquate Kinderbetreuung nicht mehr mit den Arbeitszeiten vereinbar sein. Darüber hinaus können die psychischen und körperlichen Folgen einer Trennung, die in Partnerschaften mit häuslicher Gewalt ein großes Eskalationsrisiko bergen, zu längerer Arbeitsunfähigkeit führen. In Großstädten, in denen Wohnungsknappheit herrscht, kann diese zum Verbleib in der gewaltgeprägten Situation führen. Fehlen die finanziellen Mittel und Möglichkeiten, eine eigene Wohnung anzumieten, verbleiben die Opfer von Beziehungsgewalt aus Angst vor Wohnungslosigkeit in der Beziehung. Auch gehen wohnungslose Frauen oft Zweckbeziehungen ein, um ein Dach über dem Kopf zu haben, und erdulden dort Gewaltszenarien.

Ging die Gewaltbeziehung mit zunehmender Isolation einher, können sich die Existenzängste steigern. Insbesondere durch psychische Gewalterfahrungen kann das Selbstwertgefühl und -bewusstsein stark beeinträchtigt sein, dass der Glaube an die eigenen Fähigkeiten und den eigenen Wert verloren geht. Dadurch wird die

Handlungsfähigkeit massiv eingeschränkt und selbst Situationen, die zu meistern wären, werden nicht angegangen, da der Glaube an die eigenen Fähigkeiten fehlt. Sind Frauen als Mütter von Gewaltsituationen betroffen und verfügen nicht über (ausreichende) hilfreiche Unterstützungsnetzwerke, kann eine Trennung erschwert sein. Die Sorge um die eigene Existenz und die eingeschränkten (finanziellen) Möglichkeiten, als Alleinerziehende den Kindern eine schöne Kindheit zu bieten tragen zur Aufrechterhaltung der Beziehung bei. Sind genügend (potenzielle) familiäre, freundschaftliche (und vorübergehend auch professionelle) Unterstützer*innen vorhanden und werden diese Netzwerke als hilfreich wahrgenommen, kann das eine Trennung erleichtern (vgl. ebd.).

Situation als Mutter

Abgesehen von der Situation als gewaltbetroffene Frau, haben die meisten Frauen auch die Rolle als Mutter inne. Ein weit verbreitetes Argument, das zum Verbleib in der Beziehung führen kann, ist, dass durch eine Trennung den Kindern der Vater weggenommen wird. In der Praxis berichteten einige Frauen, dass ihr Partner, die Familie des Partners bzw. die eigene Familie durch diese Schuldzuweisungen zu einem längeren Verbleib der Frau in der gewaltgeprägten Situation beigetragen haben. Darüber hinaus kann bei Müttern die Angst vor einer möglicherweise alleinigen Kinderbetreuung gegen eine Trennung sprechen. Gewaltsituationen, die mit diversen Folgen einhergehen (▶ Kap. 1.5), können die Erziehungsfähigkeit einschränken und zur Überforderungssituationen in der Kindererziehung führen. Auch hier sind Unterstützungsnetzwerke für die Stabilisierung der Situation nach der Trennung von großer Bedeutung. Wurde die Trennung vollzogen, kann es im Rahmen des Besuchsrechtes der Kinder zu weiteren Gewalthandlungen gegenüber der Frau bis hin zu Mord oder zur Bekanntgabe des Aufenthaltsortes (bei Frauen in Schutzunterkünften) mit entsprechender Sicherheitsgefährdung kommen. Die Androhung dessen kann eine Trennung erschweren. Ein begleiteter Umgang oder die Beantragung der Aussetzung des Umgangsrechtes in der Zeit nach der Trennung kann das Risiko für gewalttätige Übergriffe unter Umständen minimieren (vgl. ebd.).

Angst vor Einsamkeit

Die Angst, das Leben allein bewältigen zu müssen, ist ein weiterer Punkt, der gegen eine Trennung sprechen kann. Gerade in Beziehungen, in denen eine starre Rollen- und Aufgabenverteilung vorherrscht, können diffuse Ängste in Bezug auf die Alltagsgestaltung nach der Trennung auftreten. Das ist dann der Fall, wenn sich bspw. der Mann um sämtliche finanziellen und organisatorischen Angelegenheiten gekümmert hat und die Partnerin keinen Einblick in diese Dinge hat. Manche Frauen verbleiben lieber in der bekannten gesundheitlich riskanten Situation als sich der unbekannten Situation des Alleinlebens oder einer neuen Partnerschaft auszusetzen. Insbesondere wenn sie einen traditionellen Lebensentwurf gewählt haben, fällt die Trennung schwer, wenn die Träume einer glücklichen Ehe nicht in Erfüllung gehen. Das Festhalten am eigenen Lebensentwurf, der meist mit dem Partner gemeinsam geplant wurde, erschwert eine Trennung. Selbst gewählte oder durch die Gewaltdynamik hervorgerufene soziale Isolierung führt ebenso zum längeren Verbleib in der Situation und zum weiteren Ertragen von Gewalt (vgl. ebd.).

Reaktionen des Umfeldes

Entscheidend tragen auch die Reaktionen des Umfeldes auf die Offenbarung der Gewalt zur (Nicht-)Trennung bei. Wird der gewaltbetroffenen Frau kein Glauben geschenkt, die Gewalt verharmlost oder bagatellisiert, hat das zur Folge, dass die Frau ihren Wahrnehmungen nicht mehr vertraut und beginnt, die Gewalt herunterzuspielen und die Handlungen des Täters zu rechtfertigen. Das Ignorieren der Gewalt durch Professionelle, z. B. Ärzt*innen, führt zu ähnlichen Folgen. Daher ist die Aufklärung im Gesundheitswesen zu den Dynamiken häuslicher Gewalt von großer Bedeutung (▶ Kap. 6). Dort trauen sich die Frauen zum ersten Mal die Gewalterfahrung zu offenbaren. Wird dann ihren Ausführungen weder Zeit noch Glauben geschenkt, kann das Vertrauen in das Hilfesystem nachhaltig erschüttert und weitere Hilfeversuche unterlassen werden. In einigen Fällen kann das unsensible Verhalten von professionellen Helfer*innen zu einer Re-Traumatisierung durch das Wiedererleben einer starken Ohnmacht und Hilflosigkeit führen. Ergreift das soziale Umfeld Partei für die gewalttätige Person oder droht die Familie mit dem Verstoßen der Frau, wenn diese sich trennt, trägt das zu ihrem weiteren Verbleib in der Beziehung bei. Andere Frauen wollen die Familie nicht gefährden. Sie wissen, dass eine Trennung zu (Mord-)Drohungen und zur Gewaltausübung des Täters gegenüber Familienmitgliedern führen kann. Selbst wenn der Frau die Flucht in eine Schutzunterkunft gelingen würde, trennt sich diese nicht aus Angst vor dem Terrorisieren der eigenen Familie durch den Täter. Auch die Zuschreibung der Schuld für die gewalttätigen Handlungen zur betroffenen Person aufgrund von Mythen über häusliche Gewalt (die an dieser Stelle nicht wiederholt werden sollen, um einer Verbreitung dieser vorzubeugen) kann dazu führen, dass sie die Schuld bei sich sucht und die Sicht auf die eigenen (zugeschriebenen) Unzulänglichkeiten zum längeren Ertragen der Gewalt beitragen (vgl. ebd.).

Scham- und Schuldgefühle

Wurde das Bild der ›glücklichen Familie‹ nach außen über lange Zeit aufrechterhalten, reagiert das soziale Umfeld häufig mit Unglauben auf die Offenbarung der Gewalt. Die betroffene Person schämt sich, dass sie nicht eher Hilfe gesucht hat und fühlt sich schuldig, dass sie das Bild der ›glücklichen Familie‹ durch die Thematisierung der Gewalt zerstört. Sind wiederholte misslungene Trennungsversuche mit Unterstützung des sozialen Umfeldes erfolgt, fühlt sich die betroffene Person schuldig und schämt sich, dass die Trennung immer noch nicht vollzogen wurde. Infolge kann die Unterstützung durch Angehörige und Freund*innen ausbleiben, wenn ein erneuter Trennungsversuch erfolgt. Die Isolation und die Scham nehmen zu. Die Unterstützung durch das soziale Umfeld verringert sich, wodurch der Verbleib in der Beziehung begünstigt wird. Weiterhin fühlen sich gewaltbetroffene Frauen häufig verantwortlich für die Situation, in der sie sich befinden. Sie nehmen die Schuld für das Scheitern der Ehe oder Beziehung auf sich, ohne zu sehen, dass die Gründe vielfältig sind. Die traditionelle Rollenverteilung, die in gewaltgeprägten Beziehungen häufig vorherrscht, schreibt Frauen die Verantwortung für das Gelingen oder Misslingen von Partnerschaft und Familie zu. Somit werden Frauen auf die Rolle als Mutter und Ehefrau reduziert. Wird deutlich, dass die Lebensvorstellung von Partnerschaft und Familie nicht den eigenen Wünschen oder denen des sozialen Umfeldes entsprechen, übernimmt das Gewaltopfer die Verantwortung für die ungeplante Entwicklung. Das Scham- und Schuldgefühl nimmt zu.

Weit verbreitet ist auch der Irrglaube, dass die Gewalt aufhört, wenn sich die Frau entsprechend den Vorstellungen des Mannes ›richtig‹ verhält. Ist die Schwelle zur Gewaltausübung einmal überschritten, spielt es keine Rolle, welches Verhalten die Betroffene zeigt. Die Zuschreibung der Schuld für die Gewaltausbrüche zu der Betroffenen hilft dem Gewaltausübenden, sich von seinen Taten zu distanzieren, und steigert die Schuldgefühle der Betroffenen. Dauert die Situation an, merkt die Gewaltbetroffene, dass jedes Verhalten ›falsch‹ ist. Langfristig kann der Verlust des Selbstwertgefühls und des Selbstbewusstseins folgen, was eine Trennung zusätzlich erschwert (vgl. ebd.).

1.4.3 Der Zusammenhang zwischen Bindungsmustern und häuslicher Gewalt

Die interpersonelle Ebene der Paardynamik steht zunehmend bei der neueren Forschung zur Gewaltentstehung im Mittelpunkt. Als Ausgangspunkt gewalttätiger Handlungen werden innerpartnerschaftliche Konflikte angenommen. Diese dyadische Beziehung wurde bisher in der Forschung weitestgehend vernachlässigt (vgl. Küken-Beckmann 2020). Die Fokussierung auf die Paarbeziehung lässt sich mit Blick auf bindungsbedingte Emotionen, Kognitionen und Verhaltensweisen eines Partners oder einer Partnerin in Abhängigkeit von bindungsbedingten Emotionen, Kognitionen und Verhaltensweisen des anderen Partners bzw. der anderen Partnerin begründen. Die Betrachtung häuslicher Gewalt als unidirektionales Geschehen, in dem vom Mann als Täter und der Frau als Opfer in einer heterosexuellen Beziehung ausgegangen wird, greift zu kurz. Peichl bezeichnet partnerschaftliche Gewalt als »interaktives und zirkuläres Geschehen« (2008: 45), das ein Ungleichgewicht zwischen männlicher Täterschaft und weiblicher Opferschaft hervorbringt. Betrachtet man durch häusliche Gewalt geprägte intradyadische Prozesse, wird die partnerschaftliche Bindung relevant. Nicht umsonst fällt es vielen gewaltbetroffenen Personen schwer, sich aus der Beziehung zu lösen. Grund dafür können in der Kindheit geprägte Bindungserfahrungen sein.

> **Definition: Bindung**
>
> Unter Bindung ist ein emotionales Band zwischen einer Person und deren Bezugsperson zu verstehen, das die gesamte Lebensspanne oder zumindest einen längeren Zeitraum überdauert. Diese Bindung schlägt sich im sogenannten Bindungsverhalten nieder, das dem Suchen, Aufrechterhalten oder Wiederherstellen von Nähe zur relevanten Bezugsperson dient (vgl. Bowlby 1988 zit. nach Küken-Beckmann 2020).

Das Bindungssuchverhalten wird in emotional schwierigen und belastenden Situationen ausgelöst. Wie sich dieses Verhalten zeigt, ist vom Alter, dem Entwicklungsstand und den Umständen abhängig, in denen sich die Person befindet. Die Beziehungserfahrungen, die in Kindheit und Jugend relevant waren, wurden in die eigene Persönlichkeit internalisiert. Die Person entwickelt eine mentale Repräsentation von Bindungen. Diese prägen den gesamten Lebensverlauf in Hinblick auf das Beziehungsverhalten, da sie Vorbilder für nachfolgende Beziehungserfahrungen sind. Bowlby nennt das das theoretische Modell der internen Arbeitsmodelle (vgl. Küken-Beckmann 2020).

Mit Bezug auf dieses Modell entwickelten Bartholomew und Horowitz das »Vier-Kategorien-Modell der Erwachsenenbindung« (1991). Das Modell stellt vier Bindungstypen dar: sicher, ängstlich, ängstlich-vermeidend und vermeidend, die sich aus den Kombinationsmöglichkeiten positiver bzw. negativer Überzeugungen über sich und andere ergeben. Beispielsweise zeigen Personen mit einem negativen Selbstbild Angst vor dem Verlassenwerden oder einer Trennung sowie eine große Abhängigkeit von der Bestätigung durch andere auf. Verfügen Menschen über ein negatives Fremdbild, geht damit die Vermutung einher, dass die Bezugsperson nicht in erwartetem Umfang verfügbar ist. Um nicht enttäuscht zu werden, kommt es zur Vermeidung von Nähe.

Sicher gebundene Personen

Sicher gebundene Persönlichkeiten sind geprägt durch eine ausgeglichene Balance zwischen Autonomie und Intimität in engen Beziehungen. Sie weisen ein geringes Ausmaß an Angst und Vermeidung auf, verfügen über adäquate Problemlösestrategien und ein großes Selbstbewusstsein (vgl. Küken-Beckmann 2020).

Vermeidend gebundene Personen

Personen, die vermeidend gebunden agieren, zeigen ein hohes Maß an Vermeidung und wenig Angst auf. Sie negieren die Bedeutung intimer Beziehungen und betonen die Wichtigkeit der eigenen Unabhängigkeit und Eigenständigkeit. Werden von vermeidend gebundenen Persönlichkeiten die Bindungsbedürfnisse abgewehrt, kann dies zur Deaktivierung des Bindungssystems führen (vgl. Bartholomew 1990 zit. nach Küken-Beckmann 2020).

Ängstlich gebundene Personen

Menschen, die ängstlich gebunden sind, stellen hohe Ansprüche an die Bindungsperson und benötigen viel Bestätigung. Sie klammern sich an den*die Partner*in, sind in engen Beziehungen besitzergreifend und eifersüchtig. Damit einher geht ein niedriges Maß an Vermeidung sowie ein großes Maß an Angst. Der*die Partner*in wird gleichzeitig idealisiert, während ihm*ihr misstraut wird (vgl. ebd.).

Ängstlich vermeidend gebundene Personen

Personen mit einer ängstlich-vermeidenden Bindung haben den Glaubenssatz verinnerlicht, dass sie nicht liebenswert sind. Sie spüren trotz des Wunsches nach einer engen Beziehung die Angst vor Zurückweisung. Infolgedessen vermeiden sie Bindungen zu anderen Personen aktiv und ziehen sich emotional zurück (vgl. ebd.).

In einigen Studien wurden Zusammenhänge zwischen unterschiedlichen partnerschaftlichen Bindungen und dem Auftreten häuslicher Gewalt herausgefunden. So beschreiben Henderson et al. (2005), dass ein genderunspezifischer Zusammenhang zwischen einer ängstlichen Bindungsrepräsentation und der Ausübung bzw. dem Erleben häuslicher Gewalt besteht. Auch Bowlby (1988) kommt zu dem Schluss, dass gewalttätige Männer primär über einen ängstlichen Bindungstyp verfügen. Bei Frauen, die sehr große Angst vor einer Trennung aufzeigen (ängstlich und ängstlich vermeidender Bindungstyp), kann nach Doumas et al. häusliche Gewalt vorausgesagt werden (2008). Nach Pietromonaco und Feldman Barrett (1997) sehen ängstlich gebundene Personen negative Reaktionen des*der Partner*in in Konfliktsituationen als einen Beweis für sein Beziehungsengagement an. Sie sind somit einem größeren Risiko ausgesetzt, gewaltgeprägte Beziehungen länger zu ertragen und mitzutragen. Holtzworth-Munroe, Stuart und Hutchinson (1997) beschreiben gewalttätige Männer eher als unsicher und ängstlich. Sie zeigen signifikant größere Angst vor einer Trennung, vermeiden aber stärker Abhängigkeit und Nähe im Vergleich zu nicht gewalttätigen Männern. Holtzworth-Munroe und Stuart (1994) unterscheiden drei Tätertypen in Abhängigkeit von repräsentierten Bindungsstilen: den »family only batterer«, den »disphoric/borderline batterer« und den »generally violent/antisocial batterer«. Als »family only batterer« wird ein Gewalttäter bezeichnet, der nur in der familiären Umgebung gewalttätig wird. Dieser wird als sicher oder ängstlich gebunden beschrieben.
    Der »disphoric/borderline batterer«, der in der Familie, aber auch darüber hinaus gewalttätig wird und teilweise schwerwiegende Gewalthandlungen tätigt, wird der ängstlichen Bindungsrepräsentation zugeordnet. Eine vermeidende Bindungsrepräsentation liegt dagegen beim Typ »generally violent/antisocial batterer« vor. Dieser übt schwere und hochfrequente familiäre Gewalt aus, trägt häufig Züge einer

antisozialen Persönlichkeitsstörung und tendiert zu kriminellem Verhalten (vgl. ebd.).

Zusammenfassend deuten die Forschungsergebnisse darauf hin, dass Männer und Frauen in Beziehungen, die mit häuslicher Gewalt einhergehen, eher unsicher gebunden sind. Bei beiden Geschlechtern konnten eine ängstliche Bindungsrepräsentation und überdurchschnittliche Angst vor einer Trennung festgestellt werden. Das heißt, die Verknüpfung aus verstärkter Trennungsangst und Vermeidung von Nähe wie auch die Kombination der Bindungsrepräsentationen ängstlich und vermeidend erhöhen das Risiko für das Auftreten häuslicher Gewalt in Partnerschaften. Sind beide Partner*innen in der Lage, die eigenen Wünsche nach Distanz oder Nähe und damit in Verbindung stehende Handlungsfolgen zu erkennen und zu kommunizieren und darüber hinaus die Zeichen des*der anderen in Hinblick auf Distanzvergrößerung oder Distanzverringerung richtig zu interpretieren, kann das Risiko für Gewalthandlungen gesenkt werden. Zudem kann es für beide Seiten hilfreich sein, deeskalierende Formen der Kommunikation und Arten der Distanzregulierung zu erlernen (vgl. Küken-Beckmann 2020).

1.4.4 Die vier Muster der Gewaltdynamik

Auf Grundlage von Interviews mit Frauen, die von häuslicher Gewalt betroffen waren, und vor dem theoretischen Hintergrund von Gewaltentstehungstheorien konnten Helfferich et al. (2004) vier Muster der Gewaltdynamik identifizieren, die sich im Beziehungsverlauf abwechseln oder ineinander übergehen können. Die Muster wurden auf Grundlage des Grades und der Art der Handlungsmächtigkeit der Frauen gebildet.

Das erste Muster »Rasche Trennung nach relativ kurzer (Gewalt-)Beziehung« beschreibt ein Verhalten vorwiegend jüngerer Frauen, die sich nach ersten Anzeichen von Gewalt schnell und dauerhaft trennen. Diese Frauen lehnen Gewalt ab, treten oft selbstbewusst auf und gelten als sozial gut eingebunden. Unterstützungsbedarf besteht bei der Umsetzung der Trennung und beim Bewältigen der Anforderungen der neuen Situation. Für die Soziale Arbeit bedeutet das, die Bereitstellung von Schutzunterkünften bzw. Hilfen bei der Wohnungssuche anzubieten. Des Weiteren kommt Sozialer Arbeit bei diesen Frauen die Aufgabe zu, emotionale und informationelle Unterstützung zu leisten sowie die Klientin zu motivieren informelle Kontakte (wieder) aufzubauen und zu intensivieren.

Das zweite Muster »Neue Chance« ist zumeist in langjährigen Beziehungen zu finden. Die Frauen, deren Lage diesem Muster zugerechnet wird, fühlen sich selbst handlungsfähig und wenig verstrickt. In den meisten Fällen leben sie in gesicherten Rahmenbedingungen und hoffen auf die Veränderungsbereitschaft des Partners. Sie wollen die Beziehung aufrechterhalten und suchen in der Beratungssituation konkrete Unterstützungsmöglichkeiten (z. B. Anti-Aggressions-Training, Therapie) für ihren Mann. Soziale Arbeit übernimmt bei diesen Frauen die Funktion über Dynamiken häuslicher Gewalt aufzuklären, um die Betroffenen in ihrer Wahrnehmung zu stärken, Ambivalenzen aufzuzeigen und evtl. eine Veränderungsbereitschaft der gewaltbetroffenen Person herbeizuführen. Darüber hinaus zählt die

Aufklärung über und Vernetzung mithilfeangeboten für gewaltbetroffene Menschen sowie für gewaltausübende Personen zu den Aufgaben Sozialer Arbeit.

»Fortgeschrittener Trennungsprozess« kann als drittes Muster insbesondere nach langjährig andauernden Gewalterfahrungen auftreten. Befinden sich Frauen in diesem fortgeschrittenen Trennungsprozess haben sie angefangen, nach neuen Wegen zu suchen. Sie sind sich sicher, dass sie sich trennen wollen, wissen aber oft aufgrund der unter Kapitel 1.4 beschriebenen Dynamiken nicht (▶ Kap. 1.4), wie sie die Trennung umsetzen sollen, oder suchen Unterstützung bei der Konkretisierung des Trennungsgedankens. Aufgabe der Sozialen Arbeit ist bei Frauen in dieser Phase das Bereitstellen von Schutzunterkünften und die Aufklärung über Hilfeangebote und Unterstützungsleistungen, z. B. Wohnungsvermittlung über das geschützte Marktsegment, Anspruchsvoraussetzungen für Leistungen nach den Sozialgesetzbüchern. Eine bedeutende Rolle spielt die Stärkung der Selbstwahrnehmung der betroffenen Frau, um deren Handlungssicherheit wiederherzustellen.

Das vierte Muster nennen Helfferich et al. (vgl. ebd.) »Ambivalente Bindung«. Dieses tritt in längeren, durch häusliche Gewalt geprägten Beziehungen und bei Frauen in unterschiedlichen sozialen Situationen auf. Bei Frauen, die sich in diesem Zustand befinden, besteht oft eine traumatische Bindung. Ihnen ist bewusst, dass sie durch den Verbleib in der gewaltgeprägten Beziehung Schaden davontragen und es besser wäre, sich zu trennen. In einer ambivalenten Bindung befindliche Frauen können sich nicht lösen. Sie haben keine Erklärung für ihren Verbleib in der Beziehung, fühlen sich hilflos und ausgeliefert. Manche der Frauen resignieren. Unterstützungsbedarf besteht im Vermitteln von Sicherheit sowie Schutz und Stärkung der Frau. Das Wissen um Dynamiken häuslicher Gewalt, vorurteilsfreies Annehmen der Person, Empathie und Verständnis der Unterstützenden sind für die Erhöhung der Handlungsfähigkeit der Frau von großer Bedeutung. Mit parteilicher, personzentrierter und ressourcenorientierter Beratung können Sozialarbeitende in Unterstützungseinrichtungen dafür Sorge tragen, dass diese Frauen mehr Selbstsicherheit und Selbstbewusstsein erlangen.

1.4.5 Das »Stockholm-Syndrom«

Die Bezeichnung »Stockholm-Syndrom« geht auf einen Banküberfall im Jahr 1973 in Stockholm zurück, bei die die Geiseln größere Angst vor der Polizei als vor den Geiselnehmern entwickelten und sich mit diesen solidarisierten.

> **Definition: »Stockholm-Syndrom«**
>
> Bei einem Verhalten, das als sogenanntes »Stockholm-Syndrom« betitelt wird, entwickelt sich bei Geiseln ein positives emotionales Verhältnis zu den Geiselnehmern, sie sympathisieren oder kooperieren mit diesen. Selbst nach dem Ende der Geiselnahme lehnten die Geiseln die Geiselnehmer nicht ab, sondern zeigten Dankbarkeit für die Freilassung.

»Als mögliche Ursachen werden angenommen: (1) Erhöhung der Überlebenschance: Das Opfer versucht durch Kooperation die Chance zu erhöhen, dass eine Eskalation – sowohl vonseiten des Agressors [sic!] als auch der Befreier – vermieden wird. Die Herstellung einer positiven Beziehung kann dem Ziel dienen, Sympathie oder Mitleid des Täters für das Opfer zu erzeugen (Lima-Syndrom); (2) Reduktion anhaltender Angst- und Spannungszustände: Bewältigungsreaktion zur Reduktion von Stress und zur Erhöhung des Kontrollerlebens (Kontrollwahrnehmung); (3) Reziprozität:[ ] Die Zusicherung des Aggressors, das Opfer (bei Kooperation) überleben zu lassen, erhöht die Chance der Entwicklung positiver Gefühle (Dankbarkeit) für den Aggressor; (4) Gruppenbildung und Reduktion von kognitiver Dissonanz: Das Opfer muss Handlungspraktiken des Täters mit ausführen. Notwendige Anpassungen des Verhaltens des Opfers an das Verhalten des Täters führen ggf. zu Einstellungsänderungen des Opfers; (5) Regression: Rückfall in kindliche Verhaltensmuster aufgrund der [sic!] Erlebens vollständiger Abhängigkeit; (6) Einsichtsbildung und Perspektivübernahme: Opfer gewinnen Informationen, die Einsicht in die Motive des Täters ermöglichen. Beim Verständnis der Situation ist nur der Aggressor als Informationsquelle zugänglich; (7) Verstärkung: Kooperatives Verhalten führt zu positiven Effekte [sic!] (pos. Verstärkung) oder dem Ausbleiben negativer Konsequenzen (neg. Verstärkung). Insges[amt, Anm. J.W.] werden die emot[ionalen, Anm. J. W.] Belastung und Belastbarkeit des Opfers und die Dauer der Freiheitsberaubung als wichtige Prädiktoren für die Entstehung des S[tockholmsyndroms, Anm. J. W.] angenommen« (Wirtz 2020).

Diese psychologischen Erscheinungen lassen sich sowohl bei Geiseln als auch bei gewaltbetroffenen Frauen in ähnlicher Form beobachten (vgl. Godenzi 1994).

Der Gebrauch des Begriffes »Syndrom« in Bezug auf das Stockholm-Syndrom wird diskutiert, da in der Psychopathologie und der Medizin erst von einem Syndrom die Rede ist, wenn verschiedene Störungsanzeichen bei einer Krankheit gemeinsam auftreten und eine Erscheinung verursachen (vgl. Reinhold/Lamnek/Recker 2000). Negiert das Opfer das eigene Norm- und Wertesystem durch eine emotionale Identifikation mit dem Täter und übernimmt es das Werte- und Normensystem des Geiselnehmers, kann von einer Störung, einem Syndrom, die Rede sein. Ab diesem Zeitpunkt scheint das Verhalten über den eigentlichen »Überlebenswillen« hinauszugehen (vgl. Wieczorek 2003).

In Anlehnung an Symonds (1980) Viktimisierungssequenz der Opfer von Geiselnahmen, beschreibt Godenzi (1994: 249) vier Entwicklungsetappen der Viktimisierung in Bezug auf gewaltbetroffene Frauen:

»(1) Sie können nicht glauben, was ihnen widerfahren ist, sind schockiert und versuchen so zu tun, als ob nichts geschehen ist.
(2) Die Realität des Gewaltaktes ist nicht mehr zu leugnen. Die Frauen reagieren mit oberflächlicher Beherrschtheit […], sie fühlen sich hilflos und alleingelassen. Die bei Vergewaltigungen häufig beobachtete Abspaltung des malträtierten Körpers vom Geist findet statt. […]
(3) Die Frauen machen sich Gedanken darüber, was sie falsch gemacht haben und wie sie sich in Zukunft anders verhalten werden. Die guten Vorsätze wollen sie in die Tat umsetzen, sobald der Gewaltterror ein Ende gefunden hat.
(4) In der letzten Phase regredieren die Betroffenen angesichts ihrer Ohnmacht in unterwürfige Verhaltensweisen (›traumatic psychological infantilism‹). Sie identifizieren und arrangieren sich mit dem Misshandler und der Abhängigkeitssituation.«

Die Identifikation mit dem Aggressor oder die positiven Einstellungen des Opfers gegenüber dem Täter, also die vierte Phase der von Symonds (1980) entwickelten Viktimisierungssequenz, wird als »Stockholm-Syndrom« bezeichnet. Das Verhalten der von häuslicher Gewalt betroffenen Frauen unterliegt ähnlichen psychologischen

Mechanismen, auch wenn die Situation von Geiseln mit der von häuslicher Gewalt betroffenen Frauen sich nur bedingt vergleichen lässt: Um Gefahr für Leib und Leben abzuwenden und das eigene Überleben zu sichern, passen sich die Betroffenen häufig dem Täter an (vgl. Graham/Rawlings/Rimini 1988).

Für die Herausbildung des Stockholm-Syndroms sind verschiedene Bedingungen notwendig (vgl. ebd.). Diese überträgt Godenzi (1994) auf das Phänomen der Männergewalt gegenüber Frauen:

(1) Das Leben der Frau wird bedroht.
(2) Die Frau kann nicht entkommen oder glaubt, nicht entkommen zu können.
(3) Die Frau ist von anderen Personen isoliert.
(4) Der Täter ist zumindest zeitweise freundlich und liebenswürdig.

Wenn sich Frauen in lange andauernden gewaltgeprägten Beziehungen befinden, sind diese Bedingungen häufig gegeben. Dutton und Painter sprechen von »traumatic bonding« (1981: 146 ff.). Dies ist dann der Fall, wenn zwischen zwei Personen, die sich in einer Beziehung befinden, einerseits starke emotionale Bindungen vorhanden sind. Andererseits ist die Beziehung durch Misshandlung und/oder Missbrauch der einen Person durch die andere Person sowie große Machtunterschiede zwischen den Partner*innen gekennzeichnet. Mit fortschreitender Dauer der Gewaltbeziehung steigt das Gefühl der Hilflosigkeit der unterlegenen Person. Infolge sinkt ihr Selbstwertgefühl. Es bildet sich ein unrealistisch geringes Selbstwertgefühl aus, das durch Depressionen und Ängste begleitet sein kann. Ist ein Mann der überlegene Part in der gewaltgeprägten Beziehung, bildet er ein unrealistisch überhöhtes Selbstbewusstsein in Abhängigkeit von der untergeordneten Person aus. Nur dadurch, dass sich die*die Partner*in unterordnet, können Gefühle von Macht und Selbstverherrlichung bei der gewalttätigen Person aufrechterhalten werden. Jede*r der Partner*innen braucht die*den andere*n, um die Bedürfnisse zu befriedigen, die infolge des Machtungleichgewichtes entstehen (vgl. Graham; Rawlings; Rimini 1988).

Ein weiterer wichtiger Aspekt für die Entstehung einer traumatischen Bindung ist der Wechsel aus gewalttätigem mit freundlichem oder sogar liebenswürdigem Verhalten. Die Unsicherheit, wann der Gewaltausübende welches Verhalten zeigt, schwächt die Wahrnehmung und Einschätzungsfähigkeit der gewaltbetroffenen Person. Sind in einer solchen Situation keine anderen sozialen Beziehungen verfügbar, die die Wahrnehmungsfähigkeit der gewaltbetroffenen Person unterstützen, entsteht eine starke emotionale Bindung an die positive freundliche Seite des Gewaltausübenden (vgl. ebd.). Die Ambivalenz im Verhalten der gewaltausübenden Person gegenüber dem*der Partner*in steigert ihr Kontrollpotenzial. Mit der Anpassung des Verhaltens der gewaltbetroffenen Person an Launen und Wünsche der gewalttätigen Person ist die Hoffnung auf freundliches und liebevolles Verhalten verbunden.

> »Diese Überlebenstechnik, oft als passives Verhalten missverstanden, ist sowohl bei Opfern von Geiselnehmern als auch bei misshandelten Ehefrauen zu beobachten. […] Die positiven Gefühle für den Misshandler und die Abwehr von Aussenhilfe […] sind aus obriger Perspektive keine kollaborativen Handlungen der Frauen mit dem Täter, sondern Versuche,

ausweglose Situationen einigermaßen unbeschadet überleben zu können. Diese Sichtweise erklärt, warum es missbrauchten Frauen schwerfallen kann, ihren Misshandler zu verlassen oder weshalb sie immer wieder zu ihm zurückkehren« (Godenzi 1994: 250 f.).

Das Konzept des Copings wird zur Erklärung bei der Fokussierung des Hilfesuchverhaltens herangezogen. »Coping ist die Summe all dieser Anstrengungen und ein prozesshaftes Geschehen, in dem vielfältige Bewältigungsformen ineinandergreifen können und das von verschiedenen Faktoren abhängt« (Brzank 2012: 72). Nach Meyer et al. (2009) setzen Frauen, die die Gewalttätigkeiten ihres Partners entschuldigten, weniger Copingstrategien im Vergleich zu Frauen ein, die die Verantwortung für die Gewalthandlungen beim Partner sehen.

1.5 Folgen häuslicher Gewalt

Circa zwei Drittel der gewaltbetroffenen Frauen geben Verletzungen infolge häuslicher Gewalterfahrung an (vgl. Müller/Schröttle 2004a). Aber nicht nur körperliche Gewalt führt zu Verletzungen. Auch psychische Gewalt kann zu langfristigen Folgen für die Gesundheit führen. Ein Leben in Angst und Anspannung, geprägt von Demütigungen, Beleidigungen, Drohungen kann die Gesundheit nachhaltig beeinträchtigen und bis hin zu Suizidgedanken und psychischen Erkrankungen führen. In gravierenden Fällen endet die Gewalt durch Mord oder Suizid tödlich (vgl. Truninger 2010). Ein Bericht der WHO (vgl. Krug et al. 2002) zu Gewalt und Gesundheit kommt im Vergleich der Ergebnisse verschiedener Studien zu dem Resultat, dass Gewaltfolgen in Abhängigkeit von Schwere und Dauer fortbestehen können, auch wenn die akute Gewalt beendet wurde. Darüber hinaus postulieren sie, dass verschiedene Gewaltformen und -episoden in ihrer Wirkung über einen längeren Zeitraum kumulieren. Nicht jede Gewalthandlung führt zu bleibenden Schäden, dennoch können die Auswirkungen gravierend sein und kurz-, mittel- und/oder langfristig auftreten. Das Vorliegen der nachfolgenden Beeinträchtigungen kann als Warnzeichen für das Auftreten häuslicher Gewalt verstanden werden, andere Ursachen sind jedoch denkbar.

1.5.1 Körperliche Auswirkungen

Zu den körperlichen Folgen häuslicher Gewalt zählen akute Verletzungen. Darunter können Hieb- und Stichverletzungen sowie Biss-, Schürf-, Kratz-, Platz-, Riss-, Brand- und Schnittwunden zählen. Weiterhin kann es zu Hämatomen, Würgemalen, Quetschungen und Prellungen kommen. Auch Knochenbrüche sind nicht selten, insbesondere Nasenbeinbrüche, Armbrüche und Rippenbrüche. Schwerhörigkeit aufgrund von Trommelfellverletzungen durch Schläge kann eine weitere Folge sein. Auch die Beeinträchtigung der Sehfähigkeit kann auf Gewalterfahrungen zurückgeführt werden (vgl. Hellbernd/Brzank/Wieners 2004). Verletzungen im Bereich der

Zähne und des Kiefers sind weitere körperliche Auswirkungen. Massive Gewalt kann zu andauernden Einschränkungen führen, indem bspw. die Hör- und Sehfähigkeit langfristig gemindert ist. »Die Folgen einer Nichtbehandlung können Chronifizierungen und dauerhafte Behinderungen und Beeinträchtigungen sein« (Hellbernd/Wieners 2002: 7). Die Schutzprojekte sind daher aufgefordert, sich an den Bedürfnissen der Adressat*innen zu orientieren und auch blinden- und hörlosengerechte Angebote zu schaffen. Zu den weiteren auf Dauer bestehenden Einschränkungen gehören eingeschränkte Beweglichkeit und reduzierte Kraft in einer Extremität (vgl. Truninger 2010). Daher sollten die Schutzprojekte auch gehbehindertenfreundlich konzipiert und umgesetzt werden.

1.5.2 Psychische Auswirkungen

In der praktischen Arbeit mit gewaltbetroffenen Frauen berichteten diese, dass die psychischen Folgen als gravierender und als wesentlich langanhaltender als die körperlichen Verletzungsfolgen nach Gewalthandlungen wahrgenommen wurden. Zu den psychischen Auswirkungen zählen bspw. Posttraumatische Belastungsstörungen (PTBS). Entgegen gängigen Annahmen prägt nicht jede gewaltbetroffene Frau eine klassifizierbare PTBS aus. Viele reagieren mit akuten Traumareaktionen, die im Verlaufe der Zeit abflauen. Weitere psychische Folgen können Essstörungen, Schlafstörungen, Niedergeschlagenheit/Depressionen, Stress, Ängste, Phobien, Panikattacken und Alpträume sein. Zudem treten bspw. Scham- und Schuldgefühle, Hilflosigkeits- und Wertlosigkeitsgefühle, Antriebslosigkeit und Konzentrationsschwäche, dauerndes Grübeln, Ärger- und Rachegefühle, Müdigkeit, Schwierigkeiten bei der Arbeit oder Probleme im Umgang mit Männern auf (vgl. Gabriel 2004; GiG-net 2008; Gloor/Meier 2004; Moore et al. 2006). Häufig geht die Gewaltbeziehung mit einem Verlust des Selbstwertgefühls und der Selbstachtung einher und kann bis zum Suizid führen (vgl. Truninger 2010).

Darüber hinaus fanden Müller und Schröttle (2004a) eine erhöhte Anfälligkeit für Erkrankungen bei gewaltbetroffenen Frauen heraus. Hatten Frauen sexuelle und/oder körperliche Gewalt erfahren, zeigten sie mehr Depressionssymptome und gaben an, über eine schlechtere Gesundheit zu verfügen als Frauen ohne Gewalterfahrungen (vgl. Bonomi et al. 2007). Die Werte für Depressionen standen in Abhängigkeit zu den Erfahrungen der befragten Frauen: Den niedrigsten Wert zeigten Frauen ohne Gewalterfahrung, gefolgt von Frauen, die ausschließlich körperliche Gewalt erfahren hatten. Wesentlich größer waren die Werte für Depressionen bei Frauen mit sexuellen Gewalterfahrungen bzw. physischen und sexuellen Gewalterfahrungen. PTBS oder Depressionen können aber auch als Folgeerscheinungen nach nicht-körperlichen Gewaltanwendungen auftreten. Nach Müller und Schröttle treten bei Frauen, die psychische Gewalt erfahren haben, mehr Beeinträchtigungen psychischer Art auf im Vergleich zu Frauen, die körperlicher oder sexueller Gewalt ausgesetzt waren (2004a). Über ein Drittel bis über die Hälfte der befragten Frauen (je nach erlebter Art der Gewalt) gaben an, dass durch die Gewalt ihr Selbstwertgefühl negativ beeinträchtigt wurde (vgl. ebd.). Die hohe Zahl der Frauen, die psychische Folgen von Gewalt benannten (64 % bei körperlicher Gewalt,

79 % bei sexueller Gewalt und 83 % bei psychischer Gewalt), deutet auf einen großen Hilfebedarf im psychotherapeutischen Bereich hin (vgl. GiG-net 2008).

1.5.3 Psychosomatische Auswirkungen

Alle psychosomatischen Auswirkungen haben die Gemeinsamkeit, dass sich psychische Phänomene körperlich manifestieren und eventuell chronifizieren können, so dass die eigentliche Ursache der Beschwerden nicht mehr erkennbar ist und oft nur eine medizinische Behandlung der Symptome stattfindet. Insbesondere wenn psychische Belastungen nicht adäquat verarbeitet werden, können sie sich körperlich niederschlagen. Es handelt sich dabei

> »um Organschädigungen oder Störungen körperlicher Funktionssysteme, deren Auftretensbedingungen oder Verlaufseigenschaften so stark durch psychische Faktoren mitbestimmt werden, dass medizinische Kategorien allein das Geschehen nicht ausreichend charakterisieren können. In einem solchen Fall wird das klinische Bild der körperlichen Erkrankung in erheblichem Ausmaß mit durch Lernvorgänge, emotionale Faktoren, Einstellungen und Bewältigungsstrategien, Risiko- und Krankheitsverhaltensweisen, akute psychosoziale Belastungssituationen oder chronisch schlechte Lebensbedingungen geprägt« (Leplow 2006: 429).

Beispiele für psychosomatische Erkrankungen sind chronische Anspannung, Angst und Verunsicherung, die sich als dauerhafte Stressreaktion des Körpers psychosomatisch abbilden können. Weitere psychosomatische Beschwerden sind chronische Schmerzsyndrome, wie bspw. Kopf-, Rücken-, Unterleibs- oder Nackenschmerzen ohne organische Ursache. Aber auch auf den Gastrointestinaltrakt sind Auswirkungen in Form von Magen-Darm-Störungen möglich, z. B. Essstörungen, Reizdarmsyndrom, Übelkeit, Appetitverlust oder funktionelle Magenkrankheiten. Auch Harnwegsinfektionen und Atemwegsbeschwerden, z. B. Atemnot, können zu den psychosomatischen Auswirkungen häuslicher Gewalt gezählt werden (vgl. ebd.). Auch nach psychischen Gewalterfahrungen können die genannten Symptome im körperlichen Bereich auftreten.

> »Es ist bekannt, dass Stress unmittelbar vielfältige körperliche Beschwerden hervorrufen oder verstärken kann […]. Auf diese Weise wird von manchen Menschen Stress in Verbindung mit traumatisierenden oder auch sonst schwierigen Lebensereignissen durch Körperempfindungen ausgedrückt« (Dutton 2002: 98).

Von den Frauen, die Gewalt in Partnerschaften erleben, waren einige schon als Kind direkter oder indirekter Gewalt im Elternhaus oder durch andere Fürsorgepersonen ausgesetzt. Im Verlauf des Lebens erfahrene positive wie negative soziale Einflüsse, Lern- und Erfahrungsprozesse, wie bspw. die Qualität bzw. das Vorhandensein emotionaler Bindungen, traumatische Erlebnisse oder andere emotionale Belastungen, können physiologische Veränderungen hervorrufen (vgl. Geißler-Piltz et al. 2005). Dauerhafte Veränderungen der Hirnfunktion können durch diese Erfahrungen ausgelöst werden, besonders wenn Verluste, Traumata oder starke emotionale Einschnitte in Phasen synaptischer oder neuronaler Plastizität stattfinden. Etablieren sich diese neuronalen Veränderungen, sind diese im Erwachsenenalter nur sehr schwer und unter großem therapeutischen Aufwand veränderbar (vgl. Braun/Bogerts 2001).

1.5.4 Gynäkologische Auswirkungen und Folgen für die reproduktive Gesundheit

Im gynäkologischen Bereich zählen bspw. Eierstock- und Eileiterentzündungen, vaginale Verletzungen, Blutungen, Harnwegsinfektionen zu den gesundheitlichen Auswirkungen von physischen oder sexuellen Gewalterfahrungen. Sexuell übertragbare Krankheiten, HIV/Aids, Störungen der sexuellen Autonomie und Unregelmäßigkeiten der Menstruation sowie ungewollte Schwangerschaften können Folge sexueller Gewalt sein. Letztere gehen mit einem erhöhten Maß an Schwangerschaftsabbrüchen einher im Vergleich zu Frauen, die keine Gewalt durch ihren Partner erlebten. Auch ungewollte Kinderlosigkeit kann durch häusliche Gewalt verursacht werden. Fehl-, Früh- und Totgeburten sowie ein niedriges Geburtsgewicht des Säuglings können auf Gewalterfahrungen der Mutter hindeuten, da diese präventive Maßnahmen während der Schwangerschaft weniger stark in Anspruch nehmen (vgl. Brzank 2012). Sind Schwangere Gewalt und Drohungen ausgesetzt, so leiden sie unter starken Belastungen. Neben einer direkten Gefährdung durch die Gewalt können Komplikationen während der Schwangerschaft und des Geburtsvorganges aufgrund des Stresses folgen. Retraumatisierungen durch die Geburt sind nicht selten (vgl. Müller/Schröttle 2004). Da das Risiko für häusliche Gewalt in der Phase der Schwangerschaft und Geburt stark erhöht ist, brauchen die Betroffenen in dieser vulnerablen Phase besonderen Schutz (vgl. Truninger 2010).

> »Nach einer Sonderauswertung der bundesdeutschen Gewaltprävalenzstudie berichteten 23 % der Frauen, die hierzu Angaben in Bezug auf Gewalt in der letzten gewaltbelasteten Paarbeziehung gemacht haben (N=784), die Gewalt sei erstmals im Kontext von Schwangerschaft und/oder Geburt des*der Kinder aufgetreten« (Hornberg et al. 2008: 19).

Von den durch Müller und Schröttle (2004a) befragten Frauen gaben 3 % an, dass sie ihr Kind durch häusliche Gewalt verloren haben.

Neben körperlichen und psychischen Auswirkungen häuslicher Gewalt verändert sie auch das Gesundheitsverhalten der Betroffenen und hat Einfluss auf das soziale Umfeld. Insbesondere Kinder sind häufig direkt oder indirekt durch die Gewalterfahrungen mitbetroffen.

1.5.5 Gesundheitsgefährdende (Überlebens-)Strategien

Ein erhöhter Alkohol- und Zigarettenkonsum ist bei vielen gewaltbetroffenen Frauen in der Praxis zu beobachten. Das dies kein gesundheitsförderndes Verhalten ist, erklärt sich von selbst. Es bestehen große Schnittmengen zwischen Menschen mit Gewalterfahrungen und denen mit Substanzmittelkonsum. Teilweise besteht ein direkter Zusammenhang mit PTBS (vgl. Brzank 2012). Der überhöhte Konsum der berauschenden, beruhigenden oder realitätsverändernden Substanzen soll als eine Art der Selbstmedikation kurzfristige Entspannung ermöglichen, zur Beruhigung beitragen und im Fall des Alkohol- oder Beruhigungsmittelkonsums die Schlaffähigkeit verbessern. Auch Medikamenten- und Drogengebrauch dienen denselben Zwecken. Zudem sollen sie körperliche Schmerzen lindern oder Aufputschen, um so die Situation erträglicher zu gestalten und im Alltag zu ›funktionieren‹. Frauen mit Gewalterfahrungen weisen ein 3,6- bis 3,8-fach höheres Risiko für missbräuchlichen Substanzkonsum im Vergleich zu Frauen, die keine Gewalterfahrungen hatten (vgl. ebd.). Wird der Substanzkonsum über einen längeren Zeitraum beibehalten, kann sich ein ausgeprägtes Suchtverhalten herausbilden.

In der Prävalenzstudie (vgl. Müller/Schröttle 2004a) gaben je nach Gewaltart 9 % bis 20 % der befragten Frauen an, Substanzen, Drogen oder Medikamente als Bewältigungsmittel nach der erfahrenen Gewalt zu konsumieren. Der Tabakkonsum war um das Zwei- bis Dreifache erhöht, im Vergleich zu Frauen ohne Gewalterfahrungen.

> »Psychische Gewalt und sexuelle Gewalt [sind] durch besondere Belastungen und Nachfolgebeschwerden gekennzeichnet […], denn hier wurde vergleichsweise häufig auf unterschiedliche Substanzen zurückgegriffen. Am häufigsten griffen die Befragten bei allen Formen von Gewalt auf Beruhigungs-/Schlafmittel und Alkohol zurück« (ebd.: 150).

Frauen, die Substanzmittel konsumieren, waren im Vergleich zu konsumierenden Männern eher Gewalt in der Kindheit oder im Erwachsenenalter ausgesetzt. Der Substanzmittelkonsum wird als eine Art Copingstrategie betrieben, um mit der erfahrenen Gewalt und deren Auswirkungen zurechtzukommen, nach innen zu flüchten, zu verdrängen oder zu vergessen (vgl. Gutierres/Van Puymbroeck 2006).

Frauen werden immer noch häufiger Medikamente verschrieben als Männern. Nach einer Studie von Buth et al. (2014) zur Epidemiologie der Langzeitverschreibung von Medikamenten mit Abhängigkeitspotential zeigte sich,

> »dass Frauen in deutlich stärkerem Ausmaß von Medikamentenverschreibungen […] betroffen sind und auch mit größerer Wahrscheinlichkeit ein problematisches Gebrauchsmuster entwickeln. Insbesondere bei Benzodiazepinen, Z-Substanzen und Antidepressiva sowie bei Opioid-Analgetika sind erheblich höhere Verordnungsraten bei den weiblichen Patienten zu beobachten. Eine Ausnahme bilden lediglich die Amphetamine, die unter den zumeist jüngeren Patientinnen und Patienten vermehrt an männliche GKV [Gesetzliche Krankenversicherung, Anm. J. W.]-Versicherte verschrieben werden. Diese Unterschiede betreffen nicht die Wirkstoffdosierungen«.

Der Medikamentenkonsum trägt dazu bei, dass gewaltbetroffene Frauen die Situation länger und passiv ertragen, anstatt aktiv nach Auswegen und Hilfe zu suchen. Beinahe die Hälfte der Teilnehmerinnen einer kanadischen Studie, die von Gewalt durch den Partner betroffen waren, nahmen Schmerz- und/oder andere psychotropische Medikamente, davon ca. ein Drittel Antidepressiva (vgl. Wuest/Merritt-Gray et al. 2007). Im Vergleich zu den Frauen der Allgemeinbevölkerung war der Konsum deutlich erhöht. Auch schwangere Frauen konsumierten häufiger Substanzmittel oder waren öfter untergewichtig, wenn sie Opfer häuslicher Gewalt waren (vgl. Brzank 2012).

Durch Gewalt kann das Verhältnis zum eigenen Körper massiv beeinträchtigt werden bis hin zur Nichtwahrnehmung der eigenen körperlichen Grenzen, da diese kontinuierlich überschritten wurden. Risikoreiches Beziehungs- und Sexualverhalten, z. B. durch ungeschützten Sexualverkehr oder häufig wechselnde Sexualpartner*innen, kann bei einigen Frauen zur kurzfristigen Aufwertung des Selbstwertgefühles beitragen, wenn dieses nicht auf andere Weise möglich ist. Dies kann auch als Überlebensstrategie gewertet werden. Folgen davon können das Leiden an sexuell übertragbaren Krankheiten oder ungewollte Schwangerschaften sein (vgl. Coker 2007). Auch selbstverletzendes Verhalten, z. B. durch Ritzen oder Verbrennungen, ist als Bewältigungsstrategie zu deuten. Dies kommt bspw. zum Zweck der Spannungsreduktion oder um sich selbst zu spüren zum Einsatz (vgl. Müller/ Schröttle 2004a). Das von außen betrachtet schädigende Verhalten trägt bei einigen Frauen dazu bei, dass sie ihren Körper wieder spüren, die Beziehung zu ihrem Körper wiederherstellen und Stress abbauen konnten (vgl. Wahren 2016). Risikoreiches Beziehungs- und Sexualverhalten und selbstverletzendes Verhalten könnten auch Hinweise auf eine Borderline-Persönlichkeitsstörung sein, bei der Gewalterfahrungen (vor allem in der Kindheit) als verursachender Risikofaktor gelten kann.

Neben den oben aufgeführten gesundheitsgefährdenden Bewältigungsstrategien nach erfahrener Beziehungsgewalt ergänzen Hornberg et al. (2008), dass gewaltbetroffene Frauen weniger außerhäusliche Sportaktivitäten wahrnehmen als Frauen ohne Gewalterfahrung. Erlebten sie Gewalt in der Kindheit oder im Erwachsenenalter, waren sie stärker sozial isoliert und hatten Probleme, soziale Beziehungen aufzubauen bzw. zu halten. Die Schwierigkeit, Kontakte aufzubauen, kann auch eine Folge der Gewalterfahrungen sein. Das ist dann der Fall, wenn das Opfer durch den gewalttätigen Partner von Außenkontakten isoliert wurde. In der praktischen Arbeit mit gewaltbetroffenen Frauen zeigte sich, dass dies ein übliches Verhalten ist, um die Gewalt geheim zu halten. Die Flucht in eine Schutzeinrichtung, unter Umständen in einem anderen Bundesland oder einer anderen Stadt, kann dazu führen, dass alle Kontakte abgebrochen werden. Nach Hornberg et al. (vgl. ebd.) steht soziale Isolation in einem starken Zusammenhang mit gesundheitlichen Beschwerden. So entsteht ein Teufelskreis zwischen Isolation, Gewalt, gesundheitlichen Beschwerden, die wiederum zu größerer Isolation, erneuter Gewalt und stärkeren Gesundheitsbeeinträchtigungen und in Summe zu großem persönlichen Leid und verlorener Lebenszeit führen. Aus der Social-Support-Forschung ist bekannt, dass mithilfe sozialer Unterstützung ökologische, finanzielle und soziale Schwierigkeiten, aber auch psychische und physische Störungen bewältigt und deren Folgen für Leben und Gesundheit abgepuffert, überwunden oder akzeptabel gestaltet werden können (vgl. Nestmann 2005).

1.5.6 Soziale Auswirkungen

Gewalterfahrungen haben nicht nur Einfluss auf die Gesundheit und das Gesundheitsverhalten der Betroffenen, sondern können sich auch auf das Miteinander mit anderen Menschen beruflich wie privat auswirken. Die erlebte Gewalt verursacht Scham-, Schuld- und Minderwertigkeitsgefühle, die zum Rückzug aus sozialen Beziehungen führen können. Das Kohärenzgefühl wird beeinträchtigt und der Versuch, alle Situationen zu vermeiden, die an die erlebte Gewalt erinnern könnten, fördern das Rückzugsverhalten. Zur selben Zeit wächst das Bedürfnis nach Zuwendung und Schutz und wird teilweise ausgelebt. Das führt dazu, dass die betroffene Person zwischen Isolation und haltsuchendem Anklammern in instabilen Beziehungen ambivalent wirkt. Dieses vorsichtige und ambivalente Hilfesuchverhalten kann als typisch für Menschen mit häuslichen Gewalterfahrungen gesehen werden (vgl. Herman 2006). Einerseits schämen sie sich für die erfahrene Gewalt und fühlen sich schuldig, haben das Gefühl, in der Beziehung versagt zu haben, und haben Angst, nahestehende Personen mit ihren Problemen zu belasten. Zudem besteht aber auch die Angst, dass ihnen nicht geglaubt und die Gewalt bagatellisiert wird. Andererseits besteht die Angst vor weiterer Misshandlung durch den Partner (vgl. Piispa 2002). »Traumatische Ereignisse schalten das soziale Netz aus, das dem Menschen gewöhnlich das Gefühl von Kontrolle, Zugehörigkeit zu einem Beziehungssystem und Sinn gibt« (Herman 2006: 53). Gefühle der Nicht-Zugehörigkeit und Entfremdung treten nach traumatischen Gewalterfahrungen auf, sowohl in der Familie, bei Freund*innen, bei der Arbeit oder in gesellschaftlichen Bezügen. Die Betroffenen fühlen sich fehl am Platz und haben das Bedürfnis allein zu sein. Sind sie allein, wächst der Wunsch unter Menschen zu sein. Die Suche nach sozialen Beziehungen wechselt sich mit dem Rückzug aus diesen ab.

Von außen betrachtet wirken die Betroffenen unzuverlässig und unstetig, was zum Rückzug potenzieller Unterstützer*innen führen kann. Das ist insbesondere dann fatal, wenn sich die Frau von ihrem gewalttätigen Partner trennt. Besonders dann hat das Vorhandensein sozialer Unterstützung bzw. die Vorstellung, dass eine unterstützende Person zur Verfügung stehen könnte, eine große Bedeutung, um Gefühle von Schutz und Sicherheit zurückzugewinnen, neues Selbstvertrauen zu finden oder emotionalen Rückhalt zu erhalten. Auch wenn die Trennung zur Eskalation der Gewalt führt, geht damit eine Veränderung der sozialen Situation einher. Aus einer verheirateten oder in einer Beziehung befindlichen Frau wird eine ledige oder getrenntlebende Frau. Nach Müller und Schröttle (2004a) waren getrenntlebende oder geschiedene Frauen häufiger von Gewalt in früheren Partnerschaften betroffen im Vergleich zu ledigen, verheirateten oder verwitweten Frauen. Speziell Frauen, die körperliche oder sexuelle Gewalt in der Beziehung erfahren hatten, trennten sich von ihrem Partner (vgl. ebd.). Beziehungsverluste zu Freund*innen und Verwandten oder Kolleg*innen oder die Einschränkung sozialer Beziehungen können Folge sozialer Gewalt sein, die mit Isolation, Verboten und Kontrolle einhergeht. Für viele sind jedoch gerade diese Kontakte wichtig, um sich aus der gewaltgeprägten Situation zu lösen und die Trennung aufrecht zu erhalten: »Many of them cannot leave without adequate and available support systems« (Barnett 2001: 5). Nach Dutton (2002) können die Abhängigkeit vom gewalttätigen Partner, Schwierigkeiten in intimen Beziehungen oder generell sexuelle Probleme, Misstrauen gegenüber anderen Personen oder der eigenen Wahrnehmung als weitere soziale Folgen häuslicher Gewalt gelten.

Infolge der Gewalterfahrung gaben über 30 % der Befragten langfristige psychosoziale Auswirkungen an (vgl. Müller/Schröttle 2004b), die das Eingehen und Aufrechterhalten sozialer Beziehungen erschweren können. In der Arbeit mit gewaltbetroffenen Frauen zeigte sich bei einigen, dass sie zukünftig lieber allein leben wollten, als nochmals eine Partnerschaft einzugehen.

Auch auf den Arbeitsbereich kann sich die Erfahrung häuslicher Gewalt auswirken. In der Prävalenzstudie wurden Kündigung bzw. der Wechsel des Arbeitsplatzes und Umzug von jeweils ca. 30 % als langfristige Gewaltfolge angegeben (vgl. Müller/Schröttle 2004a). Wiederholte kurzfristige Arbeitsunfähigkeit, Konzentrationsstörungen und verminderte Leistungsfähigkeit infolge der erlebten Gewalt sowie Stalking am Arbeitsplatz können zu Schwierigkeiten in kollegialen Beziehungen oder zur Kündigung der Stelle und zu Arbeitslosigkeit führen.

1.5.7 Sozioökonomische Folgen

Häusliche Gewalt bringt nicht nur einschneidende Veränderungen im Leben der Betroffenen mit sich, sie verursacht auch immense Kosten – zum einen für die Betroffenen, zum anderen für die Gesellschaft. Folgekosten häuslicher Gewalt entstehen den Betroffenen bspw. durch den Verlust des Arbeitsplatzes, durch Überschuldung durch Umzüge und Kautionszahlungen, die Ersatzbeschaffung von Möbeln und Kleidung. Zudem haften die Frauen häufig für riskante finanzielle Unternehmungen des Ex-Partners, z. B. für Hauskäufe oder dessen Mietschulden. Nach Humphreys (2007) besteht ein doppelter Zusammenhang zwischen häuslicher Gewalt und Armut. Armut kann einerseits als Folge häuslicher Gewalt eintreten, andererseits ist in armen Familien oder Beziehungen das Risiko für Gewalterfahrungen durch die dauerhafte Belastung erhöht. Häusliche Gewalt ist oft mit einem hohen Armutsrisiko und sozialem Abstieg verbunden. Besonders für alleinerziehende Frauen besteht ein erhöhtes Armutsrisiko, auch weil gewalttätige Ex-Partner weniger Unterhalt zahlen (vgl. Brzank 2012). Zudem weisen alleinerziehende Frauen, die von häuslicher Gewalt betroffen waren, eine höhere Morbidität auf. So leiden sie häufiger unter Schmerzsyndromen, psychosomatischen Beschwerden, psychischen oder emotionalen Befindlichkeitsstörungen und weisen einen erhöhten Substanzmittelkonsum auf (vgl. ebd.), wodurch die Verdienstmöglichkeiten eingeschränkt werden. Sie schätzen ihren Gesundheitszustand als schlechter ein im Vergleich zu Frauen, die nicht alleinerziehend sind (vgl. Saß et al. 2005).

Weitere finanzielle Aufwendungen entstehen den Betroffenen durch Zuzahlungen zu Medikamenten und ärztlichen Leistungen, Rechtsberatung, die Einrichtung einer neuen Wohnung, neuen Telefon- und Internetverträge nach einer Trennung, Verdienstausfall bei längerer Erkrankung. Für Angehörige und Freund*innen können Kosten durch persönliche Unterstützung gewaltbetroffener Frauen und Kinder entstehen. Auch der frühzeitige Abbruch von Schule, Studium oder Ausbildung durch die Gewalterfahrung führt indirekt zu Kosten, da infolge nur Arbeit im Niedriglohnsektor bzw. als ungelernte Kraft in Frage kommt. Dazu kommen nicht zählbare Kosten durch den Verlust von Beziehungen zu Freund*innen oder Familienmitgliedern, zu Haustieren oder von persönlichen Gegenständen, Fotos, Erinnerungsstücken etc. Zu den nicht-monetären Kosten zählen darüber hinaus der Verlust von Lebensqualität durch Süchte oder (chronischen) Krankheiten, Ängste und/oder psychische Probleme durch Trennung, Umzug, Flucht, Fremdunterbringung oder Isolation. Manche Frauen begeben sich lieber in die (versteckte) Obdachlosigkeit, als länger der Gewalt in der Beziehung ausgesetzt zu sein. »Beziehungsgewalt ist ein wichtiger Auslöser von Trennungen, Scheidungen und damit für z. T. abrupt eintretende Armut und Wohnungslosigkeit« (Enders-Dragässer/Sellach 1998: 7). Dauerhafte lautstarke Auseinandersetzungen in der Beziehung können das Verhältnis zu Nachbar*innen und Vermieter*innen beeinträchtigen. Kündigungen seitens der Vermieter*innen oder die Aufgabe der Wohnung aufgrund der Flucht aus der Beziehung erhöhen das Risiko der Wohnungslosigkeit (vgl. Brzank 2012). In einem Modellprojekt mit wohnungslosen Frauen gaben bis zu 83 % Gewalterfahrungen an. Arbeiten Sozialarbeitende mit wohnungslosen Frauen, sollte ein besonderes Augenmerk auf Wohnungslosigkeit als ein Gewaltrisiko gelegt werden. Manche Frauen gehen Beziehungen mit gewalttätigen Männern ein, um nicht mehr obdachlos zu sein (vgl. ebd.). Auch für diese trifft das Gewaltschutzgesetz (GewSchG) zu und es ist möglich eine Wohnungszuweisung/Wegweisung des Täters beim zuständigen Amtsgericht zu erwirken, auch wenn die Frau nicht im Mietvertrag steht.

Die Beeinträchtigung der Lebensplanung und des möglichen beruflichen Erfolges, verpasste Aufstiegschancen aufgrund von Konzentrations- und Schlafstörungen, die Kollision mit Normen und Gesetzen, z. B. durch den Konsum illegaler Rauschmittel, Prostitution oder Vernachlässigung der eigenen Kinder können ebenfalls zu den persönlichen Folgekosten häuslicher Gewalt gezählt werden (vgl. Kavemann o. J.).

In Bezug auf die Erwerbssituation ergeben sich Veränderungen durch Folgen häuslicher Gewalt, wenn bspw. gesundheitliche Probleme auftreten oder negatives Gesundheitsverhalten als Copingstrategie gewählt wird. Durch ein vermindertes Selbstwertgefühl und die belastende stressreiche Situation ist es gewaltbetroffenen Menschen erschwert, eine neue Stelle zu finden, den Anforderungen gerecht zu werden und die Anstellung zu behalten. Arbeitsplatzprobleme können durch Unkonzentriertheit, Unpünktlichkeit, eingeschränkte Belastungsfähigkeit, unentschuldigte Abwesenheit und längere Krankheit auftreten. Zusätzlich kann das von der Arbeit Abhalten wollen durch den Partner, dessen Kontrolle oder Belästigung am Arbeitsplatz oder während der Arbeitszeit die Arbeitssituation erschweren und Kündigungen begünstigen (vgl. Brzank 2012). In manchen gewaltgeprägten Beziehungen wird den Frauen verboten zu arbeiten. Dadurch wird die Abhängigkeit vom Partner erhöht, da dieser oft Alleinverdiener ist und über staatliche Unterstützung nichts bekannt ist bzw. abgelehnt werden.

Nach Müller und Schröttle (2004a) konnten 20 % der gewaltbetroffenen Frauen aufgrund der gesundheitlichen Belastungen ihren alltäglichen Aufgaben nicht mehr nachgehen. Sind gewaltbetroffene Frauen ohne Arbeit, kann das langfristige Folgen für ihre Gesundheit, das Gesundheitsverhalten, Gesundheitsrisiken, aber auch -chancen mit sich bringen. Bspw. kann die Zeit genutzt werden, um sich intensiv um die Betreuung der Kinder zu kümmern. Leider überwiegen oft die negativen Auswirkungen der Arbeitslosigkeit: erhöhte Mortalität und eine erhöhte Inanspruchnahme des Gesundheitswesens.

Kausalitäts- und Selektionshypothese

Um den Zusammenhang zwischen Armut und Erkrankungen darzustellen, wurden die Kausalitäts- und die Selektionshypothese aufgestellt und empirisch

> untersucht (vgl. Grobe/Schwartzer 2003). Die Kausalitätshypothese sagt aus, dass Erwerbslosigkeit zu einem erhöhten Erkrankungsrisiko führt. Nach der Selektionshypothese haben erkrankte Personen ein höheres Erwerbslosigkeitsrisiko.

Menschen, die arbeitslos sind, verfügen meist über geringere finanzielle Mittel, um den Alltag zu bestreiten. Dies kann auch Auswirkungen auf die Wohnsituation (beengte Wohnverhältnisse, Lärmbelastung, geringe Wohnqualität) haben.

Nach Grobe und Schwartzer (vgl. ebd.) sind arbeitslose Menschen weniger zufrieden mit ihrer Gesundheit, der familiären Situation und Beziehungen zu Freund*innen und Bekannten im Vergleich zu Berufstätigen. Auch in Bezug auf gesundheitsbeeinflussendes Verhalten, wie z. B. Rauchen, Alkoholkonsum, Ernährung, körperliche Aktivität, zeigten arbeitslose Menschen weniger gesundheitsfördernde Verhaltensweisen. Die Summe der Faktoren kann ein erhöhtes Erkrankungsrisiko begünstigen.

»Nicht erst Arbeitslosigkeit, sondern bereits Arbeitsplatzunsicherheit ist mit einem häufigeren Auftreten von Gesundheitsproblemen assoziiert. Beschäftigte, die ihren Arbeitsplatz als gefährdet ansehen, sind häufiger stressbelastet und weisen ein deutlich erhöhtes Risiko für psychische Erkrankungen auf als erwerbstätige Männer und Frauen in ungefährdeten Beschäftigungsverhältnissen« (Lampert et al. 2021).

Nach der Selektionshypothese entsteht durch Krankheit ein höheres Erwerbslosigkeitsrisiko. »[G]esundheitlich eingeschränkte Personen [unterliegen] einem höheren Risiko, ihren Arbeitsplatz zu verlieren, und haben schlechtere Chancen auf eine berufliche Wiedereingliederung« (ebd.). Leiden Menschen unter gesundheitlichen Belastungen, z. B. infolge häuslicher Gewalt, sind sie weniger leistungsfähig, sind unkonzentriert, machen häufiger Fehler. Mit Bezug auf Untersuchungen zur Gesundheit in Deutschland (GEDA-Studie) belegen Lampert et al. (2021), dass bei den Personen mit Arbeitslosigkeitserfahrungen in den vergangenen fünf Jahren bei jedem vierten Mann (25 %) und etwa jeder fünften Frau (22 %) die gesundheitliche Beeinträchtigung ein Grund für den Verlust ihres Arbeitsplatzes war. »Außerdem berichteten 83 % der Männer und 85 % der Frauen, dass sich ihr Gesundheitszustand nach Eintritt in die Arbeitslosigkeit nicht wieder verbessert oder sogar noch weiter verschlechtert habe« (ebd.). Erwerbslosigkeit und Gesundheit stehen also in engem Zusammenhang und beeinflussen sich gegenseitig. Häusliche Gewalterfahrungen erhöhen das Risiko erwerbslos und/oder krank zu werden.

Die gesellschaftlichen Folgekosten häuslicher Gewalt entstehen auf verschiedenen Ebenen. Betroffen sind u. a. die Bereiche Gesundheit, Polizei und Justiz, Soziales wie auch Volkswirtschaft und Arbeitsmarkt. Für den Bereich der gesundheitlichen Versorgung entstehen bspw. Kosten für Behandlungen im ambulanten und stationären Bereich, für Medikamente, Physiotherapie und Psychotherapie sowie Zahnersatz. Kosten für Polizeieinsätze bei häuslicher Gewalt, Haftkosten oder Gerichtskosten sind dem Bereich Polizei und Justiz zuzuordnen. Im sozialen Bereich laufen Kosten auf durch den Unterhalt von Frauenhäusern, Zufluchtswohnungen und Beratungsstellen für gewaltbetroffene Frauen* und oder Männer*, aber auch Beratungs- und Therapieeinrichtungen für gewaltausübende Personen, Jugendhilfemaßnahmen, Präventionsangebote, Supervision oder Weiterbildungen. Im Bereich

Volkswirtschaft und Arbeitsmarkt entstehen Kosten z. B. durch Arbeitsausfälle aufgrund von körperlichen und psychischen Gewaltfolgen, Bezug von Arbeitslosengeld I, Arbeitslosengeld II oder Krankengeld, Leitungsreduktion und Produktivitätsminderung aufgrund psychischer Belastung (vgl. Krug et al. 2003; Waters et al. 2004; Kavemann o. J.). Die Summe, die die Bundesrepublik jährlich für die Folgen häuslicher Gewalt aufbringen muss, z. B. für Polizeieinsätze, Gerichtsverhandlungen, Arztrechnungen, betragen im Jahr geschätzt 3,8 Milliarden Euro (vgl. Sacco 2017). Wenn die Bundesregierung die Ausgaben zum Schutz von Frauen von sechs Millionen im Jahr 2019 auf 30 Millionen Euro im Jahr 2020 angehoben hat, ist dies noch lange nicht ausreichend (vgl. Aisslinger 2021).

Inzwischen existieren einige Länderstudien zu den gesellschaftlichen Folgekosten häuslicher Gewalt (z. B. Walby 2004 für England und Wales, Piispa/Heiskanen 2001 für Finnland oder Godenzi/Yodanis 1998 für die Schweiz). Aufgrund unterschiedlicher Rechts- und Sozialsysteme sind diese jedoch nicht vergleichbar, auch jeweils unterschiedliche Gewaltarten werden in den einzelnen Ländern betrachtet. Den Ergebnissen der Länderstudien ist gemein, dass sie enorme Ausgaben für häusliche Gewaltfolgen erheben, die zumindest zum Teil durch frühzeitige Prävention und Intervention bei ersten Anzeichen häuslicher Gewalt eingespart werden könnten. Damit könnten Staaten eine Unmenge an Geld sparen und die persönlichen Folgekosten würden eingedämmt werden. Der Bericht »The Economic Dimensions of Interpersonal Violence« der WHO (vgl. Waters et al. 2004) gibt einen detaillierten Überblick zu Kosten häuslicher Gewalt und möglichen Einsparungen in unterschiedlichen Interventionsfeldern.

1.5.8 ›Potenzierende‹ Effekte

Die sozioökonomischen Auswirkungen häuslicher Gewalt kumulieren mit den gesundheitlichen Folgen. »[D]ifferences in exposure to the stressor or hardship parallel disparities in health and that differences in both stress exposure and health parallel the status locations of people in stratified systems« (Pearlin et al. 2005: 209). Ein geringeres Maß an Gesundheit und knappere finanzielle Ressourcen führen zu einer dauerhaften Belastung, die für die Betroffenen ein erhöhtes Stresslevel mit sich bringt. Diese Stressoren erzeugen weiteren Stress im Lebenslauf und können als sekundäre Stressoren die Gesundheit wesentlich stärker beeinträchtigen im Vergleich zu primären Stressoren. »Exposure to trauma […] can lead to secondary stressors that exert their own harmful health consequences, either along with or in place of the initial event« (ebd.: 210 f.). Frauen, die von schwerer Gewalt betroffen waren, zeigten ein größeres Ausmaß an Stress, physischen Gesundheitsbeschwerden und Depressionen (vgl. Brzank 2012). Der Zusammenhang zwischen Stress und physischen wie psychischen Folgen liegt auf der Hand. Dennoch resultieren die gesundheitlichen Einschränkungen gewaltbetroffener Frauen oft nicht direkt aus der erfahrenen Gewalt (außer Verletzungsfolgen), sondern aus sozioökonomischen Gewaltfolgen, die sich in den Bereichen Beziehungen, Finanzen und Beschäftigung manifestieren.

> »A survivor's psychological health is jeopardized by the detrimental impact violence has on various parts of her life – her financial security; her relationship with neighbors, friends, and family members; and her ability to secure employment« (Sutherland et al. 2002: 628).

Wie stark sich die Gewalt auf die verschiedenen Lebensbereiche auswirkt, hat großen Einfluss auf die psychische Gesundheit. Nach Sutherland et al. (2002) besteht die Verbindung zwischen Gewalt und Gesundheit/Krankheit auf drei Ebenen: durch die Verletzungen, durch den Stress und/oder durch die Kombination von Stress und Depressionen.

> »Women who reported higher rates of abuse had higher levels of stress, depression, and physical health symptoms compared with women who had no or lower rates of abuse. Subsequently, the stress women experienced significantly mediated the relationship between abuse and their physical health and the relationship between abuse and their level of depression« (ebd.: 627).

Diese Zusammenhänge zu kennen ist für Sozialarbeitende von besonderer Bedeutung. Gelingt es, den Aufbau von stabilen hilfreichen Beziehungen für gewaltbetroffene Frauen zu fördern, den Zugang zu Finanzen und dem Beschäftigungssektor zu verbessern, könnte langfristig eine Stabilisierung der Gesundheit einsetzen. Eine stabile Gesundheit könnte dann wiederum zu einer erfüllenderen Arbeit und einer verbesserten finanziellen Situation beitragen.

1.5.9 Folgen für die Kinder

»Häusliche Gewalt gegen Frauen stellt eine Form psychischer Gewalt gegen Kinder dar, die erst langsam im Bewusstsein der Öffentlichkeit wahrgenommen wird« (Strasser 2006: 47). Erleben Kinder Gewalt in der Familie direkt oder indirekt (mit), können sich psychische, soziale oder kognitive Entwicklungsbeeinträchtigungen herausbilden oder auch physische Erkrankungen entstehen (vgl. Kindler 2006). Kindler (vgl. ebd.) zeigt sechs Möglichkeiten auf, die zur Erklärung des Zusammenhangs zwischen miterlebter häuslicher Gewalt und Entwicklungsbeeinträchtigungen der Kinder herangezogen werden können. Zum ersten könnte die Vermittlung über weitere Belastungsfaktoren, wie z. B. die eigene Gewaltbetroffenheit, vermittelt werden. Begründen lässt sich die Hypothese dadurch, dass Kinder, die Gewalt gegen ihre Mutter erleben, ein erhöhtes Risiko haben, selbst elterlicher Gewalt ausgesetzt zu sein. Eine zweite Möglichkeit, eine Verbindung zwischen miterlebter elterlicher Gewalt und Entwicklungsbeeinträchtigungen herzustellen, ist die Vermittlung über die geteilte genetische Ausstattung. Da die genetischen Merkmale bei der Entstehung von Partnergewalt und Aggressionen eine Rolle spielen, wäre es denkbar, dass bestimmte genetische Faktoren auf der Elternebene die Gewaltausübung und auf der Kindesebene die Herausbildung von Verhaltensauffälligkeiten begünstigen. Ein weiterer Erklärungsansatz wäre zum dritten eine Vermittlung über biologische Wirkungsweisen. Kindler (2006: 39 f.) nimmt an, dass das Miterleben der Gewalt zwischen den Eltern zur Überlastung und »vorübergehend oder dauerhaft zu einem Entgleisen des Stresshormonsystems führen« kann, wodurch auch andere Entwicklungsbereiche des Kindes beeinträchtigt werden. Ein vierter Versuch, den Zusammenhang zwischen häuslicher Gewalt und Entwicklungsbeeinträchtigungen zu erklären, liegt in der eingeschränkten Erziehungsfähigkeit der Eltern. Anzunehmen ist, dass Personen, die häusliche Gewalt ausüben, auch in anderen Bereichen der Beziehungsfähigkeit Defizite aufweisen, indem sie bspw. wenig Empathie zeigen können und sich dies als hinderlich für die altersgemäße Entwicklung der Kinder erweist. Partnergewalt kann, fünftens, aber auch die Erziehungsfähigkeit der Gewaltbetroffenen einschränken. Die starke psychische und auch körperliche Belastung, die mit dem Erleben häuslicher Gewalt einhergeht, kann dazu führen, dass gewaltbetroffene Mütter nicht mehr in der Lage sind, sich dem Wohl des Kindes entsprechend um dessen Versorgung und Erziehung zu kümmern. Auch dadurch kann das Kind in seiner Entwicklung beeinträchtigt werden. Als letzte Möglichkeit, einen Zusammenhang zwischen beeinträchtigter Entwicklung des Kindes und miterlebter Partnergewalt herzustellen, gilt die direkte innerpsychische Verarbeitung der Gewalt. Diese findet in Abhängigkeit von den jeweils spezifischen Bewältigungsformen (z. B. wie groß die Schuldgefühle sind) statt und führt zu günstigeren oder ungünstigeren Formen der Verarbeitung und damit zu einer höheren oder geringeren Belastung, die wiederum auf die Entwicklung Einfluss nimmt.

Indirekte Auswirkungen

Das Miterleben von Gewalt zwischen den Eltern trägt dazu bei, dass das Risiko, als Erwachsene*r selbst von Gewalt betroffen zu sein oder diese auszuüben, um das Zwei- bis Dreifache erhöht ist im Vergleich zu gewaltlos aufgewachsenen Personen (vgl. Müller/Schröttle 2004a). Vermutet wird, dass zum einen Verhalten durch das Lernen am Modell der Erwachsenen erlernt und reproduziert wird. Zu anderen geht Brzank (2012) davon aus, dass erlittenes bzw. beobachtetes Gewaltverhalten zu geringerer eigener Stärke und verminderten eigenen Ressourcen sowie der weniger ausgeprägten Fähigkeit zur Abgrenzung führt. Es gibt Hinweise darauf, dass ein Zusammenhang besteht zwischen eigenem Gewalterleben als Kind oder beobachtetem Gewaltverhalten gegen die Mutter und einer eigenen späteren Täter*innen- bzw. Opferrolle (vgl. ebd.). Eine direkte oder indirekte Übertragung der Gewalt auf die nachfolgende Generation ist möglich und kann zu langfristigen Beeinträchtigungen des Lebens führen. Findet eine innerfamiliäre ›Übertragung‹ der gewaltgeprägten Handlungsmuster über Generationen hinweg statt, spricht man von transgenerationaler Gewalt.

> »Gewaltbereite Eltern haben oft selbst in ihrer Kindheit die vereinfachende Entweder-oder-Lösung von Gewalt erlebt. Schon die eigenen Eltern versuchten sich durch Gewalt aus unerträglichen Spannungszuständen zu befreien und trugen dabei unbeabsichtigt zu einer weiteren Eskalation bei« (Korittko 2020: 102).

Das Durchbrechen transgenerationaler Gewaltkreisläufe ist bspw. durch das Erlernen funktionaler Konfliktlösestrategien oder durch Trainings der Kommunikation und Affektregulation möglich.

Direkte Auswirkungen

Wenn Mütter häusliche Gewalt erleben, sind die Kinder immer mitbetroffen, bspw. durch die oft deutliche Einschränkung der Erziehungsfähigkeit der Eltern (vgl. Brzank 2012). Gewalt gegen die Frau bedeutet auch immer Gewalt gegen das Kind. Auch wenn Frauen vermuten, dass ihr/e Kind/er nichts von den gewalttätigen Handlungen mitbekommen hat/haben, so haben sie meist unrecht. Nach Müller und Schröttle (2004a) gaben 23 % der gewaltbetroffenen Mütter an, dass die Kinder nichts von der häuslichen Gewalt miterlebt haben, 11 % waren sich dahingehend unsicher. Dagegen haben über 57 % der Kinder die Situation(en) gehört und 50 % der Kinder die Gewaltsituation gesehen (vgl. ebd.), Mehrfachnennungen waren möglich.

Kinder sind wie Seismografen, sie haben ein feines Gespür für die Stimmung oder Angespanntheit in der Familie. Als direkte Zeugen von Gewalthandlungen werden Kinder in die Gewalt gegenüber der Mutter involviert oder selbst misshandelt. Gewalt gegen die Mutter ist ein Risikofaktor für gewalttätiges Verhalten gegen die Kinder. Werden Kinder Zeuge von Gewalt gegen die Mutter verspüren sich Angst und Mitleid, fühlen sich belastet. Sie sind hilflos, da sie die Mutter nicht schützen konnten. Diese Reaktionen wurden von fast allen Kindern infolge miterlebter häuslicher Gewalt angegeben (vgl. Kindler/Drechsel 2003).

> »Viele Kinder beschreiben darüber hinaus Versuche, sich innerlich vom Geschehen zu distanzieren und sich selbst abzulenken bzw. zu beruhigen, manche versuchen schlichtend oder schützend einzugreifen oder zumindest im Nachhinein zu trösten oder zu helfen« (Kindler 2006: 27).

Im Verlauf der Gewalthandlungen und ihrer Folgen kommt es zu Situationen, die die Bewältigungsfähigkeiten der Kinder übersteigen. Deegener führt aus, dass »für den Bereich der Internalisierung (z. B. Ängstlichkeit, sozialer Rückzug, Traurigkeit) ein stark ungünstiger Effekt und für die Dimension Externalisierung (z. B. aggressives Verhalten, Regelverletzungen) ein mittlerer ungünstiger Effekt vorliegt« (2009: 358). Aufgrund des Miterlebens häuslicher Gewalt tragen die betroffenen Kinder ein hohes Risiko für die Ausprägung von Verhaltensauffälligkeiten oder emotionalen Störungen, wie z. B. Depressionen, Ängste, Hyperaktivität. »Von Partnerschaftsgewalt betroffene Kinder trugen ein im Mittel fast fünffach erhöhtes Störungsrisiko« (Kindler/Drechsel 2003: 217) für psychische Störungen. Darüber hinaus können ein geringes Selbstwertgefühl, Konzentrationsschwierigkeiten, ein schlechtes Erinnerungsvermögen in Verbindung mit schlechten Schulleistungen, Gefühllosigkeit und Distanz, der Rückzug in eine Phantasiewelt oder das Ausprägen physischer Erkrankungen als Folgen der miterlebten Gewalt auftreten (vgl. Brzank 2012). Zum Teil weisen die Kinder ähnliche gesundheitliche Beeinträchtigungen auf wie Kinder, die selbst Opfer von Misshandlungen geworden sind. Um die Manifestierung der psychischen und körperlichen Beeinträchtigungen einzudämmen, bedarf es frühzeitiger präventiver Angebote, bspw. Angebote speziell für Kinder in Schutzeinrichtungen, wie Frauenhäusern oder Zufluchtswohnungen. Es besteht ein Zusammenhang zwischen starken Belastungen in der Kindheit, z. B. durch das Miterleben häuslicher Gewalt und der Ausprägung von Depressionen, Schlaganfall, koronaren

Herzerkrankungen, Diabetes, Hepatitis, Suizid oder Lungenerkrankungen im Erwachsenenalter – die Morbiditätsrate und ein risikoreicheres Gesundheitsverhalten sind im Vergleich zu Menschen ohne Gewalterfahrung erhöht (vgl. ebd.). Psychische und körperliche Beschwerden und Erkrankungen führen nicht nur zu persönlichem Leid, sondern auch zu einer erhöhten Inanspruchnahme von Einrichtungen des Gesundheitssystems.

1.6 »Protektive« Faktoren

Als »protektiv« werden Faktoren angesehen, die entweder die Auswirkungen von Gewalt auf die körperliche und psychische Gesundheit reduzieren oder dazu beitragen, dass das Risiko sinkt, mit häuslicher Gewalt konfrontiert zu werden. Die Wahrscheinlichkeit Gewalt zu erleben ist von mehreren Komponenten abhängig. Diese haben zudem Einfluss aufeinander und können sich gegenseitig verstärken oder bedingen. Somit lässt sich keine direkte Kausalität zwischen den Komponenten und einem geringeren Risiko Gewalt zu erleben herstellen. Die Bezeichnungen »Prädiktoren« und »protektive« Faktoren kommen rein deskriptiv zur Anwendung. »Protektive« Faktoren oder Prädiktoren beschreiben ein mehr oder weniger gehäuftes Vorkommen bestimmter Anzeichen in Zusammenhang mit Gewalterfahrungen. Da die ursächlichen Zusammenhänge zwischen häuslicher Gewalt und diesen Anzeichen multidimensional sind, können sie ›nur‹ als mögliche ›Warnsignale‹ oder Indikatoren für mögliche Gewalterfahrungen gedeutet werden. »Protektive« Faktoren häuslicher Gewalt wurden bisher selten untersucht.

> »Selbst im Extremfall ist eine Vielzahl von Wirkungen und Reaktionen denkbar, da die Menschen auf widrige Lebensumstände höchst individuell reagieren. Alter und Temperament der Betroffenen haben starken Einfluss darauf, wie sie mit Gewalterfahrungen fertig werden. Auch die emotionale Unterstützung durch ihr persönliches Umfeld erleichtert ihnen die Bewältigungsarbeit. Menschen, die auf Gewalt aktiv reagieren, sind normalerweise psychisch widerstandsfähiger als andere, die passiv bleiben« (Krug et al. 2002: 11 f.).

Zu »protektiven« Faktoren häuslicher Gewalt existieren uneinheitliche Studienergebnisse, die sich teilweise widersprechen. So postulieren Coker et al. (2002), dass Frauen, die von körperlicher Gewalt betroffen waren, ein größeres Maß an emotionaler Unterstützung zu einem verbesserten psychischen und körperlichen Befinden führte. Sie fanden heraus, dass je höher das Maß an sozialer Unterstützung war, umso geringer das Risiko für einen schlechten psychischen und körperlichen Gesundheitszustand war. Auch die Wahrscheinlichkeit der Ausprägung von Ängsten, andauernden Depressionen, PTBS-Symptomen oder Selbstmordabsichten sank mit dem Vorhandensein emotionaler sozialer Unterstützung (vgl. ebd.). Zusammenfassend kommen Coker et al. (vgl. ebd.) zu dem Ergebnis, dass starke emotionale Unterstützung die Auswirkungen häuslicher Gewalt auf die Gesundheit abmildern kann. Arbeit und Beschäftigung bringen eine Vielzahl an Protektoren gegen Gewalt mit sich (vgl. Humphreys 2007). Neben der Bereitstellung finanzieller

Ressourcen tragen sie zu geringerer Isolation, zum Aufbau größerer potenzieller Unterstützungsnetzwerke und zur Verfügbarkeit größerer Ressourcen für eine Trennung im Falle von Gewaltausübung bei.

Carlson et al. (2002) erforschten die Bedeutung sozialer Unterstützung und anderer »protektiver« Faktoren, wie Bildung, Beschäftigung, Selbstachtung, Gesundheit und ausgeglichene ökonomische Situation für die Ausprägung von Depressionen oder Ängsten in Zusammenhang mit verschiedenen Arten von Gewalterfahrungen. Dabei nahmen sie heutige und frühere Gewalt durch Intimpartner sowie Missbrauch in der Kindheit in den Blick. Sie kommen zu dem Resultat, dass alle untersuchten »protektiven« Komponenten einen Puffer für die Ausprägung von Ängsten und Depressionen bilden können. Waren die Befragten jedoch massiven Gewalterfahrungen ausgesetzt, erwies sich dieser Puffer trotz der »protektiven« Bedingungen als wenig effektiv.

Nach Dutton (1985) verringert Integration in die Gemeinschaft bzw. guter Kontakt zur Nachbarschaft das Risiko, von Gewalt betroffen zu sein. Kritikfähigkeit, praktische Unterstützung und Offenheit als signifikante Vorzeichen für psychische Gesundheit bei gewaltbetroffenen Frauen wurden in einer anderen Studie als »protektiv« erforscht (vgl. Levendosky et al. 2004). Eine Untersuchung über den Zusammenhang zwischen häuslichen Gewalterfahrungen und der Erkrankung an einer PTBS ergab, dass höhere Bildung und höheres Einkommen, verheiratet sein und die schnelle Beendigung der Gewalt die Resilienz gegenüber der Ausprägung einer PTBS erhöhen (vgl. Coker et al. 2005).

Definition: Resilienz

Unter dem Begriff Resilienz wird die Widerstandsfähigkeit oder Widerstandskraft einer Person gegenüber verschiedenen Stressoren (z. B. gesundheitlichen Risikofaktoren) verstanden. Als Resilienz wird das Gegenteil von Vulnerabilität bezeichnet. Mit ihr ist eine gesunde oder stabile Persönlichkeits- oder Verhaltensentwicklung gemeint, die trotz negativer frühkindlicher Erfahrungen oder anderer Belastungen auftritt. In der Resilienzforschung werden Faktoren untersucht, die die negativen Folgen von Belastungen verringern (vgl. Pauls 2004; Bengel et al. 2001).

Mark (2006) fand eine enge Verbindung zwischen sozialer Unterstützung und privater Zufriedenheit, die in einem protektiven Zusammenhang mit allen Gewaltarten stand. Sie resümiert, dass Alter und Anzahl der Kinder, Einkommen und Schulbildung in entlastender Ausprägung zu Stressvermeidung führen können. Das war insbesondere bei den befragten Frauen der Fall, die offen und in der Lage waren, Ressourcen zu erschließen und Hilfe in Anspruch zu nehmen. Die Stressvermeidung soll einerseits dazu führen, dass die Wahrscheinlichkeit für Gewalterfahrungen vermindert wird. Andererseits sollen durch die Vermeidung von Stress die Folgen von Gewalt abgepuffert werden (vgl. ebd.).

1.7 Gesellschaftliche Reaktionen auf häusliche Gewalt

Das Bild häuslicher Gewalt wird durch primäre Definierer*innen beeinflusst, in Deutschland sind das die Frauen(-Haus)- und die Kinderschutzbewegung. Durch das Wissen aus der praktischen Arbeit mit Opfern häuslicher Gewalt, in dem Fall gewaltbetroffene Frauen und Kinder, wurden seit den 1970er Jahren Erfahrungswerte zum Thema häusliche Gewalt gesammelt. Die ersten Selbsthilfeinitiativen waren durch Ehrenamt und eigene Gewaltbetroffenheit determiniert. Deshalb überrascht es nicht, dass gewaltbetroffene Frauen und Kinder im Fokus der Aufklärungsarbeit und gesellschaftlicher politischer Kampagnen stehen. Zudem sind sie in weitaus schwererem Ausmaß von häuslicher Gewalt betroffen als Männer. Erst langsam setzt eine Erweiterung des Blickwinkels ein und auch alte Menschen, Eltern und Männer werden zögerlich als potenzielle Gewaltbetroffene wahrgenommen (vgl. Lamnek et al. 2013).

Der gesellschaftliche Blick auf häusliche Gewalt und die Politik werden durch die Medien beeinflusst. So tauchen in den Massenmedien häufig Frauen und Kinder als (hilflose) Opfer häuslicher Gewalt, Männer als Gewalttätige auf. Dementsprechend sind nach Lamnek et al. (2013) gesellschaftliche Reaktionen und politische Maßnahmen auf häusliche Gewalt durch die Art der massenmedialen Berichterstattung geprägt. Über ein konstruiertes Bild vom Ausmaß und der Schwere häuslicher Gewalt findet eine »Vergeschlechtlichung« dieser statt, wodurch Vorstellungen von Männlichkeit und Weiblichkeit, Alter, Kindheit, Jugend, Ehe und Familie konstruiert werden (vgl. ebd.). Folglich erfordern neue Erkenntnisse in der Gewaltforschung eine Neudefinition und Rekonstruktion häuslicher Gewalt durch Kontrollinstanzen, worauf soziale Kontrolle, gezielte Sozialisation, Sanktion, Intervention oder Prävention begründet sein sollten. Bei der Frage nach Prävention und Intervention werden oft kurzfristige, kostengünstige und medial gut darstellbare Ansätze zu Lasten langfristiger, teurerer sowie weniger spektakulärer Programme gewählt (vgl. ebd.).

1.7.1 Empowerment-Strategien

Im Laufe der 1970er Jahre kam es zur Gründung der ersten Frauenhäuser in Europa. Deren Ziel war es, einen Zufluchtsort für misshandelte Frauen und Kinder zu schaffen, dessen Standort geheim war und zu dem Männer keinen Zugang hatten. Häusliche Gewalt wurde das erste Mal als gesamtgesellschaftliches Problem thematisiert und wahrgenommen. Im Jahr 1976 öffnete in Berlin das erste Frauenhaus und vernetzte sich mit Frauenhäusern in Nord- und Mitteleuropa. Nach und nach wurde die Finanzierung der Hilfeeinrichtungen erkämpft und die Projekte für gewaltbetroffene Frauen verstetigt. Inzwischen findet parteiliche Arbeit für gewaltbetroffene Frauen in Beratungsstellen, Frauenzufluchtswohnungen und Frauenhäusern statt. Haben gemischtgeschlechtliche Paare einen gemeinsamen Beratungswunsch, werden diese an Familienberatungsstellen vermittelt. Ziel der parteilichen Arbeit ist die Ermächtigung der gewaltbetroffenen Frauen, die Wiederherstellung von Selbstwertgefühl, Selbstbestimmung, Stabilität und Handlungsfähigkeit. Sie sollen dazu befähigt werden, die Entscheidungsfreiheit über ihr eigenes Leben zurückzugewinnen und dieses gemäß ihren Wünschen und Vorstellungen zu gestalten. Die Erfahrungen aus der Praxis zeigen, dass dies oft ein langer Weg mit vielen Höhen und Tiefen ist, der großes Durchhaltevermögen und parteiliche Unterstützung erfordert (vgl. ebd.).

Auf der UN-Weltkonferenz im Jahr 1993 in Wien wurde erstmals Gewalt gegen Frauen als Menschenrechtsverletzung anerkannt, gegen Ende desselben Jahres wurde die Deklaration gegen Gewalt gegen Frauen verabschiedet. In den 1990er Jahren fand zunehmend die Sichtbarmachung häuslicher Gewalt statt, das Private wurde politisch. Nachfolgend wurden im europäischen Raum Konzepte für die Arbeit mit Tätern entwickelt. Die ersten Selbsthilfegruppen von gewaltausübenden Männern gründeten sich. Es entstand eine klare Rollenzuschreibung: Frau = Opfer, Mann = Täter (vgl. ebd.). Fälle von Gewalt in Paarbeziehungen, in denen diese Rollenzuschreibung nicht zutraf, wurden ausgeblendet, geleugnet oder belächelt. Nachfolgend wurden und bis heute werden meist Prävention und Intervention zweigeschlechtlich organisiert, wodurch eine Rollenzuschreibung stattfindet und LGBTIQ*-Menschen bei der Thematik häuslicher Gewalt oft ausgeblendet werden und ungesehen bleiben.

1.7.2 Die Rolle der Massenmedien

Nach Lamnek et al. (2013) sind die Medien für die Konstruktion des Phänomens häusliche Gewalt von großer Bedeutung. Sie beeinflussen dessen Wahrnehmung in der Öffentlichkeit und sorgen für eine homogene Wahrnehmung sozialer Herausforderungen. Der Nachrichtenwert der Ereignisse ist für die mediale Berichterstattung ausschlaggebend, so dass über Mord und Totschlag in Partnerschaften weitaus mehr berichtet wird als über psychische Gewalthandlungen und Vernachlässigung. Harmonische Beziehungen sind wenig medientauglich. Und dennoch haben die Medien entscheidenden Einfluss darauf, dass das Thema häusliche Gewalt überhaupt wahrgenommen und die Bevölkerung dafür sensibilisiert wird.

1.7.3 Gesetzliche Regelungen und ihre Wirkungen

Verändern sich gesellschaftliche Bedingungen reagiert der Staat u. a. mit Gesetzgebungsverfahren darauf. Das menschliche Zusammenleben soll durch diese reglementiert werden. So wurde bspw. 2002 das Gewaltschutzgesetz (GewSchG) eingeführt. Die gesetzlichen Regelungen wirken durch normative Vorgaben auf Erwartungen an Verhaltensweisen der Personen und damit auf gesellschaftliche Verhältnisse zurück. Interventions- und Beratungsstellen zum Thema Gewalt in Ehe und Partnerschaft wurden gegründet (z. B. 1993 die Berliner Initiative gegen Gewalt gegen Frauen BIG) und initiierten Gesetzgebungsprozesse. Infolgedessen wurde 1997 das Recht auf sexuelle Selbstbestimmung in der Ehe festgeschrieben. Das Gewaltschutzgesetz folgte 2002. Bei letzterem waren Polizei, Beratungsstellen und

Familiengerichte in den Gesetzgebungsprozess involviert. Der Verweis der gewalttätigen Person aus der Wohnung und deren strafrechtliche Sanktionierung, das Überlassen der Wohnung auf Antrag und Schutzanordnungen, wie bspw. das Näherungs- oder das Kontaktverbot, stellen einen Meilenstein in der Anti-Gewalt-Arbeit dar (Näheres zum Gewaltschutzgesetz in ▶ Kap. 4.4).

Durch die Einführung des Gewaltschutzgesetzes wurde die Grundlage für bessere Prävention geschaffen, da eine Wohnungsverweisung und ein Platzverweis theoretisch schon bei Androhung von Gewalt möglich sind (vgl. Lamnek 2013). Neu ist auch, dass der Tatbestand des Stalkings in das Gewaltschutzgesetz aufgenommen wurde. Durch die Möglichkeit einer schnellen Entscheidung vor dem Familiengericht (einstweilige Anordnung) sollen die Betroffenen vor weiterer Gewalt geschützt werden. Eine ereignisnahe Sanktionierung der Tat soll bei der gewaltausübenden Person zu einem Lerneffekt führen und Verhaltensänderung ermöglichen. Die einstweiligen Anordnungen sind befristet und können bei Bedarf verlängert werden. Die gewalttätige Person soll Zeit bekommen, ihr Handeln zu überdenken. Bei der Entscheidung, ob ein Platzverweis ausgesprochen wird, ist die Gefährdung des Kindeswohls bei der Beurteilung der Gefährdungslage einzubeziehen.

Dennoch hat die Einführung des Gewaltschutzgesetzes nicht nur positive Seiten. Es bietet bspw. für Personen ohne gesicherten Aufenthalt oder mit Residenzpflicht keinen Schutz. Des Weiteren könnte das Gesetz missbraucht werden, um eine*n unliebsam gewordene*n Partner*in loszuwerden oder dieser*diesem zu entfliehen. Kritisch zu betrachten ist auch die Etikettierung von Täter*in und Opfer und die damit einhergehende Rollenerwartung durch staatliche Einrichtungen. Eine Entfernung des Täters oder der Täterin durch die Erteilung eines Platzverweises und ein anschließendes Verfahren können unter Umständen mit hohen Folgekosten verbunden sein, insbesondere wenn daraus Arbeitsplatzverlust, Delinquenz und Wohnungslosigkeit resultieren. Dennoch stellt das Gewaltschutzgesetz ein Novum dar, da zum ersten Mal gilt: »Wer schlägt, geht«. Aus Sicht der Sozialen Arbeit ist die Einführung des Gewaltschutzgesetzes positiv zu bewerten. Es kann eine wesentliche Erleichterung für gewaltbetroffene Menschen sein, wenn sie sich neben ihren Gewaltfolgen nicht auch noch um eine neue Bleibe kümmern müssen und in der vertrauten Umgebung bleiben können.

1.7.4 Krisenintervention bei häuslicher Gewalt

Da die Polizei für Krisenintervention bei häuslicher Gewalt, Strafverfolgung, Gefahrenabwehr und Opferschutz rund um die Uhr erreichbar ist, schafft sie die Voraussetzung für die Zusammenarbeit mit Interventionsstellen, die weitere Interventions- und Beratungsmaßnahmen durchführen. Der pro-aktive Ansatz in der Anti-Gewalt-Arbeit führt dazu, dass Interventionsstellen die Kontaktdaten der von Gewalt Betroffenen durch die Polizei übermittelt bekommen und mit diesen in Kontakt treten. Damit Beratungseinrichtungen effektiv arbeiten können, haben sie idealerweise eine zentrale Lage, sind gut erreichbar und an das bestehende Hilfesystem angedockt. Sie verfügen über feste Telefon- und Beratungszeiten. Zudem sollte ein intensiver Austausch der Beraterinnen[1] und die Vernetzung mit anderen Institutionen gegeben sein sowie kontinuierliche Öffentlichkeitsarbeit betrieben werden.

Lamnek et al. (2013) befürchten durch die Veröffentlichung der Gewalt und der Verhältnisse in Partnerschaft und Familie sowie das Eingreifen staatlicher Instanzen die Gefahr der Etikettierung und Stigmatisierung und damit eine Verschärfung und Verfestigung der Gewalt. Daher plädieren sie für die Evaluation der gesetzlichen Regelungen und der anderen Maßnahmen.

1.8 Determinanten des Hilfesuchverhaltens und Coping bei häuslicher Gewalt

So vielfältig wie die Bedarfslagen gewaltbetroffener Frauen sind auch die Faktoren, die das Hilfesuchverhalten beeinflussen. Gewalt trifft Frauen in unterschiedlichen Lebenslagen und Situationen. Häusliche Gewalt ist kein schichtspezifisches Phänomen, »kann Frauen also unabhängig von soziostrukturellen Merkmalen wie Bildung, Beruf, Alter, regionale Herkunft u. a. widerfahren« (GiG-net 2008: 186). Dennoch spielt der soziale und sozialstrukturelle Hintergrund eine Rolle. Er hat Einfluss auf die Folgen und Belastungen durch häusliche Gewalt, das Hilfesuchverhalten sowie die zur Verfügung stehenden Ressourcen, die helfen mit den Belastungsfolgen umzugehen und diese zu verarbeiten. In Abhängigkeit vom soziostrukturellen Hintergrund werden verschiedene Arten der Beratung und Hilfeangebote bevorzugt – in Frauen-(Schutz-)Häusern kommen eher Frauen aus sozial schwächeren Bildungs- und Einkommensschichten an, pro-aktiv arbeitende Beratungsstellen werden eher von Frauen mit einem mittleren Einkommens- und Bildungsstand in Anspruch genommen (vgl. ebd.). Pro-aktive Beratung meint, dass nach einem Polizeieinsatz bei häuslicher Gewalt die Daten der Betroffenen an Beratungsstellen weitergeleitet werden. Die Beraterinnen nehmen wenige Tage später telefonisch Kontakt auf, um die Betroffenen über häusliche Gewalt und Hilfemöglichkeiten aufzuklären. Somit wird der Zugang zu schwer erreichbaren Zielgruppen eher möglich und Transparenz in Hinsicht auf die Hilfelandschaft geschaffen.

1.8.1 Soziodemografische Faktoren

Welche Faktoren haben Einfluss darauf, ob und welche Form der Hilfe nach häuslicher Gewalt gesucht wird?

---

1 In diesem Bereich arbeiten ausschließlich Frauen. Grundsätzlich gilt: Wenn nur die weibliche Form bei Berufsbezeichnungen genannt wird, handelt es sich um ausschließlich weibliche Mitarbeitende.

Alter

Alle Menschen unterliegen dem Alterungsprozess, in dem sich Interessen, Bedürfnisse und auch Verhaltensweisen verändern. Durch verschiedene Studien (vgl. z. B. Müller/Schröttle 2004; Todt et al. 2016; Walby/Allen 2004) wurde verdeutlicht, dass häusliche Gewalt in allen Altersschichten vorkommt, jüngere Frauen jedoch ein höheres Risiko aufweisen, von Gewalt betroffen zu sein. Todt et al. führen aus, dass »das Risiko einer Person, Opfer von interpersoneller Gewalt zu werden, mit zunehmendem Alter sinkt« (2016: 503). Ältere Personen tendieren eher zu einem passiven emotionsbezogenen Coping, während jüngere Personen eher zu aktiven Copingstrategien neigen (vgl. Brzank 2012). Der Reichtum an Lebenserfahrungen und -bedingungen wirken sich potenziert im Alter aus. Um kognitive Entlastung zu erreichen, werden Ziele und Ansprüche reduziert, umgedeutet oder aufgegeben, Verluste uminterpretiert. Eine Regulation des Selbst setzt ein. »Je älter Menschen werden, desto seltener erleben sie sowohl positive Gefühle (wie z. B. Freude) als auch negative Gefühle (wie z. B. Ärger)« (Tesch-Römer/Wurm 2006: 504).

Sind ältere Menschen schwer zu kontrollierenden Lebenssituationen, z. B. häuslicher Gewalt, ausgesetzt, können Emotionen des kompletten Kontrollverlustes die Folge sein. Traten Gewalthandlungen schon früher in der Beziehung auf, enden sie meist nicht mit dem Alter, sie können sich jedoch wandeln. Auch im höheren Lebensalter können stressreiche Lebensereignisse auftreten, die Gewalthandeln begünstigen. Beispiele sind der Auszug der Kinder, beginnende Hilfebedürftigkeit, Eintritt ins Rentner*innendasein, Zunahme von Erkrankungen mit steigender zunehmender Abhängigkeit, Spannungen in der Partnerschaft durch vermehrtes häusliches Zusammensein, soziale Isolation und größere Vulnerabilität. Ältere Menschen sind tendenziell stärker auf eingeübte Interaktions- und Verhaltensmuster festgelegt und weniger flexibel in ihren Handlungen. Wurde schon früher Gewalt und Kontrolle ausgeübt, bleibt dies auch im Alter bestehen. Meist handelt es sich dann um verbale oder emotionale Gewalt (vgl. Brzank 2012). Auch in Bezug auf das Bewältigungsverhalten ändern sich die Rahmenbedingungen. Die altersbedingten sozialen, physischen und psychischen Gegebenheiten, aber auch Altersarmut, fehlender Zugang zu Bildungs-, Arbeits- und anderen Austausch- und Vernetzungsmöglichkeiten, eingeschränkte Mobilität und andere gesundheitliche Einschränkungen können zu einer verstärkten Abhängigkeit in der Beziehung führen. Eine Trennung erscheint mit unüberwindbaren Hürden verbunden. Die Folge ist Resignation und Verbleib in der gewaltgeprägten Situation, insbesondere dann, wenn der Partner die einzig verbleibende Beziehung zu diesem Zeitpunkt ist. Schreiben Frauen traditionellen bzw. konservativen Geschlechterrollen eine große Bedeutung zu, die mit einer ›typisch weiblichen‹ Geschlechterrolle in der Beziehung oder Familie einhergeht, wird die Trennung zusätzlich erschwert. Die Angst, dass der eigene Pflegebedarf oder der des Partners nach einer Trennung nicht mehr gedeckt werden kann, führt zum längeren Verbleib in der Partnerschaft (vgl. ebd.). Auch hinsichtlich pflegerischer Versorgungsmöglichkeiten bedarf es hier Aufklärung und Unterstützung durch Außenstehende. Das gleichzeitige Aushalten der Gewalt in Abwechslung mit liebevollen Phasen erfordert einen emotionalen Spagat, der als Anpassungsstrategie häufig in emotionsbezogenen Copingstrategien mündet. Diese ermöglichen einen Sinn in der ›unmöglichen‹ Situation zu finden, indem Situationen und Verhaltensweisen umgedeutet, die eigene Person, der Partner, die Beziehung oder Ehe neu interpretiert wird. Dies ist eine Form des Selbstschutzes, die zum Ziel hat, eine positive Selbstwahrnehmung aufrechtzuerhalten, Grenzen neu zu definieren und die Situation als erträgbarer wahrzunehmen.

Gerade für ältere Frauen ist die Möglichkeit der Suche nach Unterstützungsangeboten und Selbstverwirklichung außerhalb der Beziehung begrenzt oder die finanziellen Mittel fehlen dafür. Erst langsam werden Projekte entwickelt, die auf das aktive Altern ausgerichtet sind und sich am Ansatz des lebenslangen Lernens orientieren. Als ein Beispiel könnte hier das Projekt Silbernetz genannt werden, das auf Menschen über 60 Jahre ausgerichtet ist und gegen Einsamkeit ein Zeichen setzen möchte (Nummer im Anhang). Mit der expliziten Benennung älterer Menschen als Zielgruppe werden Zugangsbarrieren zu Unterstützungsmöglichkeiten abgebaut. Strukturelle Probleme wie der Gender-Pay-Gap oder Alleinernährer-Familienmodelle müssen gesellschaftlich angegangen werden, um Altersarmut von Frauen und damit der Abhängigkeit vom Partner entgegenzuwirken. Zudem sollten Unterstützungsangebote geschaffen werden, die beim Verlassen der gewaltgeprägten Beziehung und dem Aufbau einer eigenen Lebensperspektive, auch mit 60, 70 oder 80 Jahren hilft.

Müller und Schröttle (2004a) fanden einen negativen Zusammenhang zwischen dem Aufdecken der Gewalt und dem Alter. Je älter die Betroffenen waren, desto weniger redeten sie über die erlebte Gewalt. Mangelnde Kenntnis von Hilfeangeboten, hohe Zugangsbarrieren (z. B. Beratungsstelle in der vierten Etage ohne Fahrstuhl) oder die Einstellung, die eigenen Schwierigkeiten allein lösen zu müssen, führen dazu, dass ältere und alte Menschen selten in Schutz- und Hilfeeinrichtungen vorstellig werden. Schröttle und Ansorge (2008) fanden heraus, dass Frauen über 60 Jahre am wenigsten über psychosoziale Hilfeangebote für gewaltbetroffene Frauen informiert waren. Sie belegen mit den Ergebnissen ihrer Studie,

> »dass trotz der erhöhten Risiken, schwerere körperliche, sexuelle und psychische Misshandlung in der jüngeren und mittleren Altersspanne zu erleben, misshandelte Frauen zu durchaus relevanten Teilen älter als 60 Jahre alt sind und die Problematik sowie die Frage von Unterstützung und Prävention in und nach erlebter schwerer Gewalt durch Partner sich nicht ausschließlich auf jüngere und mittlere Altersgruppen konzentrieren sollte« (ebd.: 112).

Migrationshintergrund

Neben dem Alter der Betroffenen beeinflusst auch die kulturelle Herkunft das Hilfesuchverhalten. Frauen mit Migrationshintergrund verfügen oft über weniger Informationen über Hilfemöglichkeiten. Sie suchen seltener Hilfe bei leichteren Formen der Gewalt als Frauen ohne Migrationshintergrund (vgl. Schröttle/Ansorge 2008). Mögliche Ursachen können in mangelnden oder wenig unterstützenden privaten Netzwerken liegen oder darin, dass die Familie nicht mit den eigenen Problemen belastet werden soll. »Insbesondere Frauen mit türkischem Migrationshintergrund äußerten zudem häufiger, sich geschämt zu haben, Angst vor unangenehmen Nachfragen gehabt zu haben sowie Angst vor Rache durch den Täter« (ebd.). Je nach Herkunftsland und Herkunftskultur differiert das Hilfesuchverhalten und die Kenntnis über Hilfeangebote. »Besonders gering informiert waren gewaltbetroffene Migrantinnen aus dem ehemaligen Jugoslawien (48 %), Frauen türkischer Herkunft (46 %) und Frauen aus Ländern der ehemaligen SU (42 %)« (ebd.: 192). Innerhalb der Gruppe der befragten Frauen mit Migrationshintergrund wiesen in Deutschland geborene und aufgewachsene die besten Kenntnisse über das Hilfesystem auf. Möglichkeiten der formellen Unterstützung waren Migrantinnen mit geringen Deutschkenntnissen wesentlich seltener vertraut im Vergleich zu Frauen mit Migrationshintergrund, die über gute deutsche Sprachkenntnisse verfügten (39 % vs. 68 %) (vgl. ebd.). Jüngere Frauen waren besser über Hilfemöglichkeiten informiert als Migrantinnen mittleren oder hohen Alters.

Frauen mit Migrationshintergrund tragen ein erhöhtes Risiko für gesundheitliche Beschwerden (vgl. Spallek/Razum 2008), leiden (je nach Aufenthaltsstatus) unter eingeschränkten Bürgerrechten und oft nicht vorhandenen kulturspezifischen Sprachmittlungen. Sie haben dadurch oft geringere Partizipations- und Teilhabechancen. Sie sind öfter von sozialer Isolation betroffen, die durch die spezifischen Lebensbedingungen hervorgerufen sind, und hegen Misstrauen gegenüber Anbietern psychosozialer Dienstleistungen (vgl. Brzank 2012). Bei einigen Frauen tragen fehlende Deutschkenntnisse oder ein Mangel an Bildung (bspw. aufgrund von Kriegserfahrungen im Herkunftsland und Flucht) wie auch aufenthaltsrechtliche und finanzielle Unsicherheit dazu bei, dass Hilfeangebote nicht genutzt werden. Das Aufwachsen unter kulturellen Normen, die häusliche Gewalt als legitimes Konfliktlösemittel in Kauf nehmen, eine Trennung/Scheidung und/oder die Offenbarung der gewaltgeprägten häuslichen Situation ablehnen, verhindern aktives Hilfesuchverhalten und tragen zu schwerwiegenderen Formen der Gewalt bei, da nicht frühzeitig Schutz gesucht wird (vgl. ebd.). In der praktischen Arbeit mit gewaltbetroffenen Frauen zeigte sich, dass die Angst vor Abschiebung den Einzug in Schutzunterkünfte verhinderte, wenn der Aufenthaltsstatus vom Zusammenleben bzw. Verheiratet-Sein mit dem gewalttätigen Partner abhängig war.

Mitbetroffenheit der Kinder

Auch wenn Kinder nicht immer direkt von häuslicher Gewalt gegen die Mutter betroffen sind, so erleben sie diese häufig mit. Oft beginnen die gewalttätigen Handlungen in der Beziehung entweder während der Schwangerschaft oder nach der Geburt eines Kindes. Schwangerschaften und Geburt bringen gravierende Veränderungen der Lebenssituation mit sich und können als ein Risikofaktor für das Auftreten häuslicher Gewalt gesehen werden. In der Repräsentativstudie gaben 20 % der befragten Frauen an, dass die Geburt des Kindes der Auslöser für gewalttätiges Verhalten des Partners war, bei weiteren 10 % begann die Gewalt mit der Schwangerschaft (vgl. Müller/Schröttle 2004). Sind in einer Familie mehrere und vor allem jüngere Kinder, ist das Risiko für häusliche Gewalt ebenfalls erhöht. Dies

> »kann damit erklärt werden, dass eine erhöhte Anzahl von Kindern sozialen und psychischen Stress sowie erhöhte Konfliktpotenziale innerhalb der Familien und Paarbeziehungen

befördern kann und zudem Frauen mit betreuungsbedürftigen Kindern in sich verstärkende Abhängigkeitssituationen gegenüber dem Partner gelangen können, was eine Loslösung aus oder frühzeitige Beendigung von gewaltbelasteten Paarbeziehungen tendenziell erschwert. Letzteres begünstigt die Entstehung schwerer Gewaltausprägungen in Paarbeziehungen, die sich häufig erst mit der Dauer von Gewalt innerhalb der Paarbeziehungen aufbaut« (Schröttle/Ansorge 2008: 148).

»[E]s lässt sich ein signifikanter Zusammenhang zwischen dem Auftreten schwerer Gewalt und der Kinderzahl, insbesondere bei den jüngeren und mittleren Altersgruppen, feststellen, auch unabhängig von der sozialen Lage der Haushalte« (ebd.: 146).

Der Wille, das (ungeborene) Kind vor den schädigenden Auswirkungen der Gewalt zu schützen, kann Frauen zu einem gesteigerten Hilfesuchverhalten oder zur Trennung motivieren. In der praktischen Arbeit mit gewaltbetroffenen Frauen zeigte sich, dass einige der Frauen sich trennten und Zuflucht suchten, da die Mitbetroffenheit der Kinder für sie eine Grenze überschritten hatte, die mit ihren Vorstellungen von Familie nicht in Einklang zu bringen war:

> »einmal die Grenze, dass Kinder Zeugen der Gewalt gegen die Kinder werden, dann die Grenze, dass die Kinder selbst geschlagen werden. Frauen setzen sich diese Grenzen im Vorfeld: Sollte der Mann eine solche Grenze überschreiten, wäre für sie die Konsequenz zu ziehen, ihn zu verlassen oder die Gewalt anderweitig zu beenden, bspw. durch das Rufen der Polizei« (GiG-net 2008: 288).

Eine aktive Form des Copings wird dann gewählt und die Trennung forciert, um die Kinder zu schützen. Andere Frauen wurden von ihren jugendlichen Kindern zur Trennung und Flucht überredet oder haben bei ihnen Schutz gesucht.

> »Studies suggest that there is a consistent set of factors leading women to separate from their abusive partners permanently. Usually this occurs when the violence becomes severe enough to trigger the realization that the partner is not going to change, or when the situation starts noticeably to affect the children« (Krug et al. 2002b: 96).

Anderenfalls kann ein Kind oder können Kinder auch der Hinderungsgrund einer Trennung sein, bspw. wenn die Frau das Gefühl hat, mit der Erziehung überfordert zu sein oder dem Kind/den Kindern nicht den Vater wegnehmen bzw. die Familie zusammenhalten möchte. Auch finanzielle oder aufenthaltsrechtliche Abhängigkeit vom Partner lässt Mütter in der gewaltgeprägten Beziehung bleiben. Die Androhung, das Kind ins Ausland zu bringen, wenn sich die Frau trennt, ist keine Seltenheit.

Sozioökonomischer Status

Der sozioökonomische Status wird aus Bildungs-, Erwerbs- und Einkommensstatus gebildet (vgl. Lampert/Kroll 2006). Der Zugang zu Bildungsangeboten ist die Voraussetzung für die Teilhabe und Partizipation eines Menschen am kulturellen, sozialen und politischen Leben in der Gesellschaft. Der Zusammenhang zwischen Bildungschancen und gesundheitlichen Chancen ist inzwischen hinreichend belegt (vgl. z. B. GEDA-Studien). Diese Verbindung lässt sich zum einen dadurch herstellen, dass die Stellung in der Arbeitswelt oft von formalen Bildungsabschlüssen abhängig ist und sich sowohl berufsbezogene Belastungen als auch Ressourcen wie auch die Einkommenssituation danach bemessen (vgl. Lampert et al. 2021).

> »Bildung drückt sich außerdem in Wissen und Handlungskompetenzen aus, die eine gesundheitsförderliche Lebensweise und den Umgang mit Belastungen und Gesundheitsproblemen unterstützen. Eine wichtige Rolle spielen dabei Einstellungen, Überzeugungen und Werthaltungen, die sich bereits früh im Leben unter dem Einfluss der elterlichen Erziehung und der Bildungsinstitutionen entwickeln« (ebd.).

Die Bewältigung herausfordernder Lebenssituationen und ein gesundheitsförderlicher Lebensstil wird maßgeblich durch Bildung geprägt. Schröttle und Ansorge (2008) zeigen auf, dass gewaltbetroffene Frauen mit höherer Bildung über eine bessere Kenntnis von Hilfeangeboten verfügen. Frauen, die eher einen niedrigeren Bildungsstatus besaßen, nahmen psychosoziale Dienstleistungen häufiger in Anspruch (vgl. ebd.). Geringe Bildungs- und Ausbildungsressourcen können bei Frauen und Männern ein bedeutender Risikofaktor für häusliche Gewalt sein.

> »Frauen unter 35 Jahren waren häufiger von Gewalt in der aktuellen Paarbeziehung und zudem häufiger von schwereren Ausprägungen von Gewalt und Misshandlung betroffen, und Männer aller Altersgruppen, die keine Schul und qualifizierten Ausbildungsabschlüsse hatten, übten häufiger und schwerere Gewalt gegen die Partnerin aus. Dies könnte bei Frauen damit in Zusammenhang stehen, dass sie sich aufgrund der geringen Bildungsressourcen schwieriger aus einer Paarbeziehung lösen können und zudem häufiger Partner haben, die ebenfalls über keine Bildungs und Ausbildungsressourcen verfügen, was sozialen Stress innerhalb der Paar und Familiensituation begünstigen kann. Zum anderen kann bei Männern ohne Bildungs und Ausbildungsressourcen eine Rolle spielen, dass männliche Rollenbilder, die dem Mann eine überlegene und/oder Ernährerposition zuweisen, hier nicht mehr realisiert werden können, was Aggressionen gegen die Partnerin im Geschlechterverhältnis und den Versuch der Kompensation gesellschaftlicher Ohnmacht durch private Macht und Gewalt befördern kann« (ebd.: 128).

Aber nicht nur geringfügige Bildung erhöht das Risiko der Gewaltbetroffenheit, sondern auch ein hoher Bildungsabschluss und erhöhte Unabhängigkeit der Frauen von ihren Partnern kann ab einem Alter von 45 Jahren tendenziell als Risikofaktor für Gewalt in der Beziehung gelten. Das ist insbesondere dann der Fall, wenn die Gleichwertigkeit zwischen den Partnern nicht akzeptiert wird, traditionelle Geschlechterrollenmodelle stabilisiert oder wiederhergestellt werden sollen bzw. im Kontext von Trennung und Scheidung (vgl. ebd.).

In einem komplexen Gewaltgeschehen sind Frauen häufig auch finanzieller Gewalt ausgesetzt. Sei es, dass sie durch den Partner daran gehindert werden eine ökonomische Unabhängigkeit durch eigene Erwerbstätigkeit aufzubauen oder ihnen verboten wird zu arbeiten. Durch das Arbeitsverbot werden soziale Kontakte eingeschränkt, soziale Unterstützung durch Kolleg*innen ist nicht gegeben. Andere Frauen wurden zum Arbeiten gezwungen. Sie mussten dann das Geld bei ihrem Partner abgeben, damit dieser z. B. seine Spiel- oder Drogensucht finanzieren oder Schulden abbezahlen konnte. Oft besteht ein eingeschränkter Zugang zu eigenen finanziellen Ressourcen für gewaltbetroffene Frauen, der eine Trennung erschwert. Auch der Aufbau einer eigenen Existenz nach einer Trennung ist ohne finanzielle Rücklagen sehr schwierig. Angewandte Copingstrategien stehen in Zusammenhang mit der Erwerbstätigkeit. Frauen, die einer Arbeit nachgingen, trennten sich eher und beantragten häufiger Schutzanordnungen im Vergleich zu Frauen, die keiner Arbeit nachgingen (vgl. Brzank 2012).

Eingeschränkte finanzielle Ressourcen können sowohl Ursache als auch Auswirkung häuslicher Gewalt sein und gelten als stärkste Determinante für den Verbleib in der gewaltgeprägten Beziehung.

> »So werden bei den jüngeren Frauen bis unter 35 Jahren erhöhte Gewaltbetroffenheiten dort sichtbar, wo die Frauen über sehr geringe eigenständige soziale Ressourcen verfügen, weil sie nicht oder nur geringfügig erwerbstätig sind, über kein eigenes Einkommen verfügen, einen sehr geringen beruflichen Status haben oder noch nie erwerbstätig waren« (Schröttle/Ansorge 2008: 135).

In Armut lebende Menschen handeln in stressreichen Situationen tendenziell gewalttätiger als Personen mit stabilem und ausreichendem Einkommen aufgrund ihrer Lebenslage. Zur Erklärung kann das Transaktionale Stressmodell nach Lazarus und Folkman (1984) herangezogen werden. Nach diesem Modell ist Armut ein chronischer Stressor, der entsteht, »wenn die Person eine Situation, mit der sie konfrontiert ist, als herausfordernd erlebt und nicht unmittelbar weiß, wie sie mit ihr umgehen soll« (Ernst/Franke/Franzkowiak 2022). Nach der primären Bewertung des Reizes als Stressor erfolgt eine sekundäre Bewertung unter dem Gesichtspunkt, ob genügend und geeignete Ressourcen zur Verfügung stehen, um den Stressor zu beseitigen. »Je weniger Ressourcen die Person zur Bewältigung der spezifischen Stresssituation sieht, desto intensiver wird die Stressreaktion ausfallen« (ebd.). Ist der Bewertungsprozess abgeschlossen, kommt es zu Bewältigungshandeln. Fehlen dafür die Ressourcen, potenziert sich der Stress und kann zu gewalttätigem Handeln führen, wenn die innere Hilflosigkeit als aggressives Verhalten nach außen abgespalten wird (vgl. Böhnisch 2019).

> »Immer dort, wo Menschen die soziale Orientierung verloren haben, sich wertlos fühlen und keine soziale Anerkennung bekommen, wo sie wenig Möglichkeiten haben, etwas zu bewirken, auf sich aufmerksam zu machen und – vor allem – ihre innere Hilflosigkeit nicht aussprechen können, setzt ein somatisch angetriebener psychosozialer Bewältigungsmechanismus der Abspaltung ein, der antisoziale oder selbstdestruktive Züge annehmen kann und die Betroffenen zur Klientel werden lässt. Ob das nun in überforderten Familien passiert, die nicht mehr der Lage sind, ihren Alltag zu regeln und sich dadurch sozial isolieren, […] bei Erwachsenen, die die Arbeit verloren haben oder von den Umbrüchen der Arbeitsgesellschaft überfordert, die von Armut und sozialem Ausschluss bedroht sind oder von Beziehungsverlusten heimgesucht werden – überall wirkt dieser Grundmechanismus« (ebd.: 18).

Die Überwindung der inneren Hilflosigkeit aufgrund äußerer Stressoren und mangelnder Ressourcen kann also einerseits als nach außen gerichtetes aggressives Verhalten ausagiert werden. Diese Verhaltensweise wird eher von Jungen und Männern gewählt. Andererseits tendieren Mädchen und Frauen eher dazu, die innere Hilflosigkeit mit Rückzug und selbstdestruktivem Verhalten zu überwinden. »Aus Frauenhäusern wird von geschlagenen Frauen berichtet, die sich nicht wehren, die eher die Schuld bei sich selbst suchen, es nach innen wegdrücken, wo es dann weiterschwelt« (ebd.: 16). Copingstrategien werden stark durch das Einkommen beeinflusst, da finanzielle Unabhängigkeit und Hilfesuchverhalten in Zusammenhang stehen. Nicht nur die Strategien der Hilfesuche, sondern auch die Gesundheit ist von der Höhe des Einkommens abhängig und wird durch häusliche Gewalt beeinträchtigt. Sutherland et al. fanden in ihrer Studie heraus, »that abuse by an intimate partner or ex-partner negatively affects women's health and is especially detrimental to the health of low-income women« (2001: 1122).

Ökonomische Gewalt in Partnerschaften kann sich derart steigern, dass der*die eine Partner*in die Verfügungsgewalt über alle finanziellen Ressourcen hat und somit ein aktives Bewältigungsverhalten der betroffenen Person verunmöglicht. »Mit Geld lässt sich zwar keine Freiheit erkaufen, aber ohne Geld ist Unabhängigkeit nur schwer zu erreichen« (Godenzi 1993: 180). Umso wichtiger ist es, niedrigschwellige und kostenfreie Hilfe- und Schutzangebote und finanzielle Mittel für Gewaltbetroffene bereitzustellen. Manche Frauen flüchten und lassen ihre Ersparnisse (wenn vorhanden) zurück. Bei anderen Frauen hebt der*die gewalttätige Partner*in nach der Trennung das gesamte Geld vom gemeinsamen Konto ab, um sich für die Trennung zu rächen oder in der Hoffnung, dass es sich die Frau anders überlegt und zu ihm*ihr zurückkommt. Eine Trennung aus einer gewaltgeprägten Beziehung kann mit großen finanziellen Belastungen verbunden sein: Kosten für (teilweise mehrmalige) Umzüge, Kaution(en), neue Wohnungseinrichtung, Haushaltsgeräte, Fahrt- und Transportkosten, Sicherheitsmaßnahmen, anwaltliche Vertretung, Unterhaltskosten, Medikamente etc. Insbesondere wenn die Flucht in eine andere Stadt oder ein anderes Bundesland aus Sicherheitsgründen notwendig war, steigen die Kosten immens, da oft noch Termine am ursprünglichen Ort wahrgenommen werden müssen, z. B. wenn es um das Aufenthaltsbestimmungsrecht für Kinder geht.

Trennungsbedingter Stress oder Stalking in Verbindung mit finanziellen Schwierigkeiten kann schwerwiegende gesundheitliche Beeinträchtigungen nach sich ziehen (vgl. Brzank 2012), wodurch das Hilfesuchverhalten beeinträchtigt oder verhindert wird. Daher wundert es nicht, dass Frauen mit höherem Einkommen oder ökonomischer Unabhängigkeit vom Partner oder der Partnerin öfter Hilfe suchen. Finanzielle oder materielle Ressourcen erschließen eine Bandbreite an Unterstützungsmöglichkeiten, zum Teil auch außerhalb des Hilfesystems. Die ökonomische Unabhängigkeit kann Frauen in ihrer Trennungsabsicht bestärken. Stehen nur geringe ökonomische Ressourcen zur Verfügung, sind die Hilfemöglichkeiten eingeschränkt (z. B., wenn im Frauenhaus ein Eigenanteil zur Miete geleistet oder eine Kaution hinterlegt oder eine Rechtsberatung finanziert werden muss). Manchmal stellt der Kauf einer Fahrkarte für den öffentlichen Personennahverkehr schon eine finanzielle Hürde dar, um Hilfeangebote wahrzunehmen, selbst wenn diese kostenlos sind. Zudem besteht ein

> »Einfluss von Armut oder Ressourcenknappheit auf Entscheidungsqualität, geduldiges Verhalten oder Risikoverhalten. In seiner Gesamtheit zeigt die Evidenz an, dass die sozioökonomische Situation Einfluss auf die Ausschöpfung des Potenzials an vorhandenen Handlungskompetenzen hat. Darüber hinaus kann Armut über Mediatorvariablen, wie z. B. Stress, Handlungskompetenzen beeinflussen. Ferner zeigen Interventionsstudien, dass Armut im Entwicklungsprozess von Handlungskompetenzen eine wichtige Rolle spielt« (Dohmen/Radbruch 2019: o. S.).

Und gerade diese Handlungskompetenzen braucht es, um aktives Coping zu betreiben.

1.8.2 Gesundheitsfaktoren

Neben den soziodemografischen Faktoren spielen die körperliche und psychische Gesundheit eine bedeutende Rolle für das Hilfesuchverhalten. Die subjektiv empfundene Gesundheit steht in Zusammenhang mit späterer Morbidität und Mortalität, also mit einem Erkrankungs- bzw. Sterblichkeitsrisiko im Vergleich zu einer bestimmten Bevölkerungsgruppe (vgl. Klemperer 2015). Sie beeinflusst Gesundheitsverhalten und Gesundheitshandeln. »Als Gesundheitshandeln wird das subjektiv bedeutsame Handeln von gesunden oder kranken Menschen verstanden, das mehr oder weniger bewusst mit dem Ziel der Gesunderhaltung und im alltäglichen sozialen Kontext erfolgt« (Faltermaier 2011: 312). Das Gesundheitshandeln bezeichnet alle Bemühungen von Menschen, ihre körperliche, seelische und soziale Gesundheit zu stabilisieren oder verbessern und Krankheiten zu vermeiden (vgl. Geißler-Piltz et al. 2005). Mit häuslicher Gewalt können sowohl direkte als auch Langzeiteffekte auf die Gesundheit verbunden sein (▶ Kap. 2.5), die im Zusammenhang mit exzessiver Inanspruchnahme des Gesundheitswesens, einem gesteigerten Bedarf an medizinischer Versorgung, Fehlversorgung und hohen Kosten im medizinischen Bereich stehen (vgl. Plichta 2004). Häusliche Gewalt hat je nach Gewaltart Verletzungsfolgen, die ein zeitnahes Aufsuchen psychosozialer Hilfeeinrichtungen verhindern. Gravierender sind jedoch die Auswirkungen auf die psychische Gesundheit, die das Copingverhalten langfristiger und nachhaltiger beeinträchtigen. Depressive Verstimmungen und Depressionen können infolge der erlebten Gewalt auftreten und Antriebshemmungen mit sich bringen. Nach Brzank (2012) wurde vermeidendes Copingverhalten je öfter angewandt, je schwerer die Depressionen waren. In der Praxis mit gewaltbetroffenen Frauen zeigte sich, dass soziale Netzwerke einen entscheidenden Einfluss auf das Beenden der Beziehung haben, auch wenn bereits Symptome einer Depression diagnostiziert worden waren. Ein geringes Maß an sozialer Unterstützung stand häufig im Zusammenhang mit der Ausprägung einer PTBS. Eine größere Angst um die eigene Person und die eigene Sicherheit wirkte sich mindernd auf Depressionen aus. »[P]hysical abuse is an important part of the etiology of depression in battered women and that the abuse in combination with daily hazzles supports a stress explanation of depression, with a women's ability to take care of herself a protective factor« (Campbell et al. 1997: 271).

Für Frauen mit Behinderungen treten unterschiedliche Barrieren bei der Hilfesuche auf. Je nach Art und Schwere der Behinderung können unterschiedliche vulnerable Gruppen mit verschiedenartigem Hilfesuchverhalten auf ein unterschiedlich eingeschränktes Hilfeangebot treffen. Auch die Copingpotenziale der einzelnen Frauen sind in Abhängigkeit von den Umständen und der Art der Behinderung verschieden. Der barrierefreie Zugang zu Beratungs-, Schutz- und Hilfeangeboten sowie zu barrierefreien Informationen sollte ermöglicht werden. Erste Angebote für gehörlose, sehbehinderte, psychisch erkrankte oder mobilitätseingeschränkte Frauen im Rollstuhl wurden in Berlin und anderen Städten geschaffen. Im Modellprojekt Suse des bff (Bundesverband Frauenberatungsstellen und Frauennotrufe) wurden in fünf Modellregionen Einrichtungen der Behindertenhilfe mit Beratungs-, Schutz- und Hilfeangeboten bei häuslicher Gewalt vernetzt. Menschen mit Behinderung und Mitarbeiter*innen der Behindertenhilfe sollten für das Thema häusliche Gewalt sensibilisiert, der Zugang zu Hilfeangeboten der Anti-Gewalt-Projekte erleichtert werden.

1.8.3 Personale und soziale Ressourcen und Barrieren

Das Hilfesuchverhalten ist stark davon abhängig, welche Erfahrungen die Person in ihrem bisherigen Leben gemacht hat, ob und in welches soziale Umfeld sie dabei eingebettet war und gegenwärtig ist. Personale und soziale Ressourcen sind wichtige Faktoren für ein effektives Coping, dazu zählen bspw. Die Kontrollüberzeugung, der Selbstwert oder das Selbstkonzept, eine positive Ergebniserwartung oder das Vorhandensein sozialer Unterstützung (vgl. Brzank 2012). Darüber hinaus stellt der gegenwärtige soziale Lebenszusammenhang einen wichtigen Faktor für das Hilfesuchverhalten und Bewältigungshandeln bei häuslichen Gewaltsituationen dar. Soziale Netzwerke sind grundlegend für die Unterstützung mit materiellen oder sozialen Ressourcen insbesondere in Krisenzeiten oder starken Belastungssituationen. Ohne positive soziale Unterstützung wären diese oft nicht zu bewältigen (vgl. ebd.). Für Menschen, die langanhaltend häuslicher Gewalt ausgesetzt sind, besteht die Annahme, dass der gegenwärtige soziale Kontext, die sozialen Lebensbedingungen und auch die Lebensgeschichte keine bis wenige Bedingungen für eine gute Belastungsbewältigung bereithalten (vgl. ebd.).

Konzept der Salutogenese

Warum das so ist, kann durch das Konzept der Salutogenese erklärt werden. Aaron Antonovsky, der Begründer der Salutogenese, interessierte sich für die Frage, wie Menschen trotz widriger Lebensumstände gesund bleiben können, während andere erkrankten, die den gleichen Umständen ausgesetzt waren (vgl. Antonovsky 1997). Das Konzept der Salutogenese geht davon aus, dass sich Menschen auf einem Kontinuum zwischen den Polen Gesundheit und Krankheit bewegen (»health-ease/dis-ease continuum« Bengel et al. 2001: 32), also nie völlig gesund oder krank sind. Es stellt sich die Frage, welche Faktoren dazu beitragen, dass sich Menschen eher dem Gesundheitspol annähern. Zentral sind dabei Schutzfaktoren, die eine moderierende Rolle bei auftretenden Stressoren einnehmen. Gemeinsam mit materiellen, psychischen und psychosozialen Ressourcen, die im Verlauf des Lebens in einem soziokulturellen Kontext gebildet wurden, werden sie als generalisierte Widerstandsressourcen bezeichnet. Je nach Verfügbarkeit von generalisierten Widerstandsressourcen können Belastungen (nicht) bewältigt oder bestehende Ressourcen (nicht) genutzt werden. Zentral für die erfolgreiche Bearbeitung von Stressoren und der damit verbundenen Annäherung an den Gesundheitspol ist zudem das Kohärenzgefühl. Es entsteht im Verlauf des Lebens und setzt sich aus dem Gefühl der Sinnhaftigkeit, dem Gefühl der Verstehbarkeit und dem Gefühl der Handhabbarkeit zusammen.

Stressoren, als »eine von innen oder außen kommende Anforderung an den Organismus, die sein Gleichgewicht stört und die zur Wiederherstellung des Gleichgewichtes eine nicht-automatische und nicht unmittelbar verfügbare, energieverbrauchende Handlung erfordert« (Antonovsky 1997: 72), sind in unserer Umwelt alltäglich. Sie lösen Spannungszustände aus, die der Mensch bewältigen muss.

> »Gelingt die Spannungsbewältigung, so hat dies eine gesunderhaltende bzw. gesundheitsförderlich Wirkung. Mißlingt die Spannungsbewältigung, dann entsteht ›Streß‹ (Belastungen, Belastungsfolgen) oder eine die Person subjektiv und/oder objektiv belastende Situation« (Bengel et al. 2001: 33).

Stress und belastende Zustände werden nicht per se als negativ betrachtet. Sie können neutral, positiv oder negativ auf die Gesundheit wirken. Eine negative Reaktion in Richtung Krankheit tritt erst gemeinsam mit Krankheitserregern, schädlichen Stoffen der Umwelt oder körperlichen Schwachstellen auf. Durch die Abnahme von biochemischen und physikalischen Stressoren in den Industrienationen stellt Antonovsky die Gefährdung durch psychosoziale Stressoren in den Mittelpunkt (vgl. ebd.). Diesen begegnen Menschen sehr unterschiedlich, in Abhängigkeit von ihrer inneren Lebensorientierung, dem Kohärenzgefühl.

Das Kohärenzgefühl als eine

> »globale Orientierung, die das Ausmaß ausdrückt, in dem jemand ein durchdringendes, überdauerndes und dennoch dynamisches Gefühl des Vertrauens hat, daß erstens die Anforderungen aus der inneren und äußeren Erfahrungswelt im Verlauf des Lebens strukturiert, vorhersagbar und erklärbar sind und daß zweitens die Ressourcen verfügbar sind, die nötig sind, um den Anforderungen gerecht zu werden. Und drittens, daß diese Anforderungen Herausforderungen sind, die Investition und Engagement verdienen« (Antonovsky 1993 zit. nach Bengel et al. 2001: 30).

Das Kohärenzgefühl setzt sich aus dem Gefühl der Sinnhaftigkeit, dem Gefühl der Verstehbarkeit und dem Gefühl der Handhabbarkeit zusammen. Das Gefühl der Sinnhaftigkeit beschreibt die motivationale Komponente, wie sehr das Leben als sinnvoll angesehen wird und die gestellten Anforderungen es wert sind, angegangen zu werden. Von der Erfahrung der Sinnhaftigkeit, der positiven Erwartung an das Leben sind die beiden anderen Faktoren abhängig. Mit dem Gefühl der Handhabbarkeit wird beschrieben, inwiefern Herausforderungen lösbar sind. Antonovsky bezeichnet dies als kognitiv-emotionales Verarbeitungsmuster (vgl. Bengel et al. 2001). Es braucht Ressourcen und Kompetenzen, um Anforderungen zu meistern. Zusätzlich ist aber auch die Überzeugung, dass andere reale oder spirituelle Wesen an einen glauben und zur Bewältigung von Problemen beitragen, ein Teil des Gefühls der Handhabbarkeit. Das Gefühl der Verstehbarkeit beschreibt die Fähigkeit von Menschen Reize und Stimuli als geordnet wahrzunehmen und sie als strukturierte Informationen verarbeiten zu können. Das Gefühl der Verstehbarkeit kann sich nicht gut ausprägen, wenn Menschen traumatischen Erfahrungen ausgesetzt sind, also mit Reizen konfrontiert werden, die chaotisch, willkürlich, zufällig und unerklärlich sind. Dies nennt Antonovsky kognitives Verarbeitungsmuster (vgl. ebd.). Die Entstehung des Kohärenzgefühls ist abhängig von den Erfahrungen, die ein Mensch gemacht hat, z. B. einer Balance aus Über- und Unterforderung, Stabilität in Beziehungen, Partizipationsmöglichkeiten vor allem in Kindheit und Jugend.

1.8 Determinanten des Hilfesuchverhaltens und Coping bei häuslicher Gewalt

> »Wenn andere alles für uns entscheiden – wenn sie Aufgaben stellen, die Regeln formulieren und die Ergebnisse managen – und wir in der Angelegenheit nichts zu sagen haben, werden wir zu Objekten reduziert. Eine Welt, die wir somit als gleichgültig gegenüber unseren Handlungen erleben, wird schließlich eine Welt ohne jede Bedeutung« (Antonovsky 1997: 93).

Andererseits hat die Ausprägung des Kohärenzgefühls Einfluss darauf, welche Art der Lebenserfahrungen Menschen machen.

Alle drei Komponenten und somit das Kohärenzgefühl können bei Personen, die von Gewalt betroffen waren, schwach ausgeprägt bis nicht vorhanden sein. »Erfahrungen, die überwiegend durch Unvorhersehbarkeit, Unkontrollierbarkeit und Unsicherheit geprägt sind, führen zu einem schwachen Kohärenzgefühl« (Bengel et al. 2001: 31). Verfügen gewaltbetroffene Personen über ein niedriges Kohärenzgefühl, können sie ihre generalisierten Widerstandsressourcen nicht oder nur unflexibel zur Belastungsbewältigung einsetzen. Im Gegensatz dazu können Menschen mit einem stark ausgeprägten Kohärenzgefühl flexibel auf Anforderungen reagieren und die passenden Ressourcen mobilisieren. In andauernden Gewaltbeziehungen sind die Bedingungen für die Ausbildung eines starken Kohärenzgefühls nicht gegeben: Häufige biografische Brüche, Verlusterfahrungen, Gewalt, Bedrohung, Beleidigung etc. können das Erleben von Kohärenz beeinträchtigen. Keupp et al. (2006: 59) kommen zu dem Ergebnis, dass »Kohärenz für die alltägliche Identitätsarbeit von Menschen eine zentrale Bedeutung hat, deren Fehlen zu schwerwiegenden gesundheitlichen Konsequenzen führt«. Gewalterfahrungen beeinflussen die Gesundheit also nicht nur direkt, sondern auch indirekt, da sie die Ausprägung eines starken Kohärenzgefühls verhindern.

> »[W]enn Menschen keine sinnhafte Ordnung in ihrem Leben finden oder entwickeln können, [wirkt sich] das in dem Phänomen der »Demoralisierung« aus. Dieses Muster beinhaltet Einstellungen und Grundhaltungen, die durch ein geringes Selbstwertgefühl, Hilflosigkeit, Hoffnungslosigkeit, unbestimmte Zukunftsängste und allgemein gedrückte Grundstimmung geprägt sind« (Keupp 2003: 26).

Demoralisierte Menschen lassen alles auf sich zukommen, sehen keinen Sinn darin, sich für oder gegen etwas zu engagieren, weil sie nicht mehr an die Wirksamkeit der eigenen Handlungen glauben (vgl. ebd.). Der Ansatz der Salutogenese und das Konzept der Demoralisierung sind bedeutsam für das Copingverhalten im Kontext häuslicher Gewalt. Menschen mit einem stark ausgeprägten Kohärenzsinn haben ein gering ausgeprägtes Demoralisierungsgefühl. Aufgabe der Sozialen Arbeit ist es, das Kohärenzgefühl der gewaltbetroffenen Frauen durch die Förderung persönlicher und sozialer Ressourcen zu stärken, um Demoralisierung zu vermeiden.

Personale Ressourcen

Unter personalen Ressourcen werden kognitive und affektive Schutzfaktoren, ein positives Selbstwertgefühl, eine optimistische Lebenseinstellung und Religiosität, Selbstwirksamkeit, internale Kontrollüberzeugungen (Ereignisse werden als Ergebnis subjektiver Handlungen wahrgenommen), Bewältigungs- und Problemlösekompetenzen sowie ein ausgeprägtes Kohärenzgefühl verstanden. Bei der Bearbeitung von Stresssituationen haben personale Ressourcen eine entscheidende Bedeutung (vgl. Brzank 2012). Zum Beispiel führt die Selbstwirksamkeitserwartung als eine Überzeugung, dass Probleme und Hindernisse zu bewältigen sind, dazu, dass diese aktiv angegangen werden und sich der Herausforderung gestellt wird. Die internale Kontrollüberzeugung trägt dazu bei, dass das eigene Leben als gestaltbar empfunden wird und selbst bewältigt werden kann. Internale Ressourcen haben einen Einfluss auf das Wohlbefinden und die aktive Bewältigung von Herausforderungen. Bei Bewohnerinnen von Frauenhäusern wurde eine erhöhte externale Kontrollüberzeugung festgestellt, die mit steigender Dauer der Gewaltbeziehung zunahm. Auch wählten sie seltener aktive Strategien der Bewältigung (vgl. ebd.).

Es existieren aber auch Personenfaktoren, die den Erhalt von adäquater Hilfe aus dem sozialen Umfeld und dementsprechend die Bewältigung der Gewalterfahrungen erschweren.

Personale Barrieren

Räumlicher oder psychischer Rückzug der gewaltbetroffenen Frau mindert die Möglichkeiten sozialer Unterstützung, wenn Hilfebedarfe durch das soziale Umfeld nicht mehr wahrgenommen werden können. Wurde der Hilfebedarf gesehen und Unterstützung angeboten, können potenzielle Unterstützer*innen durch das schamhafte, bagatellisierende oder schüchterne Verhalten der gewaltbetroffenen Person abgeschreckt sein und dadurch entmutigt werden, weiterhin Hilfen anzubieten. Gründe für den Rückzug der hilfebedürftigen Person können bspw. in der Angst vor Abhängigkeit von Unterstützer*innen, fehlendem Selbstwertgefühl oder der Angst vor Verletzung durch oder Überforderung der unterstützenden Person liegen (vgl. Pearson 1997).

Eine andere Verhaltensweise, ausbeuterisches Verhalten, beschreibt das gegenteilige Verhalten des Rückzugs. Personen, die ausbeuterisches Verhalten an den Tag legen, fordern mehr Hilfe ein, als sie bekommen können bzw. missbrauchen angebotene Unterstützung. Ihr Verhalten empfinden die Unterstützer*innen als maßlos, schädigend oder verletzend. Zurückweisung, Strafe oder Ausschluss durch die potenziellen Unterstützer*innen kann die Folge sein. Die emotionale und materielle Ausbeutung der Hilfeperson hat nach einer gewissen Zeit die Verweigerung der Hilfe zur Folge, wenn diese keinen eigenen Nutzen aus der Beziehung ziehen kann (vgl. ebd.). Gründe für ausbeuterisches Verhalten liegen entweder in einer narzisstischen Übersteigerung der eigenen Bedürfnisse der hilfesuchenden Person oder aber in dem Gefühl, dass die eigenen Ressourcen nicht ausreichen, um die individuellen Bedürfnisse zu befriedigen, weshalb diese Aufgabe auf andere übertragen wird.

Erhält eine Person ein größeres Maß an Hilfen als sie für andere erbringt, besteht ein Ungleichgewicht in der Wechselseitigkeit der Unterstützung. Von versäumter Reziprozität spricht Pearson (1997), wenn andauernd Hilfen eingefordert, selbst aber keine oder nur geringere Unterstützung geleistet wird. Fehlende Dankbarkeit für geleistete Hilfen oder die Erwartung einer überhöhten Dankesbezeugung durch den*die Hilfeerbringer*in führt langfristig zu weniger Unterstützungsleistungen.

»Unterstützung kann aber auch dann belasten, wenn der Empfänger sich nicht ›revanchieren‹ kann und so die Norm der Gegenseitigkeit verletzt« (Niepel 1994: 49). Das ist besonders dann der Fall, wenn Frauen in Armut leben: »Women with low incomes and who experience violence may have fewer resources (financial and otherwise) with which to reciprocate help to their network« (Williams/Mickelson 2007: 15).

Als eine weitere Barriere für das Hilfesuchverhalten benennt Pearson (1997) die Beeinträchtigung anderer. Sind Menschen körperlich oder psychisch gewalttätig, werden sie von potenziellen Unterstützer*innen zurückgewiesen und verspielen die Chance, Hilfe zu bekommen. Auch wenn sie das Eigentum anderer missachten oder in deren Privatsphäre eindringen, sind Grenzen überschritten, die die Chance auf Unterstützung erschweren. Diese Verhaltensweisen werden von anderen Personen als unangenehm wahrgenommen, weil sie in ihren Routinen beeinträchtigt werden. Die Abwendung von der hilfesuchenden Person, Sanktionen oder eine Zurückweisung können die Folge sein und zur Hilfebarriere werden (vgl. ebd.).

Eine weitere Barriere für den Erhalt von Hilfen aus dem sozialen Netzwerk, die in der Person begründet liegt, kann soziale Ungeschicklichkeit sein. Menschen mit diesem Verhalten denken und handeln dergestalt, dass andere Personen dies als merkwürdig oder unangenehm empfinden. Die Ursachen für ihr leicht unangepasstes Verhalten können in persönlichen Defiziten oder Dysfunktionalitäten in verbalen Fähigkeiten, in der Hygiene, im persönlichen Erscheinungsbild, im nonverbalen Ausdruck oder der Emotionalität liegen. Die durch das soziale Umfeld empfundene Seltsamkeit der Person kann soziale Distanz hervorrufen und den Erhalt sozialer Unterstützung behindern. Dennoch sind sozial ungeschickte Personen meist zu oberflächlichen Beziehungen in der Lage (vgl. ebd.).

Nicht nur vorhandene oder eingeschränkte personale Ressourcen wirken sich auf das Hilfesuchverhalten und die Bewältigung der Gewalterfahrungen aus, auch im sozialen Umfeld liegen Potentiale und Barrieren für eine erfolgreiche Hilfesuche.

Soziale Ressourcen

Als soziale Ressourcen werden die Integration in ein soziales Netzwerk und soziale Unterstützung durch formelle und informelle Helfer*innen betrachtet. Während die Integration in ein soziales Netzwerk eher quantitative Aspekte in den Blick nimmt, wie z. B. Netzwerkdichte und -größe, Zusammensetzung, Reziprozität der Beziehungen etc., fokussiert soziale Unterstützung die Qualität dieser Beziehungen. Badura (1981: 157) definiert soziale Unterstützung als »Fremdhilfen, die dem einzelnen durch Beziehungen und Kontakte mit seiner sozialen Umwelt zugänglich sind und die dazu beitragen, daß die Gesundheit erhalten bzw. Krankheiten vermieden, psychische oder somatische Belastungen ohne Schaden für die Gesundheit überstanden und die Folgen von Krankheiten bewältigt werden«. Er betont den Einfluss der Unterstützung aus sozialen Beziehungen auf die Gesundheit (vgl. ebd.). Die Verbindung von individueller Selbsthilfe mit dem Vorhandensein Sozialer Unterstützung fördert die Gesunderhaltung und die Abwehr von Krankheit. Cassel prägt den Begriff der sozialen Unterstützung als »soziales Immunsystem«, das neben physischen und biologischen Faktoren entscheidend für die Gesunderhaltung ist (1974). Insbesondere bei psychischen Belastungen und Störungen konnte durch soziale Unterstützung ein positiver Effekt auf die Gesundheit erzielt werden (vgl. Nestmann/Wehner 2008). Als besonders bedeutsam erscheint die wahrgenommene Unterstützung. Es reicht also nicht aus, dass Hilfeangebote vorhanden sind, sie müssen auch gesehen werden und zum Bedarf passen. Nach Barnett (2001: 6) können gewaltbetroffene Frauen so gestresst oder gedemütigt sein, dass sie nicht in der Lage sind, angebotene Hilfen zu erkennen. Möglicherweise ziehen sie sich auch aus sozialen Kontakten zurück, weil sie Angst vor Stigmatisierungen als Gewaltbetroffene haben: »women who experience IPV [Intimate Partner Violence, Anm. J. W.] are posited to be fearful that their stigmatized status as a ›victim‹ will become known and they isolate themselves from friends, family and others who are potentially helpful« (Humphreys/Lee 2009: 212).

Die Einbindung in eine Gruppe kann Hilfe bei der Wiedergewinnung des Selbstwertes und der Entwicklung einer eigenständigen Identität, Unterstützung bei konkreten Anforderungen, emotionale, praktische und rückmeldende Unterstützung geben und somit zur Erhöhung der eigenen Kompetenz beitragen (vgl. Fydrich/Sommer 2003). Eine unterstützende Person kann das Hilfesuchverhalten entscheidend beeinflussen, indem sie verdeutlicht, dass sie an die Handlungsfähigkeit und den Willen zur Beendigung der Gewalt bei der Betroffenen glaubt.

> »Soziale Umfelder und institutionelle Hilfen sind aufgefordert, dazu beizutragen, der sozialen Isolation von Frauen, die aktuell oder im Verlauf ihres Lebens Gewalt erfahren haben, aktiv entgegenzuwirken. In dieser Hinsicht wären der Ausbau von Selbsthilfenetzen für Frauen in Trennungs und Scheidungssituationen, aber auch die Förderung von Nachbarschaftshilfen, die gezielt auch gewaltbetroffene Frauen ansprechen, sowie generell die Qualifizierung der sozialen Umfelder gewaltbetroffener Frauen für einen verständnisvollen, pro-aktiven und unterstützenden Umgang mit Gewaltopfern wichtige Beiträge zur Prävention von schwerer Gewalt in Paarbeziehungen« (Schröttle/Ansorge 2008: 161).

Die Unterstützung aus dem sozialen Umfeld der gewaltbetroffenen Frau steht in Zusammenhang mit den Kontextbedingungen, z. B. hat die Häufigkeit der Versuche, sich aus der gewaltgeprägten Beziehung zu lösen, einen entscheidenden Einfluss darauf, ob die Frau Unterstützung erhält. Mit steigender Anzahl an Trennungsversuchen sinkt die Hilfebereitschaft im sozialen Netzwerk. Der Umfang sozialer Unterstützungsleistungen ist zudem von der Art der Beziehung zwischen Täter und Opfer, von der Anzahl und dem Alter der Kinder im Haushalt und auch davon abhängig, ob Freund*innen oder Familienmitglieder ebenfalls durch den Misshandler bedroht werden (vgl. Goodkind et al. 2003).

Soziale Barrieren

Im sozialen Umfeld gewaltbetroffener Frauen lassen sich nicht nur förderliche, sondern auch hemmende Faktoren für ein erfolgreiches Hilfesuchverhalten und die Bewältigung der erlebten Gewalt finden, z. B. durch inadäquate Unterstützung oder soziale Kontrolle. Belastungen ergeben sich aus Verpflichtungen, dem Austragen von Konflikten und Machtungleichgewichten in sozialen Beziehungen (vgl. Diewald 1991). Zudem wird soziale Unterstützung nicht immer und allen gewährt. Das soziale Netzwerk kann bei starker und andauernder Belastung selbst beeinträchtigt werden und mit der Situation überfordert sein, wodurch der Unterstützungswille sinkt. Es besteht ein negativer Zusammenhang zwischen dem Ausmaß und der Schwere der Gewalt und sozialer Unterstützung: je schwerer die Gewalterfahrungen, desto weniger Unterstützung erhalten die Betroffenen und umso mehr sind sie isoliert (vgl. Brzank 2012). Sind im sozialen Umfeld wenig Ressourcen vorhanden, kann die Hilfebereitschaft ebenfalls beeinträchtigt werden. Auch wenn sich die Ursache des Hilfeanlasses außerhalb der Kontrolle der Betroffenen befindet, wird weniger Unterstützung angeboten. Diewald (1991: 82) unterscheidet zwischen »(1) der Absicht zur Unterstützungsleistung beim Bereitsteller, (2) der Wahrnehmung und Interpretation des Unterstützungsprozesses durch den Unterstützungsempfänger und (3) den von beiden u. U. unabhängigen Unterstützungswirkung« Diese drei Aspekte können sehr weit auseinanderliegen und auch positive Intentionen des Unterstützungsnetzwerks können negative Folgen für die Unterstützungsempfängerin haben. Die Hilfe kann als Belastung, Einmischung oder Überfürsorglichkeit durch die Empfängerin empfunden werden oder zum falschen Zeitpunkt erfolgen. Damit kann der Erhalt der Hilfeleistung das Gefühl, sich revanchieren zu müssen, sich unterlegen zu fühlen oder mit eigentlich nicht gewollter Übernahme einer Verpflichtung als Gegenleistung einhergehen (vgl. Wahren 2015).

Soziale Netzwerke sind vielfältig zusammengesetzt und nicht hauptsächlich auf gegenseitigen Support ausgerichtet. Sie

> »beinhalten nicht nur statusgleiche, sondern hierarchische, nicht nur reziproke, sondern auch einseitige, nicht nur freiwillig gewählte, sondern auch erzwungene, für (übliche) Alltagsversorgung oder (unübliche) Anforderungen mehr oder weniger geeignete Beziehungen etc.« (Nestmann 1988: 54).

Belastungen durch soziale Beziehungen können sowohl auf Unterstützungsgeber*innenseite als auch auf Unterstützungsnehmer*innenseite auftreten und das Hilfesuchverhalten erschweren. Der Fokus liegt an dieser Stelle auf den gewaltbetroffenen Frauen als hilfebedürftige Unterstützungsnehmerinnen und den in ihrem Umfeld begründeten Barrieren für das Hilfesuchverhalten. Laireiter und Lettner (1993) differenzieren zwischen belastenden Faktoren von Beziehungen in sozialen Netzwerken und belastenden Aspekten sozialer Unterstützung. Zu den ersteren werden länger bestehende Struktur- und Interaktionsmerkmale gezählt, wie z. B. Verlustereignisse, Streitereien und Konflikte, Diskriminierung und Stigmatisierung, Abwertung, ablehnende Haltungen und Einstellungen, Einmischung in die Privatsphäre oder auch offene Feindseligkeit und Beziehungsgewalt (vgl. ebd.). Auch bei unpassender Größe des Netzwerkes können negative Effekte auftreten. Große Netzwerke erfordern viel Zeit und Pflege, die eine Belastung darstellen können. Sind soziale Netzwerke zu klein, kann unter Umständen nicht die benötigte Hilfe zur Verfügung gestellt werden. Frauen geben in kleinen Netzwerken wesentlich mehr Unterstützung als sie zurückbekommen (vgl. Nestmann/Schmerl 1990). Sind keine vertrauten Personen vorhanden, kann das mit »Befindenstrübungen und somatischen und psychischen Belastungssignalen einhergehen« (Laireiter/Lettner 1993: 102). Nicht nur die Größe, sondern auch die Dichte von Netzwerken kann

Belastungen hervorrufen. Hat ein Netzwerk eine sehr große Dichte, besteht häufig ein hoher Grad an sehr engen und unfreiwilligen Beziehungen mit einem hohen Abhängigkeitsgrad und großer sozialer Kontrolle, die besonders bei Änderungsbestrebungen als belastend erlebt werden (vgl. Diewald 1991). Isolieren sich dichte soziale Netzwerke von anderen Netzwerken und Personen, können Konflikte, Bedürfnisse und Emotionen nicht mehr über den Kontakt mit der äußeren Umwelt ausgeglichen werden. Die Gefahr der Eskalation im Netzwerk steigt. Die individuelle Entwicklung, der Aufbau sozialer Kompetenzen und Selbstverwirklichungschancen werden durch einen erhöhten Anpassungsdruck beeinträchtigt (vgl. ebd.). Dagegen können Netzwerke mit einer geringen Dichte »eine ständige Quelle für Frustration und Enttäuschung« sein (ebd.), da soziale Kontakte und Gruppen fehlen und Integration nicht stattfindet.

Belastungen, die in unterstützenden Bezügen auftreten, werden von Laireiter und Lettner (1993) in sechs Kategorien gegliedert:

- belastende Aspekte ›normaler‹ Unterstützung,
- inadäquate Unterstützung,
- enttäuschte Unterstützungserwartungen,
- exzessive Hilfe,
- problematische Beziehungen zwischen Unterstützer*in und Unterstütztem
- sowie belastungsbedingte Ineffektivität.

Belastende Aspekte ›normaler‹ Unterstützung können auftreten, wenn das Selbstwertgefühl durch das Angewiesensein auf Hilfeleistungen bedroht ist und die Vorstellung des eigenen Versagens und der eigenen Unfähigkeit mit Annahme der Hilfe einhergehen. Zusätzlich besteht die Annahme, dass der*die Hilfegebende überlegen ist, woraus Scham- und Schuldgefühle oder auch (vermeintliche) Abhängigkeiten erwachsen können, insbesondere dann, wenn zeitnah keine ›Rückzahlung‹ der Hilfe möglich ist. In Situationen, in denen es wenig Chancen auf positive Veränderungen gibt, z. B. bei chronischen Erkrankungen, können Enttäuschung und Rückzug der Unterstützer*innen folgen. Dominieren die Hilfeleistungen der Unterstützungsgeber*innen sehr stark die Situation und drängen sie die hilfesuchende Person in eine hilflose und unselbständige Rolle, entstehen Abhängigkeiten (vgl. Nestmann 1988). Mehrere Faktoren, z. B. die Persönlichkeit, der Umfang der Hilfe, wahrgenommene oder vermutete Hintergründe für die Unterstützung und auch der Grad der Nähe zwischen Hilfegeber*in und -empfänger*in haben Einfluss darauf, wie sich die Belastung auf die Wirkung der Sozialen Unterstützung niederschlägt (vgl. Laireiter/Lettner 1993).

Inadäquate oder fehlgeschlagene Unterstützung ist geprägt durch eine positive Intention der unterstützungsgebenden Person, die entweder nicht die erwünschte positive Folge nach sich zieht oder von der hilfempfangenden Person als stressreich erlebt wird. Beispielsweise führen emotionales Überengagement, Überredungs- oder Beschwichtigungsversuche, die Habwürdigung der Gewaltsituation oder das Beschimpfen oder Blamieren der hilfempfangenden Person zeitgleich mit der unterstützenden Interaktion dazu, dass die Unterstützung als belastend erlebt wird (vgl. Laireiter/Lettner 1993; Wortman/Lehman 1985). Nehmen Personen starken

Einfluss, üben kontrollierendes und überversorgendes Verhalten aus, treffen sie Entscheidungen stellvertretend für die gewaltbetroffene Person und grenzen deren Handlungs- und Auswahlspielräume ein, können trotz positiver Motivation des*der Helfenden großer Druck und Konflikte entstehen, die eine negative Auswirkung auf die Hilferezipientin haben und zum Abbruch der Hilfe führen können (vgl. Nestmann 1988). Wenn die helfenden Personen hilflos oder unsicher sind, kann daraus situationsunangemessenes Verhalten entstehen, das die Adressatinnen der Hilfe verschreckt. Ob die intendierte Unterstützungsleistung als hilfreich oder belastend empfunden wird, ist abhängig von der Art der zu bewältigenden Schwierigkeit, der Hilfeleistung, von Person- und Kontextmerkmalen, für informelle wie formelle Unterstützer*innen gleichermaßen.

Enttäuschte Unterstützungserwartungen bedeuten nicht nur, dass eine Hilfe nicht erfolgte, sondern auch, dass Erwartungen nicht erfüllt wurden in Situationen, in denen Support vermutet wurde. Sie können als unterlassene Hilfe gesehen werden und können zusätzlich zur problematischen Situation eine Belastung darstellen (vgl. Nestmann 1988). Frustrationen, Rückzug und Kränkungen können infolge enttäuschter Hilfeerwartungen auftreten und das Wohlbefinden negativ beeinflussen sowie zum Vertrauensverlust in potenziell unterstützende Personen und zur Eindämmung des Hilfesuchverhaltens führen.

Exzessive Hilfe, die infolge von emotionalem Überengagement auftritt, kann als Gegenpart zu enttäuschten Unterstützungserwartungen gesehen werden und ähnliche Auswirkungen hervorrufen. Wird die Unterstützung durch die hilfesuchende Person angenommen, entstehen Abhängigkeit und ein vermindertes Selbstwertgefühl, da die eigenen Fähigkeiten verdeckt bzw. eigene Problembewältigungsversuche durch das Überengagement verhindert werden (vgl. Laireiter/Lettner 1993).

Wenn Beziehungen zwischen der hilfesuchenden Person und der potenziell unterstützenden Person schon vor Auftreten einer Problemlage als belastend erlebt werden, sind sie meist nicht gleichberechtigt, sondern durch Abhängigkeit, Ablehnung, Angst und Kontrolle, mangelnde Reziprozität oder Abwertung geprägt (vgl. ebd.). Das können Beziehungen oder Freundschaften sein, die nicht selbständig beendet werden können, in denen (kleinste) Beziehungen aufrechterhalten werden (müssen). Beispielsweise sind das Beziehungen zu ungeliebten Verwandten, Kolleg*innen, Nachbar*innen. Besonders belastend wird ein Mangel an Wechselseitigkeit der Hilfe erlebt. Er steht für die soziale Norm des Austausches, die beim Fehlen des Gleichgewichtes der Hilfe nicht gegeben ist. Unterstützungsversuche werden als Einmischung in das eigene Leben oder als Kontrolle empfunden, wenn es starke Erwartungen oder Abhängigkeiten in Beziehungen gibt. Folgen davon können Widerstände gegen oder die Ablehnung der unterstützenden Person sein, aber auch Verunsicherung, sinkender Selbstwert oder Reduktion der Selbsthilfeversuche bei der belasteten Person (vgl. ebd.).

Langandauernde Belastungen oder Krisen können dazu führen, dass die Unterstützung durch das soziale Netzwerk »aufgebraucht« ist (vgl. Goodman et al. 2009). Die Rede ist von belastungsbedingter Ineffektivität. Hilfen, die gerade dann nötig wären, können nicht geleistet werden, da die Hilfepotentiale bereits erschöpft sind. Stammen die unterstützenden Personen aus dem sozialen Umfeld der Hilfesuchenden, sind sie oft in einem ähnlichen Milieu verortet, eventuell den gleichen

Stressor ausgesetzt und nicht in der Lage, effektive Hilfe anzubieten. Beispielsweise sind bei Trennung eines Paares die Freund*innen oft zwiegespalten, zu wem sie halten sollen, und stehen dem Trennungsverhalten ambivalent gegenüber (vgl. Wilcox 1990). Entwickelt sich die hilfesuchende Person oder ihre Situation nicht gemäß den Erwartungen der Unterstützer*innen, wird ihr mangelnde Zusammenarbeit, fehlende Anstrengung oder Undankbarkeit unterstellt. Hilfe, die über einen längeren Zeitraum in Anspruch genommen wird, kann zu Enttäuschung auf beiden Seiten, körperlicher und seelischer Belastung der Unterstützenden führen, so dass adäquate Hilfe nicht mehr möglich ist. Nach Nestmann (1988) führen Hilfebedürfnisse, die zu stark sind und zu lange andauern zum Rückzug der Helfenden, Kritik und Verweigerung des Hilfegebens, was eine erneute Hilfesuche erschwert. Wie beschrieben, existiert eine Vielzahl von Barrieren im sozialen Bereich, die eine passgenaue soziale Unterstützung beeinträchtigen. Dem Zusammenspiel aus sozialen und persönlichen Faktoren kommt eine große Bedeutung zu.

Der Zusammenhang zwischen persönlichen und sozialen Ressourcen

Soziale Ressourcen stehen in Abhängigkeit zu personalen Ressourcen. Sozial verträgliche Persönlichkeitsmerkmale, eine hohe soziale Kompetenz, der Bewältigungsstil und das Bewältigungshandeln der gewaltbetroffenen Person sowie soziale Unterstützung stehen in einem Zusammenhang. Ist die Bereitschaft um Hilfe zu bitten vorhanden, führt sie zu größerer sozialer Unterstützung im Vergleich zu Personen, die nicht um Hilfe bitten können (vgl. Wahren 2015). Frauen haben eine höhere Bereitschaft, Hilfe einzufordern, sich hilflos zu zeigen, ihre Probleme anderen mitzuteilen. Sie nehmen häufiger die Hilfe anderer wahr und in Anspruch und schätzen diese auch mehr im Vergleich zu Männern (vgl. Nestmann/Schmerl 1990). Frauen verfügen in der Regel über intensivere und stabilere Beziehungen in sozialen Netzwerken, deren Pflege Zeit beansprucht, was auch zu einer stärkeren Belastung bei eigener Hilfebedürftigkeit führen kann (vgl. Borgetto 2009; Röhrle 1994). Sie leisten mehr soziale Unterstützung, werden stärker um Hilfe angefragt, lassen sich stärker von Stress und Sorgen nahestehender Personen ›anstecken‹ und erhalten weniger Unterstützung aus ihrem nahen Umfeld zurück, als sie geben (vgl. Nestmann 2010). Diese Lücke im Support kann zu großem sozialen Stress führen, der sich wiederum gesundheitlich auswirkt (vgl. Belle 1990).

Formen der Unterstützung, die inadäquat oder nicht hilfreich waren, können die Belastung der hilfebedürftigen Person intensivieren und zu Einsamkeit, Depressionen, niedrigem Selbstwertgefühl und psychischen Beeinträchtigungen führen (vgl. Brzank 2012). Negative Formen der Unterstützung können zur Entstehung psychischer Erkrankungen beitragen oder depressive Episoden auslösen. Haben Personen depressive Tendenzen, können sie angebotene oder geleistete Unterstützung weniger wahrnehmen (vgl. Fydrich/Sommer 2003). Die starke psychische Belastung der betroffenen Frauen und der andauernde Stress in der gewaltgeprägten Beziehung werden durch fehlende soziale Kontakte, ein geringes Selbstwertgefühl und die nicht vorhandene Einbindung in soziale Netzwerke potenziert, da häusliche Gewalt häufig mit Isolation, Demütigungen und Beleidigungen einhergeht. Die

1.8 Determinanten des Hilfesuchverhaltens und Coping bei häuslicher Gewalt

Isolation durch den gewalttätigen Partner verhindert den Aufbau stabiler sozialer Netzwerke. Goodmann et al. (2009) beschreiben Stress, Kraftlosigkeit und soziale Isolation als Resultate häuslicher Gewalt, die effektive Copingstrategien verhindern. Besonders wenn Depressionen oder PTBS infolge häuslicher Gewalt auftreten und mit Antriebslosigkeit einhergehen, sind aktive Copingstrategien schwierig umsetzbar.

> »Gerade intensive emotionale und psychische Reaktionen – verbunden mit Gefühlen von Hilfs- und Hoffnungslosigkeit, dem Aufgeben von Bewältigungsbemühungen und sozialem Rückzug – werden von der sozialen Umwelt offensichtlich vermehrt mit negativen Reaktionen kommentiert, die bei den Betroffenen zu vermehrter Wahrnehmung negativer Unterstützung führen, was in der Folge mit negativerer Bewältigung, negativerer aktueller Befindlichkeit und einem geringeren Selbstwertgefühl assoziiert ist« (Laireiter et al. 2007: 54).

Im Gegensatz dazu führt motiviertes und lösungsorientiertes Verhalten der gewaltbetroffenen Frau dazu, dass das soziale Umfeld eher positive soziale Unterstützung leistet. Personen, die durch die erfahrene Gewalt den Glauben an die eigene Selbstwirksamkeit verloren haben und Unterstützung am dringendsten benötigen würden, erfahren eher negative Unterstützung oder eine Abkehr der Unterstützer*innen. Das kann dazu führen, dass die Bindung an den gewalttätigen Partner als einzige (zumindest teilweise positive) Bezugsperson verstärkt und die Isolation aufrechterhalten wird.

Verfügen Frauen über ein größeres Maß an Einkommen, Bildung und einen höheren Berufsstatus, erhalten sie mehr soziale Unterstützung von einer größeren Anzahl von Unterstützer*innen (vgl. Waldrop/Resick 2004). Sie haben eine größere Anzahl an eigenen sozialen Kontakten und damit mehr potenziell verfügbare Unterstützungsressourcen und bekommen mehr empathische und weniger vermeidende Reaktionen aus ihrem sozialen Umfeld. Die Verfügbarkeit von persönlichen und positiven sozialen Ressourcen führt zu einer positiveren Zukunftssicht und einem stärkeren Gefühl der Selbstwirksamkeit bei der Situationsbewältigung. Informellen Unterstützer*innen kommt eine große Bedeutung zu, da deren Reaktionen in Zusammenhang mit dem Befinden der Frauen stehen. Soziale Unterstützung fördert die aktive Auseinandersetzung mit häuslicher Gewalt und ist zusätzlich Ressource für andere Formen des Copings, z. B. der Informationsvermittlung über Unterstützungseinrichtungen. »[T]he fewer avoidant responses women received from friends, the more likely they were to engage in active behavioral and active-cognitive coping« (ebd.: 296). Hier zeigt sich der Zusammenhang zwischen personalen und sozialen Ressourcen und der Form der gewählten Copingstrategie. Rückmeldender Support durch das soziale Umfeld kann die Sichtweise der gewaltbetroffenen Frau auf die erfahrene Gewalt verändern.

> »Stellungnahmen relevanter Dritter im Sinne einer klaren Verurteilung von Gewalt wurden als entscheidend für eine weitere Unterstützungssuche beurteilt. Manchmal wird jedoch im Gegenteil due Frau dahingehend beeinflusst, dem Täter Verständnis entgegen zu bringen, den Schein der heilen Familie zu wahren und ihre Schuldgefühle werden verstärkt. Insbesondere der Druck, den hier die eigene Familie in einigen Fällen ausübt, wurde als sehr belastend erlebt« (GiG-net 2008: 138).

Auch wenn die Art des Zusammenhangs zwischen sozialer Unterstützung und Coping nicht eindeutig nachweisbar erforscht wurde, sind doch verschiedene Möglichkeiten denkbar. Zum einen kann soziale Unterstützung die Copingstrategien beeinflussen. »More available perceived social supports and more empathic responses (vs. avoidance) from those supports may facilitate more active coping and greater perceived options for battered women« (Waldrop/Resick 2004: 296). Das ist besonders für den Zeitpunkt des Herauslösens aus der gewaltgeprägten Beziehung von Bedeutung (vgl. Bückner 2009).

Zum anderen ist es auch möglich, dass sich die Art des Copingverhaltens der gewaltbetroffenen Person auf die soziale Unterstützungssituation auswirkt. »For example, many supporters may turn away if they feel that a woman is not trying to remove herself from an abusive relationship, or a woman who is using avoidant coping may have distanced herself from others« (ebd.).

Die Verfügbarkeit sozialer Ressourcen und das Gefühl von Zugehörigkeit werden mit einem engagierten Coping assoziiert. Wenn sich das Maß an verfügbarer sozialer Unterstützung erhöht, intensiviert sich das Hilfesuchverhalten, das Risiko für häusliche Gewalt sinkt. Zudem hat positive soziale Unterstützung einen gesundheitsfördernden Effekt. Adäquate soziale Unterstützung fördert die Krankheitsbewältigung, verhindert psychosozialen Stress, kann Stressfolgen abpuffern und wirkt sich positiv auf das körperliche und seelische Wohlbefinden aus (vgl. Nestmann/Wehner 2008; House/Umberson/Landis 1988; Borgetto 2008). Auch negative soziale Beziehungen können einen Einfluss auf die Gesundheit haben: »Feelings of vulnerability and fear, both negative and positive social resources, and socioeconomic status will play a role in a woman's physical and mental health in the face of partner violence« (Nurius et al. 2003: 1425). Wird der Frau durch das soziale Umfeld kein Gehör geschenkt oder ihre Offenbarung der Gewalt nicht ernstgenommen, wird das Hilfesuchverhalten gebremst. Das soziale Umfeld beeinflusst das Hilfesuchverhalten somit negativ (vgl. Brzank 2012). Aktives und direktes Bewältigungsverhalten kann von inneren (z. B. Mangel an Selbstwirksamkeitserwartung) und äußeren Faktoren (z. B. fehlende positive soziale Unterstützung) behindert werden. Ein Mangel an Ressourcen ist von individuellen soziodemografischen Lebensbedingungen abhängig, die selbst auch Auswirkungen auf das Hilfesuchverhalten haben.

1.8.4 Multiple Gewaltbiografie

Internationale Studien weisen auf einen Zusammenhang hin zwischen eigenem Gewalterleben als Kind bzw. beobachteter häuslicher Gewalt gegen die Mutter und einem Risiko, später selbst Opfer oder Täter*in in der Partnerschaft zu werden (vgl. GiG-net 2008). Wenn Frauen in ihrer Kindheit und/oder Jugend körperliche Gewalt zwischen ihren Erziehungsberechtigten miterlebt hatten, war das Risiko für spätere eigene Betroffenheit von häuslicher Gewalt durch den (Ex-)Partner später mehr als doppelt so hoch im Vergleich zu Frauen, die keine körperlichen Auseinandersetzungen zwischen den Eltern berichtet haben. Hatten Befragte der deutschen Prävalenzstudie in Kindheit und Jugend oft oder manchmal körperliche Übergriffe durch Erziehungspersonen erlebt, wurden sie später dreimal so häufig im Vergleich zu gewaltlos aufgewachsenen Frauen Opfer von Gewalt in der Paarbeziehung (vgl. Schröttle/Ansorge 2008). Auch in Bezug auf sexuelle Gewalterfahrungen ist der Zusammenhang zwischen Gewalterfahrungen bzw. -beobachtungen in der Kindheit und späterer Viktimisierung durch häusliche Gewalt im Erwachsenenleben bedeutsam.

> »Insgesamt gaben knapp 10 % aller Befragten an, als Kind Formen sexuellen Missbrauchs ausgesetzt gewesen zu sein, davon 45 % durch Personen aus der eigenen Familie. Das Risiko, später Opfer von Gewalt durch einen Beziehungspartner zu werden, war bei Frauen, die sexuellen Missbrauch durch Erwachsene in der Kindheit erlebt haben, doppelt so hoch wie bei nicht davon Betroffenen« (Müller/Schröttle 2004: 77).

Wuchsen die Frauen im Heim oder bei anderen als den leiblichen Eltern auf, war der Anteil der von Partnergewalt betroffenen Frauen am höchsten. »Darüber hinaus haben Frauen, die angaben, eher keine glückliche Kindheit gehabt zu haben, später deutlich häufiger Gewalt durch Partner erlebt als Frauen, die ihre Kindheit eher als glücklich bezeichneten (39 % vs. 21 %)« (Schröttle/Ansorge 2008: 163).

Die Generationen übergreifenden Auswirkungen von familiärer Gewalt können zum einen über in der Kindheit erlernte und später reproduzierte Verhaltensweisen erklärt werden. Zum anderen kann beobachtetes oder erlebtes Gewalthandeln in der Kindheit dazu führen, dass eine verminderte eigene Stärke, eingeschränkte personale Ressourcen und eine geringere Fähigkeit zur Abgrenzung gegenüber anderen Personen ausgeprägt werden. Diese können als Risikofaktoren für erneute Gewalterfahrungen als Täter*in oder Betroffene gelten. Auch die Ergebnisse der Dunkelfelduntersuchung des Kriminologischen Forschungsinstitutes Niedersachsen stützen diese Argumentation:

> »Je häufiger und eingriffsintensiver die Gewalterfahrungen in der Kindheit waren, desto geringer die Empathiefähigkeit, die Konfliktkompetenz und das Selbstwertgefühl und desto stärker sind gewaltbefürwortende Einstellungen ausgeprägt. [...] Insgesamt entsteht so eine problematische Konstellation: Personen, die als Kinder Opfer der Gewalt ihrer Eltern waren, fühlen sich schneller angegriffen, sind in ihrem Selbstwert labiler, sind weniger fähig, Konflikte zu deeskalieren und eher geneigt, Gewalt als Mittel der Konfliktlösung zu bevorzugen« (Wilmers/Enzmann et al. 2002: 228).

Der Ansatz der Salutogenese fragt, was Menschen trotz widriger Umstände gesund bleiben oder werden lässt. Kernstück des Modells ist das Kohärenzgefühl, das als

> »eine globale Orientierung, die das Ausmaß ausdrückt, in dem jemand ein durchdringendes, überdauerndes und dennoch dynamisches Gefühl des Vertrauens hat, daß erstens die Anforderungen aus der inneren oder äußeren Erfahrungswelt im Verlauf des Lebens strukturiert, vorhersagbar und erklärbar sind und daß zweitens die Ressourcen verfügbar sind, die nötig sind, um den Anforderungen gerecht zu werden. Und drittens, daß diese Anforderungen Herausforderungen sind, die Investition und Engagement verdienen« (Antonovsky 1993: 12).

Das Kohärenzgefühl wird in der Kindheit und Jugend entscheidend ausgebildet und von Erfahrungen und Erlebnissen geformt. Die Stärke des Kohärenzgefühls ist grundsätzlich davon abhängig, welche Sicherheit, welches Maß der Ausgewogenheit von Konsistenz und Überraschung, welche Balance aus Über- und Unterforderungen Menschen in der Kindheit erlebten (vgl. Bengel et al. 2001).

Frauen, die Gewalt in der Kindheit erfahren haben, sind verletzbarer für erneute Gewalterfahrungen. Sie haben gesehen, dass Gewalt ›normal‹ und alltäglich ist oder Liebe mit gewalttätigen Handlungen und dem Überschreiten von Grenzen in Zusammenhang steht. Unter diesen Voraussetzungen ist es schwer, eine eigene Grenzziehung zu erlernen. Hinzu kommt, dass Frauen, die in Kindheit und Jugend Opfer von Gewalt wurden, auch aufgrund von psychischen und gesundheitlichen Belastungsfolgen beeinträchtigt sind (vgl. Schröttle/Khelaifat 2008) und sehr viel schwerer, vielleicht auch später Grenzen gegenüber einem gewaltbereiten Partner setzen können. Es bestehen direkte, indirekte und mittelbare Zusammenhänge zwischen gewaltbelasteten Kindheitserfahrungen und der gesundheitlichen Situation im Erwachsenenleben. Erklären lassen sich diese u. a. durch weitere Gewalterfahrungen im Erwachsenenleben, damit einhergehende mangelnde soziale Einbindung und erhöhte Isolation als Folge der Gewalterfahrung in der Kindheit und im Erwachsenenleben. Weitere Faktoren, die sich auf den Gesundheitszustand im Erwachsenenalter auswirken können, sind gering ausgeprägte oder wenig hilfreiche soziale Netzwerke oder geringe Bildungsressourcen, die ebenfalls eine Konsequenz von Gewalt in Kindheit, Jugend und Erwachsenenleben sein können (vgl. ebd.).

Schröttle und Ansorge (2008: 166) führen aus,

> »dass gewaltbelastete Kindheitserfahrungen vor allem die Vulnerabilität von Frauen für schwere Misshandlungserfahrungen in Paarbeziehungen erhöht. [Das] [...] könnte damit in Zusammenhang stehen, dass beginnende, noch nicht so stark ausgeprägte Gewalt durch Partner von Frauen, die in Kindheit und Jugend bereits mit Gewalt in der Familie konfrontiert wurden, weniger konsequent durch Trennung beendet und tendenziell länger erduldet wird, was die Wahrscheinlichkeit der Zunahme der Gewaltintensität und der eskalierenden Gewalt erhöht«.

Es wird vermutet, dass Frauen mit multiplen Gewalterfahrungen über ein geringeres Kohärenzgefühl verfügen und ihre Widerstandsressourcen schwächer ausgeprägt sind, so dass sie in stressreichen Situationen weniger Handlungsoptionen zur Auswahl haben und entsprechend unflexibel in ihren Reaktionen sind (vgl. Brzank 2012). »Die Person mit einem starken SOC [Sense of Coherence, Kohärenzgefühl, ein positives Selbstbild mit Vertrauen in eigene Fähigkeiten und der Zuversicht, dass das Leben sinnvoll, verstehbar und handhabbar ist, abhängig von sozialen und materiellen Ressourcen; Anm. J. W.] wählt die bestimmte Coping-Strategie aus, die am geeignetsten scheint, mit dem Stressor umzugehen, dem sie sich gegenübersieht« (Antonovsky 1997: 130) und aktiviert die für die jeweiligen Anforderungen erforderlichen Ressourcen.

Selbst erlebte Gewalt in der Kindheit oder beobachtete Gewalt zwischen den Eltern kann zu selbstschädigenden Copingstrategien führen, die die Gesundheit beeinträchtigen. Interessanter Weise führten eigene oder beobachtete Gewalt in der Herkunftsfamilie in der Kindheit aber auch zu einer erhöhten Suche nach professioneller Hilfe beim Auftreten von Partnerschaftsgewalt im Erwachsenenalter (vgl. Popescu et al. 2010).

1.8.5 Häufigkeit und Schwere der Gewalt

Mit zunehmender Häufigkeit und Schwere der häuslichen Gewalt steigert sich das aktive Hilfesuchverhalten durch die gewaltbetroffenen Frauen bei professionellen Helfer*innen. »Women who had experienced violence for a relatively short time had not tried very often to get help to cope with it by, for example, getting in touch with a family counseling agency, police, doctor, or other help-giving agencies« (Piispa 2002: 889). Die deutsche Prävalenzstudie kommt zu dem Ergebnis, dass ein großer Teil der gewaltbetroffenen Frauen keine professionelle Hilfe in Anspruch nahm, weil sie die erlebte Gewalt als zu gering einschätzten oder sich nicht als Gewaltbetroffene betrachteten (vgl. Müller/Schröttle 2004a).

> »Bemerkenswert ist, dass etwa die Hälfte der Frauen, die ihre Gewalterfahrungen als zu geringfügig eingeschätzt oder sich nicht als unterstützungsbedürftige Gewaltbetroffene wahrgenommen haben, faktisch bedrohliche Formen von körperlicher Gewalt mit Verletzungsfolgen und/oder Angst vor ernsthafter/lebensgefährlicher Verletzung und/oder strafrechtlich relevante Formen von sexueller Gewalt erlebt hatte« (GiG-net 2008: 119).

Es scheint eine große Schwelle der Intensität der Gewalt vorliegen zu müssen, bevor sich Frauen an Hilfeeinrichtungen wenden.

Das Bewusstsein, dass das eigene Leben ernsthaft bedroht ist, gilt als stärkster Faktor für die Nutzung formeller und informeller sozialer Unterstützung (vgl. Brzank 2012). Nach der finnischen Prävalenzstudie wurden aktive Formen der Trennung eher eingesetzt, wenn schwere psychische und körperliche Gewalt erlebt wurden (vgl. Piispa 2002).

> »Women living in partnership terrorism and mental torment had sought help through official channels (e. g., the police, a doctor, or various helping agencies). Half of the women who suffered mental torment had sought help at some point during the violent relationship from different agencies, most often from mental health offices and family counseling centers, to help them cope with the psychological consequences of the violence« (ebd.: 890).

Besonders lange Beziehungen, in denen chronische Gewalt auftrat, gingen

> »mit einem Verlust an Ressourcen zur Veränderung einher sowie mit Einbußen bezogen auf das Selbstbewusstsein und die Selbständigkeit. Bei Frauen, die ambivalent gebunden sind oder waren, auch wenn sie zum Zeitpunkt des Beratungskontaktes eindeutig eine Trennung wollten, sind die Schwierigkeiten, selbständig Hilfe zu suchen und der Bedarf an entsprechender (Unter-)Stützung hoch« (GiG-net 2008: 208).

In der Konsequenz der Unterschiede in der Gewaltbetroffenheit, der subjektiven Handlungsfähigkeit und in den Unterstützungsbedarfen der gewaltbetroffenen Frauen, sollte die Hilfelandschaft ausdifferenziert werden. Ein differenziertes und teils spezialisiertes Ansprechen der Zielgruppen kann gewaltbetroffenen Frauen gemäß ihrem Bedarf unterstützen, ein gewaltfreies Leben aufzubauen. Vernetzung und Kooperation, aber auch die Aufklärung anderer formeller und informeller Helfer*innen ist dafür unabdingbar (vgl. ebd.).

1.8.6 Weitere Einflussfaktoren

Weitere Gründe, die ein erfolgreiches Copingverhalten behindern, können in dem Mitverantwortungsgefühl für die häusliche Gewalt liegen. Hat die gewaltbetroffene Frau den Eindruck bzw. wird ihr vermittelt, dass sie einen Anteil an den gewalttätigen Handlungen hat, können Scham- und Schuldgefühle die Kontaktsuche zu Unterstützungsgeber*innen verhindern. Das Gefühl, etwas falsch gemacht zu haben oder nicht in der Lage zu sein, eine ›normale‹ Beziehung zu führen, beeinträchtigt adäquates Copingverhalten (vgl. GiG-net 2008). Teilweise bestehen auch Vorbehalte gegenüber Hilfeeinrichtungen, die Angst vor dem Statusverlust, wenn ein Hilfeangebot mit einem schlechten Image genutzt wird, schlechte Erfahrungen mit Ämtern, Angst vor der Herausnahme der Kinder aus der Familie, vor mangelnder Anonymität, davor, dass ihnen nicht geglaubt wird etc., die eine aktive Hilfesuche beeinflussen. Auch in den Institutionen können Barrieren für ein erfolgreiches Copingverhalten liegen, z. B. wenn diese wenig bekannt sind, wenig Transparenz über Rollen, Zuständigkeit und Qualifikation der Mitarbeiter*innen nach außen sichtbar ist, Institutionen starr und unflexibel handeln oder aufgrund von Zeitmangel nicht auf die individuelle Situation der Hilfeadressat*innen eingehen können (vgl. ebd.).

> »Eine geschlechtsspezifische Verschreibungspraxis von Schmerz- und Beruhigungsmittel führt dazu, dass diese Medikamente Frauen ihre außerordentlich belastenden Lebensverhältnisse – wie gewalttätige Partnerbeziehungen – weiterhin ertragen lassen, statt sie in einem Prozess zu unterstützen, in dem sie ihre psychische und physische Stabilität wieder erlangen können« (Hellbernd et al. 2004: 30).

Dieses Zitat verdeutlicht, dass auch durch medizinische Fehl- und Überversorgung oder durch das Nichterkennen von Gewalt als Ursache von Erkrankungen und Verletzungen adäquate Hilfe unterbunden werden kann. Frauen, die Substanzmittel als Copingstrategie konsumieren, können teilweise nicht auf Unterstützungsleistungen zurückgreifen, da die entsprechenden Angebote fehlen. An der Schnittstelle Sucht und häusliche Gewalt entwickeln sich erst langsam vereinzelte Angebote. Alkohol- und Nikotinkonsum ist in vielen Schutzunterkünften für gewaltbetroffene Frauen verboten, wodurch sich einige Frauen eingeschränkt fühlen.

In der praktischen Arbeit mit gewaltbetroffenen Frauen zeigte sich, dass das Vorhandensein von Haustieren auch als Barriere gesehen wird, um vorübergehend in eine Schutzeinrichtung zu ziehen. Die Sorge um das Wohlergehen von Hund, Katze und Co. überstieg die Sorge um das eigene Wohlbefinden. Schutzangebote, die die Mitnahme von Haustieren zulassen, sind gegenwärtig noch sehr selten. Teilweise bestehen Kooperationen mit Tierheimen, die vorübergehend Haustiere aufnehmen.

Insgesamt kann zum Hilfesuchverhalten gewaltbetroffener Frauen festgehalten werden, dass trotz verschiedenartiger Barrieren die Mehrheit der Frauen vielfältige Strategien einsetzt, die in Abhängigkeit von der individuellen Situation zum Verbleib oder Verlassen der Beziehung führen. Gesteigerte Hilfebemühungen werden dann gewählt, wenn die Schwere der Gewalt steigt, Kinder mitbetroffen sind und persönliche wie auch positive soziale Ressourcen vorhanden sind. Letztere schaffen die Voraussetzungen für ein eigenständiges gewaltfreies Leben. Positive soziale Unterstützung kann zu einer optimistischeren Zukunftssicht, einem stärkeren Glauben an die Selbstwirksamkeit bei der Bewältigung der Gewaltsituation beitragen. Wie Familie, Freund*innen und Verwandte auf die Offenbarung der Gewalt reagieren, trägt zusammen mit materiellen Ressourcen entscheidend zum Wohlbefinden der Frauen bei.

Die individuellen Bedingungen und das »historisch vorgegebene gesellschaftliche Umfeld« (Godenzi 1994: 248) mit seinen Gesetzen, Normen und Wertvorstellungen nehmen Einfluss auf das Copingverhalten der gewaltbetroffenen Person. Zu den individuellen Faktoren zählen personale und soziale Faktoren, die erlittene Gewalt nach Dauer, Schwere und Frequenz differenziert, das »Machtgefälle und die Beziehungsintensität zwischen Täter und Opfer« (ebd.: 249), die Informiertheit des Umfeldes im Umgang mit häuslicher Gewalt und die gewählten Bewältigungsformen. Diese stehen in einem gesellschaftlichen Kontext, der durch Regularien, Angebote der Zuflucht und Beratung, des Empowerments, der Ermutigung oder Tabuisierung und Stigmatisierung etc. gestaltet wird. Es stellt sich die Frage: Ist eine gesellschaftliche Unterbindung des Gewalthandelns möglich oder ist ein »radikaler Wandel« der Gesellschaft notwendig, um häusliche Gewalt zu beenden (vgl. ebd.)?

2 Soziale Arbeit mit gewaltbetroffenen Frauen

Nicht nur Studierende, sondern auch Praktiker*innen der Sozialen Arbeit haben Schwierigkeiten, den Gegenstand der Sozialen Arbeit zu benennen, sich mit ihrer Profession und ihren methodischen und technischen Kompetenzen in der Hilfelandschaft zu verorten. Daher soll am Anfang dieses Kapitels herausgestellt werden, was der Gegenstand Sozialer Arbeit ist. Sie beschäftigt sich mit sozialen Problemlagen und ihren Auswirkungen. Oder mit Engelke, Spatscheck und Borrmann gesagt, ist das »Verhindern und Bewältigen sozialer Probleme« (2009: 267) der Gegenstand Sozialer Arbeit.

In den letzten Jahren ist eine Vielzahl an Publikationen erschienen (z. B. Otto/Thiersch 2018), die die Schärfung des Profils der Sozialen Arbeit als Profession und Disziplin gemeinsam mit den Berufsverbänden und Fachgesellschaften vorantreiben. Die internationale Definition Sozialer Arbeit der International Federation of Social Workers wurde von Vertreter*innen des Fachbereichstags Soziale Arbeit (FBTS) in Zusammenarbeit mit dem Deutschen Berufsverband für Soziale Arbeit e. V. (DBSH) übersetzt. Sie bildet die Grundlage sozialarbeiterischen Handelns.

> »Soziale Arbeit fördert als praxisorientierte Profession und wissenschaftliche Disziplin gesellschaftliche Veränderungen, soziale Entwicklungen und den sozialen Zusammenhalt sowie die Stärkung der Autonomie und Selbstbestimmung von Menschen. Die Prinzipien sozialer Gerechtigkeit, die Menschenrechte, die gemeinsame Verantwortung und die Achtung der Vielfalt bilden die Grundlage der Sozialen Arbeit. Dabei stützt sie sich auf Theorien der Sozialen Arbeit, der Human- und Sozialwissenschaften und auf indigenes Wissen. Soziale Arbeit befähigt und ermutigt Menschen so, dass sie die Herausforderungen des Lebens bewältigen und das Wohlergehen verbessern, dabei bindet sie Strukturen ein. Diese Definition kann auf nationaler und/oder regionaler Ebene weiter ausgeführt werden« (DBSH & FBTS 2016).

2.1 Hilfebedarfe

In der Sozialen Arbeit mir gewaltbetroffenen Frauen geht es um die Verhinderung und Bewältigung von partnerschaftlicher Gewalt. Damit sollen die Bewältigung der Herausforderungen des Lebens nach der erfahrenen Gewalt gebessert und die Gesundheitschancen, die durch die Gewalt beeinträchtigt wurden, erhöht werden. Der Fokus liegt dabei sowohl auf dem Verhalten der Klientinnen als auch auf den gesellschaftlichen Verhältnissen, die ihren Teil zur Entstehung häuslicher Gewalt beitragen. Die Schaffung von Unterstützungs- und Schutzmöglichkeiten für gewaltbetroffene Menschen und deren (zumindest teilweise) staatliche Finanzierung gestalten die gesellschaftlichen Verhältnisse mit. Zuvörderst wird in den Schutzeinrichtungen der Bedarf nach Schutz und Unterbringung umgesetzt. Weitere Hilfebedarfe, die in der Arbeit mit gewaltbetroffenen Menschen relevant sind, können die Orientierung im Hilfesystem, das Verstehen der Situation und die Aufklärung über zugrundeliegende Mechanismen der Gewalt sein. Soziale Unterstützung in ihren verschiedenen Ausprägungen emotionale, instrumentelle, informatorische oder rückmeldende Unterstützung, Einbindung in ein soziales Netzwerk sowie Beteiligung und Einbezug können vorübergehend durch formelle Helfer*innen übernommen werden, wenn das private Netzwerk nicht vorhanden oder dysfunktional ist und keine für den Bedarf passgenauen Hilfen anbieten kann. Der Aufbau informeller Netzwerke oder die Motivation der gewaltbetroffenen Frauen, Kontakte zu ehemals vorhandenen Unterstützer*innen wieder aufzubauen, fällt in den Aufgabenbereich Sozialer Arbeit. Aber auch praktische Dinge wie Hilfe bei der Beantragung staatlicher Leistungen oder die Unterstützung bei der Suche einer neuen Wohnung sind Aufgaben der Sozialen Arbeit mit gewaltbetroffenen Frauen.

2.2 Prinzipien der Sozialen Arbeit mit gewaltbetroffenen Frauen

Gewaltbetroffenen Frauen fällt es häufig schwer, sich zu offenbaren und über ihre Erfahrungen zu sprechen. Daher sind die Haltung und das Auftreten von Fachkräften im sozialen und medizinischen Bereich von besonderer Bedeutung für die weitere Befindlichkeit und Offenbarungsbereitschaft der gewaltbetroffenen Frau. Auch für die weitergehende Akzeptanz von Hilfen und Veränderungsprozessen spielt die Haltung der Fachkräfte in der ersten Anlaufstelle, wo über häusliche Gewalt gesprochen wird, eine entscheidende Rolle. Die Fachkräfte sind aufgefordert, ihre eigene Haltung zu häuslicher Gewalt zu reflektieren. So ist eine Sensibilisierung dafür, dass eine häusliche Gewaltsituation vorliegen könnte, im Sozial- wie im Gesundheitswesen notwendig (vgl. Flury 2010). Zudem sollte ein Schutzraum zur Verfügung stehen, wo der Frau mit Verständnis begegnet wird und sie geeignete Interventions- und Stabilisierungsmaßnahmen erfährt. Der Betroffenen sollte Wissen über ihre Rechte vermittelt und Angebote von spezialisierten Hilfeeinrichtungen unterbreitet werden. Zur Umsetzung dieser Prinzipien benötigen Fachkräfte eine gewisse Offenheit und Sensibilität für häusliche Gewalt. Das Wissen um grundlegende rechtliche Aspekte im Bereich Beziehungsgewalt und um spezialisierte Beratungs-, Schutz- und Interventionsangebote ist dafür unabdingbar. Jederzeit sind die Grundsätze der Vertraulichkeit und des Datenschutzes zu beachten.

Für die Arbeit mit von häuslicher Gewalt betroffenen Frauen sind die folgenden Handlungsgrundsätze von entscheidender Bedeutung. Ohne deren Einhaltung wäre die Arbeit im sensiblen Bereich der Anti-Gewalt-Arbeit nicht umsetzbar. Einige der Prinzipien lassen sich in verschiedenen Handlungsfeldern mit verschiedenen Zielgruppen der Sozialen Arbeit umsetzen, z. B. Vertraulichkeit und Datenschutz. Andere wie Parteilichkeit beziehen sich eher ausschließlich auf die Arbeit in Schutzeinrichtungen und im Anti-Gewalt-Bereich.

Auf einen Blick: Prinzipien der Sozialen Arbeit mit gewaltbetroffenen Frauen

Klare Haltung zur Gewalt und Verantwortlichkeit
Akzeptanz
Vertrauen herstellen und Parteilichkeit
Klient(en)zentrierung
Flexibilität
Empathie
Echtheit
Lösungsorientierung
Ressourcenorientierung
Vertraulichkeit und Anonymität
Selbstbestimmung und Einverständnis
Stabilisierung und Ermächtigung
Destabilisierende Interventionen vermeiden

Klare Haltung zur Gewalt und Verantwortlichkeit

Häusliche Gewalt ist kein Kavaliersdelikt, sondern ein Mittel zur Machtausübung. Die Verantwortung für die gewaltgeprägte Situation trägt immer die gewaltausübende Person. Sie hätte auch andere Verhaltensweisen wählen können bzw. gegenüber anderen Personen ein anderes Verhalten an den Tag gelegt. Mithilfe von Gewalt soll den Betroffenen der Wille des Gewaltausübenden aufgezwungen werden. Die Betroffenen fühlen sich oft ambivalent und suchen die Schuld für die Eskalation bei sich und im eigenen Verhalten. Sie versuchen, Verantwortung für die Eskalation zu übernehmen, relativieren die Tat und fühlen sich schuldig. Häufig besteht die Hoffnung, durch eine Verhaltensänderung hin zum ›richtigen‹ Verhalten etwas am Verhalten des Gewaltausübenden zu verändern. Berater*innen sollten deutlich machen, dass einzig und allein die gewaltausübende Person für ihr Verhalten verantwortlich ist und nur sie selbst sich gegen Gewaltanwendung entscheiden kann (vgl. Flury 2010).

Akzeptanz

Jede Frau, die Beratung und/oder Zuflucht in einer Beratungsstelle, Zufluchtswohnung oder in einem Frauenhaus sucht, sollte unabhängig von ihrer Nationalität, ihrem Alter etc. so angenommen werden, wie sie ist. Sie erfährt bedingungslose Akzeptanz bzw. Zuwendung und Wertschätzung ihrer Person durch die Beraterin. Durch das nicht an Bedingungen geknüpfte Akzeptieren ihrer Person bietet die Beraterin der Klientin die Möglichkeit, sie selbst zu sein, sich nicht verstellen zu müssen. Die hilfesuchende Frau bekommt durch die akzeptierende Haltung der Beraterin den Raum sich zu öffnen und alle Themen anzusprechen, ohne dass sie Einschränkung, Kritik oder Ablehnung von Seiten der Beraterin erfährt. Dieses bedingungsfreie Akzeptieren stellt die Person der Adressatin in den Mittelpunkt, nicht ihre Handlungen und Einstellungen, es handelt sich also um Achtung vor der Klientin als individueller Mensch. Kriz (2001: 178) beschreibt es als Fähigkeit, »eine tiefe Achtung vor menschlichem Leben und seiner Vielfalt empfinden zu können, wie sie sich im individuellen So-Sein des Klienten manifestiert«

Die bedingungslose positive Zuwendung ist geprägt durch die Echtheit der Beraterin, das Fehlen von Bewertungen der ratsuchenden Frau und die Wertschätzung der Art des Fühlens und Erlebens der Klientin. Aufgrund dessen wird den Klientinnen ermöglicht sich angstfrei zu öffnen und über ängstigende, schuld- und schambesetzte, belastende, peinliche oder bedrohliche Inhalte und Erfahrungen zu reden.

> »Die Wertschätzung des Gegenüber, die nicht an Bedingungen geknüpft ist, die also dem Gegenüber um seiner selber willen, so wie er eben ist, angeboten wird, ermöglicht dem Klienten Sicherheit und Offenheit und ermutigt zu neuem Denken und veränderten Sichtweisen« (Seithe 2008: 12).

Eine nicht-konfrontative akzeptierende Haltung der Beraterin oder des Beraters ist insbesondere zu Beginn der Sozialarbeiter*in-Klient*in-Beziehung die Grundlage zum Aufbau einer vertrauensvollen tragfähigen Arbeitsbeziehung. Die zur Beratung kommenden Frauen merken, dass ihnen mit Verständnis begegnet wird und sie mit all ihren Einstellungen und Ambivalenzen, ihrer Lebensgeschichte, ihren Zweifeln und Sorgen akzeptiert werden. Da die Frauen in ihren gewaltgeprägten Beziehungen häufig die Abwertung und Erniedrigung ihrer Person hinnehmen mussten, haben sie oft gewisse Selbstanteile und Gefühle nicht zugelassen oder verdrängt. Diese können durch die bedingungslose Zuwendung der Beraterin wiederentdeckt und integriert werden. Auch eigene ungeliebte Anteile (z. B. dysfunktionale Bewältigungsstrategien, Schwierigkeiten bei der Erziehung der Kinder, mangelndes Abgrenzungsvermögen etc.) können zur Sprache gebracht werden. Ein Raum und die Möglichkeit, alle Gefühle und Einstellungen ausdrücken zu können, wird durch fehlende Wertung und Beurteilung der Ausführungen und der Person der Klientin gegeben. Dadurch kann das Selbstwertgefühl der Klientin gestärkt werden, ebenso wie durch das einfühlende Verstehen oder die Parteilichkeit (s. u.). Für den Aufbau einer Vertrauensbeziehung zwischen Beraterin und Klientin stellt die bedingungsfreie Zuwendung eine Grundvoraussetzung dar (vgl. Wahren 2015).

Vertrauen herstellen und Parteilichkeit

»Parteilichkeit ist eine grundsätzliche Haltung gegenüber den vorfindbaren gesellschaftlichen Strukturen und der eigenen Standortbestimmung« (Bundesministerium für Frauen und Jugend 1993: 14).

Parteiliches Handeln für die Klientinnen ist in der Arbeit mit gewaltbetroffenen Frauen und ihren Kindern eine Grundvoraussetzung für eine kooperative Zusammenarbeit. Hilfe und Unterstützung der gewaltbetroffenen Frauen kann nur parteilich erfolgen, da Parteilichkeit darauf verweist, dass häusliche Gewalt kein privates Problem oder Randphänomen ist. Häusliche Gewalt ist einerseits eine gesellschaftspolitische Herausforderung, andererseits aber die äußerst private Angelegenheit jeder Betroffenen. Wer mit von häuslicher Gewalt Betroffenen arbeitet, kann nicht gleichzeitig mit den Täter*innen arbeiten, sonst wird die professionelle Fachkraft unglaubwürdig (vgl. Wahren 2015).

Besteht in der Beratung ein Verdacht auf das Vorliegen häuslicher Gewalt, sollte dieser behutsam, aber offen angesprochen werden. Damit signalisiert die Beratende, dass das Thema einen Platz im Gespräch einnehmen kann. Die gewaltbetroffene Frau kann selbst entscheiden, ob und wie viel sie von ihrer Situation Preis gibt. Das Reden über Gewalterfahrungen wird durch Angst-, Scham- und Schuldgefühle erschwert, daher ist ein sensibler Umgang insbesondere in der Phase der Offenbarung bedeutsam. Eine parteiliche Haltung der*des Beratenden ermöglicht Vertrauen und Wissen, das der*die Professionelle grundsätzlich auf der Seite der Betroffenen steht. Das erleichtert der gewaltbetroffenen Person, über die erfahrene Gewalt zu reden. Weiterhin sind ein Raum, in dem das Gespräch störungsfrei sattfinden kann, in dem Sicherheit, Verständnis und emotionaler Halt gegeben werden, förderlich für die weitere Öffnung. Wenn der gewaltbetroffenen Person Glauben geschenkt und sie ernst genommen wird, keine Beurteilung bzw. Verurteilung stattfindet, steigt die Chance, dass die Klientin weiterführende Hilfen in Anspruch nimmt und sich aus der häuslichen Gewaltsituation lösen kann. Dennoch ist es wichtig, keine überzogenen Erwartungen zu wecken und realistische Aussagen zu treffen, da sonst das gewonnene Vertrauen in das Hilfesystem schnell wieder enttäuscht und ein erneuter Versuch der Offenbarung erschwert wird (vgl. Flury 2010).

In der Sozialen Arbeit mit gewaltbetroffenen Frauen meint Parteilichkeit auch im Auftrag der Klientin das Wort zu ergreifen. Ist sie selbst noch nicht dazu in der Lage, ihre Belange durchzusetzen, z. B. gegenüber Ämtern, Anwält*innen, Wohnungsbaugesellschaften übernimmt die Sozialarbeitende diese Funktion. Dabei ist darauf zu achten, dass die Klientin ermutigt werden sollte, ihre Angelegenheiten selbst zu klären und wieder Handlungswirksamkeit zu erfahren. Es geht nicht um die Übernahme notwendiger Handlungsschritte durch den*die Sozialarbeiter*in, wenn die Klientin selbst zu diesen in der Lage ist, auch wenn dies häufig Geduld erfordert.

Parteilichkeit heißt außerdem, öffentlich auf die Problemlagen von gewaltbetroffenen Frauen aufmerksam zu machen, um so bspw. Änderungen in der Gesetzgebung herbeizuführen, z. B. durch Plakataktionen, Kampagnen etc. Parteilich handeln heißt somit also auch stellvertretend für die Betroffenen auf gesellschaftspolitischer Ebene zu agieren.

Klient(en)zentrierung

Als Klient*in wird ein*e Kund*in oder Auftraggeber*in bezeichnet, der oder die von bestimmten Dienstleistern oder Einrichtungen angebotene Tätigkeiten in Anspruch nimmt (vgl. Wissenschaftlicher Rat der Dudenredaktion 1997). Nach der Definition des Duden (ebd.) wird klient(en)zentriert als »auf den Klienten ausgerichtet, nach seinen Bedürfnissen« definiert. Klient(en)zentrierte Beratung ist demnach ein gemeinsames Finden von Lösungen und Handlungsmöglichkeiten mit Orientierung an den Bedürfnissen und Sichtweisen der Kund*innen Kundin oder der Auftraggeber*innen.

»Ohne eine offene, vertrauensvolle und auf Zusammenarbeit orientierte Beziehung aller Beteiligten ist keine erfolgreiche Beratung möglich« (Sickendiek et al. 2002: 113). Als klient(en)zentrierte Haltung (in Anlehnung an Rogers, z. B. 2003) wird die Einstellung von Berater*innen bezeichnet, die der ratsuchenden Klientin helfen, Blockierungen ihrer Wachstums- und Entwicklungsimpulse zu beheben. Die Fähigkeit zur Erhaltung ihres Organismus soll verbessert und dadurch gesundheitserhaltende und -fördernde Handlungsweisen angeregt werden. »Besonders mit Blick auf ihre empathische, das Subjekt KlientIn respektierende und akzeptierende Grundhaltung, wird die Klientenzentrierte Beratung in der Sozialen Praxis allgemein geschätzt« (Seithe 2008: 11).

Da sich jeder Fall, jede Lebensgeschichte und vor allem die Ressourcen der betroffenen Frauen sich von denen anderer unterscheiden, sollten Beratungen und Interventionen immer individuell auf die einzelne Person und ihre Problemlagen, Bedürfnisse und Handlungsmöglichkeiten ausgerichtet sein. Besonders deutlich werden die unterschiedlichen Bedürfnisse anhand der Aufenthaltsdauer und Betreuungsintensität der Frauen in den Schutzeinrichtungen. Manche Frauen brauchen nur für ein paar Tage eine Unterkunft, wo sie zur Ruhe kommen und ihre Situation überdenken können. Andere Frauen verweilen sechs Monate und länger in der Zufluchtswohnung oder im Frauenhaus. Ursächlich dafür ist ein erhöhter Hilfe-, Beratungs- Therapie- und/oder Begleitungsbedarf sowie die Notwendigkeit der Unterstützung in emotionalen, rechtlichen, sozialen und finanziellen Angelegenheiten und bei der Wohnungssuche.

Die Klientenzentrierte Gesprächsführung zielt darauf ab, dass die Klient*innen im Beratungsprozess mithilfe der sozialen Fachkraft folgende Dinge in den Blick nehmen:

> »Selbstentwicklung und Veränderungspotentiale entwickeln, Selbstakzeptanz fördern, eigene Entdeckungen machen, selbständige Entscheidungen treffen, Selbsterkennung von Ursachen, die zu Problemen führen, eigenes Potential zur Problemlösung erkennen« (Deller/Brake 2014: 198).

Besonders für Frauen, die in der Gewaltbeziehung ihr Selbstbewusstsein verloren haben und verunsichert sind, sich nichts zutrauen, Angst vor Fehlern haben, erscheint der Ansatz der klientenzentrierten Gesprächsführung erfolgversprechend für die Stabilisierung und Wiedergewinnung des Selbstwertes.

Klientzentrierung bedeutet auch, jeder Adressatin, in Abhängigkeit von ihren Fähigkeiten, so viel wie nötig und so wenig wie möglich Unterstützung zu geben.

Der Fokus sollte eher auf der Förderung von Selbsthilfepotentialen liegen. Die Autonomie der Klientinnen und ihrer Entscheidungen sollte dabei immer berücksichtigt und bevormundendes Verhalten vermieden werden. Kann eine hilfesuchende Frau aufgrund ihrer Situation anfangs keine eigenständigen Entscheidungen zu treffen, werden ihr durch die Beraterin diverse Handlungsoptionen unterbreitet. Die Klientin kann die für sie passendste Option wählen und bleibt trotz professioneller Unterstützung in ihren Handlungen autonom. Sie lernt wieder Verantwortung für ihr Handeln zu übernehmen, Möglichkeiten abzuwägen, sich aktiv mit dem eigenen Leben auseinanderzusetzen und gewinnt dadurch ein neues Selbstwertgefühl und ein stärkeres Selbstbewusstsein (vgl. Wahren 2015).

Flexibilität

In der Arbeit mit gewaltbetroffenen Frauen in Schutzeinrichtungen braucht es einerseits die Voraussetzungen zur Schaffung struktureller und zeitlicher Rahmenbedingungen für die Kontakte mit ihnen, andererseits braucht es auch große Flexibilität, um in auftretenden Krisensituationen adäquat reagieren zu können. Ein ausgeprägtes Feingefühl zwischen Regelhaftigkeit und Abrufbarkeit ist dafür ebenso unabdingbar wie ein strukturiertes Zeitmanagement und eine gute Menschenkenntnis. Im Sinne der Niedrigschwelligkeit der Angebote sollten sich die Arbeitszeiten der Beraterinnen zumindest teilweise an den Bedürfnissen der Klientinnen orientieren bzw. tagsüber eine telefonische oder Online-Erreichbarkeit gewährleistet sein. Räumliche und zeitliche Bedingungen sollten variabel gestaltbar sein. Auch in der Anwendung von Handlungskompetenzen, -methoden und -instrumenten ist Flexibilität erforderlich. Je nach Fall sollen durch die sozialarbeiterischen Kompetenzen Lebensweise und Lebenslage der Adressat*in der Hilfe positiv beeinflusst werden, der Erwerb oder das Wiedererlernen von Basiskompetenzen zur Alltagsbewältigung gefördert und/oder die (Re-)Aktivierung von sozialen Ressourcen im Zentrum der Unterstützung stehen. Andere Ziele, die durch eine flexible Handhabung von Methoden und Instrumenten umgesetzt werden können, sind die Erhöhung der Selbständigkeit der Klientin, die Abschwächung von Belastungsmerkmalen der Lebenssituation sowie die Förderung eines verbesserten Zugangs zu sozialen und materiellen Ressourcen (vgl. Pauls 2011). Die auf den Fall und die Situation abgestimmte Auswahl und Flexibilität in der Anwendung der Methoden- und Instrumentenvielfalt erhöht die Fachlichkeit und gilt als abgrenzendes Merkmal der Sozialen Arbeit gegenüber anderen Disziplinen und Professionen. Auch empathisches Handeln bedarf eines hohen Maßes an Flexibilität im Denken. Die Sozialprofessionellen sind aufgefordert, sich immer wieder neu in die Gefühls- und Erlebenswelt der Klientin im momentanen Zustand in der momentanen Situation hineinzuversetzen und eigene Bewertungen zurückzunehmen.

Empathie

Als empathisches Verstehen wird das Öffnen gegenüber den Gefühlen und Gedanken der Klientin und das Hineinversetzen in deren Erlebenswelt verstanden. Durch aktives Zuhören und Verständnis für die Gefühle und deren persönliche Bedeutung für die Klientin versucht die Fachkraft der Sozialen Arbeit, die Welt mehr und mehr mit den Augen der Klientin zu sehen. Das Bild, das die Klientin von sich selbst hat, wird ihr durch die Fachkraft der Sozialen Arbeit widergespiegelt. Änderungsprozesse nehmen ihren Anfang im Erkennen und Verstehen eigener Sichtweisen auf sich selbst und auf den Anlass der Hilfesuche. Die Sozialarbeiterin identifiziert sich nicht mit der Klientin, sonst bestünde die Gefahr der Überlastung mit der oft komplexen multidimensionalen Problemlage und sie wäre nicht mehr handlungsfähig, es entsteht eher ein ›Mit-der-Klientin-Sein‹.

Im Fokus in der Beratungssituation stehen die Äußerungen der Klientin. Auch nonverbale Ausdrucksformen wie Mimik, Ausdruck, Gestik und Stimmklang sollten berücksichtigt werden, da diese Aufschluss über Widersprüche, Inkongruenzen und Gefühlsregungen geben können. Durch die Verbalisierung der von der Klientin erlebten Gefühle und Bedeutungen und deren Rückspiegelung durch die Sozialarbeiterin entsteht ein Auseinandersetzungsprozess. Die Sozialarbeiterin erfüllt drei verschiedene Rollen im Beratungsprozess (vgl. Sander 1999): Sie dient zum ersten als Stabilisatorin der Wahrnehmung der Klientin und der Beratungsbeziehung, zum zweiten nimmt sie die Funktion als Fascilitatorin (Moderatorin) in der Bearbeitung und im Erleben der Probleme ein und zum dritten agiert die Beraterin als Promoterin (Unterstützerin, Fördererin), indem sie ein tiefgründigeres und anderes Sinnverständnis und Veränderungen im Umgang mit Problemen fördert. Auf die Rollenvielfalt der in der Sozialen Arbeit mit gewaltbetroffenen Frauen wird in Kapitel 2.4 ausführlicher eingegangen (▶ Kap. 2.4).

In der praktischen Arbeit mit gewaltbetroffenen Frauen ist die Offenheit gegenüber den Gefühlen und Gedanken in der Beratung sowohl in der Beratungsstelle als auch im Beratungsprozess in der Schutzeinrichtung von immenser Bedeutung. Da die Adressatinnen der Hilfe durch die jahrelang andauernde Gewalt oft sehr verunsichert und misstrauisch gegenüber ihrer eigenen Wahrnehmung sind, ist es hilfreich, durch empathisches Verstehen ein Beziehungsangebot zu unterbreiten. Dafür sind zum einen Offenheit und Interesse an der individuellen Person der Klientin notwendig. Zum anderen bedarf es der Fähigkeit, sich in die Erlebenswelt der Rat suchenden Klientin immer wieder neu hineinzuversetzen und ihre momentanen Gefühlszustände und Erlebnisinhalte zu spiegeln. Nur so ist es möglich, eine den Frauen angemessene individuelle Hilfeleistung zu bieten. Empathisches Verstehen bedeutet, dass die Adressatinnen zum ersten Mal nach langer Zeit das Gefühl haben, dass ihnen zugehört und ihren Schilderungen geglaubt und diese nicht bewertet werden. Die einfühlende Haltung der Beraterin ermöglicht es den Klientinnen den Zugang zu verschütteten und verdrängten Bereichen ihres Selbst zu finden und somit ihr Selbstbewusstsein stärken (vgl. Wahren 2015).

Echtheit

Die Voraussetzung für einfühlendes Verstehen und bedingungslose Akzeptanz der Klientin ist die Echtheit der Beraterin. »Echtheit äußert sich auf der Verhaltensebene zumindest dadurch, dass z. B. die Inhalte einer Äußerung mit Tonfall, Mimik, Gestik etc. übereinstimmen und von einem großen Reaktionsspektrum spontan Gebrauch gemacht werden kann« (Kriz 2001: 179). Echtheit bedeutet, dass sich die Beraterin mit ihren Äußerungen und Vorannahmen zurückhält, keine aufgesetzte Freundlichkeit zeigt, ihre Meinung und Problemlösungsansätze nicht aufdrängt. Nur wenn die Beraterin Zugang zu ihren Gefühlen und Gedanken hat und diese wahrnimmt, kann sie sie reflektieren und in die Hilfebeziehung zur Klientin einbringen und sich öffnen. Ihr Handeln wird dadurch nachvollziehbarer und transparenter. Aufgrund dessen erhöhen einfühlendes Verstehen und bedingungsfreies Akzeptieren die Kongruenz der Sozialen Fachkraft und die Klientin kann Vertrauen in die helfende Beziehung entwickeln.

Die sozialarbeiterische Fachkraft als Künstlerin (in) der Beziehungsarbeit, die sich nicht hinter einer Maske oder Rollenvorstellung verbirgt, ist in der Lage, den hilfesuchenden Menschen unabhängig vom Anlass der Hilfesuche zu betrachten. Die analytische Trennung zwischen Mensch und Problem erleichtert den Aufbau einer tragfähigen Arbeitsbeziehung. Beide Ebenen müssen für ein Gelingen der Hilfe berücksichtigt werden. »Weder eine ›ziellose Gefühlsduselei‹ noch eine ›gefühllose Zielstrebigkeit‹ ist geeignet, nachhaltige Veränderungsprozesse herbeizuführen« (Preis 2015: 105).

In der praktischen Arbeit bedeutet das bspw., eine Klientin in den Arm nehmen zu können, wenn sie traurig ist. Natürlich nur dann, wenn sie das wünscht. Auch das Zugeben von Fehlern oder das Eingestehen von Unwissenheit in komplexen Problemlagen können als Zeichen der Echtheit gelten. Die Beraterin wirkt dadurch menschlich und kongruent. Ihr bei der Klientin vorhandenes Bild der allwissenden professionellen Dienstleisterin verschiebt sich durch diese Offenheit und Echtheit in Richtung gleichberechtigte Handlungspartnerin. Eine Begegnung auf Augenhöhe und ein Hilfeprozess in Ko-Produktion werden wahrscheinlicher. Die Klientin lernt, dass das Auftreten und Eingestehen von Fehlern und Wissenslücken ein Zeichen der Echtheit sein kann und keine Herabsetzung der Person zur Folge haben muss.

Die Arbeit mit Komplimenten kann insbesondere bei den Frauen, die lange sehr starken (psychischen) Belastungen ausgesetzt waren und oft ein geringes Selbstwertgefühl und Selbstbewusstsein besitzen, zu großen Veränderungen führen. Komplimente dürfen jedoch nicht als Mittel zum Zweck eingesetzt werden. Wenn das Kompliment nicht ernst gemeint ist und die Hilfeadressatin das bemerkt, kann die Vorerfahrung bestätigt werden, dass man niemandem vertrauen kann. Infolgedessen könnte der Hilfeprozess gefährdet sein, wenn sich die Frau zurückzieht. Echte Komplimente sind dagegen überaus hilfreich und helfen das Selbstbewusstsein der gewaltbetroffenen Frauen zu stabilisieren bzw. wiederaufzubauen (vgl. Wahren 2015). Die Ausführungen Albrechts (2017: 58) bestätigen den Einsatz der

»Komplimente: Sozialarbeiter würdigen alle Verhaltensweisen der Klienten, insbesondere die, die sie zur erfolgreichen Problembewältigung bereits unternommen haben. Dabei beziehen sie sich besonders auf die im Gespräch deutlich gewordenen Ressourcen und bisherigen Anstrengungen der Klienten. Komplimente werden im Gesprächsverlauf (›Darf ich Sie kurz unterbrechen und Ihnen sagen, was mir in Ihren Schilderungen Bemerkenswertes aufgefallen ist?‹) und am Ende des Gesprächs wiederholend ausgesprochen. Besonders eindrücklich werden die würdigenden Äußerungen, wenn man zusätzlich Komplimente-Karten, -Steine oder andere verstärkende Gegenständen nutzt.«

Albrecht (2017) beschreibt Komplimente als eine Methode der Beratung, die Autorin würde eher in Anlehnung an Galuske (2003) von einem Instrument innerhalb der Methode der Beratung sprechen.

Lösungsorientierung

Neben der Echtheit der Beraterin und der Wahrnehmung der Gefühlslage in der Beratungssituation auf beiden Seiten der Beratungsbeziehung kommt der Sozialarbeiterin die Aufgabe zu, den Hilfeprozess zu strukturieren und mithilfe von Steuerungsinstrumenten auf Kurs zu halten. Das Ziel der Hilfe sollte dabei stets im Sinne einer Lösungsorientierung im Blick behalten werden. Neben der zwischenmenschlichen Ebene, die im vorherigen Punkt beschrieben wurde,

> »gibt es eben noch die andere Ebene, die den eigentlichen Grund für das Zusammentreffens von hilfesuchenden Menschen und Helferinnen und Helfern beschreibt: das Problem. Eine Problemlösung ist grundsätzlich auf die Beseitigung von Problemen gerichtet und erfordert damit eine zielgerichtete, mehr oder weniger strukturierte Herangehensweise« (Preis 2015: 105).

Die Soziale Arbeit mit gewaltbetroffenen Frauen widmet sich der Aufgabe, die Klientinnen zur Bewältigung von Anforderungen und Überwindung sozialer Problemlagen, die sich aus ihren individuellen momentanen Situationen ergeben, anzuleiten und zu begleiten. Lösungen sollen für verschiedenartige Situationen im Beratungskontext nicht vorgegeben werden, sondern die Klientin in ihrem selbstgewählten Tempo an die ihr geeignet erscheinende bzw. die gemeinsam ausgehandelte Lösung heranzuführen. Die mit der Lösung in Verbindung stehenden Handlungsoptionen, Risiken und mögliche Alternativen werden aufgezeigt, Vor- und Nachteile gemeinsam abgewogen. Der Hilfeprozess wird gemeinsam strukturiert und kurz-, mittel- und langfristige Ziele festgelegt. Lösungsorientierung meint einen strukturierten Hilfeverlauf, dessen (Teil-)Ziele regelmäßig mit der Klientin überprüft und ausgewertet werden. Dazu gehören soziale Anamnese, soziale Diagnose sowie die Entwicklung eines Arbeits-/Interventions-/Behandlungsplans, dessen Umsetzung, Überprüfung und Evaluation. Die Orientierung an den elf Phasen der integrativen Fallbearbeitung nach Wolfgang Preis (2001) bietet sich als Reflexionsfolie an. Diese umfassen die Kontaktaufnahme, die Klärung der Arbeitsgrundlage, die Arbeitsvereinbarung, die Situationsanalyse, die Interpretation/Hypothesenbildung, die Prognose, die Hilfevereinbarung, die Intervention, die Fortschreibung, die Adaption/Ablösung und die Evaluation (vgl. ebd.). In der Praxis erfolgen diese Phasen nicht immer in der angegebenen Reihenfolge, auch mischen sie sich manchmal und finden gleichzeitig statt. Dennoch können Phasenmodelle zur Reflexion der eigenen Arbeit herangezogen werden, um in komplexen Situationen das Ziel nicht aus den Augen zu verlieren und dem Hilfeverlauf Struktur zu geben. Aufgrund von Hilfeabbrüchen ist nicht immer die gesamte Umsetzung der genannten Schritte möglich.

Ressourcenorientierung

Ressourcen können definiert werden als

> »positive personale, soziale oder materielle Gegebenheiten, Objekte, Mittel, Merkmale bzw. Eigenschaften, die Personen nutzen können, um alltägliche oder spezifische Lebensanforderungen wie auch psychosoziale Entwicklungsaufgaben zu bewältigen, um psychische wie physische Bedürfnisse und eigene Wünsche zu erfüllen, Lebensziele zu verfolgen und letztlich Gesundheit und Wohlbefinden zu erhalten bzw. wiederherzustellen« (Knecht/Schubert 2012: 16).

Herriger nimmt verschiedene Definitionen von Ressourcen in den Blick, erweitert und differenziert diese umfassender als

> »jene positiven Personenpotentiale (›personale Ressourcen‹) und Umweltpotentiale (›soziale Ressourcen‹) verstehen, die von der Person (1) zur Befriedigung ihrer Grundbedürfnisse, (2) zur Bewältigung altersspezifischer Entwicklungsaufgaben, (3) zur gelingenden Bearbeitung von belastenden Alltagsanforderungen, (4) zur Realisierung von langfristigen Identitätszielen genutzt werden können und damit zur Sicherung ihrer psychischen Integrität, zur Kontrolle von Selbst und Umwelt sowie zu einem umfassenden biopsychosozialen Wohlbefinden beitragen« (Herriger 2006: 3).

In der Sozialen Arbeit werden persönliche und Umweltpotentiale in den Blick genommen, um ein Gegengewicht zu psychosozialen Herausforderungen und multidimensionalen Problemlagen und Möglichkeiten zu deren Bewältigung zu schaffen. In der Arbeit mit gewaltbetroffenen Frauen stehen die Klientinnen mit ihren Fähigkeiten, Fertigkeiten und Handlungsmöglichkeiten im Mittelpunkt. Es geht also weniger darum, den Ursprung der Problemlage zu erkunden, sondern um die Förderung von Selbsthilfepotentialen, den Aufbau sozialer Netzwerke und die Entwicklung gewaltfreier Zukunftsperspektiven. Die Beraterin behält dabei einerseits die Förderung der Fähigkeiten, Selbsthilfe- und Selbstheilungstendenzen der Klientin im Blick. Andererseits werden die Potentiale formeller und informeller Unterstützer*innen erschlossen und deren Nutzbarmachung anvisiert. Dieser doppelte Fokus ermöglicht Sozialarbeitenden einerseits an der Veränderung des Verhaltens anzusetzen, z. B. durch ein Training, wie mit Risikosituationen umgegangen werden kann oder die Aufklärung über Gewaltentstehungsprozesse im Sinne einer Sozioedukation. Andererseits kann die Erschließung neuer oder die Rückbesinnung auf vorhandene soziale Ressourcen zur Stabilisierung der psychosozialen Situation der gewaltbetroffenen Frauen beitragen. »support appears central to improved coping with IPV [Intimate Partner Violence, Anm. J. W.]« (Coker et al. 2002: 472f.). Allein das Wissen, im Notfall Hilfe bekommen zu können, führt zu einer besseren psychischen Gesundheit. Durch das Gefühl der Eingebundenheit in soziale Netzwerke werden neue Copingfähigkeiten und neue Ressourcen erschlossen.

> »Increasing social support may counter both of these characteristics in ways that enhance psychological well-being while also enhancing coping skills and increasing the repertoire of assets with which a person constructs alternative to the current abusive relationship« (ebd.).

Ressourcenorientierung bedeutet ein Aufdecken und Bewusstsein schaffen für vorhandene, teils verschüttete Potentiale der gewaltbetroffenen Frau, die Stärkung der Klientin in ihrer Selbstwahrnehmung und ihrem Selbstvertrauen. Das ist insbesondere von Bedeutung, wenn durch langanhaltende Gewalt eine Entfremdung der Frau von ihren eigenen Gefühlen und sozialen Beziehungen stattgefunden hat, sie ihren Wahrnehmungen nicht mehr traut, Selbstachtung und Selbstwertgefühl verloren gingen.

> »Selbstermächtigung stellt eine der größten Herausforderungen bei der Trennung aus einer Gewaltbeziehung dar. Die Erzählungen der Frauen waren voll von Selbstzweifel sowie den Schwierigkeiten, die eigenen Bedürfnisse ernst zu nehmen, sich gegen Erniedrigung und Gewalt zu wehren und mit der Scham umzugehen« (Haller/Amesberger 2019: 56).

Nach Aufnahme in eine Zufluchtswohnung oder ein Frauenhaus kommt professionellen Netzwerken und den anderen Bewohnerinnen diese Unterstützungsfunktion zu, wenn keine natürlichen sozialen Netze (mehr) vorhanden sind, z. B. in Hinblick auf Beratung, emotionale Unterstützung und Stärkung der eigenen Wahrnehmung der Klientin. Sekundäre (professionelle) Netzwerke verhelfen der Klientin durch die Stärkung der Selbstwahrnehmung sowie die Reaktivierung oder die Schaffung primärer Netzwerke dazu, dass die professionellen Hilfen später durch privaten Support zumindest teilweise abgelöst werden können.

Durch den Fokus der sozialen Fachkraft auf die Ressourcen kann sich die Klientin von ihrer positiven Seite erfahren und dadurch ihr Selbstwertgefühl und Selbstbewusstsein aufwerten. Der Grundsatz der Ressourcenorientierung stellt ein Gegengewicht zur erlebten Gewalt dar, die oft mit Demütigungen und Beleidigungen einherging und sich bei den meisten Frauen negativ auf das Selbstwertgefühl ausgewirkt hat. Wenn Frauen besonders nach schweren oder langjährigen Gewaltbeziehungen keinen, nur wenig oder ausschließlich einen negativen Bezug zu sich selbst haben, kann ressourcenorientiertes Arbeiten zuerst ungläubiges Staunen, dann die Erlernung neuer Fähigkeiten der Problembewältigung unter Anknüpfung an frühere Stärken, eigene und soziale Ressourcen bewirken.

Vertraulichkeit und Anonymität

Die Einhaltung des Datenschutzes gemäß Datenschutzgrundverordnung (DSGVO) und § 203 Strafgesetzbuch (StGB) in Bezug auf die personenbezogenen Daten der Klientinnen findet unter besonderer Berücksichtigung der sensiblen Situation der Klient*innen statt. Die Geheimhaltung der Klient*innendaten ist Voraussetzung für eine vertrauensvolle Zusammenarbeit. Ausnahme ist die Entbindung der Beraterin von der Geheimhaltungspflicht (z. B. gegenüber Ämtern) durch die Klientin.

Häusliche Gewalt ausübende Männer suchen oft sehr intensiv nach ihrer Ex-Frau oder Ex-Partnerin, nachdem diese in eine Schutzeinrichtung geflohen ist. Das ist insbesondere dann der Fall, wenn die Frau Anzeige gegen den Täter erstattet hat. Schon allein aus dem Risiko für die Gesundheit und das Leben der Frauen durch Verfolgung und Stalking, Gewaltandrohung und -anwendung durch die Ex- Partner ergibt sich die Notwendigkeit für das Prinzip des Datenschutzes und der Vertraulichkeit. Nachstellung (Stalking) ist nach dem Gewaltschutzgesetz (§ 1 GewSchG) ein Straftatbestand, der in der Praxis aber immer noch oft als minder schwerer Fall von Partnergewalt angesehen wird (z. B. bei Rechtsantragsstellen und Gerichten). Da in vielen Situationen weder Zeug*innen noch Beweise für die Nachstellung verfügbar sind, ist es oft noch ein langwieriger und nervenaufreibender Prozess zivilrechtlichen Schutz nach dem Gewaltschutzgesetz zu erhalten (vgl. Wahren 2015).

Für die Adressen der Frauenhäuser und Zufluchtswohnungen gelten Auskunftssperren. Werden dennoch personenbezogene Daten der Klientinnen (unbeabsichtigt) durch Dritte (z. B. in Gerichtsverfahren oder durch das Jugendamt bei der Klärung des Kindschaftsrechts) weitergegeben, können die Zufluchtseinrichtungen ihre Funktion nicht mehr erfüllen, die Frauen sind vor gewalttätigen Übergriffen nicht mehr sicher. Der Umzug der Frau und der Kinder in eine andere Schutzeinrichtung wird notwendig. Um die Anonymität der Unterkunft wieder herzustellen, ist der Umzug von Zufluchtswohnung von Zeit zu Zeit ratsam.

Für viele Frauen ist das Reden über die eigenen Gewalterfahrungen im häuslichen Bereich immer noch schambesetzt und ein Tabuthema. Damit sich Frauen öffnen, ihre Erfahrungen schildern und im Prozess der Beratung anvertrauen können, sind die Zusicherung und Einhaltung der Vertraulichkeit durch die Beraterin von großer Bedeutung. Beratungen sollten auf Wunsch auch anonym möglich sein. Gleich zu Beginn des Gespräches sollte die Vertraulichkeit des Gespräches und der Informationen zugesichert und auch eingehalten werden. Eine Weitergabe von Informationen ist nur mit Zustimmung der gewaltbetroffenen Person gestattet. Darüber hinaus sollten auch die anderen Bestimmungen der DSGVO, z. B. Aufbewahrung und Speicherung von Daten, eingehalten werden. In Abhängigkeit vom Kontext der Beratung bzw. Krisenintervention könnte ein Formblatt zur Schweigepflichtentbindung gegenüber konkret zu benennenden Stellen und Organisationen hilfreich sein.

Selbstbestimmung und Einverständnis

Die gewaltbetroffene Person trifft Entscheidungen über ihr Leben und die Annahme von Hilfeangeboten selbst und trägt die Verantwortung dafür. Hier ist es für Helfer*innen wichtig, verschiedene Angebote aufzuzeigen, aber die gewaltbetroffene Person bei der Wahl der nächsten Schritte nicht zu bevormunden bzw. die erlebte Fremdbestimmung fortzusetzen. Fachkräfte sollten mit Respekt auf die Entscheidung der gewaltbetroffenen Person reagieren und die Entscheidungsmacht bei Beratung und Unterstützung prinzipiell bei dem*der zu Beratenden liegen. Nur in Ausnahmefällen darf ohne Einwilligung der Klient*in gehandelt werden, z. B. wenn aufgrund gravierender Verletzungen sofortige medizinische Interventionen notwendig sind oder aufgrund schwerwiegender Traumatisierung der*die Betroffene nicht in der Lage ist, eigene Entscheidungen zu treffen. Liegt eine starke und akute Gefährdung der Gesundheit bzw. des Lebens vor, ist diese und die Verantwortung der betroffenen Person für ihr eigenes Leben von den Fachkräften zu verdeutlichen. Zur Orientierung für die Fachkräfte sind klare institutionelle Bestimmungen notwendig, die festschreiben, wann gegen den Willen des*der Betroffenen Schutzmaßnahmen getroffen werden sollten. Dadurch wird willkürlichen personenabhängigen Entscheidungen entgegengewirkt.

Stabilisierung und Ermächtigung

Akute Krisen gehen häufig mit Verwirrung, Desorientierung und überbordenden widersprüchlichen Gefühlen einher. Bei erstmaliger Gewalterfahrung sitzt der Schock über die Gewalttätigkeit des Partners tief. Sucht die gewaltbetroffene Person Hilfe, sorgt der Kontakt zu fremden Menschen an einem fremden Ort für zusätzliche Unsicherheit. Das Gefühl ausgeliefert und wenig selbstbestimmt zu sein, kann sich einstellen. Ziel von Beratung und Krisenintervention ist das Wiederherstellen von Handlungsfähigkeit und alltagstauglichen Handlungsstrategien. Strategien werden gemeinsam erarbeitet, die dazu beitragen, dass die gewaltbetroffene Person wieder über sich, ihre Gefühle und ihre aktuelle Situation bestimmen kann und sich weder dem Täter noch der Situation ausgeliefert fühlt. Dafür ist es unabdingbar, dass der*die Beratende jederzeit transparent handelt und die Entscheidung über die nächsten Schritte bei der gewaltbetroffenen Person liegt.

Um Schutz und Sicherheit für die Frau und ggf. Kinder herzustellen, sollte gemeinsam die Situation eingeschätzt und entsprechende Schutzmaßnamen eingeleitet werden. Bei der Beurteilung der Situation sollte bedacht werden, dass die erlebte oder angedrohte Gewalt den Handlungsspielraum psychisch und praktisch einschränken kann. Die Wissensvermittlung zu Mechanismen häuslicher Gewalt und Traumatisierung gehört ebenso zur Beratung dazu. Sie soll dazu beitragen, dass der*die Gewaltbetroffene die Situation realistisch einschätzen und die Krise als eine normale Reaktion auf unnormale Umstände einordnen kann. Hilfreich ist das Wissen, dass andere Menschen in vergleichbaren Situationen ganz ähnlich reagieren. Das Verständnis dessen schützt vor destabilisierenden überbordenden Gefühlen wie Panik, Verwirrung, Schuld und Scham und gegen die Angst, verrückt zu werden.

Wird der gewaltbetroffenen Person Raum für das Ausleben von Emotionen, die Benennung der Gefühle und deren Erklärung gegeben, kann sie Sinnzusammenhänge erkennen. Zeigt der*die Beratende Verständnis für die oft widersprüchlichen Gefühle, trägt dies zur Wiedererlangung der Kontrolle über die eigenen Gefühle bei. Um sich von den eigenen Gefühlen distanzieren zu können, braucht es Struktur statt Mitleid.

Durch ressourcenorientiertes Arbeiten werden Handlungsmöglichkeiten erschlossen, der Möglichkeitsraum erweitert. Gemeinsam werden vorhandene Person- und Umweltressourcen in den Blick genommen und Ergänzungsmöglichkeiten erarbeitet. Ist die gewaltbetroffene Person sich eigener Handlungsmöglichkeiten bewusst, verringern sich die Ohnmachtsgefühle. Konkrete Schritte werden möglich. Die Nutzung eigener bisheriger erfolgreicher Strategien und sozialer Ressourcen stärkt die Handlungsfähigkeit. Die Vernetzung mit Fachpersonal, ggf. das Hinzuziehen einer Dolmetscherin oder eines Dolmetschers, Informationen über rechtliche Möglichkeiten und die Vernetzung mit Frauenhäusern, Frauenzufluchtswohnungen und Beratungsstellen führen zu größerer Handlungsmacht in der Beratung.

Stabilisierung und Ermächtigung kann auch durch Hilfe zur Selbsthilfe und die gemeinsame Entwicklung von Perspektiven passieren. Hilfe zur Selbsthilfe heißt anzuleiten, um der ratsuchenden Person die Kontrolle über die momentane Situation weitestmöglich zurückzugeben. Perspektivisch soll sie zur selbständigen Entscheidung über ihr Leben und dessen Gestaltung in Abhängigkeit von Lebensumständen und Ressourcen ermächtigt werden. Durch die Entwicklung von Zukunftsperspektiven wird das Gefühl der Hoffnungslosigkeit eingedämmt, Information und Unterstützung tragen zu größerer Unabhängigkeit bei.

Destabilisierende Interventionen vermeiden

Alle destabilisierenden Interventionen sollten vermieden werden, z. B. Hilfen, die Emotionen aufbrechen lassen oder aktuelle Gewalterfahrungen mit früheren Gewalterfahrungen verknüpfen (vgl. Flury 2010). Stattdessen soll die Unterstützung zur Stabilisierung und Stärkung beitragen, damit weitere Schritte möglich werden. Von Paartherapie und Paarberatung ist abzuraten, da diese eine zusätzliche Gefährdung der gewaltbetroffenen Person bedeuten können. Wird der Beitrag des Opfers am ›Konflikt‹ thematisiert, findet eine Schuldverschiebung weg vom Täter statt. Die Offenbarung von Gewalterfahrungen oder Drohungen kann zur weiteren Eskalation der Gewalt bis hin zur Tötung führen. Die Angst vor verbaler Unterlegenheit des Opfers führt häufig zu Schweigen, so dass Probleme nicht adäquat bearbeitet werden können. Oft fokussiert der Gewaltausübende auf den Erhalt der Familie, nicht auf die Beendigung der Gewalt. Daher wäre eine angemessene Intervention eine getrennte Einzeltherapie/-beratung sowohl der gewaltausübenden Person als auch der gewaltbetroffenen Person. Eine Paartherapie ist erst zu empfehlen, wenn kein gewalttätiges Verhalten mehr ausgeübt wird und beide Parteien dies wollen.

Auch von Mediation ist in der Phase akuter Gewalt abzuraten. Mediation geht von zwei selbstbestimmten gleichberechtigten Personen aus, die verhandeln und Probleme lösen können. In Situationen häuslicher Gewalt kann davon nicht ausgegangen werden, dass Gleichberechtigung und Selbstbestimmung vorliegen. Durch ein gemeinsames Gespräch mit beiden Parteien findet keine Veränderung der Situation, sondern eine Manifestierung des Opferstatus statt. Berater*innen sollten sich hüten, eine Vermittler*innenrolle einzunehmen.

2.3 Hilfeformen

Die Hilfeformen in der Sozialen Arbeit mit gewaltbetroffenen Frauen reichen von Beratung und Unterstützung über Begleitung und Unterbringung bis hin zu Kooperation, Vernetzung und Gremienarbeit. Ergänzende Tätigkeiten sind die Vermittlung von Informationen, Kenntnissen und Fähigkeiten an andere professionelle Unterstützer*innen, z. B. Weiterbildungsmaßnahmen für die Polizei oder Mitarbeitende der Jobcenter. Qualitäts- und Projektmanagement tragen zur Sicherung der Qualität im Projekt und dessen Weiterentwicklung bei.

2.3.1 Beratung

Ganz allgemein kann Beratung als eine spezielle Form der zwischenmenschlichen Kommunikation verstanden werden.

> **Definition: Beratung**
>
> »Beratung ist eine vielgestaltige, sich ständig verändernde und durch viele interne und externe Einflussfaktoren bestimmte professionelle Hilfeform. Sie unterstützt in variantenreichen Formen bei der Bewältigung von Entscheidungsanforderungen, Problemen und Krisen und bei der Gestaltung individueller und sozialer Lebensstile und Lebensgeschichten« (Nestmann et al. 2007: 599).

Sie nimmt in der Arbeit mit von Gewalt betroffenen und bedrohten Frauen eine zentrale Rolle ein. Ein großer Beratungsbedarf ergibt sich durch die vielfältigen Themen im sozialen, psychischen, emotionalen, physischen und/oder finanziellen Bereich, die eng mit häuslicher Gewalt verbunden sind. Beratung bietet Hilfe bei der Bewältigung von Anforderungen und Belastungen, schweren Problemen und Krisen. Sie bezieht sich auf Individuen oder Gruppen in lebens- und arbeitsweltlichen Bezügen oder Organisationen. Auf der Grundlage eines sozialwissenschaftlich und interdisziplinär fundierten Handlungskonzeptes und eines rechtlich geschützten Vertrauensverhältnisses findet Beratung subjekt-, aufgaben- und kontextbezogen statt.

Beratung führt zur Aktivierung von Ressourcen und kann gesundheitsfördernd wirken (vgl. DGfB 2003; Nestmann/Sickendiek 2015; Seel 2009). Sie ist eine Tätigkeit in persönlicher, sozialer und rechtsstaatlicher Verantwortung, die sich handlungsleitend am Schutz der Menschenwürde und den Menschenrechten orientiert. Sie fördert emanzipatorische Prozesse und Partizipation der Adressat*innen in unterschiedlichen Lebens- und Arbeitskonstellationen, auch unter Einbeziehung von geschlechts-, generationen- und kulturspezifischen Gesichtspunkten. Ratsuchende erhalten Hilfe bei der Reflexion von Erfahrungen und Erlebenszusammenhängen, um ein stärkeres Bewusstsein für die persönlichen, zwischenmenschlichen und gesellschaftlichen Anforderungen, Probleme und Konflikte zu entwickeln. Dabei können Fragen zur persönlichen Identitätsbildung, zur Entwicklung von Sinnperspektiven oder die Bearbeitung akuter Belastungssituationen thematisiert werden (vgl. DGfB 2020).

Albrecht verweist darauf, dass die Qualität der Beziehung, »im Sinne einer kooperativen, vertrauensvollen und tragfähigen Beziehung zwischen Fachkraft und Klient« (2017: 46) von größerer Bedeutung für den Erfolg der Beratung ist als die angewendeten sozialarbeiterischen Methoden oder zugrundeliegenden theoretischen Konzepte. Insofern sind die Kompetenzen der Beziehungsgestaltung und die Beratungshaltung der Sozialarbeitenden für den Hilfeerfolg maßgeblich. Die Haltung der professionellen Fachkraft ist die Grundlage für das Beratungshandeln der Sozialarbeitenden, »die sich kognitiv (Annahmen und Überzeugungen), affektiv (Gefühle und Emotionen) und handlungsbezogen (Verhaltensweisen) auswirkt«

(ebd.). Sie bildet den Rahmen der Beratung, in dem Methoden eingesetzt werden und die professionelle Beziehung zwischen Sozialarbeitenden und Klient*innen aufgebaut wird. Die Beratungshaltung beruht auf Einstellungen und Werten und der daraus entwickelten Handlungsorientierung des Beratenden. Sie ist ausschlaggebend dafür, welche Methoden zur Anwendung kommen und wie diese eingesetzt werden (vgl. ebd.).

Die Beratungskompetenz in der Sozialen Arbeit wird grundlegend durch die drei Bereiche Beratungshaltung, Beratungsmethoden und -instrumente und das beratungstheoretische und arbeitsfeldspezifische Fachwissen geprägt. Beispiele für das beratungstheoretische und arbeitsfeldspezifische Fachwissen sind in der Arbeit mit gewaltbetroffenen Frauen bspw. Wissen über Dynamiken häuslicher Gewalt (▶ Kap. 1.4) oder über Phasenmodelle der Einzelfallhilfe (vgl. z. B. Preis 2001). Als häufig zum Einsatz kommende Beratungsmethoden und -instrumente gelten bspw. personenzentrierte oder motivierende Gesprächsführung, Paraphrasieren, Spiegeln, Reframing, aktives Zuhören, der Einsatz von Genogramm oder biografischem Zeitbalken oder anderer diagnostischer Instrumente (vgl. Albrecht 2017). Die Beratungshaltung wird maßgeblich durch ethische Handlungsmaxime (z. B. Orientierung an der Menschenwürde, Achtsamkeit, Vertraulichkeit, Recht auf Selbstbestimmung, Gerechtigkeit), methodische Handlungsprinzipien (bspw. Partizipation, Hilfe zur Selbsthilfe, Beratung als Ko-Produktion) und die theoretische Reflexionsfolie der Lebensweltorientierung (mit ihren Maximen der Alltagsnähe, der Prävention, der Dezentralisierung, der Integration und der Partizipation) geprägt (vgl. Preis 2001; Thiersch et al. 2012). Zur Vertiefung des Themas der Beratungskompetenz sei an dieser Stelle auf Albrecht (2017) sowie Stimmer und Ansen (2016) für das Thema Prinzipien beraterischen Handelns verwiesen.

Für die Arbeit mit gewaltbetroffenen Frauen lassen sich zwei Beratungstypen unterscheiden: die qualifizierte Kurzberatung und die intensive Beratung.

Qualifizierte Kurzberatung

Qualifizierte Kurzberatung ist meist eine einmalige Beratung zu einem, maximal zwei klar abgrenzbaren Themenbereichen. Diese wird durch eine Fachkraft der Sozialen Arbeit durchgeführt. Inhalt der qualitativen Kurzberatung können die Vermittlung von Informationen oder Ansprechpartner*innen, allgemeine Hinweise oder die Weitergabe hilfreicher Adressen sein. In der Regel dauert die qualifizierte Kurzberatung maximal dreißig Minuten.

Qualifizierte Kurzberatung zielt auf Frauen mit Gewalterfahrungen ab, die hinsichtlich einer Trennung oder Unterstützungsmöglichkeiten unsicher sind und sich über individuelle Handlungsmöglichkeiten in ihrer Situation informieren wollen. Die meisten Frauen, die sich professionellen Rat zu Flucht und Trennung in einer Beratungsstelle suchen, stehen ihrem Partner mit gemischten Gefühlen gegenüber. Sie beschreiben, dass sie auf der einen Seite ihren Partner immer noch sehr lieben, auf der anderen Seite wollen und können sie sein gewalttätiges Verhalten nicht länger in Kauf nehmen. Da der Partner meist nicht durchgängig gewalttätig ist, sondern auch zärtliches und manchmal reumütiges Verhalten zeigt, brauchen

Frauen oft mehrere Versuche, um sich endgültig aus der Gewaltbeziehung zu lösen. Sie sind ambivalent in ihren Gefühlen in Bezug auf eine Trennung. Sie suchen eine Beratungsstelle auf, um emotionale, informationelle und rückmeldende Unterstützung zu bekommen. Andere haben die Entscheidung für eine Trennung bereits getroffen. Sie wissen aber nicht, wann und wie sie es schaffen sollen zu gehen und wo sie wohnen werden. Diese Frauen suchen in der Beratungsstelle konkrete praktische Unterstützung für die Umsetzung der Trennung.

Eine weitere Zielgruppe der qualifizierten Kurzberatung hat Beratungsbedarf in Bezug auf das Sorgerecht und das Aufenthaltsbestimmungsrecht für gemeinsame Kinder. Diese Frauen sind verunsichert, weil ihnen von ihrem Partner eingeredet wurde, dass sie schlechte Mütter seien und im Falle einer Trennung die Kinder durch das Jugendamt in Obhut genommen würden. Das Sorgerecht werde ihnen dann entzogen und sie dürften ihre Kinder nicht sehen. Einige Frauen trennten sich nicht aufgrund dieser gezielten Fehlinformation und Drohung durch den Partner. Besonders Frauen mit einem geringen Selbstbewusstsein, einem wenig ausgeprägten oder nicht vorhandenen sozialen Netzwerk verblieben trotz Trennungs- und Fluchtgedanken in der gewaltgeprägten Beziehung. Hier spielen informationelle Unterstützung über rechtliche Bedingungen und deren praktische Umsetzung und evtl. die Weitervermittlung an Erziehungsberatungsstellen eine große Rolle, um diese Frauen in ihrer Erziehungsfähigkeit zu stärken.

Eine dritte Zielgruppe, die qualitative Kurzberatung in Anspruch nimmt sind ehemalige Klientinnen, die sich einmalig oder sporadisch melden. Sie nehmen qualifizierte Kurzberatung insbesondere in der Anfangszeit nach dem Auszug aus einer Zufluchtswohnung oder einem Frauenhaus in die eigene Wohnung verstärkt in Anspruch. Die Beratungsthemen kreisen um alltagspraktische Fragen, wie z. B. die Anmeldung bei einem Stromanbieter, Möglichkeiten der finanziellen Unterstützung bei der Erstausstattung der Wohnung, Kita- und Schulplatzsuche für die Kinder, Informationen über Freizeitgestaltungsmöglichkeiten. Darüber hinaus werden Rückmeldungen und Bestätigungen für die eigenen Handlungen eingefordert. Je länger der Auszug aus der Zufluchtseinrichtung zurückliegt, umso selbständiger handeln die Frauen in der Regel. Treten erneut Schwierigkeiten, z. B. Bedrängung durch den Ex- Partner und Stalking, oder unlösbare Fragen auf, z. B. zu Anträgen, Bescheiden, Schulden, rechtlichen Inhalten, die in Zusammenhang mit der erlebten häuslichen Gewalt oder der Trennung stehen, setzen sich die Frauen häufig wieder in Kontakt zu den bereits bekannten Unterstützungseinrichtungen. Die qualifizierte Kurzberatung verhindert erneute schwere Gewalterlebnisse schon im Ansatz, da Risikosituationen für häusliche Gewalt eher erkannt werden. Die Frauen wenden sich beim Auftreten von Risikosituationen direkt an die Beratungsstelle und können zeitnah adäquate Beratung erhalten.

Durch die Bildung und (Re-)Aktivierung von informellen sozialen Netzwerken während und nach dem Aufenthalt in der Schutzeinrichtung verlieren professionelle Beratung und Unterstützung zunehmend an Bedeutung. Deren Funktion geht auf informelle Unterstützer*innen über. Sind Freund*innen oder andere hilfreiche soziale Kontakte vorhanden, können sie die Klientin bei auftretenden Schwierigkeiten emotional entlasten und ihr bei lebenspraktischen Dingen, z. B. bei der

Kinderbetreuung, der Wohnungseinrichtung, helfen oder gemeinsame Freizeitgestaltung anbieten.

Einige wenige Klientinnen, die nach dem Auszug aus der Schutzeinrichtung in die gewaltgeprägte Beziehung zurückgingen, nehmen qualifizierte Kurzberatung in Anspruch, wenn sie erneut in eine Situation kommen, die ausschlaggebend für eine Trennung sein könnte.

Beschäftigte öffentlicher Stellen, die ggf. mit gewaltbetroffenen Frauen in Kontakt kommen, sogenannte Multiplikator*innen, z. B. Mitarbeiter*innen des Jobcenters, des Bürgeramtes, des Jugendamtes aber auch informelle Kontakte wie z. B. Familienangehörige, Freund*innen, Nachbar*innen usw., sind meist hilflos und überwältigt, wenn sie von Gewalthandlungen in der Partnerschaft der Frauen erfahren. Dringt die Tatsache der Gewalt ins Bewusstsein, würden viele gern helfen, haben aber keine Ahnung, wie das gehen soll. Viele wollen sich nicht in ›private Angelegenheiten‹ einmischen. Fehlendes, falsches oder unzureichendes Wissen über Hilfemöglichkeiten und Mythen über häusliche Gewalt führen dazu, dass sie der betroffenen Frau nicht adäquat zur Seite stehen können. Daher können Multiplikator*innen auch Zielgruppe der qualifizierten Kurzberatung sein, so dass sie nach der Beratung Informationen an die gewaltbetroffene Person weitergeben können. Beispielsweise wissen viele Personen nicht, dass es Schutzunterkünfte für gewaltbetroffene Frauen gibt, die niedrigschwellig zugänglich sind oder dass eine (vorübergehende) Wohnungszuweisung an die gewaltbetroffene Frau nach dem Gewaltschutzgesetz möglich ist, auch wenn die Frau nicht im Mietvertrag steht. Viele Fragen bestehen auch hinsichtlich Leistungsansprüchen für die Frauen und ggf. Kinder, zum Umgangsrecht etc.

Das Resultat unzureichender Kenntnisse zum Thema häusliche Gewalt sind Hilflosigkeit, Schuldzuschreibungen, gut gemeinte Ratschläge oder das Ignorieren der Gewalt. Reaktionen von Angehörigen reichen von »Es hat mir doch auch nicht geschadet. Das gehört zu einer Partnerschaft dazu« bis hin zu »Du musst ihn sofort verlassen, ich kann dich aber nicht bei mir unterbringen«. So fühlt sich die Frau mit ihrer Situation alleingelassen und in der ihr durch den Partner zugeschriebenen Rolle als Versagerin bestätigt, im Sinne von: Sie schafft es ja nicht mal, sich zu trennen. Die Abhängigkeit vom gewalttätigen Partner wird größer. Da ihre Gewalterfahrungen in ihrem Umfeld scheinbar nicht wahrgenommen oder ignoriert werden bzw. ihr die Verantwortung für ihre Situation zugeschrieben wird, verbleibt sie in der Gewaltbeziehung und verstrickt sich weiter im Gewaltkreislauf.

> »Als ein weiterer häufig genannter Auslöser für das erstmalige Auftreten von Gewalt in der Paarbeziehung wurde der Entschluss der Frau zur Trennung genannt (17 %), ein Faktor, der sowohl in der bisherigen Forschung zu und Praxisarbeit mit von Gewalt betroffenen Frauen wie auch bei den hohen Gewaltprävalenzen getrennter und geschiedener Frauen im Rahmen der vorliegenden Untersuchung bereits sichtbar geworden war« (Müller/Schröttle 2004a: 262).

Da der Trennungswunsch ein Auslöser für (schwere) Gewalt sein kann, erhalten Multiplikator*innen, Angehörige, Freund*innen und Nachbar*innen auch Informationen über Hilfeangebote und Unterstützungsmöglichkeiten, wenn die Frauen nicht direkt von häuslicher Gewalt betroffen sind.

Gewaltprävention ist dann erfolgreich, wenn Privatpersonen und ganz besonders Fachpersonal im sozialen und medizinischen Bereich für das Phänomen häusliche Gewalt sensibilisiert werden können. Nur ein Phänomen, das auch wahrgenommen wird, kann als richtig oder falsch eingestuft werden und Interventionen bzw. Hilfeangebote nach sich ziehen.

Die qualifizierte Kurzberatung wird telefonisch, persönlich oder per E-Mail-Kontakt durchgeführt. Termine werden je nach Bedarf kurzfristig vergeben. Eine persönliche Beratung findet üblicherweise in den Räumen der Beratungsstelle statt. Die Beratung ist in der Regel einmalig und kostenfrei. Oft werden Kontakte für die ratsuchenden Frauen zu spezialisierten Beratungsstellen, Polizeidienststellen, Rechtsanwält*innen, Ärzt*innen usw. hergestellt.

Als häufigste Themen der Beratung gelten

- finanzielle und rechtliche Folgen von Trennung und Flucht,
- Unterbringungsmöglichkeiten,
- Fragen zur Sicherheit,
- Erstellung eines Notfallplans,
- Inanspruchnahme der Möglichkeiten nach dem Gewaltschutzgesetz,
- Fragen zu den Sozialgesetzbüchern,
- ambivalente Gefühle zur Trennung aus einer Misshandlungsbeziehung,
- Kurzintervention bei Krisen,
- Suche nach Adressen und Kontakten z. B. von Anwält*innen,
- Fragen nach dem Verhalten gegenüber gewaltbetroffenen Frauen und zu Hilfemöglichkeiten,
- Vermittlung weiterer Hilfeangebote.

Die meisten gewaltbetroffenen Frauen suchen erst Hilfe, wenn sie das Gefühl haben, dass die gesamte Situation nicht mehr beeinflussen können. Es

> »wurde sichtbar, dass ein erheblicher Teil der gewaltbetroffenen Frauen keine institutionelle Hilfe in Anspruch genommen hatte, weil sie sich nicht als Gewaltbetroffene wahrnahmen oder die Gewalt als zu geringfügig einstuften, obwohl viele dieser Frauen durchaus bedrohlichere Formen von Gewalt mit Verletzungsfolgen oder Angst vor Verletzungen erlebt hatten« (GiG-Net 2008: 119).

Viele Frauen greifen daher erst sehr spät auf Hilfeangebote zurück, wenn die Problematik schon vielschichtige Ausprägungen angenommen hat. Folge davon ist ein größerer Zeitumfang der Hilfeleistung und intensive Beratung.

Intensive Beratung

Bewohnerinnen von Frauenhäusern oder Frauenzufluchtswohnungen erhalten intensive Beratung, wenn sie diese benötigen. Intensive Beratung kann verschiedene Themen umfassen, sie findet telefonisch, per E-Mail oder persönlich statt. Erfolgt die Beratung persönlich, wird diese in Beratungsräumen des Trägers, in der Zufluchtswohnung oder dem Frauenhaus aufsuchend durchgeführt. Der Beratungsprozess, der manchmal auch mit einer Begleitung, z. B. zu Gerichtsterminen, verbunden ist, findet in der Regel über einen Zeitraum von mehreren Wochen oder Monaten statt. Eine Begleitung erfolgt bei Bedarf und je nach Verfügbarkeit der sozialen Fachkraft zu Terminen bei Ämtern, Ärzt*innen, Amtsgericht und Familiengericht, Polizei und dergleichen. Die Begleitung ist ein wichtiger Teil der Arbeit, der dazu beitragen kann, eine vertrauensvolle Beziehung aufzubauen und den Frauen zu ihren Rechten zu verhelfen. Sie ist notwendig, da es einem Teil der Frauen resultierend aus jahrelangen Gewalterfahrungen nicht möglich ist, ihre Termine eigenständig wahrzunehmen, Fristen einzuhalten und Rechte einzufordern. Die Anwesenheit der Sozialarbeiterin bei Außenterminen erhöht das Sicherheitsgefühl der gewaltbetroffenen Frau und kann Männer von der Verfolgung und Bedrohung der Frau abhalten.

Beispiel

Exemplarisch für eine intensive Beratung soll eine Sequenz aus der Arbeit mit Frau C. vorgestellt werden. Schon im frühen Erwachsenenalter war bei Frau C. eine Angsterkrankung mit Panikattacken festgestellt worden. Wenn sie Termine bei öffentlichen Ämtern hatte, bekam sie häufig keine Luft. Insbesondere wenn sich im Wartebereich des Jobcenters viele Menschen aufhielten oder wenn sie ihr Anliegen beim zuständigen Sachbearbeiter vortragen sollte, hatte sie panische Angst bewusstlos zu werden. Daraufhin verließ sie jedes Mal das Jobcenter mit rasendem Herzen. Vor dem nächsten Termin stellte sich die Angst, das Bewusstsein zu verlieren, schon vor Verlassen der Schutzunterkunft ein. Frau C. versuchte daraufhin ihre Anliegen dem Jobcenter per Post zu mitzuteilen. Da auf die Briefe häufig keine Antwort erfolgte oder diese nicht angekommen waren, erhielt Frau C. Abzüge von ihren Leistungen aufgrund fehlender Mitwirkung. Das Geld war immer knapp. Nach Aufnahme in die Schutzunterkunft begleitete die Sozialarbeiterin Frau C. zum Jobcenter. Frau C. wurde angehalten, die Kommunikation mit dem Sachbearbeiter selbst zu versuchen. Wenn sie sich vor Aufregung nicht artikulieren und ihre Anliegen darlegen konnte, sprang die Sozialarbeiterin unterstützend ein. Frau C. sammelte die neue Erfahrung, dass es möglich ist, in ruhigem Ton mit den Angestellten des Jobcenters zu reden und die eigenen Belange zu klären. Sie lernte, dass der Kontakt keine Gefahr bedeutet, sie nicht bewusstlos wird und sich Sachbearbeiter*innen an geltende Gesetze halten müssen und nicht willkürlich entscheiden. Durch die Hilfe und Vorbildfunktion der Sozialarbeiterin entwickelte Frau C. mehr Selbstbewusstsein im Umgang mit ›Autoritäten‹. Wird sie von einer ihr vertrauten Person zu Behördengängen begleitet, ist sie in der Lage, ihre Angelegenheiten selbständig zu klären.

Falls es notwendig ist, werden Klientinnen im Verlauf der intensiven Beratung an andere Fachkräfte z. B. Polizei, Schuldnerberatung, Rechtsanwält*innen, Ärzt*innen, Gerichte usw. vermittelt oder diese werden in den Beratungsprozess einbezogen.

Die meisten intensiven Beratungen drehen sich um persönliche und psychische Probleme, z. B. finanzielle Schwierigkeiten und gesundheitliche Beeinträchtigungen, transgenerationale Gewaltbeziehungsmuster in der Familie, Umgang mit Sexualität und sexualisiertem Verhalten, Erziehungsprobleme, Vorbereitung von Terminen bei Gericht, Polizei etc., Selbstfindungsprozesse, Konflikte mit Mitbewohnerinnen, Erlernen von Handlungsstrategien bei depressiven Verstimmungen, mangelndes Selbstwertgefühl und Wahrnehmungsstörungen. Da die Problemlagen der Klientinnen oft sehr vielgestaltig und komplex sind, könnte die Auflistung beinahe endlos fortgesetzt werden. Alle psychosozialen Problemlagen können zum Gegenstand der Sozialen Arbeit werden.

Ein weiteres wichtiges Thema ist die Aufarbeitung der erfahrenen Gewalt, wenn die Frau das möchte. Die persönlichen Erfahrungen sowie deren Zusammenhang mit gesundheitlichen, psychischen und sozialen Folgen nehmen in der intensiven Beratung großen Raum ein. Nach einer Phase der Stabilisierung und dem Aufbau einer Vertrauensbeziehung zur sozialen Fachkraft kann die Klientin mit etwas Abstand die häusliche Gewaltsituation betrachten. Die Beschäftigung der Klientinnen mit der erlebten Gewalt führt anfangs häufig zur Bagatellisierung der erfahrenen Gewalt und ›In-Schutz-Nehmen‹ des Täters. Die negativen Aspekte der Beziehung tauchen erst langsam wieder ins Bewusstsein. Es ist anzunehmen, dass dieses Phänomen ein Schutzmechanismus des Körpers ist, um in bedrohlichen Situationen handlungsfähig zu bleiben. Bei einigen Frauen kommt es zu ausgeprägten körperlichen Symptomen, wie bspw. Hautirritationen, starken Kopfschmerzen, Schlafstörungen, Migräne, Reizungen im Magen-Darm-Bereich, Herz-Kreislauf-Erkrankungen. Diese Symptome können Hinweise auf Vermeidungsstrategien geben, sich mit der Gewalt auseinanderzusetzen. Treten die Erscheinungen neu auf, geben sie Anlass zum Rückzug der Klientin. Dies soll am Beispiel von Frau H. demonstriert werden.

Beispiel

»Frau H., die sowohl körperliche Gewalt in ihrer Kindheit durch den Stiefvater wie auch sexuelle Gewalt in Beziehungen erfahren hatte, erschien zu Beginn des Beratungsprozesses immer gepflegt und pünktlich zu vereinbarten Terminen. Im Verlauf der Beratungsbeziehung klagte sie immer häufiger über Ausschlag, ständigen Hunger, wochenlange Einschlaf- und Durchschlafstörungen verbunden mit ständiger Müdigkeit, Fußschmerzen und Armschmerzen. Diese wechselnden Symptome wurden von ihr als Begründung für die Nichteinhaltung von Terminen genutzt. Kamen Termine trotzdem zu Stande, wurden die Beschwerden von Frau H. in den Mittelpunkt der Beratung gestellt. Ärztliche Untersuchungen brachten keine Ergebnisse, es wurden keine körperlichen Ursachen für ihre Beschwerden gefunden. Erst nach der Bearbeitung der Gewaltproblematik, z. B. durch sozialtherapeutische Verfahren wie Arbeit mit Lebenslauf und Genogramm, nahmen die körperlichen Symptome ab und verschwanden fast vollständig. Nur in Situationen, in denen Frau H. unbewältigbar erscheinenden Herausforderungen gegenübersteht, treten körperliche Symptome weiterhin auf. Werden diese von ihr bemerkt, sucht sie deren Ursachen zum Teil mit der Bitte um Unterstützung durch die Beraterin« (Wahren 2015: 55).

Wie in Kapitel 1.5 beschrieben (▶ Kap. 1.5), treten häufig gesundheitliche Auswirkungen nach erfahrener Gewalt auf. Der Umgang mit diesen ist oft Thema in der intensiven Beratung. Weitere Themenkomplexe der intensiven Beratung sind

Zukunftsfragen, finanzielle, rechtliche und aufenthaltsrechtliche Fragestellungen, Leistungsansprüche nach den Sozialgesetzbüchern, Unterhalt, Kindergeld und andere Leistungsangelegenheiten, Perspektiven bei der Schuldenregulierung, Erklärungen zur Gewaltdynamik und alternative Handlungsformen, Möglichkeiten nach dem Gewaltschutzgesetz und andere rechtliche Belange, z. B. Zuweisung der ehemals gemeinsam genutzten Wohnung, Sorge- und Umgangsrecht, Fragen zu Erziehung, Schwangerschaft, Wohnungssuche, Arbeit, Suche nach geeigneten Kindertagesstätten und Schulen, die Gestaltung des Zusammenlebens in der Zufluchtswohnung, Krisen (Intervention und Stabilisierung), Mobilitätstraining und Nachberatung.

Die Aufstellung von kurz-, mittel- und langfristigen Zielen und die Bestimmung der für die Zielerreichung notwendigen Handlungsschritte erfolgt gemeinsam mit den Frauen und in Zusammenarbeit mit den am Hilfeprozess beteiligten Fachkräften und Institutionen. Das Tempo richtet sich dabei nach den Klientinnen und ihren Bedürfnissen.

Zum Leistungsbereich der intensiven Beratung zählt nicht nur ein längerer Beratungsprozess. Auch alle sonstigen bewohnerinnenbezogenen Tätigkeiten gehören dazu, z. B. das Schreiben von Widersprüchen oder Stellungnahmen und die Begleitung zu Wohnungsbesichtigungen. Bei Bedarf finden Gruppenangebote für die Bewohnerinnen der Zufluchtswohnung oder des Frauenhauses statt. Das können z. B. moderierte Gespräche zu Gewalterfahrungen oder zu anderen gesundheitsrelevanten Themen oder ein Aufmerksamkeitstraining sein. Zudem erfolgt die Vermittlung von lebenspraktischen Inhalten wie gemeinsames Kochen, Putzen und die Haushaltsplanung in der Gruppe. Die Beratungs- und Begleitungskapazitäten werden kurzfristig im Rahmen von Arbeitszeitmanagement zur Verfügung gestellt.

In komplexen Fällen mit multidimensionalen Problemlagen gehen die Aufgaben der psychosozialen Beratung der sozialen Fachkraft über die reine Vermittlung von Kenntnissen hinaus. Die psychosoziale Beratung und Behandlung sind vielmehr ein »dialogischer Interaktionsprozess mit Orientierungs-, Planungs-, Entscheidungs- und Handlungshilfe« (Pauls 2004: 272). Auch Krisenintervention kann zum Leistungsbereich der intensiven Beratung gezählt werden. Aufgrund der engen Verbindung von Gewalt und vor allem psychischen Beeinträchtigungen sollten Fachkräfte der Sozialen Arbeit, die mit Personen arbeiten, die von Gewalt betroffen sind, über ausreichend Kenntnisse zu Erscheinungsbildern und Behandlungsformen psychischer Erkrankungen verfügen. Das ist wichtig, um die Symptome zu erkennen und frühzeitig psychologische oder therapeutische Maßnahmen einleiten zu können. Somit könnte den Betroffenen eine Menge Leid erspart und Chronifizierungen vermieden werden. Menschen mit psychischen Erkrankungen tauchen häufig zuerst im sozialen Hilfesystem auf, da viele Schwierigkeiten in sozialen Beziehungen haben und der Zugang zum sozialen Hilfesystem häufig niedrigschwelliger ist. Für die sozialen Fachkräfte im Anti-Gewalt-Bereich sind ein Abschluss in Klinischer Sozialarbeit oder Weiterbildungen im Bereich Kommunikation und Beratung und/oder psychische Erkrankungen von Vorteil.

2.3.2 Unterbringung

Das Prozedere der Aufnahme und Unterbringung variiert zwischen den Zufluchtswohnungs- und Frauenhausträgern. Exemplarisch wird an dieser Stelle das Vorgehen eines Zufluchtswohnungsträgers beschrieben.

In den meisten Fällen erfolgt zuerst eine telefonische Anfrage, ob ein Platz in der Schutzeinrichtung frei ist. Ist dies der Fall, wird ein Termin für ein Gespräch im Büro des Trägers vereinbart. Nach einem Erstgespräch, in dem die schutzsuchende Frau glaubhaft versichert, dass sie (akuten) Gewalterfahrungen ausgesetzt oder von diesen bedroht ist, erfolgt der Einzug die Zufluchtswohnung. In akuten Situationen geschieht der Einzug am selben Tag, ansonsten kann es zwei bis drei Tage Bedenkzeit für beide Seiten geben, ob das Angebot passend ist. Die Adresse der Zufluchtswohnung wird erst bei Einzug bekannt gegeben, um den Ort möglichst geheim zu halten. Der Leistungsbereich der Unterbringung umfasst Anfragen nach freien Zimmern in Zufluchtswohnungen (Zimmeranfragen), die Durchführung der Aufnahmegespräche und den damit verbundenen Klärungsprozess, ob die Frau aufgenommen werden kann bzw. andere Einrichtungen geeigneter für ihre Unterbringung erscheinen. Darüber hinaus zählen der Vertragsabschluss, der Einzug, die Ummeldung der Wohnanschrift, die Klärung der Mietkostenübernahme (durch das Jobcenter bei Arbeitslosengeld-II-Empfängerinnen), die Einhaltung der Sicherheitsstandards (Beantragung der Auskunftssperre, Geheimhaltung der Adresse) und der Auszug zum Leistungskomplex der Unterbringung. Zur Sicherstellung des Wohnbetriebes und der Unterbringungsmöglichkeit gehören neben der Wohnungsverwaltung auch die Organisation von Reparaturen, Instandhaltung und Ersatzbeschaffungen von Mobiliar.

Auch die Vermittlung der Bewohnerinnen und deren Kinder in eine eigene Mietwohnung, wenn diese Unterstützung bei der Wohnungssuche benötigen, zählt zum Komplex der Unterbringung.

Die Aufnahme der Klientin in eine geschützte Wohnung bedeutet einen entscheidenden Schritt in Richtung Gesundheitsförderung, da davon ausgegangen wird, dass die Umgebung einen nicht zu vernachlässigenden Einfluss auf das Wohlbefinden eines Menschen hat. Durch den geschützten Raum in der Zufluchtswohnung können Vertrauen in die eigene Person wiedergewonnen, verschüttete Ressourcen aktiviert, Fertigkeiten und Fähigkeiten erlernt werden, da sich die Frauen verstärkt auf sich selbst konzentrieren können. Trotz vielfältiger Aufgaben, die während des Zufluchtswohnungsaufenthaltes erledigt werden müssen, können die Frauen zur Ruhe kommen und Zukunftsvisionen aufbauen. Die Wechselwirkungen zwischen der Person und ihrer räumlichen und sozialen Umwelt werden durch die Aufnahme der Frau in die Zufluchtswohnung aus den gewohnten Bahnen gebracht – neuer Raum für Lebensgestaltung und Entwicklungsaufgaben entsteht. An dieser Stelle setzt die Soziale Arbeit an. Sie bietet Unterstützung zur Bewältigung der aus den veränderten Umweltbedingungen entstehenden Entwicklungsaufgaben an, z. B. bei der Bewältigung der Gewalterfahrungen, bei der Wiedergewinnung von Selbstbewusstsein und der Umsetzung von individuellen Handlungszielen, z. B. Wohnungssuche, Beantragung von Existenz sichernden Sozialleistungen.

2.3.3 Kooperation, Vernetzung, Gremienarbeit

Durch Kooperation, Vernetzung und Gremienarbeit schafft Soziale Arbeit auf politischer und gesellschaftlicher Ebene eine Plattform gegen Gewalt. Dieser Leistungskomplex dient auf der einen Seite dazu, auf häusliche Gewalt aufmerksam zu machen, Entwicklungen in der Gesetzgebung voranzutreiben und vor allem die Interessen der Klientinnen gegenüber der (Fach-)Öffentlichkeit zu vertreten. Gewaltbetroffenen Frauen soll eine Stimme in der Öffentlichkeit gegeben werden.

Auf der anderen Seite profitieren Frauen und Kinder mit Gewalterfahrungen von bereits bestehenden Kooperationen zu und Vernetzungen mit Therapeut*innen, Rechtsanwält*innen, Ärzt*innen, Kindertagesstätten, Mitarbeiter*innen der Jobcenter, anderen sozialen Einrichtungen usw.

Zum Leistungsbereich Kooperation, Vernetzung und Gremienarbeit gehört die aktive Teilnahme an Arbeitsgruppen, Gremien- und Netzwerksitzungen, die zum Thema Gewalt gegen Frauen arbeiten und die Versorgung gewaltbetroffener Frauen sicherstellen und verbessern wollen. Seit die WHO Gewalt als eines der gravierendsten Gesundheitsrisiken für Frauen beschreibt (vgl. Brzank et al. 2002), gewinnt die Zusammenarbeit mit medizinischem Personal an Bedeutung, da diese oft die ersten Ansprechpartner*innen für gewaltbetroffene Frauen sind. Medizinisches Personal könnte eine tragende Rolle in Bezug auf die Gewaltprävention und Intervention bei häuslicher Gewalt innehaben, wenn eine systematische und kontinuierliche Bearbeitung des Themas häusliche Gewalt in der medizinischen Versorgung und Ausbildung stattfinden würde. Die Aufgabe der Sozialen Arbeit im Anti-Gewalt-Bereich ist es, zur Vernetzung zwischen sozialer und medizinischer Versorgung beizutragen, auf bestehende Defizite im Wissen über häusliche Gewalt in der gesundheitlichen Versorgung hinzuweisen und diese in Kooperation mit Fachkräften anderer Bereiche zu beseitigen.

2.3.4 Vermittlung von Informationen, Kenntnissen, Fähigkeiten

Informationen, Kenntnisse und Fähigkeiten werden telefonisch, mündlich oder schriftlich vermittelt. Zielgruppen sind hier nicht die gewaltbetroffenen Frauen, sondern die (Fach-)Öffentlichkeit, Professionelle in der Versorgung gewaltbetroffener Frauen, Politiker*innen und Vertreter*innen von Verbänden, Verwaltungen, Vertreter*innen von Presse, Rundfunk und Fernsehen. Bei externen Anfragen, in Veröffentlichungen oder Selbstdarstellungen, bei themenspezifischen Veranstaltungen, in Publikationen und auf Fachtagungen werden Informationen und Kenntnisse zum Thema häusliche Gewalt präsentiert.

Die Anti-Gewalt-Projekte schulen in zielgruppenspezifischen Kursen, Gruppenangeboten und Weiterbildungen Frauen, soziale Einrichtungen und Personen aus dem privaten und sozialen Umfeld der betroffenen Frauen sowie Institutionen durch die Weitergabe von Informationen, Kenntnissen und Fähigkeiten zu Handlungsoptionen bei häuslicher Gewalt. Schutz und Stärkung der Frauen und ihrer Kinder stehen dabei stets im Fokus. Zu den Anti-Gewalt-Projekten, die durch die

Senatsverwaltung für Wissenschaft, Gesundheit, Pflege und Gleichstellung gefördert werden, zählen Frauenhäuser, Frauenberatungsstellen und Frauenzufluchtswohnungen.

Als Teil des Leistungskomplexes Vermittlung von Informationen, Kenntnissen und Fähigkeiten zählen die Leistungsbereiche externe Anfragen, Veröffentlichungen und Selbstdarstellung. Diese umfassen Informationen über die Angebote des Projektes, zum Thema Gewalt gegen Frauen und Kinder und über andere Hilfeeinrichtungen. Darüber hinaus werden Texte zum Thema häusliche Gewalt verfasst, in Zeitschriften veröffentlicht und Interviews durchgeführt.

Ein weiterer Umsetzungsbereich der Vermittlung von Informationen, Kenntnissen, Fähigkeiten sind Veranstaltungen. Diese umfassen die Teilnahme an (Podiums-)Diskussionen, Panels, Vorträgen bei Fachtagungen, Kongressen usw. und die Durchführung von Workshops. Die Beteiligung bei Aktionen und Kampagnen (z. B. One Billion Rising oder Equal Pay Day oder Aktionen zum 25. November, dem internationalen Tag gegen Gewalt an Frauen), die Erstellung und Verteilung von Informationsmaterialien zum Projekt (Notfallkarten, Flyer) zählen zu den weiteren Angeboten in diesem Leistungskomplex.

2.3.5 Qualitätsmanagement und Projektmanagement

Die strukturellen Bedingungen der Sozialen Arbeit der frei gemeinnützigen Träger unterliegen derzeit in Deutschland einem gravierenden Wandel. Auch in der Sozialen Arbeit hält die Orientierung an marktwirtschaftlichen Kriterien Einzug. Dies hat zur Folge, dass Methoden und Instrumente der privatwirtschaftlichen Haushaltsführung wie Budgetierung, Kennzahlen, Qualitätsmanagement, Kosten-Leistungs-Rechnung sowie Controlling eingeführt werden. Die Zuwendungsprojekte werden durch die Kostenträger aufgefordert, ihre Jahresplanung, z. B. für die Zahl der Klientinnen oder die Anzahl der qualifizierten Kurzberatung bzw. intensiven Beratung, mit Einreichung des Projektantrages abzugeben. Soziale Arbeit versucht hier also den Spagat zwischen einer bedarfsgerechten Betreuung der gewaltbetroffenen Frauen und ihrer Kinder und der Erfüllung von Fall- und Stundenzahlen. Die Auswertung und Begründung des professionellen sozialarbeiterischen Handelns nach marktwirtschaftlichen Kriterien gegenüber den Kostenträgern bekommt zunehmend größere Bedeutung. Eine Verbesserung und der Erhalt bestehender Angebote kann also nur erfolgen, wenn mithilfe empirischer Verfahren die ›Wirksamkeit‹ sozialarbeiterischen Handelns nachgewiesen werden kann, z. B. im jährlich zu erstellenden Sachbericht. Da die Arbeit mit gewaltbetroffenen Frauen sehr langwierige Auswirkungen im Sinne der Gewaltprävention, auch für die nachfolgende Generation, haben kann und Erfolge nicht gleich sichtbar oder messbar sind, stellt sich die Bewertung der Arbeit nach privatwirtschaftlichen und evidenzbasierten Aspekten als unpraktikabel dar. Kann die Anzahl der geplanten Klientinnen und ihrer Kinder pro Jahr nicht eingehalten werden, muss dies nicht auf ein ungenügendes Projektmanagement zurückzuführen sein. Ursache für die geringere Aufnahmekapazität der Schutzeinrichtungen können z. B. Corona-Maßnahmen oder die längere Verweildauer der Frauen in der Einrichtung aufgrund des Mangels an bezahlbarem Wohnraum in den Großstädten sein.

Um Informationen über die Sichtweisen der gewaltbetroffenen Frauen auf das Hilfeangebot zu bekommen und diese mit Ergebnissen aus anderen Projekten vergleichen zu können, ist der Einsatz empirischer Forschungsmethoden in den Projekten von Vorteil. Beispielsweise erhalten die Frauen bei Auszug aus der Zufluchtswohnung einen Fragebogen zur Nutzerinnenzufriedenheit. Im Rahmen des Qualitätsmanagements fließen die Ergebnisse in die Weiterentwicklung der Projekte ein.

Zielgruppen des Qualitäts- und Projektmanagements sind projektintern Kolleg*innen bzw. das Team, projektextern sind es bspw. Geldgeber*innen, z. B. die Senatsverwaltung für Wissenschaft, Gesundheit, Pflege und Gleichstellung. Dieses Aufgabengebiet schafft Strukturen und Unterstützungsprozesse für die Arbeit mit den Klientinnen, findet jedoch selten direkt im Kontakt mit ihnen statt, stellt aber eine Voraussetzung für professionelle Sozialarbeit dar. Zu den Maßnahmen des Qualitäts- und Projektmanagements zählen die Qualitätsentwicklung im Projekt und die Qualitätssicherung. Damit sind Supervision, Teamsitzung, kollegiale Beratung, Fallbesprechungen, Fort- und Weiterbildungen gemeint. Weitere Themen dieses Leistungskomplexes sind die Erfassung der Kundinnenzufriedenheit, die Erhebung statistischer Angaben, die Akquise von Finanzmitteln z. B. für die Ausstattung der Schutzprojekte, die Abrechnung der Leistungs- und Qualitätsnachweise. Mithilfe des Qualitäts- und Projektmanagements werden die Bedingungen der Sozialen Arbeit mit gewaltbetroffenen Frauen untersucht und fortwährend verbessert. Die Angebote können so besser den Bedarfen der Adressatinnen und ihrer Kinder angepasst werden.

2.4 Rollenvielfalt in der Sozialen Arbeit

2.4.1 Klinische Sozialarbeit mit gewaltbetroffenen Frauen

In der Arbeit mit gewaltbetroffenen Frauen werden viele Facetten der Sozialen Arbeit und der Gesundheitsarbeit vereinigt. Neben klassischen Aufgaben der Sozialen Arbeit wie Beratung und Begleitung, Empowerment oder Hilfe zur Selbsthilfe kommen durch den starken Gesundheitsbezug auch »klinische« Aufgaben, z. B. Psycho- und Sozioedukation oder sozialtherapeutische Unterstützung in diesem sensiblen Handlungsfeld hinzu. »Klinisch« soll hier im Sinne Klinischer Sozialarbeit verstanden werden.

> »Von Klinischer Sozialarbeit wird gesprochen, wenn die Soziale Arbeit in Behandlungskontexten erfolgt und eigene Beratungs- und Behandlungsaufgaben wahrnimmt. Ausgehend von einem bio-psycho-sozialen Grundverständnis von Gesundheit, Krankheit und Behinderung arbeitet sie mit Sozialer Diagnostik, Beratung und Sozialtherapie an der Verbesserung der Lebenssituation von Personen im Kontext ihrer Lebenswelt. Auch wenn

die Trennschärfe zur allgemeinen Sozialen Arbeit nicht immer eindeutig ist, bemisst sich die Notwendigkeit und Eigenart klinisch-sozialen bzw. klinisch-therapeutischen Handelns zum einen an der Indikation (z. B. schwer zugängliche Person oder Menschen mit multiplen Problemen), zum anderen an der Vorgehensweise und Intensität der personalen Einflussnahme sowie insgesamt am Nutzen für die behandelten Personen und ihrer sozialen Umgebung (z. B. verringerter Leidensdruck). Dieses Verständnis impliziert eine Subjektorientierung und die systematische Berücksichtigung der sozialen Einbettung« (Gahleitner/Pauls 2019).

Durch die Zunahme von schweren und komplexen Fällen in Zeiten der Postmoderne kann diese Definition Klinischer Sozialarbeit auf die Arbeit mit den meisten gewaltbetroffenen Frauen übertragen werden. Sie sind oft schwer zugänglich, haben multiple Probleme. Sozialarbeitende arbeiten mit Diagnostik, Beratung, (sozialtherapeutischer) Behandlung und Evaluation, haben ein bio-psycho-soziales Grundverständnis sowie den doppelten Fokus auf Verhalten und Verhältnisse und agieren im Zusammenwirken mit anderen Einrichtungen und Disziplinen. Mühlum (2002) spricht bei »Klinischer Sozialarbeit« von einer spezialisierten gesundheitsorientierten Fachsozialarbeit, die in besonders schwierigen Beziehungs- und Behandlungskontexten ihren Einsatz findet. Auch das trifft häufig auf die Arbeit mit gewaltbetroffenen Frauen zu.

Durch den Blick auf die biologische, die psychologische und die soziale Systemebene sind Sozialarbeitende als Reaktion auf multiple Problemlagen gefordert, multiperspektivische Problemlösestrategien gemeinsam mit den Adressat*innen der Hilfe zu erarbeiten, die das Auftreten des*der (klinisch) Sozialarbeitenden in verschiedenen Rollen und Funktionen benötigen und ermöglichen (vgl. Dorfman 1996; Kottler 2004).

2.4.2 Die Sozialarbeiterin in verschiedenen Rollen

Sozialarbeitende bedienen in ihrem Berufsalltag verschiedene professionelle Rollen. Diese sind vielfältig und häufig nicht eindeutig voneinander zu trennen, manchmal bedingen sie sich gegenseitig oder gehen fließend ineinander über. Im Folgenden werden die einzelnen Funktionen der (klinisch) sozialarbeiterischen Fachkraft zunächst allgemein beschrieben (vgl. Dorfman 1996; Kottler 2004), anschließend werden Beispiele für die konkrete Umsetzung der jeweiligen Rolle in der praktischen Arbeit mit gewaltbetroffenen Frauen aufgezeigt.

Broker

In der Rolle des Brokers steht für die (klinische) Sozialarbeiterin die Vermittlung von Ressourcen im Mittelpunkt. Um diese Rolle adäquat zu erfüllen, ist es notwendig, vorab eine vertrauensvolle Beziehung zur Klientin aufzubauen und eine psychosoziale Einschätzung der Lage der Klientin und ihrer Problematik (Anamnese und Diagnose) durchzuführen. So können die subjektiven Bedürfnisse erfasst und Ressourcen passgenau an die Klientin vermittelt werden.

In der Arbeit mit gewaltbetroffenen Frauen in Zufluchtswohnungen kommt diese Rolle z. B. bei der Vermittlung von Wohnraum, der Beantragung von Stiftungsgeldern über den Träger der Sozialen Arbeit oder beim Schreiben von Stellungnahmen für die Klientin zum Einsatz. Darüber hinaus werden in dieser Funktion nicht nur materielle Ressourcen vermittelt, sondern auch ideelle, z. B. durch Wissensvermittlung, Kontakte zu Beratungsstellen, Anwält*innen, Therapeut*innen oder zu anderen gewaltbetroffenen Frauen. Die Verbindung zwischen Ressourcen und Klient*innen wird hergestellt (vgl. Dorfman 1996).

Advocate

Als Advocate (Fürsprecherin) unterstützt und vertritt die Sozialarbeiterin die Belange der Klientinnen. Sie setzt sich bspw. in Gremiensitzungen, auf politischer und gesellschaftlicher Ebene für die Interessen der gewaltbetroffenen Frauen ein oder thematisiert diese in Fachartikeln und anderen Publikationen. Dies dient der Sensibilisierung für das Thema häusliche Gewalt und trägt zur Veränderung der Sozial- und Gesundheitsverhältnisse bei.

In der Anti-Gewalt-Arbeit findet die anwaltliche Vertretung der Klientinneninteressen auf zwei Ebenen statt. Zum einen übernimmt die Sozialarbeiterin temporär Ämtergänge für die Klientin, wenn diese dazu noch nicht in der Lage ist, bzw. begleitet sie die Adressatin bei diesen und unterstützt die Durchsetzung ihrer Interessen und Ansprüche. Zum anderen kann die Rolle des Advocate auch der Repräsentation der Belange gewaltbetroffener Frauen gegenüber der Politik oder in der Öffentlichkeit dienen. Damit verbunden ist die Durchsetzung von Veränderungsbestrebungen, z. B., indem Gesetzesänderungen initiiert oder Forderungen an die Politik gestellt werden. So bekommen gewaltbetroffene Frauen, die manchmal als »seldom heard« (vgl. Kelleher et al. 2014) bezeichnet werden, eine Stimme in der Öffentlichkeit. Um den berechtigten Interessen gewaltbetroffener Frauen Aufmerksamkeit zu verschaffen und diese durchzusetzen, agieren Fürsprecher*innen auf unterschiedlichen Ebenen.

Educator

In der Rolle des Educators vermittelt die Fachkraft der Sozialen Arbeit Wissen über Dynamiken häuslicher Gewalt (▶ Kap. 1.4), deren Folgen (▶ Kap. 1.5) oder auch »protektive« Faktoren (▶ Kap. 1.6) im Sinne einer Psycho- bzw. Sozioedukation (▶ Kap. 3.1). Zu verstehen, wie häusliche Gewalt entsteht und was diese in den Betroffenen verursacht, ist für die Aufarbeitung des Erlebten unabdingbar und integraler Bestandteil der Beratung. Mit diesem Hintergrundwissen ist es möglich, Auslöser zu identifizieren, potenzielle Gefahrensituationen zu erkennen und erneute Gewaltsituationen zu umgehen. Gewaltbetroffene Frauen, die Schutz in einer Zufluchtswohnung oder einem Frauenhaus suchen, leiden in den ersten Wochen häufig unter psychischen, körperlichen oder psychosomatischen Beschwerden (▶ Kap. 1.5.1, ▶ Kap. 1.5.2, ▶ Kap. 1.5.3). Das kann dazu führen, dass sie an der Richtigkeit ihrer Entscheidung der Flucht zweifeln, denn augenscheinlich geht es ihnen ja nicht besser als in der gewaltgeprägten Situation. Gerade hier wird die Rolle des Educator bedeutsam.

Das Wissen über Zusammenhänge und die gegenseitige Beeinflussung von Körper, Psyche und sozialen Beziehungen erlaubt der Klientin Erklärungen zu finden sowie ihre Beschwerden im Kontext ihrer Geschichte ganzheitlich zu sehen. So kann sie den Ursachen auf den Grund gehen ohne ausschließlich Symptome zu beseitigen. Sie lernt, dass Erschöpfung und psychosomatische Beschwerden als eine natürliche Reaktion des Körpers nach langanhaltender Anspannung auftreten, wenn sie die Möglichkeit hat, zur Ruhe zu kommen. Das Wissen über bio-psycho-soziale Zusammenhänge hilft der Klientin, den Zugang zum eigenen Körper wiederzufinden, der durch die Gewalterfahrungen blockiert sein kann. Dieses Wissen ist auch notwendig, um den eigenen Körper, aber auch die Psyche mit all den Besonderheiten (wieder) anzunehmen, sich selbst zu achten und Selbstbewusstsein neu aufzubauen. Das Gefühl der Verstehbarkeit entsteht und kann zur Beschleunigung des Bewältigungsprozesses beitragen (vgl. Wahren 2015).

In der Funktion des Educators übernimmt die (klinische) Sozialarbeiterin das Aufdecken effektiver Problemlösestrategien und hilfreicher Kommunikationsformen, um Entlastung zu schaffen, erneuten Belastungssituationen und somit auch potenziellen Gesundheitsgefährdungen der Klientin präventiv zu begegnen (vgl. Dorfman 1996).

Enabler

Durch die Ausübung der Rolle des Enablers schafft die (klinische) Sozialarbeiterin Voraussetzungen, die die Adressatin in die Lage versetzen soll, ihre Situation weitestgehend eigenverantwortlich zu bewältigen. Diese Rolle der Sozialen Arbeit beschreibt den Ansatz der »Hilfe-zur-Selbsthilfe«. Durch die Vorbereitung von Terminen in Beratungsgesprächen und ausgewählten therapeutischen Verfahren werden die Klientinnen durch die Sozialarbeiterin befähigt, ihre Termine eigenständig wahrzunehmen und ihre Anliegen beim Jobcenter, Amtsgericht, Jugendamt usw. vorzutragen.

Andere Aufgaben des Enablers sind Informationsweitergabe, z. B. über Ansprechpartner*innen, Sprechzeiten und Zuständigkeiten, Auskünfte über Verfahrenswege, straf- und zivilrechtliche Schutz- und Hilfemöglichkeiten. Darüber hinaus können Anleitungen zu gesundheitsbewusstem Verhalten, zu effektiver Haushaltsführung und respektvollem Umgang mit den eigenen Kindern Inhalt dieser Rolle sein. In der Funktion des Enablers schafft die Sozialarbeiterin Bedingungen und bereitet die Umwelt dergestalt vor, dass eine Weiterentwicklung und Veränderung der Klientin möglich sind und Fortschritte erfahrbar werden (vgl. ebd.). Sie wird befähigt und ermutigt, ihr Ziel in kleinen Schritten umzusetzen.

In der Arbeit mit gewaltbetroffenen Frauen gewinnt diese Funktion besonders an Bedeutung, da sie sich aufgrund der erlebten Gewalt häufig ambivalent in Bezug auf eine Trennung vom gewalttätigen Partner verhalten. Aufgrund des oft beschädigten Selbstbewusstseins wird das Erreichen von Teilzielen als Zufall oder Leistung von anderen abgetan. Die Bestärkung der Klientin in der Wahrnehmung von Teilerfolgen durch die Sozialarbeiterin trägt zur Schärfung der Selbstwahrnehmung und zur Ermutigung der Klientin bei, nachfolgende Schritte alleine zu gehen.

Case-Manager

Die Fachkraft der Sozialen Arbeit organisiert und koordiniert Hilfen für die Klientinnen in der Rolle als Case-Manager. Dabei behält sie insbesondere in komplexen Fällen den Überblick über genutzte Hilfen und achtet darauf, dass sich diese an den Bedürfnissen der Klientin orientieren.

Suchen gewaltbetroffene Frauen in einer geschützten Wohnung oder einem Frauenhaus Zuflucht, zeigen sie meist Anzeichen von Überforderung auf oder sind traumatisiert. Deshalb und aus Unwissenheit über Abläufe der Hilfen sind sie nach Einzug in die Schutzunterkunft nur teilweise in der Lage, die für sie (und ihre Kinder) notwendigen Schritte zu gehen. Zur Unterstützung der Klientin organisiert die (klinische) Sozialarbeiterin im Rahmen des Case-Managements Termine bei Anwält*innen, Ärzt*innen, Schuldnerberatungsstellen, Jobcentern, Jugendämtern, Gerichten, Psychotherapeut*innen, Bürgerämtern, Wohnungsbaugesellschaften usw. und achtet auf deren Einhaltung. Gemeinsam mit der Klientin werden die erreichten Fortschritte und Erfahrungen ausgewertet und reflektiert (vgl. Kottler 2004). Die Sozialarbeiterin in der Rolle als Case-Managerin befähigt die Klientin, die Angebote des Systems der sozialen Sicherung eigenständig zu nutzen. In der praktischen Arbeit mit den gewaltbetroffenen Frauen erweist sich die Umsetzung des Case-Managements teilweise als schwierig, da die Kooperation zwischen verschiedenen Hilfen noch nicht gegeben ist, die Regelungen des Datenschutzes entgegenstehen oder die Wartezeiten für bestimmte Hilfeangebote enorm sind.

Counselor

In der Rolle des Councelors begibt sich die (klinische) Sozialarbeiterin, wenn sie als empathisch und aktiv zuhörende Beraterin agiert. Sie fühlt sich in den Fall ein, spiegelt Inhalte und Emotionen, ist ›mit‹ der Klientin und berät einzelfallbezogen. Sie ist über aktuelle rechtliche Grundlagen, spezifische Kooperationspartner*innen und deren Arbeitsweisen, Abläufe, Öffnungszeiten usw. informiert und geschult in Beratung und Gesprächsführung. Die (klinische) Sozialarbeiterin verfügt über theoretisches und handlungsmethodisches Wissen zu menschlichen Verhaltensweisen und die Einflussnahme der sozialen Umgebung auf Personen, um in der Rolle des Counselor angemessen agieren zu können. Sie benötigt Empathie und die Fähigkeit, Bedürfnisse und Ressourcen der Klientin einzuschätzen zu können und geeignete Interventionen zur Zielerreichung zu empfehlen. Darüber hinaus sind die Fähigkeit zur Umsetzung von Interventionsmethoden und der flexible Einsatz von Instrumenten notwendig, um die Klientin durch den Veränderungsprozess zu begleiten (vgl. Dorfman 1996).

Je nach Situation der Klientin werden Gefühle und Gedanken verbalisiert, gespiegelt und reflektiert sowie zusammengefasst. Durch empathisches Zuhören und die Rückspiegelung der Gesprächsinhalte wird die Klientin in ihrer Selbstwahrnehmung gestärkt. Sie kann zunehmend eigenständige Entscheidungen treffen, aufgrund der Rückmeldungen durch die Beraterin und deren aufgezeigte Handlungsmöglichkeiten. Die Klientin bleibt für ihr eigenes Handeln verantwortlich und wird nicht entmündigt. Eine Ausnahme davon stellt bestehende Selbst- oder Fremdgefährdung dar, in diesem Fall ist die Sozialarbeiterin zum stellvertretenden Handeln verpflichtet und trifft die (lebens-)notwendigen Entscheidungen.

Mediator

In der Rolle als Mediatorin vermittelt die Sozialarbeiterin in Konflikten zwischen zwei Parteien. Sie trägt dafür Sorge, dass eine Kommunikation zwischen beiden Seiten wieder möglich wird. Durch den Einsatz von Mediation können Konflikte deeskaliert werden. Es bietet sich die Möglichkeit, durch externe Vermittlung, Auseinandersetzungen in einer konstruktiven, lösungsorientierten Art und Weise zu schlichten. Dabei kommen Kommunikationsregeln zum Einsatz. Die Autonomie der Konfliktparteien bleibt gewahrt.

Durch die parteiliche Arbeit für die gewaltbetroffenen Frauen findet in diesem Rahmen keine Mediation zwischen (Ex-)Partnern statt. Die Sozialarbeiterin kann trotzdem in der Rolle als Mediatorin tätig werden, z. B. bei Konflikten zwischen Bewohnerinnen der Zufluchtswohnung oder des Frauenhauses, zwischen Frau und Kind(ern), zwischen Klientin und Wohnungsbaugesellschaft und dergleichen. So können Kommunikationsregeln vorgestellt und eingeübt werden, die für die Frau in späteren Konfliktsituationen hilfreich sein können. Sie lernt, dass Eskalationen (meist) verhindert werden können. Durch die Befähigung zur aktiven Gestaltung der Kommunikation durch die Sozialarbeiterin in der Rolle der Mediatorin begibt sich die Klientin aus der passiven Rolle heraus und gewinnt neue Handlungssicherheit.

Consultant

In der Rolle des Consultants berät die Fachkraft der Sozialen Arbeit mit ihrem Spezialwissen auf ihrem Fachgebiet andere Professionen, Institutionen und Angehörige von Klient*innen (vgl. Kottler 2004). Wenn bspw. Angehörige von gewaltbetroffenen Frauen Rat und Hilfe suchen, Ämter und Behörden (Jugendamt, Jobcenter, Polizei) oder im Gesundheitswesen Tätige per Telefon oder persönlich um Auskunft bitten, kommt die Sozialarbeiterin in der Rolle des Consultants zum Einsatz.

Die (klinische) Sozialarbeiterin, die in der Anti-Gewalt-Arbeit tätig ist, kann als Spezialistin für gewaltbetroffene Frauen, deren Situationen, Hilfemöglichkeiten und Unterstützungsangebote gesehen werden. Sie tauscht Erfahrungen und Kenntnisse über die Arbeit mit gewaltbetroffenen Frauen in verschiedenen Gremien aus, diskutiert neue gesetzliche Veränderungen und entwickelt Leitlinien (▶ Kap. 2.3.3).

Teilweise ist es notwendig, Stellungnahmen zu Entwicklung und Situation einzelner Frauen zu schreiben. Diese kommen bei Gerichten, dem Landes- bzw. Bundeskriminalamt, dem Jugendamt oder dem Jobcenter zum Einsatz. Mit diesen Stellungnahmen sollen die reale Situation und Entwicklungsprozesse der Frauen dargestellt werden, um die Durchsetzung ihrer Interessen zu unterstützen.

Eine weitere Aufgabe in der Rolle des Consultants ist das Halten von Fachvorträgen oder das Schreiben von Publikationen zum Thema häusliche Gewalt. Dadurch sollen andere Professionen geschult und die Öffentlichkeit sensibilisiert werden, z. B. am 25. November, dem internationalen Tag »Nein zu Gewalt an Frauen«.

Researcher/Evaluator

In der Rolle des Researchers/Evaluators erforscht und evaluiert die Sozialarbeiterin den Beratungsprozess und prüft, ob die vereinbarten Ziele erreicht und das angestrebte Ergebnis erreicht wurden (vgl. Kottler 2004).

Laut Pauls (2011: 257) sind folgende Ausrichtungen der Zielsetzungen möglich:

»a) Probleme,
b) Ressourcen,
c) Individualziele,
d) Beziehungsziele,
e) Netzwerkziele«

Gemeinsam mit der Klientin handelt die Fachkraft der Sozialen Arbeit die Ziele und Zielerreichungskriterien aus, auch deren Auswertung findet gemeinsam statt. Durch den Einbezug der Klientin wird deren Selbständigkeit betont, ihre Motivation an der aktiven Umsetzung der Handlungsschritte und die Chance der Zielerreichung erhöht.

Bei Aufnahme einer gewaltbetroffenen Frau in eine Schutzunterkunft füllt die Sozialarbeiterin gemeinsam mit ihr einen Anamnesebogen aus, in dem kurz-, mittel- und langfristige Ziele festgeschrieben werden. In regelmäßigen Abständen wird die Zielerreichung überprüft. Die Ziele bilden in der Unordnung des Alltags eine Orientierung und können bei Bedarf angepasst werden. Die gemeinsame Betrachtung der Veränderung der biopsychosozialen Situation der Klientin zwischen Einzug und Auszug aus der Schutzunterkunft findet am Ende der Hilfe statt. Veränderungen, die sich im Lauf der Betreuung und Beratung ergeben haben, werden in den Blick genommen. Die Einschätzung der Zielerreichung wird sowohl durch die Klientin als auch durch die Beraterin getätigt.

Nach Abschluss der Hilfe füllt jede Klientin einen Fragebogen zur Evaluation des Angebotes der Schutzeinrichtung aus. Die Ergebnisse sollen Hinweise für die Weiterentwicklung des Projektes in Richtung Nutzerinnenorientierung geben. Ebenfalls zur Weiterentwicklung des Projektes dient die Auswertung der Statistikbögen (vgl. Wahren 2015), die nach Auszug der Klientin durch die Sozialarbeiterin ausgefüllt und am Ende jeden Jahres ausgewertet werden.

Im Rahmen des Qualitätsmanagements, von Qualitätssicherung und -entwicklung sind Evaluation, die Erforschung von Abläufen in der Praxis und die Überprüfung der Zielerreichungskriterien zunehmend existenzsichernd und notwendig zur Rechtfertigung der Schutzprojekte gewaltbetroffener Frauen.

2.5 Auf häusliche Gewalt spezialisierte Stellen

Gewalt macht nicht gleich. Da die individuelle Situation jeder Frau sich von der anderer unterscheidet und verschiedene Bedarfe mit dem Erleben häuslicher Gewalt einhergehen, bedarf es unterschiedlicher Hilfeangebote, die auf häusliche Gewalt spezialisiert sind.

2.5.1 Beratungsstellen

Beratungsstellen sind niedrigschwellige Anlaufstellen, die über Schutzmaßnahmen in Fällen von häuslicher Gewalt informieren und beraten. Die Mitarbeiter*innen informieren über polizeiliche und rechtliche Möglichkeiten des Schutzes in Straf- und Trennungsverfahren sowie über zivilrechtliche Schutzmaßnahmen. Darüber hinaus verfügen die Beratungsstellen über ein großes Netzwerk an Kooperationspartner*innen und stellen Kontakte zu Anwält*innen, Polizist*innen, Therapeut*innen, der Staatsanwaltschaft, Frauenhäusern und Frauenzufluchtswohnungen her. Sie dienen häufig als erste Anlaufstelle für gewaltbetroffene Frauen und beraten parteilich. Teilweise verfügen sie über finanzielle Nothilfen für die Gewaltbetroffenen. Krisenintervention und Beratung zu allen Fragen in Verbindung mit häuslicher Gewalt finden im geschützten Rahmen statt und sind ergebnisoffen.

2.5.2 Interventionsstellen

In einigen Orten wurden Interventionsstellen gegründet. Deren Aufgabe ist es, nach erfolgtem Polizeieinsatz nach häuslicher Gewalt proaktiv auf die betroffenen Frauen zuzugehen und Informationen über Interventions- und Schutzmöglichkeiten anzubieten. Sie fungieren als Schnittstelle zwischen polizeilicher Wohnungsverweisung und möglichen Anordnungen des Familiengerichtes nach dem Gewaltschutzgesetz. Die Weitergabe der Kontaktdaten der gewaltbetroffenen Person durch die Polizei an die Interventionsstelle ist nur mit deren (schriftlicher) Einwilligung zulässig. Durch den pro-aktiven Ansatz, also das direkte In-Kontakt-Treten mit der gewaltbetroffenen Person, werden mehr Betroffene erreicht als durch konventionelle Beratungsstellen. Interventionsstellen beraten auch Selbstmelder*innen. Diese Beratung findet oft kurzfristig statt und dient der Klärung weiterer Unterstützungsmöglichkeiten und der Weitervermittlung. Häufig sind Interventionsstellen eigenständige Einrichtungen, teilweise gliedern sie sich an Beratungsstellen oder Frauenhäuser an. Die zu erreichende Zielgruppe variiert je nach Projekt, manchmal sind gewaltbetroffene Frauen und Männer, manchmal ausschließlich Frauen und teilweise auch Kinder Zielgruppe der Interventionsstellen (vgl. Ernst 2020).

2.5.3 Frauenzufluchtswohnungen

In Frauenzufluchtswohnungen können gewaltbetroffene Frauen Schutz finden und neue Lebensperspektiven entwickeln. Die Wohnungen werden von sozialen Trägern angemietet und befinden sich in Miethäusern. Die Frauen bekommen einen befristeten Untermietvertrag und zahlen Miete. Die Adresse unterliegt der Geheimhaltung und ist mit einer Auskunftssperre versehen. Die Wohnungen sind möbliert. Hier können die gewaltbetroffenen Frauen zur Ruhe kommen und ihre Situation überdenken. In der Regel bewohnen die Frauen ein Zimmer mit ihrem Kind oder ihren Kindern und teilen die Nutzung von Bad und Küche mit anderen betroffenen Frauen. Durch den Austausch untereinander wird die Hilfe zur Selbsthilfe gestärkt. Begleitung, Beratung und Unterstützung, z. B. bei der Suche nach einer neuen Wohnung, einem neuen Kita- oder Schulplatz, bei der Beantragung von Leistungen, erfolgt wochentags durch die Sozialarbeiterinnen der Projekte. Die Frauen sollten in der Lage sein, selbständig zu leben und sich (und ihre Kinder) zu versorgen. Frauen mit akuten psychischen Erkrankungen oder Suchtproblemen können zum Schutz der anderen Bewohnerinnen nicht in Zufluchtswohnungen aufgenommen werden.

Exkurs

Seit 2019 gibt es in Berlin die erste Schutzwohnung für queere Personen. Das Angebot richtet sich an volljährige LSBTI*-Personen, die aufgrund ihrer sexuellen Orientierung oder der Geschlechtsidentität von sogenannter Zwangsverheiratung oder von Gewalt im Namen der Ehre sowie häuslicher Gewalt in ihrem sozialen Umfeld bedroht sind. Da die Betroffenen ihr familiäres und soziales Umfeld meist komplett verlassen müssen, um der Bedrohung bzw. Gefährdung zu entkommen, soll mit der Einrichtung einer Krisen- bzw. Zufluchtswohnung eine schnelle und unkomplizierte Aufnahme in eine sichere und anonymisierte Umgebung ermöglicht werden (vgl. Walter o. J.).

2.5.4 Frauenhäuser

Frauenhäuser bieten Unterkunft, Schutz und Beratung für gewaltbetroffene Frauen und ihre Kinder. Der Schutz steht auch hier im Mittelpunkt, die Adresse ist geheim. Die Finanzierung ist bundeslandspezifisch. Zum Teil ist der Aufenthalt für die schutzsuchenden Frauen kostenlos, zum Teil erfolgt die Finanzierung über Tagessätze, die die Bewohnerinnen erbringen müssen. Die psychosoziale Beratung, konkrete Unterstützung und Betreuung sind intensiver als bei den Beratungsstellen. In einigen Frauenhäusern gibt es Gruppenangebote bzw. organisierte Möglichkeiten der Freizeitgestaltung. Das Angebotsspektrum variiert je nach personeller Ausstattung, Konzeption und Höhe und Art der finanziellen Absicherung. Parteilichkeit, Empowerment und Partizipation sind häufig konzeptionell verankert, auch der Kinderschutz im Sinne des § 8a Abs. 4 SGB VIII. Die Bewohnerinnen haben große Autonomie in Bezug auf ihre Lebensgestaltung und werden zu dieser ermutigt.

Teilweise haben die Kinder eigene Ansprechpartnerinnen oder eine Kinderbetreuung. Für männliche Kinder besteht in vielen Frauenhäusern eine Altersgrenze (ca. bei elf bis 14 Jahren) für die Aufnahme. Flüchten die Frauen mit älteren Söhnen, wird in Kooperation mit dem Jugendamt nach geeigneten Unterkünften für die Söhne für die Dauer des Aufenthaltes der Mutter im Frauenhaus gesucht. Die Dauer des Aufenthaltes richtet sich nach der Gefährdung und dem Vorhandensein von Anschlussmöglichkeiten. Da die Sozialprofessionellen in der Nacht und am Wochenende nicht arbeiten, übernehmen die Bewohnerinnen Telefondienste und regeln kurzfristig Einzüge in akuten Notsituationen.

In manchen Regionen haben die Frauenhäuser Zufluchtswohnungscharakter, da in einer Kleinstadt bspw. nur drei Plätze für gewaltbetroffene Frauen zur Verfügung stehen. Gegenwärtig bestehen immer noch regionale Unterschiede und Lücken in der Versorgung, insbesondere für gewaltbetroffene Frauen mit besonderen Bedarfen oder mit Unterstützungsbarrieren. »Legt man die Empfehlungen der Istanbul-Konvention zu Grunde, die die Bundesrepublik unterschrieben hat, fehlen in Deutschland fast 15.000 Betten« (Müller 2020: 3) in Frauenhäusern und Zufluchtswohnungen. Im Zuge der Umsetzung der Istanbul-Konvention sollen diese Lücken geschlossen und verstärkte Bemühungen für einen bedarfsgerechten Ausbau der Hilfelandschaft unternommen werden. Ziel ist es, einen Rechtsanspruch der gewaltbetroffenen Frauen auf Unterstützung zu implementieren (vgl. Ernst 2020).

2.5.5 Frauennotrufe

Die Arbeit der Frauennotrufe zielt ab auf Beratung und Klärung von Unterstützungsbedarfen, z. B. vertrauliche Spurensicherung nach sexueller Gewalt, Unterbringung in Schutzeinrichtungen, Vermittlungen von anwaltlicher Beratung, Psychotherapie oder Sprachmittlung. Der Tätigkeitsschwerpunkt liegt häufig im Bereich der sexuellen Gewalt, manchmal aber auch bei häuslicher Gewalt. Zum Teil begleiten die Mitarbeiterinnen der Frauennotrufe die Hilfeadressatinnen zu Gerichtsterminen, Arztbesuchen, polizeilichen Vernehmungen oder bei der Vermittlung zur Inanspruchnahme anderer Hilfeprojekte. Notrufe verfügen über eine Rufbereitschaft zur Intervention bei Krisen. Darüber hinaus existieren Beratungsstellen für Migrantinnen, die spezifische Ausprägungen des Hilfebedarfes und der häuslichen Gewalt berücksichtigen, z. B. Zwangsverheiratung. Das Angebot der Beratung durch die Frauennotrufe steht für Opfer von Gewalt, deren Angehörige und auch Fachpersonal zur Verfügung. Die Beratungen finden kostenlos und auf Wunsch anonym, telefonisch oder direkt statt. Neben den Beratungen leisten die Sozialarbeiterinnen Öffentlichkeits- und Vernetzungsarbeit (vgl. Ernst 2020).

3 Handlungstheoretische und methodische Hintergründe

In der Sozialen Arbeit mit gewaltbetroffenen Frauen stehen Wissen, Können und vor allem die parteiliche Haltung gegen Gewalt im Mittelpunkt. Für die Parteilichkeit mit der gewaltbetroffenen Frau, dass ihren Aussagen Glauben geschenkt und sie ernst genommen wird, ist die innere Haltung der sozialen Fachkraft entscheidend. Dazu gehört auch, eine gemeinsame Einschätzung des Risikos für Leib und Leben vorzunehmen, den Hilfebedarf abhängig von der Sicherheitslage festzulegen und die Unterbringung am Schutzort sowie weitere Sicherheitsmaßnahmen zu organisieren. Das Vertrauen in die Stärke der Menschen, auch schwierige Situationen der Lebensrealität zu verarbeiten, ist Teil des Empowerment-Ansatzes. Von diesem ausgehend legt die Fachkraft der Sozialen Arbeit den Blick auf die Stärken und Ressourcen der Hilfeadressatinnen, akzeptiert deren Entscheidungen und deren Tempo im Hilfeprozess (vgl. Röck 2020). Handlungsleitend sind für die Soziale Arbeit darüber hinaus Psycho- und Sozioedukation, ein ausgewogenes Nähe-Distanz-Verhältnis und die Selbstreflexionsfähigkeit. Weiterhin sollten die subjektive und objektive Falleinschätzung und die Parteilichkeit in Arbeitsweisen und Methoden Berücksichtigung in der Anti-Gewalt-Arbeit finden (vgl. Nutz 2013).

3.1 Sozioedukation/Psychoedukation

Sozioedukation

Unter Sozioedukation wird die Information und Aufklärung über soziale Bedingungen, die Erklärung der Bedeutung des sozialen Miteinanders und die Eröffnung von Zugängen zu Gruppen und Mitmenschen verstanden. Dadurch sollen die Teilhabechancen von marginalisierten Menschen in der Gesellschaft und Gemeinschaft erhöht werden (vgl. Ortmann 2018). Viele gewaltbetroffene Frauen verfügen aufgrund des eigenen Rückzugs aus sozialen Netzwerken oder der Isolation durch den Partner über wenige oder keine hilfreichen sozialen Kontakte. Untersuchungen unterschiedlicher Zielgruppen in der sozialen Unterstützungsforschung belegen hinreichend, dass die Einbindung in soziale Netzwerke, »soziale Beziehungen und die sich darin entfaltenden Formen sozialer Unterstützung von großer Bedeutung für das Wohlbefinden sind« (ebd.). Sozioedukation greift diese Erkenntnis auf und stellt sie Klientinnen zur Verfügung. In der Arbeit mit gewaltbetroffenen Frauen kommt der Vermittlung über die Dynamiken häuslicher Gewalt (▶ Kap. 2.4) und deren Folgen (▶ Kap. 2.5) neben der professionellen Unterstützung der Betroffenen eine bedeutende Rolle zu. Erst wenn die Frau mit etwas Abstand zur akuten Gewaltsituation im geschützten Rahmen verstehen kann, wie sie in diese Situation geraten konnte und wie sie sich zukünftig dagegen schützen kann, ist ein erster Schritt zur Gewaltprävention getan. Der Ansatz von Frauenhäusern und Zufluchtswohnungen, gewaltbetroffene Frauen gemeinsam unterzubringen und Gesprächsrunden anzubieten, ist an die Sozioedukation angelehnt. Die Eingebundenheit in eine Gruppe von Menschen mit ähnlichen Erfahrungen kann zur Ermächtigung und zur Solidarität zwischen den gewaltbetroffenen Frauen beitragen. Ausgleichserfahrungen und Erlebnisse der Selbstwirksamkeit sind für die Stabilisierung und nachhaltig positive Veränderung von Bindungsmustern entscheidend (vgl. Röck 2020). Sozialarbeiterinnen sind gefordert, die Frauen zu motivieren, zu stärken und zu unterstützen, informelle Netzwerke für die Zeit nach dem Aufenthalt in einer Schutzunterkunft aufzubauen bzw. vernachlässigte ehemalige Kontakte wiederaufzubauen.

Psychoedukation

Der Begriff Psychoedukation bezeichnet Informationen über psychische Erkrankungen, die es psychisch erkrankten oder von Erkrankung bedrohten Menschen und ihren Angehörigen ermöglichen, diese, deren Ursachen und deren Behandlung zu verstehen (vgl. Psychiatrienetz 2017). Häufig kommt Mediziner*innen und Psychiater*innen diese Aufgabe zu. Aber auch in der Sozialen Arbeit gibt es Handlungsfelder, in denen Klient*innen mit (schweren) psychischen und körperlichen Erkrankungen und Behinderungen beraten werden, »die über die Bedeutung von Diagnosen schlecht informiert sind, über unzureichende Krankheitseinsichten verfügen« (Ortmann 2018: 52) und sich nicht angemessen behandeln lassen. Dann sind Sozialarbeitende gefordert psychoedukative Elemente in die Beratung einfließen zu lassen, um Möglichkeiten der Krankheitsbewältigung aufzuzeigen und die Chance der Mitwirkung der Klient*innen (und ihrer Angehörigen) in medizinischen und therapeutischen Verfahren zu erhöhen. Ausgewählte Elemente der Psychoedukation sind Informationen über die Erkrankung, Symptome und Behandlungsmöglichkeiten, Ursachen, Akut- und Langzeitbehandlungen, Selbsthilfestrategien, Entlastung aus Schuld- und Versagensgefühlen, Angstreduktion, Relativierung der vermeintlichen Einzigartigkeit der persönlichen Situation, Austausch und Vernetzung mit anderen Betroffenen (vgl. Psychiatrienetz 2017). Für die Arbeit mit gewaltbetroffenen Frauen werden über Empowerment und Psychoedukation Wertschätzung vermittelt und die Frauen in ihrer Persönlichkeit gestärkt. Durch das Erkennen und Annehmen von persönlichen und Umweltressourcen entsteht neue Handlungsfähigkeit (vgl. Röck 2020).

> »Als besonders hilfreich erweist sich in der praktischen Arbeit die intensive Psychoedukation, die den Frauen ein Verständnis für die Zusammenhänge zwischen eigener Biografie, struktureller Gewalt und aktueller Gewalterfahrung ermöglicht und ihnen damit einhergehend Wege aus der Gewaltbeziehung aufzeigt« (Röck 2020: 34).

Das Zitat verdeutlicht, dass zwischen Psycho- und Sozioedukation fließende Übergänge bestehen.

3.2 Nähe-Distanz-Verhältnis

Die Professionalität in der Arbeit mit gewaltbetroffenen Menschen, die zwischen dem Engagement für diese und professioneller Distanz einen Weg finden sollte, kann durch Supervision unterstützt und gesichert werden. Parteilichkeit birgt das Risiko der Grenzüberschreitung bei zu starker Identifikation mit den Betroffenen. Ein Zuviel an Nähe kann für Opfer häuslicher Gewalt zum Problem werden und zu Rückzugstendenzen und Ablehnung der Hilfe führen. Ein zu großes Maß an Nähe kann eine sekundäre Viktimisierung der Betroffenen begünstigen, indem Erfahrungen der Abhängigkeit von anderen Personen (wie in der gewaltgeprägten Beziehung) wiederholt werden. Wichtiger als zu viel Nähe sind das Gefühl von Schutz, Orientierung, Vertrauen und Sicherheit (vgl. Nutz 2013). Das Aushalten der (emotional) schwierigen Schilderungen der gewaltbetroffenen Personen und die Abgrenzung zu den Inhalten, aber nicht zur Person, hilft das Gefühl der eigenen Überforderung zu vermeiden und eröffnet die Möglichkeit, ein öffentliches Bewusstsein für häusliche Gewalt im Sinne politischer Arbeit herzustellen.

3.3 Selbstreflexionsfähigkeit

Wahrnehmen, Einfühlen und Abgrenzen erfordert die theoretische Auseinandersetzung mit der Thematik und eine selbstreflexive Haltung im Beratungsprozess. Dazu zählt auch die Offenheit gegenüber eigenen Fehlern und die Reflexion der persönlichen Motive in der Arbeit. Eigene Wahrnehmungslücken und -fehler können so zu Tage treten, subjektive Selbst- und Fremdbilder, Wertmaßstäbe und Handlungsweisen erkannt und berichtigt werden. Sind diese Voraussetzungen erfüllt, wird die Selbstreflexion gefördert und die Möglichkeit der Empathie gegeben (vgl. Nutz 2013). Durch die Beschäftigung mit sich selbst, eigenen Aggressionen, Macht- und Ohnmachtsgefühlen, persönlichen Motiven, regressiven Tendenzen wird das Hineinfühlen in sich gelernt und der Grundstein für Empathie gelegt. Dadurch kann verhindert werden, dass es im Beratungsprozess zu Reviktimisierung kommt, wenn (ungewollt) Grenzen der Klient*innen überschritten werden.

3.4 Subjektive und objektive Falleinschätzung

Es ist unabdingbar, dass parteiliche Leistungen durch selbstreflektierte, abgegrenzte und professionelle Helfer*innen erbracht werden. Erfahrungswissen, persönliche und fachliche Kompetenz helfen die Selbstwahrnehmung der Adressat*innen in objektive Betrachtungen umzuwandeln, die für den Beratungsprozess von entscheidender Bedeutung sind, weil sie einer »realitätsangemessenen Einschätzung der Situation« (Kavemann 1997: 197) der Klient*innen nahekommt. Dabei sollte bedacht werden, dass Gewalt schwer objektiv definiert werden kann und immer von der persönlichen Einschätzung der Betroffenen abhängig ist (vgl. Thiersch 1995). Das bedeutet, dass die Gewalttaten und ihre Folgen subjektiv aus der Sicht der*des Gewaltbetroffenen geschildert werden sollten und diesen Glauben geschenkt wird.

3.5 Parteilichkeit in Arbeitsweisen und Methoden

In der Arbeit mit gewaltbetroffenen Menschen spielt Parteilichkeit eine bedeutende Rolle. Insbesondere bei Personen, die jahrelang oder schwere Gewalt erfahren haben, kann das Gefühl der Selbstwirksamkeit und Handlungsfähigkeit wesentlich reduziert sein. Umso wichtiger ist es, dass Berater*innen parteilich für und mit den Betroffenen arbeiten, um deren Handlungs- und Entscheidungsfähigkeit zu unterstützen. Parteiliches Handeln erfordert eine moralische Haltung gegen Gewalt. Die eigenen Erwartungen und Ansprüche der Beraterinnen sollten mit ihrer Rolle als Professionelle in der Beziehungsarbeit übereinstimmen. Sie sollten sich innerhalb verschiedener Interessenkonflikte klar für die Betroffenen positionieren. Das bedeutet nicht, mit den Betroffenen ›mitzuleiden‹, da sonst die eigene Handlungsfähigkeit beeinträchtigt werden kann. Stattdessen sollte die subjektive Wahrnehmung der Klientinneninteressen in eine objektive Falleinschätzung mithilfe eines über Abgrenzung erreichtes und für Klientinnen und Beraterinnen annehmbares Nähe-Distanz-Verhältnis umgewandelt werden. Hilfreich dafür sind kollegiale Fallberatung, Supervision und die Fähigkeit zur Selbstreflexion. Diese Methoden ermöglichen auch in einer Gemengelage von Grundsätzen und Arbeitsweisen erfolgreich parteilich tätig zu sein und die eigene Rolle permanent zu reflektieren (vgl. Nutz 2013).

Um ein professionelles Rollenverständnis auszuprägen, ist Selbsterfahrung essenziell. Zu wissen, wo die eigenen Grenzen sind und diese zu wahren, bietet Schutz vor Überforderung und Überengagement. Schließlich geht es nicht darum, den Adressatinnen der Hilfe alle Aufgaben abzunehmen, sondern um Hilfe und Anleitung zur Selbstermächtigung und eigenen Handlungsfähigkeit. Das Kennen der eigenen Grenzen schützt die Professionellen vor Übertragung und Projektion und erleichtert die Abgrenzung zum Thema und dem jeweiligen Fall (vgl. ebd.).

»Das Ausmaß an Belastungen und deren Bewältigung ist dabei u. a. eng mit dem entsprechenden Berufsbild bzw. der Institution verknüpft und hängt wesentlich von der Kompetenz und Berufserfahrung der Professionellen im Hinblick auf die Thematik ab« (Roth 1997: 249).

Parteilichkeit als Prinzip kann Sozialer Arbeit Erleichterung und Orientierung bieten. Die eindeutige persönliche Haltung gegen Gewalt schreibt Beraterinnen eine eindeutige Rolle in der Beraterin-Klientin-Beziehung zu und ermöglicht, andere Bereiche im Bezugssystem der Klientinnen unberücksichtigt zu lassen (vgl. Nutz 2013). Eine parteiliche Haltung gegen Gewalt ermöglicht auch, den Gewalttäter von seiner Tat zu unterscheiden. Als Voraussetzungen für Parteilichkeit sind das Wissen um Vernetzungs- und Entlastungsmöglichkeiten, die Kenntnis der im Bereich Anti-Gewalt-Arbeit tätigen Institutionen und rechtlichen Rahmenbedingungen unabdingbar. Darüber hinaus sollte das Gefühl der eindeutigen Zuständigkeit den Klientinnen entgegengebracht werden, um Vertrauen aufzubauen. Ohne ein Vertrauensverhältnis als Basis der Beratung können Gewalterfahrungen von den Betroffenen nur schwer thematisiert werden. Die Parteilichkeit tangiert unterschiedlich nachfolgend dargestellte Bereiche der Sozialen Arbeit.

Fachkräfte und Institution

Es reicht nicht, wenn Parteilichkeit von einzelnen Fachkräften gelebt wird. Darüber hinaus sollte sie auch in der Institution als Grundsatz der Arbeit mit Gewaltbetroffenen verankert sein, damit bei einem Wechsel der Beratenden keine Unterschiede in der Parteilichkeit auftreten und somit Beziehungsabbrüche vermieden werden können (vgl. Nutz 2013). Institutionell gelebte Parteilichkeit wird vom gesamten Team verlangt.

Bewusstseinsarbeit und Kooperation

Die Vertretung der Betroffenen und die Thematisierung sozialarbeiterischer Handlungsfelder gehört zu den Aufgaben Sozialer Arbeit. Die Spezifika der jeweiligen Handlungsfelder und die damit verbundenen Herausforderungen und Bedarfe zu benennen, Lücken im Hilfesystem aufzuzeigen und soziale Missstände offenzulegen, fällt ebenso in den Handlungsbereich Sozialer Arbeit. Insbesondere häusliche Gewalt, die in der Regel hinter verschlossenen Türen stattfindet, kann so in die Gesellschaft getragen und ein Bewusstsein für diese soziale Problemlage geschaffen werden. Die Kooperation mit anderen Einrichtungen und deren Aufklärung bspw. über Gewaltdynamiken und Auswirkungen der Gewalt kann zur Sensibilisierung der Gesellschaft für das Thema häusliche Gewalt beitragen. Öffentlichkeitsarbeit ist notwendig, um Mythen über häusliche Gewalt und Vorurteile gegenüber Gewaltbetroffenen abzubauen, Meinungen und Haltungen gegenüber dem Thema zu verändern (vgl. ebd.).

Engagement für andere

In der heutigen Zeit, die von Individualisierung und Pluralisierung geprägt ist, nehmen Vereinsamungstendenzen zu. Soziale Arbeit wird hier zur Unterstützungsinstanz für Individuen, die von Exklusionsprozessen bedroht bzw. betroffen sind. Von häuslicher Gewalt betroffene Personen sind oder wurden meist von ihrem sozialen Umfeld isoliert, so dass natürliche Unterstützungsnetzwerke nicht (mehr) verfügbar sind. Soziale Arbeit übernimmt vorübergehend diese Unterstützungsfunktion. In der Balance zwischen Engagement der Sozialarbeitenden und Empowerment in der Arbeit mit Klientinnen soll deren Selbständigkeit gefördert werden. Ein Überengagement fördert das Verbleiben der Gewaltbetroffenen in der Opferrolle und in Abhängigkeit von professioneller Unterstützung, ohne dass der eigene Lebensweg aktiv gestaltet wird (vgl. ebd.).

Solidarität

Solidarität in der Sozialen Arbeit mit Gewaltbetroffenen meint Partei ergreifen für benachteiligte und unterdrückte Individuen vor dem Hintergrund des Wissens über die eigene potenzielle Betroffenheit durch Männergewalt (vgl. Kavemann 1997). Dazu gehört eine eindeutige Haltung gegen Gewalt und ein Gefühl der Zugehörigkeit zu einer bestimmten Gruppe (Anti-Gewalt-Arbeiterinnen). Das Gefühl der Zugehörigkeit kann auch als Herausbildung der beruflichen Identität verstanden werden. Ziel der Solidarität mit den gewaltbetroffenen Klientinnen ist es, strukturelle und individuelle Benachteiligung und Gewalt abzubauen (vgl. ebd.).

Anwaltsfunktion oder Soziale Arbeit als Menschenrechtsprofession

Die Soziale Arbeit fördert individuelles Wohlbefinden und versucht auf Faktoren und Verhältnisse einzuwirken, die soziale Gesundheit beeinträchtigen. Sie zielt auf soziale Gerechtigkeit ab, setzt sich für die Weiterentwicklung von Menschenrechten und Sozialrechten ein und trägt somit zum gesellschaftlichen Wandel bei (vgl. Staub-Bernasconi 1995). Die Aufgabe der Sozialen Arbeit ist die Aneignung von Definitionsmacht, der Ermächtigung und Einmischung als soziale Anwältin für mehr soziale Gerechtigkeit. Gewaltbetroffene Menschen haben einen Anspruch auf Gerechtigkeit und Hilfe zu einem eigenen Leben ohne Gewalt, daher ist die Gesellschaft aufgefordert, Täter und Tat öffentlich und eindeutig zu sanktionieren. Zudem sollte die Gesellschaft Hilfe zur Heilung und Schutz sowie materielle Unterstützung für einen Neuanfang ohne Gewalt bereitstellen (vgl. Nutz 2013). Eine eindeutige Positionierung der Sozialarbeitenden auf Seiten des Opfers und dessen Unterstützung im Streben nach Gerechtigkeit ist Teil der parteilichen Arbeit. Opferrechte sind auch Menschenrechte. Stellvertretend für die gewaltbetroffenen Menschen stellen Sozialarbeitende Öffentlichkeit für das Thema häusliche Gewalt, z. B. durch Plakataktionen, Demonstrationen, Fachbeiträge in Zeitschriften, hissen der Flagge am 25. November, dem Tag gegen Gewalt gegen Frauen etc., her. Die öffentliche Positionierung gegen Gewalt rückt gesellschaftliche Missstände in den Fokus der Öffentlichkeit und erleichtert es den Betroffenen Hilfe zu suchen.

Empowerment

Empowerment (Befähigung, Ermächtigung) ist als Methode Grundbestandteil der Sozialen Arbeit mit gewaltbetroffenen Menschen und bildet die Grundlage der Zusammenarbeit. Das bedeutet die Arbeit an und mit den Stärken und Fähigkeiten, die die Klientinnen mitbringen. Diese zu (re-)aktivieren, auszubauen und zu fördern ist Aufgabe der Sozialen Arbeit. Durch ressourcenorientiertes Arbeiten sollen die Klientinnen zur Selbständigkeit und zur Gestaltung eines gelingenden Alltags motiviert werden. Die Überwindung von Ohnmacht und Hilflosigkeit erfolgt durch die Förderung der Fähigkeit des Individuums in eigener Verantwortung mehr Selbstständigkeit, Unabhängigkeit, Selbstverwirklichung, Zukunftsoptimismus und Lebenssouveränität zu erlangen (vgl. Herriger 2006). Soziale Arbeit spielt dabei eine aktivierende und motivierende Rolle. Durch Ermutigung und Anerkennung von Seiten der Sozialarbeitenden können Klientinnen neues Selbstvertrauen finden, positive Kontakte aufbauen und neue Handlungsräume erschließen.

> »Die Beraterin definiert weder die Lebensprobleme noch deren Lösungen oder die Lebensperspektiven der Klientin. Sie respektiert, dass die Frauen, auch wenn sie sich in einer großen Lebensschwierigkeit befinden, ein Wahlrecht auf die Gestaltung ihres Alltags haben« (Röck 2020: 33).

Doppeltes Mandat

Soziale Arbeit handelt im Spannungsfeld zwischen Hilfe und Kontrolle. Neben der Hilfe zur Selbsthilfe gegenüber den Klient*innen gilt es den gesellschaftlichen Integrations- und Kontrollauftrag im Rahmen der gesetzlichen Regelungen umzusetzen. Sozialarbeitende handeln in einem institutionell-organisatorischen Handlungsrahmen und mit gleichzeitigem Bezug zur Lebenswelt der Adressat*innen. Das kann zu Dilemmasituationen führen, z. B. wenn eine bestimmte Auslastung eines Hilfeprojektes durch die Geldgeber erwartet wird, auf der anderen Seite die Nachfrage nach freien Plätzen nicht da ist. Eine Folge könnte sein, dass weniger Wert auf die Förderung der Eigenständigkeit der im Hilfeprojekt anwesenden Klient*innen gelegt wird, damit diese noch etwas länger in der Einrichtung verweilen und somit die Auslastung gesichert ist. Die Abhängigkeit von Geldgebern beeinflusst das Handeln der Sozialarbeitenden. Andererseits besteht der Auftrag politisch, gesellschaftlich und strukturell für die Adressat*innen einzustehen. Diese Ambivalenz steht im Widerspruch zur oben beschriebenen Parteilichkeit und lässt sich nur durch Transparenz gegenüber den Klient*innen in der Arbeit mit ihnen verringern, jedoch nie ganz auflösen.

Zusammenarbeit mit Einrichtungen der Täter*innenarbeit

Die Beendigung der Gewalt sollte Ziel der Anti-Gewalt-Arbeit sein. Deshalb ist es wichtig, gegen Gewalt zu arbeiten, jedoch nicht die Person des Gewaltausübenden abzulehnen. Die Trennung von Person und Tat sollte erfolgen. Nur dann ist es möglich, mit Täter*innenberatungsstellen zusammenzuarbeiten und bspw. gemeinsam Empfehlungen für die Politik zu entwickeln. Parteiliche Arbeit gegen Gewalt und für das Opfer sollte bei allen Professionellen in diesem Bereich vorliegen. Teilweise bestimmt in der Opferhilfe der*die Betroffene, ob der*die Täter*in in den Hilfeprozess eingebunden wird, wenn dadurch mehr Sicherheit für die geschädigte Person erreicht werden kann (vgl. Nutz 2013). Andere Projekte schließen Täter*innenarbeit grundsätzlich im Rahmen ihrer parteilichen Arbeit mit und für Gewaltbetroffene aus.

Allparteilichkeit

Das Prinzip der Allparteilichkeit spielt in anderen Handlungsfeldern der Sozialen Arbeit eine große Rolle. Dieses Prinzip besagt, dass das Verhalten der Sozialarbeiter*innen prinzipiell akzeptierend und wertschätzend gegenüber allen Beteiligten einer Beratung ist. Dieses Prinzip kommt bspw. in der Sozialpädagogischen Familienhilfe zum Einsatz. »Dabei ist die Fachkraft allparteilich gegenüber allen Familienangehörigen und unterstützt im Sinne eines ›Sowohl-als-auch‹, dass die Klienten ihre subjektiven Sichtweisen möglichst wertungsfrei austauschen können« (Albrecht 2017: 53). Das Prinzip der Allparteilichkeit kommt in der Anti-Gewalt-Arbeit nicht zum Tragen. Es widerspricht dem Prinzip der Parteilichkeit gegen Gewalt und für die gewaltbetroffene Person.

Grenzen von Parteilichkeit

Die Grenzen der Parteilichkeit sind erreicht, wenn die Gefahr besteht, zu viel für die Klientinnen zu tun, Aufgaben zu übernehmen, die diese selbstständig erledigen können. Parteiliches Handeln wird eingeschränkt, wenn es um illegale Interventionen oder paternalistische Handlungen gegenüber den Adressatinnen der Hilfe geht. Dann ist das Ende der Hilfe erreicht. Die Bedingungen für das Ende der helfenden Beziehung sollten zu Beginn der Zusammenarbeit transparent dargelegt werden. Das Aufgabenspektrum sollte sich auf den sozialarbeiterischen Bereich beschränken. Treten andere Bedarfe auf, sind die Aufgaben an andere Fachkräfte zu delegieren und Klientinnen weiterzuvermitteln (vgl. ebd.).

4 Rechtliche Grundlagen

Rechtliche Bezüge in Fällen häuslicher Gewalt sind sowohl in den Menschenrechtskonventionen der UN als auch auf der Bundesebene im Straf- und Zivilrecht verortet. Der UN-Generalsekretär Ban Ki-Moon (2007: o. S.) führte anlässlich des Tages zur Beseitigung von Gewalt gegen Frauen aus: »Gewalt gegen Frauen ist immer eine Verletzung der Menschenrechte. Sie ist immer ein Verbrechen und niemals akzeptabel. Lassen Sie uns dieses Thema mit der entschlossenen Ernsthaftigkeit angehen, die es verdient«

Das Bewusstsein, dass es sich bei häuslicher Gewalt um eine Menschenrechtsverletzung handelt, hat sich in Deutschland noch nicht flächendeckend durchgesetzt. Daher erscheint der Bezug zur internationalen Gesetzgebung bei Menschenrechtsverletzungen vielen fremd. In der Sozialen Arbeit mit gewaltbetroffenen Frauen stoßen die Praktiker*innen häufig an ihre Grenzen, strukturelle Barrieren erschweren oder behindern die Arbeit. Das führt dazu, dass das Recht auf bestmöglichen Schutz, adäquate Unterstützung und ein gewaltfreies Leben für Mädchen und Frauen, die in der Frauenrechtskonvention (vgl. Bundestag 1985) gefordert werden, nicht umgesetzt werden können. Dennoch hat sich in Deutschland in den letzten 40 Jahren ein weit verzweigtes Hilfesystem für gewaltbetroffene Frauen etabliert: Es gibt geschlechtsspezifische Beratungs- und Interventionsstellen, Nottelefone, Zufluchtswohnungen und Frauen-(Schutz-)Häuser. Trotzdem hat sich die Zahl der gewaltbetroffenen Frauen nur geringfügig geändert. Dass Gewalt keine Privatsache ist und in der Öffentlichkeit als Menschenrechtsverletzung benannt wird, ebnet den Weg und bietet den Rahmen für die Soziale Arbeit mit den Betroffenen. International gültige und von Deutschland ratifizierte Abkommen können als Bezugspunkt für die Soziale Arbeit gesehen werden, wenn die Ursachen der Gewalt staatlich oder strukturell bedingt sind oder die Bundesgesetzgebung Gewalt legitimiert bzw. nicht verhindert. Für einen umfassenderen Überblick der rechtlichen Möglichkeiten inklusive Beispielfälle sei das Buch »Mit Recht gegen Gewalt« von Nivedita Prasad (2011) empfohlen.

4.1 Frauenrechtskonvention

Das wohl wichtigste Abkommen zum Thema häusliche Gewalt ist die sogenannte Frauenrechtskonvention von 1981 (von Deutschland 1985 ratifiziert), die Konvention zur Beseitigung jeder Form von Diskriminierung der Frau (im englischen Original CEDAW = Convention on the Elimination of All Forms of Discrimination against Women). Mit der Unterzeichnung des Paktes verpflichtet sich Deutschland gegen direkte und indirekte geschlechtsspezifische Diskriminierung vorzugehen, d. h. nicht nur Gesetze und Richtlinien, die direkt diskriminieren, sondern auch geschlechtsneutral formulierte zu verändern, in denen Frauen überproportional benachteiligt werden.

>>Indirect discrimination against women may occur when laws, policies and programs are based on seemingly gender-neutral criteria which in their actual effect have a detrimental impact on women. Gender-neutral laws, policies and programs unintentionally may perpetuate the consequences of past discrimination. They may be inadvertently modelled on male lifestyles and thus fail to take into account aspects of women's life experiences which may differ from those of men. These differences may exist because of stereotypical expectations, attitudes and behavior directed towards women which are based on the biological differences between women and men. They may also exist because of the generally existing subordination of women by men.<< (Deutsches Institut für Menschenrechte 2005: o. S.; Allgemeine Empfehlung Nr. 25, Fußnote 1).

Weiterhin werden die unterzeichnenden Staaten verpflichtet für Gleichstellung von Frauen und Männern einzutreten, zur Beseitigung von Vorurteilen und stereotypen Rollenverteilungen beider Geschlechter beizutragen, Frauenhandel und die Ausbeutung von Frauen in der Prostitution zu bekämpfen. Weitere Ziele der CEDAW sind die Gleichstellung der Frau im politischen und öffentlichen Leben, die Beseitigung von geschlechtsspezifischer Diskriminierung im Bildungsbereich, im Berufsleben, im Gesundheitswesen und anderen Bereichen des wirtschaftlichen und sozialen Lebens. Die Gleichstellung in Ehe- und Familienfragen, z. B. das Verbot von Zwangsehen, ein gleiches Recht auf freie Wahl des Ehegatten sowie auf Eheschließung nur mit freier und voller Zustimmung sind in Artikel 16 der Frauenrechtskonvention verankert (vgl. Bundestag 1985).

Zusätzlich zu den Artikeln der Frauenrechtskonvention geben die derzeit 29 Allgemeinen Empfehlungen des CEDAW-Ausschusses Anknüpfungspunkte für die Arbeit mit gewaltbetroffenen Frauen.

>>In den inzwischen drei Empfehlungen des Ausschusses zu geschlechtsspezifischer Gewalt (Nr. 12, 19 und 35) stellt das Vertragsgremium der Konvention unmissverständlich klar, dass alle Formen von geschlechtsspezifischer Gewalt, Androhung von Gewalt ebenso wie bspw. sexuelle Belästigung eine Verletzung der Menschenrechte darstellen und als Diskriminierung im Sinne der Konvention gelten<< (BMFSFJ 2019: 13).

Relevant für die Praxis sind vor allem die Allgemeine Empfehlung

- Nr. 12 (vgl. CEDAW 1989) Violence against Women (Gewalt gegen Frauen),
- Nr. 14 (1990) Female Circumcision (Beschneidung von Mädchen und Frauen),
- Nr. 19 (1992) Violence against Women (Gewalt gegen Frauen),
- Nr. 21 (1994) Equality in Marriage and Family Relations (Gleichberechtigung in Ehe und Familienbeziehungen),
- Nr. 26 (2008) Women Migrant Workers (Arbeitsmigrantinnen) und

- Nr. 29 (2013) Economic Consequences of Marriage, Family Relations and Their Dissolution (Wirtschaftliche Folgen von Heirat, Familienbeziehungen und deren Auflösung).

Für die Arbeit mit gewaltbetroffenen Frauen wurden in den Allgemeinen Empfehlungen Nr. 12 und Nr. 19 die staatlichen Voraussetzungen geschaffen, um aktiv gegen häusliche Gewalt vorzugehen, indem bspw. Gewalt gegen Frauen als eine Form der Diskriminierung benannt wird. Die Regierungen werden in der Allgemeinen Empfehlung Nr. 12 aufgefordert, Gesetze zu erlassen, die Frauen vor jeder Form der Gewalt schützen, weitere Maßnahmen durchzuführen, die zur Beseitigung von Gewalt beitragen, Schutzeinrichtungen für gewaltbetroffene Frauen zur Verfügung zu stellen sowie statistische Angaben über gewaltbetroffene Frauen zu erheben (vgl. CEDAW 1989 Nr. 12, Abs. 1, 2, 3). Wesentlich umfassender gestaltet sich die Allgemeine Empfehlung Nr. 19 (vgl. CEDAW 1992). In ihr wird postuliert, dass Gewalt gegen Frauen eine Form der Diskriminierung ist, die die Rechtsausübung und Freiheitsauslebung von Frauen erheblich einschränkt. Diese Rechte und Freiheiten beziehen sich vor allem auf das Recht auf Leben, das Recht auf Schutz vor Folter oder anderer grausamer unmenschlicher erniedrigender Behandlung, gleichen Schutz vor dem Gesetz, das Recht auf Gleichbehandlung in der Familie, das Recht auf die größtmögliche körperliche und geistige Gesundheit sowie das Recht auf gerechte und günstige Arbeitsbedingungen (vgl. BMFSFJ 2019).

In dieser Empfehlung wird deutlich, dass sich die o. g. Diskriminierung der von häuslicher Gewalt betroffenen Frauen nicht nur auf Handlungen bzw. Unterlassen des Staates beziehen, sondern Staaten auch für das Handeln von Privatpersonen haftbar gemacht werden können. Dies ist dann der Fall, wenn sie nicht genügend Sorge tragen, um Rechtsverletzungen durch Privatpersonen zu vermeiden, Gewalttätigkeiten zu untersuchen und unter Strafe zu stellen (vgl. CEDAW 1992 Nr. 19, Abs. 9). Zudem sollen Staaten einen umsetzbaren Anspruch auf Schadensersatz für gewaltbetroffene Frauen einführen (vgl. ebd.). In der allgemeinen Empfehlung Nr. 19 wird zudem darauf hingewiesen, dass Menschenhandel nicht nur zum Zweck der Prostitution stattfinden kann, sondern z. B. auch als Hilfe im Haushalt. Ein weiterer Schwerpunkt der Empfehlungen ist die Benennung sexueller Belästigung am Arbeitsplatz als Risiko für die Gleichberechtigung. Insgesamt wird in dieser Empfehlung herausgestellt, dass Gewalt gegen Frauen ein Risiko für deren Gesundheit darstellt, insbesondere durch traditionelle Praktiken, z. B. Beschneidungen, aber auch durch häusliche Gewalt, die in vielfältiger Art in allen Altersgruppen relevant ist, sowie wirtschaftliche Gewalt, die in gewalttätigen Beziehungen dazu führen kann, dass die Frauen beim Gewalttäter verbleiben. Aufgrund der aufgeführten Risiken für die Gesundheit gewaltbetroffener Frauen empfiehlt der Ausschuss die Einrichtung von Hilfeangeboten in den Vertragsstaaten für Opfer jeder Gewaltform, die in der Familie ausgeübt wird (vgl. Allgemeine Empfehlung Nr. 19 Abs. 24k).

Ausgewählte gesetzliche und fachpolitische Maßnahmen, die die Bundesregierung zur Umsetzung der Frauenrechtskonvention zur Bekämpfung von geschlechtsspezifischer Gewalt auf den Weg gebracht hat, sind:

»• 1997 Einführung der Strafbarkeit der Vergewaltigung in der Ehe
- 2002 Inkrafttreten des Gewaltschutzgesetzes, das es u. a. ermöglicht, eine Person aus der gemeinschaftlichen Wohnung zu verweisen, wenn dies zum Schutz anderer Bewohnerinnen/Bewohner erforderlich ist
- 2007 Aktionsplan II der Bundesregierung zur Bekämpfung von Gewalt gegen Frauen, welcher u. a. Präventionsmaßnahmen für die Zielgruppe von Kindern und Jugendlichen vorsah, um den Kreislauf von Gewalt in einem frühen Stadium zu durchbrechen. Das umfassende Gesamtkonzept des Aktionsplans beinhaltet darüber hinaus insbesondere Maßnahmen zur Verbesserung des Schutzes von Frauen mit Migrationshintergrund, von Frauen mit Behinderungen sowie im Bereich der medizinischen Versorgung.
- 2007 Einführung eines Straftatbestandes bei Stalking
- 2011 Einführung eines Straftatbestandes bei Zwangsheirat
- 2013 Einführung eines Straftatbestandes bei Verstümmelung der weiblichen Genitalien
- 2013 Einrichtung des bundesweiten Hilfetelefons Gewalt gegen Frauen auf der Grundlage des in 2012 in Kraft getretenen Hilfetelefongesetzes, das die Aufgaben und Rahmenbedingungen des Hilfetelefons verbindlich festlegt. Das Hilfetelefon bietet Beratung und Unterstützung zu allen Formen von Gewalt gegen Frauen. Das Angebot ist kostenlos, anonym, barrierefrei, mehrsprachig (18 Sprachen) und steht rund um die Uhr zur Verfügung. Qualifizierte Beraterinnen vermitteln bei Bedarf an Anlaufstellen vor Ort.
- 2016 Einführung eines Straftatbestandes bei Zwangsprostitution
- 2016 Reform des Sexualstrafrechts mit Verankerung des Grundsatzes ›Nein heißt Nein‹
- 2017 Ratifizierung des Übereinkommens des Europarats zur Verhütung und Bekämpfung von Gewalt gegen Frauen und häuslicher Gewalt (Istanbul-Konvention), das weltweit zu den umfassendsten völkerrechtlichen Verträgen im Bereich Gewalt gegen Frauen gehört (Inkrafttreten des Übereinkommens für Deutschland am 1. Februar 2018).
- 2018 Einrichtung eines Runden Tisches ›Gemeinsam gegen Gewalt an Frauen‹ von Bund, Ländern und Kommunen mit dem Ziel, den Zugang von Frauen und ihren Kindern zum Unterstützungssystem zu verbessern
- 2019 Einrichtung eines Runden Tisches »Gemeinsam gegen Gewalt an Frauen« von Bund, Ländern und Kommunen mit dem Ziel, den Zugang von Frauen und ihren Kindern zum Unterstützungssystem zu verbessern. Start des Bundesförderprogramms ›Gemeinsam gegen Gewalt an Frauen‹; mit dem der Bund im Rahmen seiner Förderkompetenzen die Schließung der Lücken im Hilfesystem unterstützt.
- 2019 Start einer bundesweiten Kampagne gegen Gewalt an Frauen, die die breite Öffentlichkeit für das Thema Gewalt gegen Frauen und insbesondere häusliche Gewalt sensibilisieren und konkrete Hilfsmöglichkeiten aufzeigen soll« (BMFSFJ 2019: 13 f.).

Es wurden schon vielfältige Schritte unternommen, um geschlechtsspezifische Gewalt einzudämmen und zu verurteilen. Trotzdem bestehen weiterhin Lücken im Hilfesystem, bestimmte Zielgruppen werden schwer erreicht oder es treten Schwierigkeiten in Fällen auf, in denen verschiedene Hilfesysteme beteiligt sind (z. B. Gewaltschutz der Frau vs. Umgangsrecht des Kindes). Das Erreichen tatsächlicher Gleichstellung und Diskriminierungsfreiheit ist und bleibt eine gesamtgesellschaftliche Aufgabe.

4.2 Zivilpakt, Sozialpakt, Kinderrechtskonvention und weitere relevante Konventionen

Neben der Frauenrechtskonvention sind in den letzten Jahrzehnten andere Konventionen entstanden, die mehr oder weniger explizit Gewalt als Menschenrechtsverletzung benennen. Diese können hier nur ansatzweise beschrieben werden.

Der *Zivilpakt*, der internationale Pakt über bürgerliche und politische Rechte (International Covenant on Civil and Political Rights = ICCPR) ist gemeinsam mit dem Sozialpakt, dem Internationalen Pakt über wirtschaftliche, soziale und kulturelle Rechte (ICESCR = International Covenant on Economic, Social and Cultural Rights) 1976 völkerrechtlich in Kraft getreten. Im Zivilpakt wird im Artikel 3 die Sicherstellung der Gleichstellung von Mann und Frau (Diskriminierungsverbot) durch die unterzeichnenden Staaten behandelt. Weitere relevante Artikel für die Arbeit mit gewaltbetroffenen Frauen sind das Recht auf Leben (Art. 6) und das Folterverbot (Art. 7), das Verbot von Sklaverei und Zwangsarbeit (Art. 8). Für Migrantinnen ist zusätzlich der Artikel 23 Abs. 3, das Verbot der Zwangsverheiratung, von Bedeutung. Kinder in Trennungssituationen sind Inhalt des Art. 24 (vgl. Prasad 2011).

Im *Sozialpakt* werden Arbeitnehmer*innenrechte, das Recht auf Bildung und das Recht auf Teilhabe am kulturellen Leben festgeschrieben. Weiterhin berührt der Sozialpakt das Recht auf einen angemessenen Lebensstandard. Für die Arbeit mit gewaltbetroffenen Personen sind das Recht auf ein Höchstmaß an körperlicher und geistiger Gesundheit bedeutsam, woraus sich der Schutz vor häuslicher Gewalt ableiten lässt. Damit ist Deutschland verpflichtet, Schutzangebote und den Zugang zu sicheren Unterkünften zur Verfügung zu stellen, Entschädigungen zu zahlen und Zwangsverheiratung zu verhindern. Der Sozialpakt soll vor Diskriminierung aufgrund der sexuellen Orientierung schützen, insbesondere trans-, intersexuelle Menschen, aber auch Personen ohne Papiere, unabhängig vom Aufenthaltsstatus. Für die Arbeit mit gewaltbetroffenen Frauen bieten sich hier viele Anknüpfungspunkte (vgl. Prasad 2011). Das Fakultativprotokoll zum Sozialpakt trat 2013 völkerrechtlich in Kraft und beinhaltet Individualbeschwerde- und Untersuchungsverfahren sowie ein Staatenbeschwerdeverfahren. »Die wirtschaftlichen, sozialen und kulturellen Rechte bilden zusammen mit den bürgerlichen und politischen Rechten eine unteilbare Einheit« (Deutsches Institut für Menschenrechte 2022).

Weitere relevante Abkommen sind das Internationale Übereinkommen zur Beseitigung jeder Form von rassistischer Diskriminierung (International Convention on the Elimination of All Forms of Racial Discrimination = ICERD), das Übereinkommen über die Rechte von Menschen mit Behinderungen (Convention on the Rights of Persons with Disabilities = CRPD) und das Übereinkommen gegen Folter und andere grausame, unmenschliche oder erniedrigende Behandlung oder Strafe (Convention against Torture and Other Cruel, Inhuman or Degrading Treatment or Punishment = CAT).

Die *Kinderrechtskonvention* (Convention on the Rights of the Child = CRC) ist für die Arbeit mit gewaltbetroffenen Frauen interessant, da oft Kinder durch die Gewalt

4.2 Zivilpakt, Sozialpakt, Kinderrechtskonvention und weitere relevante Konventionen

gegen ihre Mutter direkt oder indirekt mitbetroffen sind. Hervorzuheben ist hier der Art. 19 Abs. 1 Schutz vor Gewaltanwendung, Misshandlung, Verwahrlosung:

»Die Vertragsstaaten treffen alle geeigneten Gesetzgebungs-, Verwaltungs-, Sozial- und Bildungsmaßnahmen, um das Kind vor jeder Form körperlicher oder geistiger Gewaltanwendung, Schadenszufügung oder Misshandlung, vor Verwahrlosung Oder (sic!) Vernachlässigung, vor schlechter Behandlung oder Ausbeutung einschließlich des sexuellen Missbrauchs zu schützen, solange es sich in der Obhut der Eltern oder eines Elternteils, eines Vormunds oder anderen gesetzlichen Vertreters oder einer anderen Person befindet, die das Kind betreut« (UN-Kinderrechtskonvention Art. 19, Abs. 1).

Als weitere Artikel, die relevant werden könnten, wenn Kinder von häuslicher Gewalt betroffen sind, können Artikel 9 Trennung von den Eltern, persönlicher Umgang, Artikel 12 Abs. 1 Berücksichtigung des Kindeswillens, Artikel 34 Schutz vor sexuellem Missbrauch der Kinderrechtskonvention benannt werden.

Beschwerdemöglichkeiten

Individualbeschwerden gegen Deutschland an die UN-Fachausschüsse sind bei Verstoß der Bundesrepublik gegen folgende Konventionen möglich:

- der UN-Konvention zur Beseitigung jeder Form von Diskriminierung der Frau (CEDAW),
- dem Übereinkommen über die Rechte von Menschen mit Behinderungen (CRPD),
- dem internationalen Übereinkommen zur Beseitigung rassistischer Diskriminierung (ICERD) und
- dem Übereinkommen gegen Folter und andere grausame, unmenschliche oder erniedrigende Behandlung oder Strafe (CAT) (vgl. Prasad 2011).

Die Beschwerde muss gegen den Staat gerichtet sein. Wird eines der aufgeführten Rechte im Hoheitsgebiet des Staates verletzt, können Individualbeschwerden eingereicht werden, wenn die Person Nachteile durch die Viktimisierung erfahren hat. Beispielfälle finden sich in Prasad (2011).

Untersuchungsverfahren können durch Nichtregierungsorganisationen eingeleitet werden. Die Voraussetzung dafür ist, dass mehrere Personen betroffen sind. Die Einleitung von Untersuchungsverfahren ist möglich bei Verstößen gegen

- die UN-Konvention zur Beseitigung jeder Form von Diskriminierung der Frau (CEDAW),
- das Übereinkommen über die Rechte von Menschen mit Behinderungen (CRPD) und
- das Übereinkommen gegen Folter und andere grausame, unmenschliche oder erniedrigende Behandlung oder Strafe (CAT) (vgl. Prasad 2011).
- Berichtsverfahren sind für die Staaten verpflichtend, die folgende Konventionen ratifiziert haben:

- die UN-Konvention zur Beseitigung jeder Form von Diskriminierung der Frau (CEDAW),
- den Zivil- (ICCPR) und Sozialpakt (ICESCR),
- die Kinderrechtskonvention (CRC),
- das Übereinkommen über die Rechte von Menschen mit Behinderungen (CRPD),
- das Übereinkommen gegen Folter und andere grausame, unmenschliche oder erniedrigende Behandlung oder Strafe (CAT) sowie
- das internationale Einkommen zur Beseitigung rassistischer Diskriminierung (ICERD).

Schattenberichte werden von Nichtregierungsorganisationen (NGOs) erstellt, um Missstände aufzudecken und auf die Einhaltung und Umsetzung der Konventionen zu achten (vgl. ebd.).

4.3 Istanbul-Konvention

Das im Europarat entwickelte Übereinkommen zur Verhütung und Bekämpfung von Gewalt gegen Frauen und häusliche Gewalt, die sogenannte Istanbul-Konvention, ist der derzeit umfassendste Menschenrechtsvertrag gegen geschlechtsspezifische Gewalt (vgl. Rabe/Leisering 2018). Die Unterzeichnerstaaten verpflichten sich zu einer ganzheitlichen Gewaltschutzstrategie und damit offensiv alle Formen von Gewalt gegen Frauen und Mädchen zu bekämpfen. Für Deutschland trat dieses Übereinkommen zum 1. Februar 2018 in Kraft. Unter anderem sieht die Istanbul-Konvention vor, »die Rahmenbedingungen für die effektive Bekämpfung geschlechtsspezifischer Gewalt zu verbessern« (Rabe/Leisering 2018: 7). Das soll einerseits auf politischer Ebene des Bundes und der Länder, andererseits auch für die unmittelbare Arbeit mit gewaltbetroffenen Frauen gelten. Obwohl Deutschland im Vergleich zu anderen Ländern schon viel in puncto Gewaltschutz erreicht hat, ist es immer noch nicht gelungen geschlechtsspezifische Gewalt einzudämmen. Mit der Ratifizierung der Istanbul-Konvention sollen neue Handlungsmöglichkeiten als Antwort auf ›alte‹ Problemlagen gefunden und der Blick auf besonders vulnerable Personen sowie Lücken im Hilfesystem gerichtet werden. Zur Verwirklichung der angestrebten Ziele kann an bestehende Hilfeangebote angeknüpft und diese ausgebaut werden. Die Berücksichtigung häuslicher Gewalt in Sorgerechts- und Umgangsverfahren wäre solch ein Schritt. Denkbar wäre auch die Einrichtung von staatlichen Koordinierungsstellen auf Bundes- und Länderebene der Politik gegen Gewalt gegen Frauen sowie einer zugehörigen Monitoringstelle, die die Umsetzung der Maßnahmen in die Praxis begleitet und überwacht (vgl. Rabe/Leisering 2018).

Für den bedarfsdeckenden Ausbau des Unterstützungssystems braucht es eine umfassende und koordinierende Gesamtstrategie in Form von Aktionsplänen gegen geschlechtsspezifische Gewalt. Die unterzeichnenden Staaten verpflichten sich im

Rahmen der ganzheitlichen Gewaltschutzstrategie zur Gewaltprävention durch die Schaffung des Bewusstseins für häusliche Gewalt und die Sensibilisierung der Öffentlichkeit, Hilfe und Schutz durch Hilfeeinrichtungen, den Einsatz ausgebildeter Fachkräfte, die Einrichtung von Frauenhäusern, zudem wirksamen strafrechtlichen Normen und Verfahren zur Aufklärung und Sanktionierung von Gewalttaten sowie einen sofortigen Schutz durch Kontakt- und Näherungsverbote. Diese Maßnahmen sollen auch auf Asylverfahren ausgedehnt werden, indem eigenständige Aufenthaltstitel für Gewaltopfer angestrebt werden (vgl. BMFSFJ 2019). Zudem stehen Fragen nach der Umsetzbarkeit von Gewaltschutzmaßnahmen in Einrichtungen der Behindertenhilfe (Artikel 52) im Fokus. »Die Ratifikation der Istanbul-Konvention bietet darüber hinaus den Anlass und die Chance, den Fokus auf bisher weniger beachtete Gruppen in vulnerablen Lebenslagen zu schärfen, wie Trans*frauen, wohnungslose oder Frauen ohne Papiere« (Rabe/Leisering 2018: 9).

In Artikel 3 der Istanbul-Konvention wird »Gewalt gegen Frauen« als eine Form der Menschenrechtsverletzung und Form der Diskriminierung festgeschrieben. Durch die Ratifizierung ist der Staat gefordert, Frauen vor Verletzungen durch Dritte zu schützen und die Menschenrechte zu achten. Das inkludiert auch, dass der Staat verpflichtet ist, die Möglichkeiten zu schaffen, dass Frauen ihre Rechte auf Schutz vor Verletzungen tatsächlich wahrnehmen können. Die Schutz- und Gewährleistungspflichten umfassen zusätzlich die Verfolgung und Bestrafung von Taten, aber auch Prävention und Aufklärung, Entschädigung, Forschung oder Datenerhebung, die dem Zusammenhang von Diskriminierung und Gewalt entgegenwirken sollen (vgl. ebd.). In der Konvention wird die Verpflichtung der Staaten betont, neben der Zugänglichkeit allgemeiner Unterstützungsangebote, wie Gesundheits- und Sozialdienste, eine Vielfalt an spezialisierten Unterstützungsträgern einzurichten, die die Bedarfe der unterschiedlichen Zielgruppen berücksichtigen. Solche Einrichtungen sind bspw. Frauenhäuser, Zufluchtswohnungen, spezialisierte Beratungsstellen für Betroffene sexualisierter Gewalt, medizinische und gerichtsmedizinische Untersuchungen, Angebote für Kinder, die Zeug*innen geschlechtsspezifischer Gewalt wurden, und eine kostenlose Telefonberatung (vgl. ebd.). Diese Angebote sollen für alle Formen geschlechtsspezifischer Gewalt »in angemessener geografischer Verteilung«, »in ausreihender Zahl« und »leicht zugänglich« eingerichtet werden. In manchen Regionen Deutschlands wird eine Vielzahl an Verpflichtungen schon umgesetzt.

> »Der Bund und die Länder haben während der letzten 20 Jahre – bspw. mit dem Gewaltschutzgesetz, der Reform des Sexualstrafrechts und dem Stalkingparagraphen, der Änderung der Polizeigesetze sowie dem Allgemeinen Gleichbehandlungsgesetz (AGG) – die Gesetzeslage für den Bereich geschlechtsspezifische Gewalt grundlegend verändert« (Rabe/Leisering 2018: 17).

Es sollen jedoch flächendeckend bedarfsgerechte und spezialisierte Hilfeangebote geschaffen werden, die auch längerfristig finanziell abgesichert sind. Zu den »relevanten« (Europarat (2011), Erläuternder Bericht, Ziff. 66) Nichtregierungsorganisationen zählen in Deutschland Fachberatungsstellen, Frauennotrufe, Frauen-(Schutz-)Häuser, Zufluchtswohnungen, Interventionsstellen, Hilfetelefone und Gewaltschutzambulanzen, aber auch Organisationen, die Angebote für Kinder als

Mitbetroffene häuslicher Gewalt oder für Täter*innen bereitstellen, sowie LGBTIQ*-Organisationen, die gegen Gewalt arbeiten. Empfohlen wird die Einrichtung eines Frauenhausplatzes pro 10.000 Einwohner*innen und einer Beratungsstelle für Opfer sexualisierter Gewalt pro 200.000 Einwohner*innen. Diese sollen geografisch so verteilt sein, dass der Zugang auch im ländlichen Raum sichergestellt werden kann. Teilweise bestehen heutzutage noch Lücken in der Versorgung, bspw. bei Angeboten für psychisch erkrankte Frauen, suchtkranke Frauen, für Frauen mit Migrationshintergrund oder Frauen mit Beeinträchtigungen. Die Zugänge zu den Hilfeangeboten sind nur teilweise barrierefrei. Versorgungsprobleme tauchen sowohl im ländlichen Raum als auch in Ballungszentren auf, z. B. sind die Ressourcen für die Betreuung von Kindern in Frauenhäusern nicht flächendeckend gesichert und nicht ausreichend (vgl. Rabe/Leisering 2018).

Empfehlungen des Deutschen Instituts für Menschenrechte

Das Deutsche Institut für Menschenrechte empfiehlt ein Konzept, das bedarfsdeckende Unterstützungsangebote, die niedrigschwellig und diskriminierungsfrei sind, vorsieht. Dafür sollen Maßnahmen- und Aktionspläne umgesetzt bzw. geschaffen (z. B. nationaler Aktionsplan zur verbesserten Umsetzung der Istanbul-Konvention) und Koordinierungs- und Monitoringstellen aufgebaut werden.

Empfohlen wird:

»• die Einrichtung einer Koordinierungsstelle zur Umsetzung der Istanbul-Konvention im Bundesministerium für Familie, Senioren, Frauen und Jugend (BMFSFJ)
- Einrichtung von Koordinierungsstellen zur Umsetzung der Istanbul-Konvention in den Ländern oder, soweit möglich, für Regionen
- die Einrichtung einer unabhängigen Stelle für den Aufbau und die Umsetzung eines integrierten menschenrechtsorientierten Monitorings; sie unterstützt den Gesetzgeber und die Behörden bei der Umsetzung der Konvention. Ihre Arbeit verbessert die Zielgenauigkeit und Wirksamkeit der Maßnahmen zur Bekämpfung geschlechtsspezifischer Gewalt durch umfassende Datenerhebung und Forschung« (Rabe/Leisering 2018: 30f.).

Die flächendeckende Umsetzung in der Praxis schreitet voran, dennoch braucht es immer noch straf- und zivilrechtliche Schutzmöglichkeiten, um der gestiegenen Zahl der Betroffenen von häuslicher Gewalt gerecht zu werden.

4.4 Strafrechtliche und zivilrechtliche Schutzmöglichkeiten

Einen guten ersten Überblick über die wichtigsten Informationen zu straf- und zivilrechtlichen Schutzmöglichkeiten in Fällen häuslicher Gewalt bietet die Broschüre »Ihr Recht bei häuslicher Gewalt« des BIG e. V. (2021), die im Internet (https://www.big-berlin.info/medien/ihr-recht-bei-haeuslicher-gewalt) in mehreren Sprachen verfügbar ist. Zur Klärung der individuellen Situation bietet sich eine Rechtsberatung der Fachberatungs- und Interventionsstellen an.

Strafrechtliche Schutzmöglichkeiten

Wird der Polizei eine strafrechtliche Handlung bekannt, wie z. B. eine Körperverletzung, Nötigung, Vergewaltigung oder Freiheitsentzug (▶ Kap. 1.3), muss sie eine Anzeige aufnehmen. Dies geschieht entweder direkt am Tatort, wenn sie dorthin gerufen wird, oder bei einer Dienststelle, wo die Betroffenen Anzeige erstatten können.

> »Insgesamt erstatteten 7 bis 12 % aller Frauen – je nach Bedrohlichkeit der Taten und Verletzungsfolgen – in den Situationen körperlicher Gewalt eine Anzeige, erstaunlicherweise unabhängig davon, ob der Täter ein (Ex)Partner war oder nicht« (Müller/Schröttle 2004a: 191).

Die Amts- oder Staatsanwaltschaft erhält diese Anzeige und entscheidet dann, ob sie Anklage erhebt. Wenn sie die Beweise als nicht ausreichend ansieht, wird das Verfahren eingestellt und beendet. Gegen die Einstellung des Verfahrens ist Beschwerde zulässig, diese kann mithilfe einer Beratungsstelle, die kostenlose Rechtsberatung anbietet, vorbereitet werden (vgl. BIG e. V. 2021). Sind die Beweismittel ausreichend und aussagekräftig, erhebt die Amts- oder Staatsanwaltschaft Anklage bei dem zuständigen Gericht oder fordert den Erlass eines Strafbefehls. Ergeht ein Strafbefehl, kann der Täter im verkürzten Verfahren ohne Gerichtsverhandlung durch das Gericht zu einer Geld- oder Freiheitsstrafe mit Bewährung verurteilt werden. Das Gerichtsverfahren ist dann beendet, die Opfer werden in der Regel nicht über das Strafmaß informiert. Es sei denn, sie haben vorab bei der Polizei beantragt, über den Ausgang des Verfahrens informiert zu werden.

Zivilrechtliche Schutzmöglichkeiten

> »Wer Opfer von Gewalt geworden ist, kann neben oder statt eines Strafverfahrens zivilrechtliche Schutzmöglichkeiten in Anspruch nehmen und
>
> - Schutzanordnungen,
> - die Zuweisung der Wohnung,
> - Schadensersatz und Schmerzensgeld,
> - eine gerichtliche Regelung des Sorgerechts für gemeinschaftliche Kinder,
> - die Aussetzung oder Beschränkung des Umgangsrechts beantragen« (BMFSFJ 2019: 8).

Über das Prozedere der strafrechtlichen Schutzmöglichkeiten hinaus ist es der Polizei nach dem Gewaltschutzgesetz (GewSchG) möglich, eine Person der Wohnung und dem unmittelbar angrenzenden Bereich zu verweisen (»Bannmeile«), wenn Gefahr für Leib und Leben der anderen Personen in der Wohnung droht. In den meisten Bundesländern ist zur Umsetzung der Wohnungsverweisung eine vorübergehende Ingewahrsamnahme des Täters möglich. Die Wohnungsverweisung nach § 1 GewSchG erfolgt meist für mehrere Tage, damit die gewaltbetroffene Person Zeit hat, Informationen einzuholen und ggf. zivilrechtliche Interventionen einzuleiten. Verstößt der Verwiesene gegen die Verweisung oder das Näherungsverbot, macht er sich strafbar. Es kann Anzeige erstattet werden.

Eine Wohnungszuweisung nach dem § 2 GewSchG muss schnellstmöglich nach der Wohnungsverweisung beim Familiengericht beantragt werden. Das ist besonders in den Fällen sinnvoll, in denen eine Gefährdung von Kindern nach § 1666 BGB (Bürgerliches Gesetzbuch) vorliegt. Bei verheirateten oder in einer Lebenspartnerschaft befindlichen Personen kann die Zuweisung der Wohnung nach § 1361b BGB bzw. nach § 14 Lebenspartnerschaftsgesetz zur alleinigen Nutzung beantragt werden, wenn die gewaltbetroffene Person getrennt leben will oder schon getrennt lebt und die Wohnungszuweisung notwendig ist, um eine »unbillige Härte« zu vermeiden (vgl. BIG e. V. 2021). »Zusätzlich besteht immer die Möglichkeit, per Eilverfahren ein Zutritts-, Misshandlungs-, Bedrohungs-, Belästigungs- und Kontaktverbot (einschließlich der persönlichen Annäherung) gemäß § 1 GewSchG zu erwirken« (ebd.). Die Polizei und das Jugendamt werden über Beschlüsse nach §§ 1 und 2 GewSchG in Kenntnis gesetzt.

In Bezug auf die örtliche Zuständigkeit des Familiengerichts bestehen folgende Wahlmöglichkeiten: Zuständig ist das Familiengericht, das zuständig ist für den Bezirk, in dem die Tat begangen wurde oder sich die gemeinsame Wohnung befindet oder der Antragsgegner wohnt.

> »Bei einer Wohnungszuweisung nach §§ 1361 b, 1568 a BGB bzw. §§ 14, 17 Lebenspartnerschaftsgesetz ist die örtliche Zuständigkeit ausschließlich, d. h. nicht wählbar, in folgender Reihenfolge:
>
> Das Gericht,
>
> - bei dem die Ehesache oder Lebenspartnerschaftssache anhängig ist oder war,
> - in dessen Bezirk sich die gemeinsame Wohnung der Eheleute bzw. eingetragenen Lebenspartnern befindet,
> - in dessen Bezirk der Antragsgegner wohnt,
> - in dessen Bezirk die Antragstellerin wohnt« (BIG e. V. 2021: 18).

Weiterhin können Schadensersatz und Schmerzensgeld beim Zivilgericht und allgemeine Anordnungen zum Schutz der Persönlichkeit nach §§ 823 (Schadensersatzpflicht), 1004 (Beseitigungs- und Unterlassungsanspruch) BGB beantragt werden. Der

> »Anspruch auf Schadensersatz beinhaltet den Ersatz von Vermögensschäden wie z. B. die Kosten für ärztliche Behandlung, finanzielle Nachteile bei Verdienstausfall oder Kosten für den Ersatz zerrissener Kleidung und zerstörter Gegenstände. Der Anspruch auf Schmerzensgeld ist auf Genugtuung und den Ausgleich von Schäden wie Verletzungen, Schmerzen, Demütigungen gerichtet« (ebd.: 23).

Das Familiengericht ist zuständig für den Antrag auf Sorgerecht für gemeinsame oder angenommene Kinder oder den Antrag auf die Aussetzung des Umgangsrechts. Oftmals dauern gerichtliche Verfahren und Entscheidungen sehr lange, deshalb sollten Schutzanordnungen und andere zivilrechtliche Ansprüche in Eilverfahren angegangen werden (vgl. ebd.).

Nicht für alle Frauen kommt eine Wohnungszuweisung in Frage. Einige fühlen sich sicherer, wenn ihr Aufenthaltsort dem Gewalttäter nicht bekannt ist oder sie sich nicht mehr an dem Ort aufhalten, an dem sie Gewalt erfahren haben. Sie flüchten dann in ein Frauenhaus bzw. eine Zufluchtswohnung und können zusätzlich ein Kontakt-, Belästigungs-, Bedrohungs- oder Näherungsverbot nach § 1 GewSchG beantragen, wenn dies notwendig ist.

Darüber hinaus besteht die Möglichkeit (oder bei einem Frauenhaus- oder Zufluchtswohnungsaufenthalt die Notwendigkeit), eine Auskunftssperre beim Landesamt für Bürger- und Ordnungsangelegenheiten zu beantragen. Dies kann formlos passieren, muss aber ausführlich begründet werden. Die Anmeldung eines neuen Wohnsitzes, auch wenn er nur vorübergehender Natur ist, muss innerhalb von 14 Tagen erfolgen. Wird die Auskunftssperre genehmigt, ist es anderen Personen nicht leicht möglich, ihren Aufenthaltsort zu erfragen. Die Meldebehörde informiert die Frau über jede Anfrage schriftlich. Es muss gut begründet werden, warum durch eine Auskunft aus dem Melderegister schwerwiegende Gefahren drohen. Sämtliche Gründe, die gegen die Weitergabe der Adresse an die anfragenden Personen oder Stellen sprechen, sind ausführlich zu nennen und geeignete Beweismittel vorzulegen. Das können bspw. Anzeigen, Arztbriefe, therapeutische Stellungnahmen sein (vgl. BIG e. V. 2021). Vorsicht ist geboten, wenn gemeinsame Kinder mit in eine Schutzunterkunft flüchten. Auch für sie gilt die Meldepflicht. Damit die Auskunftssperre auch für die Kinder gelten kann und der Täter nicht über die Meldeadresse der Kinder den Aufenthaltsort der Frau erfährt, ist zuerst ein (Eil-)Antrag auf das alleinige Aufenthaltsbestimmungsrecht für die Kinder beim Familiengericht notwendig. Nur wenn die Mutter im Besitz des alleinigen Sorge- bzw. Aufenthaltsbestimmungsrechtes ist, kann sie für gemeinsame Kinder eine Auskunftssperre beantragen (vgl. ebd.).

4.5 Rechtliche Interventionsmöglichkeiten

In Fällen häuslicher Gewalt ist ein vernetztes Vorgehen aller Beteiligten notwendig (▶ Kap. 5). Deshalb ist es unabdingbar, dass auch soziale und medizinische Fachkräfte Grundkenntnisse über rechtliche Verfahren, straf- und zivilrechtliche Interventionsmöglichkeiten besitzen, auch um die gewaltbetroffenen Frauen adäquat beraten zu können.

Dokumentation, Anzeigen, Berichte und Zeugenaussagen

Da häusliche Gewalt meist hinter verschlossenen Türen stattfindet, ist einerseits der Nachweis dessen, was passiert ist, gegenüber (Strafverfolgungs-)Behörden schwierig. Andererseits ist häusliche Gewalt ein Phänomen, das häufig nicht von heute auf morgen beginnt, sondern sich über eine bestimmte Zeitspanne entwickelt. Damit ist ein Sammeln von Nachweisen und eine Dokumentation oft möglich, wenn das Bewusstsein vorhanden ist, dass es sich im Beziehungsverhalten um häusliche Gewalt handelt. Soll häusliche Gewalt rechtlich Konsequenzen haben, sind Nachweise notwendig. Je nach Schwere der Gewalt und der Intensivität des Eingriffs in die Persönlichkeitsrechte sind die Arten der Nachweise unterschiedlich. Im Strafprozess braucht es handfeste Beweise, z. B. ärztliche oder therapeutische Berichte oder Zeug*innenaussagen. Sind diese vage oder strahlen Unsicherheit aus, führt das meist zum Freispruch des Täters (vgl. Kranich Schneiter 2010). Geht es darum, befristete Maßnahmen zu erwirken (z. B. vorübergehende Wohnungsverweisung), reicht oft die Glaubhaftmachung der Gewaltanwendung. Dennoch zeigte sich in der Praxis, dass auch hier Protokolle, Dokumentationen und schriftliche Zeug*innenaussagen Prozesse beschleunigen.

Befinden sich Opfer häuslicher Gewalt in Strafverfahren, sind sie Zeug*innen, deren Aussagen enormes Gewicht haben können. Verschiedene Faktoren können eine eindeutige und klare Aussage der Betroffenen verhindern: Insbesondere bei sexueller Gewalt spielen Schamgefühle eine große Rolle, deshalb ist das Anzeigeverhalten bei dieser Form der Gewalt gering. Bei anderen angezeigten Gewaltformen spielen Verzweiflung, Gefühle der Mitschuld an der Gewalt, die Furcht vor neuen Drohungen oder der Druck des (Ex-)Partners eine Rolle, wenn es um Aussagen in Strafverfahren geht. Auch die Hoffnung auf eine gewaltlose Beziehung, die Angst vor den Auswirkungen einer Trennung aufgrund finanzieller und/oder emotionaler Abhängigkeiten oder auch ausländerrechtliche Beschränkungen können dazu führen, dass Frauen ihre Aussagen bagatellisieren, sie abschwächen oder zurückziehen (vgl. Kranich Schneiter 2010). Die Ambivalenz der Aussagen der Betroffenen führen zur Rücknahme eingeleiteter Verfahren oder auch die Zeugnisverweigerung zum Scheitern des Falles vor Gericht. Personen, die diesen Prozess begleiten, sollten in der Lage sein, diese Ambivalenzen auszuhalten. Zudem ist es ihre Aufgabe, durch empathisches Verhalten, die gewaltbetroffene Person zur Entwicklung einer eindeutigen Haltung gegen Gewalt und zu einer größeren Klarheit im Aussageverhalten zu ermutigen. Gerade für Personen, die sich in langandauernden Beziehungen befanden, die durch chronische Gewalt geprägt waren, ist ambivalentes Verhalten keine Seltenheit. Dies ist keine Charakterschwäche, sondern kann als eine Reaktion auf die erfahrene Gewalt auftreten. Unterstützer*innen sollten dies wissen und in der Lage sein, dies richtig einzuordnen.

Teilweise wird zu wenig nach den Hintergründen der Tat gefragt, teilweise Beweise zu wenig gewürdigt und deswegen das Verfahren eingestellt, bspw. wenn die Schwere von Stalking nicht erkannt wird. Sind Betroffene in akuten Notsituationen, sind sie oft selbst nicht in der Lage, Schutz und Hilfe einzufordern. Unterstützende Personen sollten dahingehend beraten, dass Verletzungen und Symptome durch medizinisches Fachpersonal dokumentiert werden, Erklärungen der Betroffenen und die Chronologie der Ereignisse verschriftlicht werden, damit die konkrete Gewaltbeziehung nachgewiesen werden kann. Es kann sein, dass später eine Erinnerung an Details, Abläufe oder Daten aufgrund eines psychischen Schutzmechanismus nicht mehr möglich ist. Die Dokumentation der Feststellung, Wahrnehmung und Interpretation des Zustandes der gewaltbetroffenen Person durch die Gesundheitsfachkräfte kann in Gerichtsverfahren entscheidend sein und zum Schutz der Frauen und Kinder maßgeblich beitragen (vgl. Kranich Schneiter 2010).

»Nach einer erfolgten kurativen Erstversorgung von Verletzungen sollte Opfern von Gewalttaten empfohlen werden, zur gerichtsverwertbaren Begutachtung der Verletzungen ein rechtsmedizinisches Institut aufzusuchen. Wenn dies nicht möglich ist oder von Patienten nicht erwünscht wird, ist es für eine eventuelle spätere Gutachtenerstellung sinnvoll, dass der erstbehandelnde Arzt eine möglichst detaillierte Beschreibung von sichtbaren Befunden erstellt – möglichst unterstützt durch eine Fotodokumentation« (Seifert et al. 2011: 187).

5 Intervention – Beteiligte, Kooperationspartner*innen und Aufgaben

Da zur adäquaten Bearbeitung sozialer Bedarfslagen selten ausschließlich sozialarbeiterische Hilfen (▶ Kap. 2.5) notwendig sind, ist die Kooperation mit angrenzenden Fachgebieten unabdingbar. Interdisziplinäre Zusammenarbeit kann auch im Bereich der häuslichen Gewalt einen großen Nutzen bringen. Kooperation und Vernetzung sind allerdings auch aufwändig und zum Teil anstrengend, da sie mit dem Sich-Einlassen auf unterschiedliche Sichtweisen und professionsfremde Denkweisen sowie unterschiedliche Arbeitsaufträge einhergehen. Darüber hinaus muten die Sichtweisen anderer Professionen im ersten Moment vielleicht seltsam an, weshalb ein Erlernen und Verstehen der Fachbegriffe der jeweiligen Professionen sinnvoll ist, um Missverständnisse zu vermeiden. Sozialen Fachkräften kommt im Sinne des Case-Managements eine »Übersetzungs- und Koordinierungsfunktion« zu. Das Einlassen auf Kooperation und Vernetzung lohnt sich nicht nur für Klient*innen. Auch für Fachkräfte führt es zum persönlichen Kompetenzgewinn, erweiterten Möglichkeiten der Intervention und erleichtert den Blick auf die Gesamtsituation. Die bessere Einschätzbarkeit des Falles befördert die Akzeptanz der Grenzen des Machbaren und bringt realistischere Erwartungen hervor. Infolge tritt weniger Frustration hinsichtlich der Befugnisse und Handlungsmöglichkeiten der anderen Institutionen auf. Insbesondere im Kinder- und Jugendschutz und beim Gewaltschutz sind Kooperation und Vernetzung unerlässlich, um Schäden für Leib und Leben der Betroffenen abzuwenden (vgl. Ernst 2020). An dieser Stelle sei darauf hingewiesen, dass Rolle und Auftrag, der im Gesundheitswesen Tätigen gesondert in Kapitel 6 beleuchtet wurden, weil ihnen als häufige Erstansprechpartner*innen eine bedeutende Rolle als ›Türöffner‹ für die medizinische Erstversorgung, die Vermittlung an Schutzeinrichtungen sowie den weiteren Hilfesuchverlauf und weitergehende medizinische Interventionen zukommt (▶ Kap. 6).

5.1 Polizei

Die Aufgaben der Polizei gliedern sich in Strafverfolgung und Gefahrenabwehr. Bei hinreichenden Verdachtsmomenten für das Vorliegen einer Straftat sind Polizist*innen verpflichtet ein Ermittlungsverfahren einzuleiten. Die Staatsanwaltschaft überwacht den Verlauf des Verfahrens. Die Gefahrenabwehr liegt im alleinigen

Verantwortungsbereich der Polizei und ist inklusive Kompetenzen und zulässiger Maßnahmen in den Polizeigesetzen der Länder geregelt.

In Fällen häuslicher Gewalt reichen die polizeilichen Maßnahmen vom Betreten und Durchsuchen der Wohnung, dem Wohnungs- oder Platzverweis über ein Kontaktverbot, Gewahrsam und Gefährderansprache bis hin zur Unterbringung psychisch Erkrankter mit richterlicher Zustimmung, wenn Gefahr im Verzug ist. Das Betreten und Durchsuchen der Wohnung werden als Gefahrenabwehr durchgeführt, wenn Gefahr für Leib, Leben oder Freiheit einer Person oder Sachen von bedeutendem Wert besteht. Bei Verdacht einer Straftat kann nach §§ 102 und 103 Strafprozessordnung (StPO) zur Auffindung von Beweismitteln und zur Aufklärung eines Sachverhaltes zulässig und geboten sein. Eine richterliche Anordnung nach § 105 StPO ist dafür notwendig. Spezialbefugnisse zur Wohnungsverweisung einer gegenüber einer mitwohnenden Person gewalttätig gewordenen Person bestehen unabhängig vom Miet- oder Eigentumsverhältnis. Das ist dann der Fall, wenn Gefahr für Leib, Leben und Freiheit der Mitbewohnerin oder des Mitbewohners besteht. Es ist zu prüfen, ob die Maßnahmen geeignet, erforderlich und verhältnismäßig sind. Steht der Wille des*der Betroffenen der Wohnungsverweisung entgegen, spricht dies grundsätzlich nicht gegen die Verweisung. Die Dauer der Wohnungsverweisung variiert zwischen zehn und 28 Tagen, je nach Bundesland bei Antragstellung nach den zivilrechtlichen Möglichkeiten des Gewaltschutzgesetzes (GewSchG). Sie endet mit Fristablauf oder einer gerichtlichen Entscheidung des Familiengerichtes nach Antrag nach dem Gewaltschutzgesetz.

Ein *Platzverweis* kann erteilt werden, wenn die Gefährdung z. B. durch Stalking besteht und die gewalttätige Person bspw. das Betreten des Arbeitsplatzes der betroffenen Person verhindern will. Für die Dauer des Platzverweises gibt es keine eindeutige gesetzliche Regelung. Sie ist abhängig von den Faktoren des Einzelfalles und der zu treffenden Gefahrenprognose.

Ein *Kontaktverbot* soll Schutz vor Nachstellung und Verfolgung bieten für Wege und Plätze, die nicht durch einen Wohnungs- oder Platzverweis geschützt werden können. Dafür ist eine konkrete Gefährdung notwendig, die die öffentliche Sicherheit und Ordnung berührt, was bei häuslicher Gewalt der Fall sein kann.

Soll eine unmittelbar bevorstehende Begehung oder Fortsetzung einer Straftat oder Ordnungswidrigkeit von erheblicher Bedeutung für die Allgemeinheit verhindert werden, kann die Polizei Personen in *Gewahrsam* nehmen. Ist in Fällen häuslicher Gewalt ein Wohnungs- oder Platzverweis aufgrund der Weigerung des Täters, diesem nachzukommen, nicht durchsetzbar, kann auch eine mehrtägige Gewahrsamnahme zur Verhinderung von Verletzungen umgesetzt werden. Der Gewahrsam steht unter Richtervorbehalt und ist in den Landesgesetzten geregelt. Vorläufige Festnahme und Haftbefehl sind bei Vorliegen eines Haftgrundes der Untersuchungshaft nach §§ 112 StPO möglich. Vorläufige Festnahmen nach § 127 Abs. 2 StPO werden umgesetzt, wenn Flucht, Fluchtgefahr oder Verdunkelungsgefahr von Seiten des Beschuldigten bestehen. Bei Wiederholungsgefahr von Straftaten gegen die sexuelle Selbstbestimmung, schwerem Stalking oder mindestens zweimaliger Begehung einer Straftat nach §§ 224 bis 227 Strafgesetzbuch (StGB) ist eine Gewahrsamnahme anzuraten. Die Entscheidung über die Verhältnismäßigkeit ist im Einzelfall zu prüfen, ausschlaggebend dafür ist die Straferwartung.

Die *Gefährderansprache* ist ein Instrument der Normverdeutlichung. Damit soll das Ziel erreicht werden, dass die gewalttätige Person von weiteren Gewalttaten absieht und künftige Straftaten unterbunden werden. Es wird verdeutlicht, dass die Polizei weitere Gefährdungen der Betroffenen nicht hinnimmt und dem gewalttätigen Verhalten mit konsequenten Maßnahmen begegnen wird. Appelle und Ermahnungen sollen zur Einsicht und Erschütterung über die ausgeführten Taten bei der gewalttätigen Person führen. Die Gefährderansprache soll zur Einsicht über die Schwere der begangenen Taten führen. Dabei wird an die Vernunft des Täters appelliert, über sein bisheriges polizeiliches In-Erscheinung-Treten informiert und die bestehende Rechtslage als Grundlage des polizeilichen Einschreitens erläutert. Die Gefährderansprache findet statt, wenn von einer konkreten Gefahr für die öffentliche Sicherheit und Ordnung ausgegangen werden kann. Besteht Tötungsgefahr in Fällen häuslicher Gewalt, liegt eine extreme psychische Krisensituation oder Suizidgefahr des Täters vor, sollen psychosoziale Unterstützungsangebote gemacht bzw. deren sofortige Inanspruchnahme ermöglicht werden. Verweigert der Täter dies, ist die Hinzuziehung von Fachärzt*innen oder eine psychiatrische Unterbringung denkbar.

Die *Unterbringung psychisch erkrankter Personen* ist in den Landesunterbringungsgesetzen geregelt. Eine stationäre Unterbringung gegen/ohne den Willen der Person in ein Krankenhaus erfolgt dann, wenn und solange die Person durch ihr krankheitsbedingtes Verhalten ihr Leben, ihre Gesundheit, bedeutende eigene Rechtsgüter oder bedeutende Rechtsgüter Dritter in erheblichem Maß gefährdet und diese Gefährdung nicht auf andere Art und Weise abgewendet werden kann (vgl. Ernst 2020). Die Verwaltungsbehörde kann eine einstweilige Unterbringung bestimmen, wenn nicht möglich ist, rechtzeitig eine gerichtliche Entscheidung zu bekommen. Ist die Unterbringungsbehörde nicht verfügbar, kann die Vollzugspolizei den Betroffenen unterbringen (vgl. ebd.).

In Partnerschaften mit Kindern werden häufige Gewaltvorkommnissen dem Jugendamt gemeldet, da dabei von einem Verdacht auf Kindeswohlgefährdung ausgegangen werden kann.

5.2 Jugendamt und freie Jugendhilfe

Aufgabe des Jugendamtes und von Trägern der freien Jugendhilfe ist die Förderung von Kindern und Jugendlichen in ihrer Entwicklung. Es soll Beratung und Unterstützung für Kinder, Jugendliche und Eltern oder andere Erziehungsberechtigte anbieten, um Benachteiligungen entgegenzuwirken. Das Jugendamt ist Träger des Wächteramtes und zum Kinderschutz nach § 8a SGB VIII Kinder- und Jugendhilfe verpflichtet. Als Hinweise für eine Gefährdung des Kindeswohls gelten nicht plausibel erklärbare Verletzungen, auch Selbstverletzungen der Kinder und Jugendlichen. Weiterhin können körperliche oder psychische Krankheitssymptome, z. B. Ängste oder Zwänge sowie unzureichende Flüssigkeits- oder Nahrungsaufnahme auf eine Kindeswohlgefährdung hindeuten. Fehlende, aber notwendige ärztliche Versorgung und Behandlung der Kinder und Jugendlichen deutet auf Kindeswohlgefährdung hin. Der für dieses Buch wichtigste Punkt ist Gewalt in der Familie, die inzwischen als Gefährdung des Kindeswohls eingestuft wird, unabhängig davon ob die Kinder direkt betroffen sind oder die Gewalt zwischen den Eltern oder Personensorgeberechtigten stattfindet. Darüber hinaus sind sexuelle oder kriminelle Ausbeutung der Schutzbefohlenen oder finanzielle und materielle Notlagen Anzeichen einer Kindeswohlgefährdung. Durch psychische Erkrankung oder Suchtmittelabhängigkeit der Eltern, geistige oder körperliche Beeinträchtigung der Erziehungsberechtigten könnte das Kindeswohl beeinträchtigt sein.

Das Vorgehen des Jugendamtes in Fällen mit Verdacht auf Kindeswohlgefährdung gestaltet sich so, dass mehrere Fachkräfte zusammenwirken (§ 36 SGB VIII), um das Gefährdungsrisiko einzuschätzen. Die Erziehungsberechtigten bzw. das Kind oder der*die Jugendliche werden in die Gefährdungseinschätzung einbezogen, wenn der Schutz des Kindes oder des*der Jugendlichen dadurch nicht riskiert wird. Falls es als erforderlich angesehen wird, einen unmittelbaren Eindruck vom Kind in seiner persönlichen Umgebung zu bekommen, wird ein Hausbesuch durchgeführt. Falls die durch das SGB VIII zu Verfügung stehenden Hilfen zur Abwendung der Gefährdung geeignet und notwendig sind, sollen sie den Erziehungsberechtigten angeboten werden. Bestimmte Verfahren, z. B. nach § 1666 BGB, erfordern das Tätigwerden des Familiengerichtes. Die Anrufung des Familiengerichtes erfolgt durch das Jugendamt. Liegt ein Fall akuter Kindeswohlgefährdung vor, kann das Jugendamt ohne die Entscheidung des Gerichtes das Kind in Obhut nehmen. Insofern das Handeln anderer Leistungsträger zur Abwendung der Gefährdung erforderlich ist, soll das Jugendamt bei den Erziehungsberechtigten darauf hinwirken, dass diese z. B. Gesundheitsdienste in Anspruch nehmen. Sollte eine Familie umziehen, in der (der Verdacht auf) Kindeswohlgefährdung vorliegt, sind die Erkenntnisse über die Kindeswohlgefährdung an das neue zuständige Jugendamt zu übermitteln. Dadurch soll ein besserer Schutz der Kinder gewährleistet (Wächteramt des Jugendamtes) werden. Nach § 8b SGB VIII sollen sich Personen, die mit Kindern und Jugendlichen arbeiten, durch eine insofern erfahrene Fachkraft beraten lassen, wenn der Verdacht auf eine Kindeswohlgefährdung vorliegt. Ein Anspruch auf Beratung liegt für alle Personen vor, die in § 4 Abs. 1 des Gesetzes zur Kooperation und Information im Kinderschutz (KKG) aufgeführt werden, z. B. Ärzt*innen, Ehe-, Familien-, Erziehungs- oder Jugendberater*innen sowie Berater*innen für Suchtfragen in einer Beratungsstelle, die von einer Behörde oder Körperschaft, Anstalt oder Stiftung des öffentlichen Rechts anerkannt ist, Mitglieder oder Beauftragte einer anerkannten Beratungsstelle nach den §§ 3 und 8 des Schwangerschaftskonfliktgesetzes (SchKG), staatlich anerkannte Sozialarbeiter*innen oder staatlich anerkannte Sozialpädagog*innen oder Lehrer*innen an öffentlichen und an staatlich anerkannten privaten Schulen.

Teilweise werden Täterprogramme als (Teil-)Leistung der Kinder- und Jugendhilfe betrachtet, da Gewaltprävention immer auch Kinderschutz bedeutet. Inzwischen ist bekannt, welches Schädigungspotential häusliche Gewalt für die kindliche Entwicklung mit sich bringt. Deshalb wird häusliche Gewalt als eine Form der Kindeswohlgefährdung angesehen, die eine Zusammenarbeit des Jugendamtes mit

Hilfeeinrichtungen für gewaltbetroffene Personen sowie Einrichtungen der Täterarbeit erforderlich macht (vgl. Ernst 2020).

5.3 Familiengericht

Die Zuständigkeit des Familiengerichtes bezieht sich einerseits auf Kindschaftssachen, z. B. Umgangs- und Sorgerecht oder Fälle von Kindeswohlgefährdung, andererseits auf Gewaltschutzsachen wie Zuweisung einer Wohnung, Näherungsverbot und andere zivilrechtliche Schutzmöglichkeiten in Fällen häuslicher Gewalt.

Kindschaftssachen

Nach § 1666 BGB Abs. 1 hat das Familiengericht alle Maßnahmen zu treffen, die zur Abwendung einer Gefahr erforderlich sind, wenn das geistige, körperliche oder seelische Wohl des Kindes gefährdet ist und die Eltern nicht in der Lage oder nicht gewillt sind, die Gefahr abzuwenden. Voraussetzung für das Tätigwerden des Familiengerichtes ist eine bereits eingetretene und fortwirkende oder gegenwärtige, also unmittelbar bevorstehende Gefahr für das Kindeswohl. Die Gefahr muss so groß sein, dass voraussichtlich in der weiteren Entwicklung eine erhebliche Schädigung des Kindes mit ziemlich hoher Wahrscheinlichkeit eintritt. Erfährt das Familiengericht durch die Mitteilung des Jugendamtes von einer Kindeswohlgefährdung, setzt es ein Verfahren nach § 1666 BGB in Gang. Der Sachverhalt wird von Amts wegen ermittelt. Melden andere Personen oder Stellen die Gefährdung, kann die elterliche Sorge teilweise oder vollständig entzogen werden. Das Familiengericht kann einem Elternteil das Betreten der Wohnung verbieten oder untersagen, dass diese*r sich in einem bestimmten Umkreis aufhält. Weiterhin kann das Gericht Gebote erlassen, z. B. Leistungen der Gesundheitsfürsorge oder der Kinder- und Jugendhilfe in Anspruch zu nehmen. In § 1666 BGB Abs. 3 sind Maßnahmen für mögliche Eingriffe des Familiengerichtes in die Familie geregelt. Es bestehen gewisse Gestaltungsspielräume, da der Maßnahmenkatalog beispielhaft ist und die aufgelisteten Maßnahmen nicht abschließend sind (vgl. Ernst 2020). Wird ein Kind aus der Herkunftsfamilie genommen, kommt der Kinder- und Jugendhilfe eine große Bedeutung bei der Förderung der Familie zu. Sie soll zur Sicherung der Stabilität der familiären Situation beitragen, um die Rückkehr des Kindes vorzubereiten und weitere Maßnahmen zur Unterstützung der Erziehung in der Familie (falls notwendig) anbieten.

Elternteile haben die Pflicht alles zu unterlassen, was das Verhältnis zwischen dem Kind und dem anderen Elternteil gefährden könnte oder die Erziehung erschwert (§ 1684 BGB). Kommen sie dieser nicht nach, kann das Familiengericht die Erfüllung der Pflicht anordnen. Wird die Pflicht dauerhaft oder erheblich verletzt, ist das Familiengericht berechtigt, eine Umgangspflegschaft, das Aussetzen des

Umgangsrechtes oder dessen Einschränkung anzuordnen, wenn das förderlich für das Wohl des Kindes ist.

Zudem soll das Familiengericht nach § 156 Gesetz über das Verfahren in Familiensachen und in den Angelegenheiten der freiwilligen Gerichtsbarkeit (FamFG) auf das Einvernehmen der Eltern hinwirken, wenn dies nicht dem Kindeswohl widerspricht. In Fällen häuslicher Gewalt kommt dies nicht in Betracht. In diesen kann die Verpflichtung zur Teilnahme an einem Täterprogramm vorgeschaltet werden. Gespräche mit beiden Elternteilen kommen erst in Betracht, wenn diese angstfrei sind und gleichberechtigt kommuniziert werden kann. Zunächst ist eine getrennte Beratung anzustreben, um so auf Augenhöhe eine gemeinsame Vorstellung der Umsetzung der Elternverantwortung zu entwickeln.

Gewaltschutzsachen

Maßnahmen des Gewaltschutzgesetzes stehen in der Umsetzung teilweise den Maßnahmen und Auflagen des Kinderschutzes entgegen, z. B. wenn ein Näherungsverbot dem Recht des Kindes auf Umgang mit beiden Elternteilen entgegensteht. Voraussetzungen zur Anwendung des Gewaltschutzgesetzes (▶ Kap. 4.4) sind eine vorsätzliche widerrechtliche Verletzung des Körpers, der Gesundheit oder der Freiheit einer anderen Person oder die glaubhafte Drohung mit einer solchen Verletzung. Weitere mögliche Voraussetzungen für die Antragstellung nach dem Gewaltschutzgesetz sind das Eindringen in die Wohnung einer anderen Person oder in deren Besitztum bzw. eine unzumutbare Belästigung durch wiederholtes Nachstellen gegen den ausdrücklichen Willen oder die Verfolgung einer Person unter Verwendung von Fernkommunikationsmitteln. Das zuständige Familiengericht kann auf Antrag nach § 1 GewSchG anordnen, dass sich der Täter nicht in einem bestimmten Umkreis der Wohnung der betroffenen Person aufhalten darf (»Bannmeile«), die Wohnung der betroffenen Person nicht betreten darf oder sich anderen, näher zu bestimmenden Orten nicht nähern darf, die die geschädigte Person regelmäßig aufsucht (Arbeitsplatz, Fitnessstudio etc.). Die Aufnahme des Kontaktes zur betroffenen Person (auch per Telefon, E-Mail, in sozialen Netzwerken) wie auch das Herbeiführen des Zusammentreffens mit dieser kann das Familiengericht untersagen. Besteht ein gemeinsamer auf Dauer angelegter Haushalt kann das Familiengericht das Überlassen der Wohnung von der gewalttätigen Person verlangen, unabhängig von Miet- oder Besitzverhältnissen.

Eine bedarfsgerechte Anpassung der Maßnahmen an den Einzelfall ist möglich. Die Maßnahmen nach dem Gewaltschutzgesetz können auch dann angeordnet werden, wenn die Tat unter Alkohol- oder Drogeneinfluss stattfand. Im § 4 GewSchG ist die Strafbewehrung des Verstoßes gegen die Schutzanordnungen verankert. Polizeiliches Eingreifen wird damit auch in Fällen möglich, die keinen Straftatbestand darstellen bspw. bei Stalking, dem Beobachten der Wohnung, exzessiver Bestellung von Gegenständen, Kleidung, Blumen etc. im Namen der geschädigten Person. Das ist dann der Fall, wenn diese Taten in Zusammenhang und in der Häufung eine erhebliche Beeinträchtigung der Opfer bedeuten können (vgl.

Ernst 2020). Das Gewaltschutzgesetz bietet einen zivilrechtlichen Schutzrahmen im Gegensatz zum Strafrecht.

5.4 Staatsanwaltschaft und Strafgericht

Das Strafrecht ist nicht vordergründig auf Opferschutz ausgelegt, dennoch haben die Vollstreckung einer Haftstrafe oder Untersuchungshaft eine schützende Wirkung für die Gewaltbetroffenen. Sie haben Zeit, ihre Situation zu überdenken und unter Umständen eine neue Existenz für sich (und ihre Kinder) aufzubauen ohne erneute Gewalttaten fürchten zu müssen. Staatsanwaltschaft und Strafgericht beziehen sich in ihren Weisungen und Auflagen auf die rechtlichen Grundlagen des § 59 StGB Verwarnung mit Strafvorbehalt, § 153a StPO Absehen von der Verfolgung unter Auflagen und Weisungen und § 56 StGB Strafaussetzung zur Bewährung. Die Verwarnung mit Strafvorbehalt ist die mildeste Form der Sanktion. Sie kommt zur Anwendung, wenn eine Einstellung des Verfahrens oder ein Absehen von der Strafe rechtlich nicht zulässig ist. Das ist dann der Fall, wenn erwartet werden kann, dass der Täter künftig auch ohne Verurteilung zur Strafe keine weiteren Straftaten begeht oder besondere Umstände aufgrund der Gesamtwürdigung des Täters und der Tat eine Rolle spielen. Nach Inkrafttreten des Gesetzes zur Stärkung der Täterverantwortung im Jahr 2013 ist eine Weisung in einen sozialen Trainingskurs oder ein Täterprogramm nach § 59StGB möglich (vgl. Ernst 2020).

Für das Absehen von der Verfolgung unter Auflagen und Weisungen ist eine positive Sozialprognose notwendig. Zudem ist diese Sanktionsform von der Höhe der Strafe abhängig und nur bei Strafen mit einer Dauer von bis zu einem Jahr zulässig. Sie kann zur Anwendung kommen, wenn zu erwarten ist, dass der Verurteilte die Verurteilung als Warnung sieht und zu erwarten ist, dass er künftig keine Straftaten mehr begehen wird. Auch die Vollstreckung einer maximal zweijährigen Freiheitsstrafe kann durch das Gericht zur Bewährung ausgesetzt werden, wenn nach der Gesamtwürdigung von Täter und Tat besondere Umstände vorliegen. Auch Bemühungen der Schadenswiedergutmachung sind zu berücksichtigen. Erfolgt eine Freiheitsstrafe von mindestens sechs Monaten wird die Vollstreckung nicht ausgesetzt, wenn die Verteidigung der Rechtsordnung dies verlangt. Das ist dann der Fall, wenn das Vertrauen der informierten Bevölkerung in die Unverbrüchlichkeit des Rechtes und in den Schutz vor kriminellen Angriffen durch die Rechtsordnung erschüttert wäre (vgl. ebd.). Auflagen haben die Funktion, als Genugtuung für begangenes Unrecht und als Schuldausgleich der Strafe zu dienen. Auflagen übernehmen bei Strafaussetzung zur Bewährung »strafähnliche« Aufgaben und sind in einem Katalog festgeschrieben.

Weisungen nach § 56c StGB sollen für Verurteilte eine Hilfe sein, damit sie keine Straftaten mehr begehen, sie haben eine präventive Zielsetzung. Weisungen sind richterlich angeordnete Gebote oder Verbote, die Einfluss auf die Lebensführung des Verurteilten haben sollen, damit er sein Verhalten korrigiert. Als Weisungen können bspw. die Beteiligung an therapeutischen oder sozialpädagogisch unterstützenden Maßnahmen angeordnet werden. Die Zielsetzung der Maßnahme muss in Verbindung zum Ziel der Resozialisierung stehen. Dies stellt keine Ermessensentscheidung des Gerichtes dar, sondern soll zur Anwendung kommen, wenn dieser Hilfebedarf beim Verurteilten deutlich wird.

5.5 Unterstützungseinrichtungen für von Gewalt betroffene Frauen

Zu den Unterstützungseinrichtungen für gewaltbetroffene Frauen zählen Beratungs- und Interventionsstellen, Frauennotrufe, Frauen-(Schutz-)Häuser und Frauenzufluchtswohnungen (▶ Kap. 2.5). Sozialarbeiterische Fachkräfte in diesen Einrichtungen übernehmen häufig eine koordinierende Funktion für die gewaltbetroffenen Frauen im Hilfesystem. Daher ist es unabdingbar, dass soziale Fachkräfte neben ihrem professionstheoretischen und handlungsmethodischen Wissen über Grundkenntnisse über Abläufe, Handlungsmöglichkeiten und -befugnisse im polizeilichen, medizinischen und straf- und zivilrechtlichen Bereich verfügen. Weitergefasst können auch Einrichtungen des Gesundheitswesens (▶ Kap. 6) als Erstanlaufstellen und damit als Unterstützungseinrichtungen für Personen mit häuslichen Gewalterfahrungen betrachtet werden.

5.6 Rechtliche Rahmenbedingungen der Kooperation

Eine Kooperation in Fällen häuslicher Gewalt bedeutet einen Erfahrungsaustausch und ggf. eine gemeinsame Intervention. Die Erörterung grundsätzlicher Fragen und Fallkonstellationen erfolgt fallübergreifend. Für eine Kooperation sind folgende Rechtsgrundlagen von Bedeutung: Schweigepflicht, Bedingungen des rechtlichen Notstands der Anzeigepflicht, des Kinderschutzes und unter Umständen § 8a SGB VIII Abs. 4. Die Schweigepflicht nach § 203 StGB verbietet die Informationsweitergabe an Dritte auch an die Polizei, es sei denn es gibt eine Schweigepflichtentbindung oder die Voraussetzungen des rechtfertigenden Notstands nach § 34 StGB oder eine Anzeigepflicht nach §§ 138 StGB liegen vor. Zudem können Informationen weitergegeben werden, wenn die Voraussetzungen des § 4 Abs. 3 des Gesetzes zur Kooperation und Information im Kinderschutz (KKG) oder des § 8a SGB VIII erfüllt sind. Die Schweigepflicht bezieht sich auf alle Informationen, die innerhalb der beruflichen Tätigkeit gesammelt wurden. Sie gilt auch für staatlich anerkannte Sozialarbeiter*innen und Sozialpädagog*innen, bspw. wenn es um persönliche, familiäre, finanzielle Informationen von Klient*innen geht (vgl. Ernst 2020).

Der rechtfertigende Notstand nach § 34 StGB gibt die Befugnis zur Offenbarung der im beruflichen Kontext anvertrauten Informationen. Ein rechtfertigender Notstand kann gegeben sein, wenn nach ausführlicher Abwägung das Ergebnis vorliegt, dass der Bruch der Schweigepflicht ein angemessenes, geeignetes und erforderliches Mittel ist, um Gefahr für Leib und Leben abzuwenden. Dabei sind der Grad der Gefahr und der Grad der Wahrscheinlichkeit des Eintritts des Schadens in die Überlegungen einzuziehen. Ist die Gefahr mit anderen Mitteln abzuwenden, sollten diese zur Anwendung kommen. Erst wenn alle mildern Mittel als nicht ausreichend beurteilt wurden, kann die Schweigepflicht gebrochen werden. Erleben Kinder schwerwiegende häusliche Gewalt zwischen ihren Eltern wiederholt mit, kann von einer gegenwärtigen und sich wiederholenden Gefahr für Leib und Leben der Kinder ausgegangen werden. Es besteht eine Rechtfertigung für das Einschalten der Polizei.

Eine Anzeigepflicht für frühere und abgeschlossene Straftaten gegenüber Kindern und Erwachsenen gibt es nicht. Gemäß § 138 StGB müssen Handlungen dann angezeigt werden, wenn man erfährt, dass gravierende Straftaten bevorstehen oder schon begonnen haben und durch deren Anzeige (ein Teil) der Straftaten abgewendet werden können. Es müssen konkrete Anhaltspunkte für die Planung der Straftat vorliegen, ein Verdacht allein ist nicht ausreichend. Zu den schwerwiegenden Straftaten gehören in Fällen häuslicher Gewalt bspw. die Verschleppung einer Person ins Ausland, Mord oder Totschlag (vgl. Ernst 2020).

Die Kooperation und Vernetzung in der Arbeit mit gewaltbetroffenen Frauen können Tötungen und schwerwiegende Fälle häuslicher Gewalt verhindern. Für wirksame Interventionen ist ein schnelles und abgestimmtes Handeln der verschiedenen Institutionen unabdingbar. Durch die Ratifizierung der Istanbul-Konvention wird in allen Institutionen der Schwerpunkt auf die Gefährdungsanalyse und das (Hoch-)Gefährdungsmanagement gelegt. Es besteht Hoffnung, dass durch die Umsetzung ein Ausbau der Angebote sowohl für gewaltbetroffene Menschen wie auch der Täterangebote im Sinne von Gewaltprävention erfolgt (vgl. ebd.).

6 Rolle und Auftrag des Gesundheitswesens

Häusliche Gewalt gilt weltweit als eines der größten Gesundheitsrisiken für Frauen und Kinder (vgl. WHO Resolution 49.25; Krug et al. 2002). Somit kann die Prävention von Gewalt als eine Aufgabe des Gesundheitswesens betrachtet werden. Im Vergleich zu Polizei oder Interventionsstellen werden Personen des Gesundheitswesens von gewaltbetroffenen Personen häufiger ins Vertrauen gezogen. Infolge von Verletzungen durch häusliche Gewalt werden medizinische Einrichtungen meist zuerst aufgesucht. Sie werden zu Erstanlaufstellen. Seit März 2020 haben gewaltbetroffene Menschen ein Recht auf vertrauliche Spurensicherung durch Klinikärzt*innen oder niedergelassene Ärzt*innen, ohne direkt eine Anzeige erstatten zu müssen. Die Kosten sollen die Krankenkassen tragen. So können gerichtsfähige Beweise gesichert werden, die eine spätere Anzeige und die Argumentation im Gerichtsverfahren stützen können (vgl. Plecher 2020).

Deshalb ist es umso wichtiger, dass durch medizinisches Personal der Raum geboten wird, häusliche Gewalt anzusprechen, empathisch mit den Betroffenen umzugehen und weitere Interventionsmöglichkeiten aufzuzeigen. Trotz allem bleibt häusliche Gewalt als Krankheits- und Verletzungsursache in vielen Fällen unerkannt, Symptome und Beeinträchtigungen werden fehlgedeutet oder Gewalt wird nicht als mögliche Ursache von Erkrankungen thematisiert (vgl. Truninger 2010). Das medizinische Personal versteht häusliche Gewalt oft als soziales Problem, für das keine Zuständigkeit gesehen wird. Darüber hinaus besteht oft Angst häusliche Gewalt anzusprechen, da das Wissen um Hilfemöglichkeiten und Handlungskompetenzen im Umgang mit den Betroffenen fehlt und das Thema in den medizinischen Ausbildungen und Studiengängen nur marginal berücksichtigt wurde.

6.1 Das Gesundheitswesen als Anlaufstelle bei häuslicher Gewalt

Das medizinische Personal ist oft der erste Kontakt nach einer Gewalterfahrung. Entweder suchen Gewaltbetroffene wegen akuter körperlicher Folgen der Gewalt Einrichtungen des Gesundheitswesen auf oder sie beschreiben andere Gesundheitsprobleme, die nicht im eindeutigen und offensichtlichen Zusammenhang mit den Gewalterfahrungen stehen. Da fast alle Frauen durch das Gesundheitswesen regelmäßig erreicht werden, liegt hier die Chance für die Früherkennung und frühe Intervention bei gewaltbetroffenen Frauen. Der regelmäßige Kontakt zu einer Vielzahl an Frauen bietet neben anderen Anamnesefragen günstige Voraussetzungen für ein flächendeckendes Screening häuslicher Gewalt. Damit ist nicht gemeint, dass das medizinische Personal die erlebte Gewalt mit den Frauen aufarbeiten soll. Es gilt eine Sensibilität für das Phänomen häusliche Gewalt zu entwickeln, sie zu erkennen und den Betroffenen Informationen über Fachstellen oder Unterstützungsprojekte zu vermitteln. Die Haltung des medizinischen Personals gegenüber gewaltbetroffenen Personen hat entscheidenden Einfluss darauf, ob im weiteren Verlauf andere professionelle Unterstützungsmöglichkeiten aufgesucht und Hilfe angenommen wird. Nur durch eine einfühlsame und wertschätzende Haltung kann ein Prozess der langfristigen Veränderung der Situation der Betroffenen in die Wege geleitet und das aktuelle Befinden positiv beeinflusst werden. Gesundheitseinrichtungen sind eine wichtige Schnittstelle zu Frauenhäusern, Zufluchtswohnungen, Beratungs- und Interventionsstellen. Sie spielen aber auch in rechtlichen Verfahren eine bedeutende Rolle, eine gerichtsverwertbare Dokumentation der Verletzungsfolgen ist wichtig für die Einleitung von Gerichtsverfahren (vgl. Truninger 2010).

> »Mangelnde Kompetenz beim ersten medizinischen Kontakt kann später durch sehr akribische Ermittlungsarbeit nicht wieder ausgeglichen werden. Dem erstuntersuchenden Arzt kommt insofern eine große Bedeutung für das spätere Schicksal des Opfers zu« (Seifert et al. 2011: 185).

Die gesundheitlichen Folgen häuslicher Gewalt wurden in Kapitel 1.5 beschrieben (▶ Kap. 1.5). Sie können vielfältig und gravierend sein, kurz-, mittel- oder langfristig auftreten, ein breites Spektrum körperlicher, psychosomatischer und/oder psychischer Erkrankungen nach sich ziehen. Viele der gesundheitlichen Beeinträchtigungen sind keine eindeutigen Anzeichen für das Vorliegen häuslicher Gewalt, können jedoch Warnhinweise sein. Besonders das Vorliegen diverser Verletzungen gleichzeitig, Anzeichen alter Verletzungen oder das wiederholte Aufsuchen von Rettungsstellen kann als Warnzeichen häuslicher Gewalt betrachtet werden.

6.2 Häusliche Gewalt als Krankheitsursache erkennen

Frauen die häusliche Gewalt erlebt haben, leiden unter mehr gesundheitlichen Beeinträchtigungen und Beschwerden im Vergleich zu Frauen, die nie Gewalt erlebt haben. Wenn Gewalt als mögliche Krankheitsursache erkannt und thematisiert wird, kann eine angemessene Behandlung und gezielte Unterstützung über die Behandlung der Symptome hinaus erfolgen. Wird die Ursache der Beschwerden nicht erkannt, kann es zu Über-, Unter- oder Fehlversorgung kommen, die mit hohen Kosten für das Gesundheitswesen bzw. die Betroffenen verbunden sein können. Weitere Schädigungen können infolge auftreten, Störungen chronifizieren.

Eine weitere Folge kann ein langer Weg der Abklärungen und Untersuchungen sein, die in erfolglosen Behandlungen münden. Die Verschreibung von Schmerz-, Schlaf- und Beruhigungsmitteln an gewaltbetroffene Frauen führt unter Umständen zum längeren Ertragen der Gewalt. Es tritt keine Verbesserung der Situation ein, wenn mit der Symptombehandlung nicht zugleich Maßnahmen erfolgen, die auf die Ursachen der Beschwerden abzielen (vgl. ebd.).

Zusammengefasst wird hier deutlich, wie wichtig es ist, häusliche Gewalt nicht nur als soziales, sondern auch als gesundheitliches Problem zu verstehen und als eine Möglichkeit für Krankheitsursachen mitzudenken.

6.3 Berufsgruppen, die im Gesundheitswesen mit häuslicher Gewalt konfrontiert sind

Da die gesundheitlichen Folgen von Gewalterfahrungen für die Betroffenen sehr vielfältig sind, können letztendlich alle im Gesundheitswesen Tätigen mit Opfern häuslicher Gewalt in Kontakt kommen. Die Beispiele in Klammern sind mögliche Hinweise auf Gewalt als Ursache der Erkrankung. Zu den Personen, die gewaltbetroffenen Menschen im medizinischen Kontext begegnen können, zählen

- Allgemeinmediziner*innen (bei akuten Verletzungsfolgen und chronischen Erkrankungen),
- Spezialärzt*innen z. B. Hals-Nasen-Ohren-Ärzt*innen (bei eingeschränkter Hörfähigkeit durch Kopfverletzungen oder akute Verletzungen),
- Chirurg*innen (bei schlecht verheilten Frakturen oder eingeschränkter Bewegungsfähigkeit),
- Zahnmediziner*innen (bei ausgeschlagenen Zähnen oder Schwierigkeiten orale Behandlungen zuzulassen aufgrund der erlebten oralen Gewalt),
- Kinderärzt*innen (bei Entwicklungsverzögerungen und Belastungsstörungen, bei Verletzungen infolge von Vernachlässigung oder Kindesmisshandlung, die oft mit häuslicher Gewalt einhergeht),
- Psychiater*innen und Psychotherapeut*innen (bei PTBS, Suchterkrankungen und anderen psychischen Störungen),
- Rettungssanitäter*innen (bei Notrufen, oft unter Einbezug der Polizei),
- Gynäkolog*innen (bei akuten genitalen Verletzungen infolge sexueller Gewalt, unerwünschten Schwangerschaften, Fehlgeburten, häufigen Entzündungen etc.),
- Hebammen (bei Schwangerschafts- und Geburtskomplikationen, Reaktivierung von Traumata durch die Geburt).

Aber auch Berufsgruppen aus dem erweiterten gesundheitlichen Bereich kommen mit Menschen, die Gewalt erfahren haben, in Kontakt (vgl. Truninger 2010). Das sind z. B.

- medizinisch- oder pharmazeutisch-technische Assistent*innen (bei begleitenden Schritten, wie bspw. Terminvereinbarung, Blutabnahme),
- Pflegefachpersonen (ambulant oder stationär, bei der Pflege von Personen mit akuten Gewaltfolgen oder Gesundheitsbeeinträchtigungen, die vordergründig nicht in Zusammenhang mit der erlebten Gewalt stehen),
- Physiotherapeut*innen und Chiropraktiker*innen (bei chronischen Schmerzsyndromen und eingeschränkter Gelenkbeweglichkeit) kommen mit Menschen, die Gewalt erfahren haben in Kontakt (vgl. Truninger 2010).

Die Aufzählung ist nicht abschließend. Es gibt verschiedene Gründe, warum Gewalt in diesen Bereichen teilweise als Beeinträchtigungs- und Krankheitsursache ausgeblendet wird. In der Anamnese zu Beginn der Behandlung könnte eine routinemäßige Frage nach Gewalterfahrungen, neben anderen persönlichen Fragen, platziert werden. Somit könnte gewaltbetroffenen Frauen signalisiert werden, dass dies ein Ort ist, wo erfahrene Gewalt als Krankheitsursache thematisiert werden kann. Teilweise findet dieses Prozedere schon Umsetzung.

6.4 Was verhindert die Frage nach häuslicher Gewalt im Gesundheitswesen?

Um diese Frage beantworten zu können, muss zwischen persönlichen und strukturellen Gründen unterschieden werden. Zu den individuellen Gründen zählt mangelndes Wissen über und fehlende Sensibilität für die Problematiken, die häuslicher Gewalt zugrunde liegen. Oft sind die Ursachen und Hintergründe sowie die Situation der Betroffenen nicht bekannt und werden so auch nicht erkannt. Darüber hinaus mangelt es an Wissen und Informationen über Unterstützungsangebote, was Angst und Hilflosigkeit auslösen kann, wenn Anzeichen von Gewalt bei der Patientin bemerkt werden. Mythen über Gewalt und Vorurteile gegenüber gewaltbetroffenen Frauen führen zu stereotypen Mustern, die zum Ausblenden möglicher Gewalterfahrungen bei bestimmten Personengruppen führen. Auch kann bei medizinischem Personal Angst vorherrschen, Gewalt anzusprechen. Besteht der Verdacht auf häusliche Gewalt, führt das häufig zu Verunsicherungen. Hilflosigkeit und Überforderung können die Folgen sein, wenn das Thema angesprochen wird.

»Entlasten kann hier das Wissen um die Bedürfnisse gewaltbetroffener Frauen. Entlasten kann auch das Wissen darum, dass [...] [medizinischem Personal] zwar eine wichtige Rolle zukommt, sie aber die Situation für die Betroffenen weder lösen können noch müssen« (Truninger 2010: 189).

Zu den strukturellen Gründen können Zeitnot, eine hohe Arbeitsbelastung und Personalmangel gezählt werden. Im nach wie vor eher (bio-)medizinisch ausgerichteten Gesundheitssystem haben psychosomatische und psychosoziale Aspekte meist eine untergeordnete Funktion (vgl. ebd.), was das Erkennen häuslicher Gewalt erschweren könnte, insbesondere, wenn unspezifische Symptome auftreten.

6.5 Warum Gewalt anzusprechen wichtig ist

Für die Betroffenen ist es schwierig, ihre Erlebnisse preiszugeben und zu teilen. Nicht nur das medizinische Personal hat Angst, Gewalt anzusprechen. Für die von Gewalt Betroffenen bedeutet die Offenbarung der Gewalt genaueste Abwägung, was sie preisgeben. Sie schämen sich oder fürchten, dass ihnen nicht geglaubt bzw. sie nicht ernstgenommen werden. Teilweise fühlen sie sich mitschuldig an den Gewalttaten des Partners oder haben verinnerlicht, dass ihre private Situation niemanden etwas angeht. Manche der gewaltbetroffenen Frauen sind eingeschüchtert und ihnen wurde eine Verschlimmerung der Gewalt bis hin zum Mord angedroht, sollten sie jemandem etwas von ihrer privaten Situation erzählen. Teilweise können die Frauen nicht (mehr) einschätzen, wie schwer ihre Gewalterfahrungen sind und bagatellisieren diese. Das hat nichts mit dem Ausblenden der eigenen Situation oder mangelnder Selbstfürsorge zu tun, sondern kann als Überlebensstrategie gewertet werden. Besteht zudem eine emotionale oder finanzielle Abhängigkeit vom Partner oder ist der Aufenthaltsstatus von diesem abhängig, wird die Offenbarung der Gewalt erschwert. Oftmals werden Frauen durch ihren Partner unter Druck gesetzt und mit einer Verschlimmerung der gewalttätigen Handlungen bzw. Gewaltanwendung gegen Angehörige gedroht, wenn die Frauen ihre Gewalterfahrungen öffentlich machen und womöglich Hilfe suchen. Damit einhergehend entwickeln sie Ängste vor weiteren Eskalationen oder Racheakten oder vor dem Hilfeholen überhaupt.

Das klingt zunächst paradox – ein Verhalten, das die Beendigung der Gewalt einleiten könnte, ist angstbesetzt. Vor dem Hintergrund, dass Handlungen ausgelöst werden könnten, die nicht mehr kontrollierbar sind und die Situation verschlimmern, wird die Angst verständlich. Es gibt also viele Ursachen, die das Ansprechen der Gewalt verhindern bzw. erschweren. Diese führen zum Schweigen über die häusliche Situation oder zur Angabe falscher Ursachen für die Verletzungen.

Frage nach Gewalterfahrungen als Standard

Die Verantwortung für das Ansprechen der häuslichen Gewalt darf nicht bei den Frauen allein liegen. Es sollten Strukturen geschaffen werden, die dazu beitragen, dass die Frage nach Gewalterfahrungen im Gesundheitswesen zum Standard wird. Insbesondere, da fast alle Frauen durch das medizinische System erreicht werden und meist die Möglichkeit besteht, nicht im Beisein ihres Partners behandelt zu werden. Die meisten Frauen sind offen dafür, direkt nach häuslichen Gewalterfahrungen befragt zu werden. Die Frage zeigt, dass das Phänomen bekannt ist, darüber gesprochen werden darf und kann. Das direkte Thematisieren häuslicher Gewalt macht Gesprächsbereitschaft und Verständnis für die Situation der Betroffenen deutlich. Wenn Frauen nicht auf ihre Gewalterfahrungen angesprochen werden, bleiben sie mit diesen allein (vgl. Truninger 2010). Andauernde Gewalterfahrungen haben zur Folge, dass die Betroffenen sich schämen, die Beziehung nicht eher beendet zu haben. Die Gewalt wird zunehmend bagatellisiert.

6.6 Die Rolle der Aus- und Weiterbildung

Das Fachpersonal sollte in der Lage sein, gewaltbedingte Verletzungen und Beschwerden zu erkennen und deren (vermutete) Ursache anzusprechen. Weiterhin bedarf es der Dokumentation der Verletzungen und gesundheitlichen Folgen der Gewalt, z. B. mithilfe eines standardisierten Dokumentationssystems. Medizinisches Personal sollte in der Lage sein, Fragen von Schutz und Sicherheit anzusprechen und zu klären sowie weiterführende Beratungs- und Hilfeangebote zu vermitteln. Um dies kompetent umzusetzen, braucht es Wissen über häusliche Gewalt und die ihr zugrundeliegenden Dynamiken. Fort- und Weiterbildung spielen für die Vermittlung dieses Wissens eine zentrale Rolle. Darüber hinaus sollte das Thema häusliche Gewalt in die Lehrpläne der Ausbildungen und Curricula der medizinischen Studiengänge aufgenommen werden.

Ziel in Aus-, Fort- und Weiterbildung

Ziel ist die Sensibilisierung der im Gesundheitswesen Tätigen für die Problematik häuslicher Gewalt, die Vermittlung von Handlungsfähigkeit und Fachwissen, die Entwicklung und Erweiterung der Handlungskompetenzen.

Zudem kann Fort- und Weiterbildung dazu beitragen, die eigene Haltung zu reflektieren, um Mythen oder Vorurteile aufzudecken. So können (Abwehr-) Mechanismen gegenüber dem Thema bewusstgemacht und abgebaut werden. Das Wissen um häusliche Gewalt erleichtert das Verständnis für die schwierige und häufig multidimensionale Situation gewaltbetroffener Frauen und ermöglicht ein Verstehen ihrer Reaktionen und Verhaltensweisen (vgl. Truninger 2010).

Zugleich wird deutlich, warum die Vermittlung des Zugangs zu Ressourcen, das weitere Anbieten von Unterstützung und die Stärkung des Selbstvertrauens der betroffenen Personen notwendig ist. Nur so sind sie in der Lage eigene Entscheidungen selbstverantwortlich zu treffen. Die Betroffenen sind dann nicht auf die von anderen vorgeschlagenen Lösungen ihrer Situation angewiesen, die Gefahr der weiteren Bevormundung durch andere Personen sinkt.

Regelmäßige Fort- und Weiterbildungen sollten nicht auf dem Engagement einzelner Personen fußen, sondern für verschiedene Berufsgruppen verpflichtend sein und als gemeinsame interdisziplinäre Aufgabe, z. B. einer Arztpraxis oder eines Krankenhauses verstanden werden (vgl. ebd.).

6.7 Inhalte von Fort- und Weiterbildungen zu häuslicher Gewalt

Sensibilisierung

Um medizinisches Fachpersonal für das Thema häusliche Gewalt zu sensibilisieren, bedarf es der Vermittlung von Grundlagenwissen zum Thema, z. B. über Ausmaß, Formen und Ursachen von Gewalt und Dynamiken der Gewaltbeziehung. Weiterhin sollten Strategien und Verhaltensweisen gewalttätiger Männer und die Situation der Kinder in den Blick genommen werden. Basiskenntnisse zu Reaktionen, Anpassungen und Überlebensstrategien der betroffenen Frauen und die spezifische Situation von Migrant*innen sollten darüber hinaus behandelt werden. Dieses Grundwissen sollte genutzt werden, um die eigene Haltung gegenüber häuslicher Gewalt zu reflektieren, sich mit eigenen Vorannahmen auseinanderzusetzen.

Vermittlung von Fachwissen

Die Vermittlung von Fachwissen umfasst Informationen über körperliche, psychosomatische und psychische Auswirkungen von Gewalt und Psychotraumata wie auch Traumafolgestörungen. Weiterhin sollte das Erkennen der Anzeichen von Gewaltanwendungen geschult werden. Rechtliche Grundkenntnisse und das Wissen über lokale bzw. regionale Unterstützungsangebote sollten die Wissensvermittlung ergänzen. Beispielsweise sollten Kontaktdaten von Hilfeprojekten, wie Frauenhäusern, Zufluchtswohnungen und Beratungsstellen, Angebote für Migrant*innen und mitbetroffene Kinder bekannt sein und Informationsmaterial zur Verfügung stehen (s. Anhang).

Vermittlung von Handlungskompetenzen

Zu den Handlungskompetenzen zählen Grundlagen der Gesprächsführung, das Einüben eines respektvollen und feinfühligen Umgangs sowie eine angemessene Untersuchung. Zudem sollten Formen der Beweissicherung und Dokumentation vermittelt und geübt werden. Die Auseinandersetzung mit Sicherheitsfragen und die Einschätzung der Gefährdung sind auch für medizinisches Personal von großer Bedeutung. Zur Steigerung der Handlungskompetenz sollten mögliche Sicherheitslücken in der eigenen Einrichtung erkannt und behoben, der Umgang mit Tätern, die eventuell die gewaltbetroffene Frau begleiten, besprochen werden. Nicht zuletzt sollte das Schutzbedürfnis der betroffenen Frau angesprochen und abgeklärt werden. In Weiterbildungen könnte dies durch Rollenspiele eingeübt werden, um Handlungssicherheit zu erlangen. Die Entwicklung von Routine im Erfragen von Gewalterfahrungen und des Schutzbedürfnisses hilft die eigene Ohnmacht zu überwinden und handlungsfähig zu bleiben.

Verfügbarmachen von Wissen

Nach wie vor gibt es nicht genügend Weiterbildungsmöglichkeiten zum Thema häusliche Gewalt für Fachkräfte des Gesundheitswesens oder diese werden nicht genutzt. Hintergrundwissen, Handlungsanweisungen und Informationen sollten nicht nur engagierten, sondern allen Personen zugänglich sein, und zwar so, dass sie schnell abrufbar sind, z. B. in ärztlichen und therapeutischen Praxen oder Krankenhäusern. Möglich wird dies durch das Bereithalten von Checklisten zu Indikatoren, Untersuchungen und zur Dokumentation. Darüber hinaus können Merkblätter zum Umgang mit Verdachtsfällen, zur Gesprächsführung und zu Sicherheitsfragen hilfreich sein. Informationen zu Übersetzungsdiensten, Prospekte und Flyer mit Informationen und Telefonnummern spezialisierter regionaler Unterstützungsangebote sollten zur Verfügung stehen und regelmäßig aktualisiert werden.

Zudem sollten minimale Kenntnisse über die Lebenssituation von Migrantinnen vorhanden sein. Eigene Vorurteile sind zu reflektieren. Die Anpassung der Arbeitsinstrumente, z. B. die Entwicklung mehrsprachigen Informationsmaterials, ein schneller Zugang zu Übersetzungsdiensten und Kenntnisse über spezialisierte Hilfeeinrichtungen für Migrantinnen, ermöglichen ein an deren Lebenssituation angepasstes Versorgungsangebot (vgl. Truninger 2010).

Institutionelle Konzepte im Umgang mit häuslicher Gewalt

Die Thematik häusliche Gewalt sollte konzeptionell in größeren Institutionen verankert werden, damit der Umgang mit auftretenden Fällen nicht willkürlich passiert. In diesem Konzept sollten die o. g. Unterlagen verankert und die Verpflichtung zu regelmäßigen Schulungen festgeschrieben werden. Weitere Inhalte könnten

- Zuständigkeiten (wer fragt nach Gewalterfahrungen),
- Informationswege (wer wird informiert, wann wird der Sozialdienst eingeschaltet),
- die Bestimmung verantwortlicher Personen und Sicherheitsmaßnahmen für Patientinnen (was sollte getan werden, wenn ein gewalttätiger Partner in der Praxis oder auf der Station auftaucht) sein.

Die Leitungsebene spielt bei der Implementierung eines Konzeptes im Umgang mit häuslicher Gewalt eine entscheidende Rolle, wenn sie die Thematik ernstnimmt und ihr Priorität einräumt. Darüber hinaus ist die Vernetzung mit spezialisierten Einrichtungen und Institutionen von großer Bedeutung und sollte regelmäßig aufgefrischt werden. Die im Gesundheitswesen verantwortlichen Personen für die Implementierung der Thematik häuslicher Gewalt brauchen Zeit und Unterstützung durch Fallbesprechung im Team, Fachberatung und Anerkennung auf Team- und Leitungsebene.

> »Die Fachleute im Gesundheitswesen müssen häusliche Gewalt als Gesundheitsproblem erkennen und ernst nehmen. Und sie müssen die Unterstützung der Betroffenen als Teil der eigenen beruflichen Aufgabe verstehen. Dies ist die Voraussetzung dafür, dass sowohl die Einzelnen wie auch die Institutionen als Ganzes ihre Rolle im Unterstützungsnetz wahrnehmen können« (Truninger 2010: 194).

6.8 Empfehlungen für das Vorgehen im Gesundheitsbereich

Ausgehend von der wichtigen Rolle, die das Gesundheitswesen beim Erkennen und der Prävention von häuslicher Gewalt spielt, sollen in diesem Abschnitt Empfehlungen für das Vorgehen im Gesundheitswesen im Mittelpunkt stehen.

Gesundheitliche Folgen häuslicher Gewalt sind vielfältig und häufig nicht als direkte Folge der Gewalt erkennbar. So sollte bei jeder gesundheitlichen Störung oder Erkrankung Gewalt als eine mögliche Ursache mitgedacht werden. Gewaltfolgen können langfristig auftreten und chronifizieren, wenn sie nicht erkannt und behandelt werden, oder sie zeigen sich als akute Verletzungen als direkte Auswirkung der Gewalt. Auch wenn keine akuten Verletzungen vorliegen, sollte ein Bewusstsein für häusliche Gewalt bei medizinischen Fachkräften vorhanden sein, da jede Untersuchung zurückliegende traumatische Erfahrungen reaktivieren könnte. »Das Nichterkennen von häuslicher Gewalt als mögliche Krankheitsursache kann zu einer Chronifizierung der gesundheitlichen Folgen und zu Fehlbehandlungen führen« (Fausch/Wechlin 2010: 195).

Deshalb ist es notwendig, Indikatoren für häusliche Gewalt zu erkennen und unabhängig von Herkunft und Lebensweise der Patientinnen diese als Ursache von gesundheitlichen Beeinträchtigungen ernst zu nehmen und adäquate Versorgung anzubieten. Betroffene Frauen sind sensibel anzusprechen, gründlich zu untersuchen und angemessen zu behandeln. Folgen der häuslichen Gewalt sollten gelindert und weitere Hilfen eingeleitet werden. Die Dokumentation der Verletzungen und Beeinträchtigungen sollte detailliert und gerichtsverwertbar erfolgen (vgl. ebd.). Weiterhin sollten Patientinnen ermutigt werden, spezialisierte Hilfeprojekte aufzusuchen und an diese weitervermittelt werden. So können Hilfebarrieren abgebaut und der Zugang zu Beratungs- und Schutzangeboten erleichtert werden. Fachkräfte im Gesundheitswesen genießen u. a. aufgrund ihrer Schweigepflicht ein hohes Maß an Vertrauen und werden von allen Bevölkerungsgruppen unabhängig von sozialer Lage, Herkunft, Alter und Geschlecht aufgesucht (vgl. GiG-net 2008). Oft sind sie die einzigen, die Verletzungen infolge häuslicher Gewalt zu Gesicht bekommen.

Fausch und Wechlin (2010) unterscheiden zwischen situativen und körperlichen Indikatoren für häusliche Gewalt.

Situative Faktoren im direkten Kontakt mit Betroffenen

- »Nervöses, ängstliches, ausweichendes Verhalten und Auftreten
- depressiver, gleichgültiger Umgang mit Verletzungen und Beschwerden
- Verheimlichung, Nicht-Erwähnen, Verharmlosen von Verletzungen, Beschwerden und allfälligem Medikamentenkonsum
- Widersprüchliche und lückenhafte Erklärungen über die Ursache von Verletzungen und Beschwerden
- auffällig langer Zeitraum zwischen dem Entstehen einer Verletzung oder dem Beginn der Beschwerden und dem Aufsuchen einer Gesundheitseinrichtung
- wiederholter Besuch von Notfalleinrichtungen, vorwiegend nachts oder an Wochenenden
- hartnäckige Begleitperson, welche nicht von der Seite der Betroffenen weicht, z. B. den Behandlungsraum nicht verlässt, im Sanitätsfahrzeug mitfährt, bei der Visite dabei ist
- Betroffene vermeidet Blickkontakt und/oder Gespräch mit Begleitperson
- Widerstand gegen stationären Aufenthalt, z. B. wegen den Kindern, Haustieren usw.
- Drängen auf stationären Aufenthalt oder Verlängern des Aufenthaltes ohne medizinisch ersichtliche Ursache
- Versäumen/Verschieben von Terminen
- vorzeitiger Abbruch der Behandlung oder des Kontakts« (ebd.: 199).

Situative Indikatoren können nicht nur im direkten Kontakt mit den Betroffenen auftreten, sie finden sich auch in deren Sozial- und Gesundheitsverhalten wieder und können als Warnsignale wahrgenommen werden.

Situative Indikatoren im Sozial- und Gesundheitsverhalten der Betroffenen

- »Sozialer Rückzug, abrupter Kontaktabbruch
- Schwierigkeiten am Arbeitsplatz
- Häufiges und kurzfristiges Krankmelden
- Einnahme von Psychopharmaka, Antidepressiva, Schlafmitteln
- Unachtsamer Umgang mit chronischen Erkrankungen wie Diabetes, Asthma oder HIV/AIDS
- Gesundheitsgefährdendes Sexualverhalten« (ebd.: 199).

Da häusliche Gewalt meist kein einmaliges Phänomen ist, sondern mehrfach in sich steigernden Formen stattfindet, sind die Verletzungsfolgen häufig in unterschiedlichen Stadien der Heilung erkennbar. Manchmal äußern sie sich auch in diffusen körperlichen Beschwerden, für die keine somatische Ursache gefunden werden kann. Aufgrund des Scham- und Schuldgefühls, das sich mit andauernden Gewalterfahrungen aufbaut, erfinden die Betroffenen Treppenstürze und Haushaltsunfälle als Ursache ihrer Verletzungen. Manche Betroffenen werden bewusst an Körperstellen misshandelt, die für andere nicht sichtbar sind oder von den Betroffenen gut kaschiert werden können, z. B. Schläge auf Beine oder Rücken, Verbrennungen an Oberschenkeln oder Bisse in den Po.

Körperliche Indikatoren für häusliche Gewalt können in allgemeine körperliche und gynäkologische Indikatoren unterschieden werden.

Allgemeine körperliche Indikatoren

- »Frakturen ohne nachvollziehbare adäquate Ursache
- Verletzungen im Bereich von Becken, Armen, Rücken, Brust, Unter- und Oberschenkeln
- Gesichtsverletzungen
- Kiefer- und Zahnverletzungen, fehlende Frontzähne
- Hämatome, Quetschungen, Prellungen, Würgemale, Schürf- und Kratzverletzungen, Schnittwunden
- Verbrennungen
- Verminderte Seh- und Hörfähigkeit
- Narben, schlecht verheilende Frakturen
- Ess- und Verdauungsstörungen, Mangelernährung
- Schlafstörungen, Erschöpfung, Müdigkeit, Konzentrationsschwierigkeiten
- Schmerzsyndrome wie z. B. Spannungskopfschmerzen, Reizdarmsyndrom, Bauchbeschwerden, Herzbeschwerden
- Atemstörungen, Asthma
- Allergien, Ekzeme« (Fausch/Wechlin 2010: 200).

Gynäkologische Indikatoren

- »Schmerzen bei Vaginaluntersuchungen
- Verletzungen von Brust, Unterleib, Genitalbereich
- diffuse Unterleibs- und Bauchbeschwerden ohne organische Ursache
- vaginale, anale Entzündungen
- starke Blutungen, Zyklusstörungen
- sexuelle Probleme, Infertilität
- Versäumen von Schwangerschaftsvorsorgeuntersuchungen
- Alkohol-, Drogen- oder Tablettenmissbrauch bei bestehender Schwangerschaft
- geringes Geburtsgewicht des Säuglings
- Fehlgeburten, Totgeburt« (ebd.: 201).

Schwangerschaft ist häufig ein Auslöser für häusliche Gewalt bzw. die Steigerung dieser, bspw. wenn das Kind durch den Partner nicht gewollt ist oder als Konkurrenz wahrgenommen wird. Fachkräfte im gynäkologischen Bereich sollte auch Vergewaltigung als Schwangerschaftsursache in ihre Überlegungen einbeziehen. Dadurch könnten unter Umständen mangelndes Interesse an oder Ablehnung des ungeborenen Kindes durch die Schwangere erklärt und Risiken für das Ungeborene eher erkannt werden.

Psychische und psychosomatische Indikatoren können unterteilt werden in akute und in verzögert oder langfristig auftretende.

Akute psychische und psychosomatische Indikatoren

- »Angst, Panikattacken, Verfolgungsängste
- Übermäßige Reizbarkeit, Schreckhaftigkeit
- Unruhezustände, Nervosität
- Schlaflosigkeit, Alpträume
- Verzweiflung, Resignation, Niedergeschlagenheit
- Ohnmachtsgefühle, Machtlosigkeit
- Erinnerungslücken« (ebd.: 201).

Verzögert oder langfristig auftretende psychische und psychosomatische Indikatoren

- »Posttraumatische Belastungsstörungen
- Substanzmissbrauch
- Depression
- Suizidgedanken, Suizidversuche
- Selbstverletzendes Verhalten« (ebd.).

Häusliche Gewalt kann zu permanentem Stress führen. Die Betroffenen stehen unter ständiger Anspannung, da sie nicht wissen, wann der nächste Gewaltausbruch kommt und welche Folgen dieser mit sich bringt. Sie versuchen Situationen zu vermeiden, die Anlass zu gewalttätigen Handlungen geben könnten und richten ihr Verhalten nach den Vorgaben des Partners aus. Folgen sind ein sinkendes Selbstwertgefühl bis hin zu dessen Verlust, Verlust der Selbst- und Körperwahrnehmung und Handlungsfähigkeit. Andauernde Angst, Anspannung und Schlaflosigkeit verstärken diese Folgen. Das führt dazu, dass die Betroffenen teilweise als teilnahmslos und gleichgültig gegenüber Verletzungen wahrgenommen werden, ein gestörtes Schmerzempfinden und Erinnerungslücken aufweisen (vgl. ebd.).

Hagemann-White und Bohne (2003) haben zusammenfassend die elf wichtigsten Indikatoren für das Vorliegen einer Misshandlungsbeziehung herausgearbeitet, die sogenannten »Red Flags«. Treten mehrere dieser Warnzeichen gleichzeitig auf, sollte das den Fokus auf häusliche Gewalt als Krankheitsursache lenken.

Red Flags

- »chronische Beschwerden, die keine offensichtlichen physischen Ursachen haben
- Verletzungen, die nicht mit der Erklärung, wie sie entstanden sind, übereinstimmen
- verschiedene Verletzungen in unterschiedlichen Heilungsstadien
- Partner, der übermäßig aufmerksam ist, kontrolliert und nicht von der Seite der Frau weichen will
- physische Verletzungen während der Schwangerschaft
- spätes Beginnen der Schwangerschaftsvorsorge
- häufige Fehlgeburten
- häufige Suizidversuche und -gedanken
- Verzögerung zwischen Zeitpunkt der Verletzung und Aufsuchen der Behandlung
- chronische Darmstörung (Reizdarm)
- chronische Beckenschmerzen« (Hagemann-White/Bohne 2003: 33).

Neben häuslicher Gewalt als Ursache von Erkrankungen, können Erkrankungen, z. B. Corona bzw. Maßnahmen zu deren gesellschaftlicher Bekämpfung das Vorkommen häuslicher Gewalt begünstigen.

7 Häusliche Gewalt und Corona

Die WHO warnte zu Anfang des Lockdowns (2020) vor einer deutlichen Zunahme innerfamiliärer Gewalt in der kommenden Zeit, insbesondere der verstärkten Gewalt gegen Kinder und gegen Frauen durch (ehemalige) Beziehungspartner. Komplexe und vielschichtige Faktoren, die durch den Lockdown beeinflusst wurden und die Veränderungen der gesellschaftlichen Bedingungen erhöhten das Risiko für gewalttätige Handlungen in Partnerschaften während der Corona-Pandemie. Zur Erklärung des Anstiegs lässt sich das ökologische Modell der Gewaltentstehung heranziehen (▶ Kap. 1.2). Die Risikofaktoren auf den unterschiedlichen Ebenen werden nachfolgend erläutert.

7.1 Risikofaktoren auf den Ebenen der Gewaltentstehung

Die vier Ebenen ontogenetische Entwicklung, Mikrosystem, Exosystem und Makrosystem sind im ökologischen Modell der Gewaltentstehung zusammengeführt (vgl. Dutton 1988). Insbesondere während des Lockdowns in der Corona-Pandemie wurden diese Ebenen durch die gesellschaftlichen Umstände beeinflusst – auf jeder der Ebenen traten zusätzliche Risikofaktoren häuslicher Gewalt auf. Ein Blick auf diese bietet exemplarisch Ansatzpunkte für die Erklärung des Anstieges der Fälle häuslicher Gewalt im Jahr 2020.

Ontogenetische Entwicklung

Auf der Ebene der ontogenetischen Entwicklung können Kindheitserlebnisse der Personen, die entweder selbst Gewalt in der Familie erlebt haben oder Gewalt zwischen den Eltern erleben mussten (vgl. Dutton 1988), verortet werden. Darüber hinaus zählen zu dieser Ebene die Fähigkeit zu Empathie, das Stressempfinden von Personen und deren Umgang damit, erlernte und verbale Fähigkeiten, emotionale Reaktionen sowie das Gewissen (vgl. ebd.).

Das Stressempfinden vieler Menschen erhöhte sich während der Corona-Pandemie. Laut einer Befragung der Medizinischen Hochschule Hannover berichteten 50,9 % der Proband*innen, dass sie reizbarer waren. Fast ein Drittel der Befragten

(29 %) gaben größere Aggressionen zumeist gegen andere Personen (65,5 %) an im Vergleich zu der Zeit vor der Pandemie (vgl. Krüger 2020). Die Studie liefert Hinweise darauf, dass die gesellschaftlichen Auswirkungen der Corona-Pandemie ein stärkeres Stressempfinden und verstärkte Aggressionen hervorrufen, die häusliche Gewalt begünstigen können. Sind weder ein Raum zum Zurückziehen noch andere Stressbewältigungsoptionen (z. B. Sport) möglich, können sich Schwierigkeiten in Partnerschaften verstärken und in aggressives Verhalten und/oder körperliche Gewalt umschlagen, wenn funktionale Bewältigungsstrategien fehlen (vgl. Hahlweg et al. 2020).

Das größte Risiko für gewalttätiges Verhalten tragen Personen, die unter einem hohen Stressempfinden leiden und zu emotionalem Coping neigen bzw. bei denen die erlernten und verbalen Fähigkeiten, Empathie empfinden und äußern zu können, geringfügig ausgeprägt sind. Bei vielen Menschen litten das Schlafverhalten und die Schlafqualität durch die Zunahme von Grübeleien, von Ängsten und Sorgen während der Pandemie. Wut, Verzweiflung und Reizbarkeit können Auswirkungen ungenügenden oder schlechten Schlafes sein. Sie stellen ein Risiko für die Ausübung häuslicher Gewalt auf der ontogenetischen Ebene dar (vgl. ebd.).

Mikrosystem

Auf der zweiten Stufe des ökologischen Ansatzes der Gewaltentstehung befindet sich das Mikrosystem, die Situation, in der sich das Paar oder die Familie befindet. Eine besondere Bedeutung wird auf dieser Ebene der Kommunikation zwischen den einzelnen Mitgliedern beigemessen (vgl. Dutton 1988). Für das Risiko der Gewaltentstehung auf dieser Ebene gibt es während der Corona-Pandemie vielfältige Anhaltspunkte. Insbesondere während des Lockdowns hat die Familie einerseits eine große Bedeutung für die Bearbeitung der Krise, andererseits besteht in Familien ein enormes Konfliktpotential.

> »Angesichts der [...] Maßnahmen kommt Familien und anderen Formen der Partnerschaften eine zentrale Rolle zu. Sie verbleiben oft als einziger Ort, an dem dringliche Lebensvollzüge einschließlich Ernährung und Konsum, Face-to-Face-Kommunikation und Geselligkeit, Kindererziehung, Bildung und Unterhaltung, aber auch Spannungsabbau und das Austragen von Konflikten noch stattfinden« (Leopoldina 2020: 4).

Nach Hahlweg et al. (2020) haben sich durch die Pandemie die Zufriedenheit mit der Kinderbetreuung und dem Familienleben sowie das Wohlbefinden in der Familie verringert. Die Notwendigkeit, plötzlich sehr viel mehr Zeit miteinander zu verbringen bei gleichzeitigem Verzicht auf andere Aktivitäten, beruflich und privat, zusätzliche soziale Belastungen und psychische Folgen der Pandemie bei Familienmitgliedern können zu verstärkten Konflikten bis hin zu körperlicher Gewalt führen (vgl. ebd.). Aufgrund von Kontaktbeschränkungen und Quarantänemaßnahmen bestanden für partnerschaftliche Beziehungen einerseits enorme Herausforderungen im Zusammenleben, da gewohnte Handlungsabläufe oder Freizeitgestaltungen nicht mehr möglich waren. Zeitgleich mussten schnelle improvisierte Lösungen gefunden und das Organisationschaos bewältigt werden, z. B. in Bezug auf paralleles Homeoffice und Homeschooling. In vielen Partnerschaften stand die

Sorge um die eigene Gesundheit und die von Angehörigen im Raum, insbesondere wenn diese Personen Teil einer Risikogruppe waren oder die eigene Arbeit mit Personenkontakt verbunden war. Neue Informationen zum Thema Corona mussten tagtäglich verarbeitet werden. Andererseits führten Sorgen und Ängste, die durch die Pandemie entstanden oder verstärkt wurden, zur Suche nach Verständnis und Halt in der Partnerschaft. Das Konfliktpotential in der Partnerschaft erhöhte sich, wenn der*die Partner*in den Anforderungen nach Halt und Verständnis nicht nachkommen konnte, da er*sie selbst durch Ängste gelähmt, wütend, kraftlos oder verzweifelt war und keine anderen Entlastungs- und Selbstfürsorgemöglichkeiten vorhanden waren. Durch eine Verschlechterung in der Paarkommunikation entstehen Missverständnisse, Gereiztheit und stärkere Streitereien, wodurch Sexualität und Zärtlichkeit beeinträchtigt wurden und die Beziehungszufriedenheit sank (vgl. Hahlweg et al. 2020).

Die Ungewissheit über die weitere Pandemieentwicklung und innere Anspannung führte zur Reduktion positiver Interaktionen innerhalb der Beziehung. Auch räumliche Enge kann zu verringerter Zuneigung führen, da Menschen in Belastungssituationen häufig mit Rückzug reagieren. Sind keine ausreichenden räumlichen Rückzugsmöglichkeiten aufgrund beengter Wohnverhältnisse vorhanden, erfolgt der Rückzug in sich selbst, der Partners oder die Partnerin wird ignoriert und fühlt sich nicht gesehen oder missverstanden. So können sich Schwierigkeiten aufgrund verschiedener Bedürfnisse verschärfen und in Gewaltsituationen enden, ohne dass eine adäquate Konfliktlösung gefunden werden kann. Auf lange Sicht werden Streitmuster aggressiver, Interaktionen als verletzend erlebt, Konflikte eskalieren (vgl. ebd.). Auch wenn Eltern durch die angespannte Situation und die beengten Wohn- und Lebensverhältnisse während des Lockdowns ungünstiges Erziehungsverhalten an den Tag legten, stieg das Risiko für häusliche Gewalt. Dies war insbesondere dann der Fall, wenn Kinder vorwiegend externalisierendes Verhalten zeigten (vgl. Clemens et al. 2021).

Exosystem

Auf der dritten Stufe des ökologischen Ansatzes der Gewaltentstehung, dem Exosystem, werden formelle und informelle Strukturen verortet, die mit den Gegebenheiten des Mikrosystems und der Ebene der ontogenetischen Entwicklung interagieren. Die Arbeitsplatzsituation, Isolation, Stress, soziale Kontakte und Unterstützungssysteme außerhalb der Beziehung (z. B. Freundschaften) oder andere Personen, die das Paar bzw. die Familie mit der Umwelt in Verbindung setzen, werden dazu gezählt. Durch die Corona-Pandemie wurden insbesondere die Exosystemfaktoren verstärkt. Finanzielle Schwierigkeiten, Perspektivlosigkeit, soziale Isolation und Arbeitslosigkeit bzw. die Sorge um den Arbeitsplatz können potenzierend wirken, wenn sie mit gewaltfördernden mikrosystemischen und ontogenetischen Faktoren zusammentreffen. »Exosystem factors interact with microsystem and ontogenetic factors so that increases in unemployment would produce violence only in families with disfunctional interaction patterns or in men with learned dispositions to react to stress with violence« (Dutton 1988: 53 f.). Clemens et al.

(2021) fanden heraus, dass eine Reduktion des Einkommens mit einem erhöhten Risiko für familiäre Gewalt einhergeht. Auch in Fällen, in denen das Haushaltseinkommen sehr knapp war, um die Lebenshaltungskosten zu decken, verzeichnen sie ein erhöhtes Risiko der Gewaltentstehung.

Auch Steinert und Ebert (2020) erforschten, dass Armut, Jobverlust, eine beengte Wohnsituation, finanzielle Unsicherheiten und Quarantänemaßnahmen zur Steigerung des Gewaltrisikos beitragen. »Finanziellen Sorgen, z. B. um eine wirtschaftliche Rezession oder einen Arbeitsplatzverlust aufgrund von Corona können das Risiko von Gewalt an Frauen […] erhöhen« (ebd.: 2). »In Haushalten, in denen einer der beiden Partner in Kurzarbeit war oder den Arbeitsplatz aufgrund von Corona verloren hatte, war das Konflikt- und Gewaltpotential ebenfalls höher« (ebd.: 3), genau wie in Haushalten, wo sich Frauen in Heimquarantäne befanden (vgl. ebd.). Die Erhöhung des Gewaltrisikos ist ein strukturelles Problem, da vulnerable Gruppen gefährdeter sind im Vergleich zu weniger benachteiligten. Die Flexibilität und Anpassungsfähigkeit der Individuen wurde auf eine harte Probe gestellt, als Ausgangsbeschränkungen und Kontaktverbote Bewegungsfreiheit behinderten und zu einem permanenten Kontakt zu Haushaltsangehörigen führten (vgl. Fabini 2020).

Vorher schon zugespitzte Situationen wurden durch Ausgangssperren, Existenzängste, Unbeständigkeiten des Alltags und neue Heraus-/Überforderungen bspw. durch paralleles Stattfinden von Homeschooling, Homeoffice und Haushaltsführung verschärft. Zudem fehlten von Entlastungs- und Erholungsmöglichkeiten durch kulturelle und Sportangebote, soziale Kontakte außerhalb der Familie und kreative Freizeitgestaltung. Beide Aspekte – Überforderung und fehlende Entlastung – können einen Kontrollverlust begünstigen und zu häuslicher Gewalt führen (vgl. Radau 2021). Entscheidende (potenzielle) Unterstützungsgeber*innen wie Freund*innen und Familienangehörige, aber auch Lehrer*innen und Erzieher*innen der Kinder, Arbeitskolleg*innen, Ärzt*innen und Schutzangebote für gewaltbetroffene Menschen fielen zeitgleich weg oder waren nicht erreichbar, wodurch der Verbleib in der gewaltgeprägten Situation und das Vertuschen von Partnergewalt begünstigt wurde. Wenn beide Partner*innen kontinuierlich zu Hause waren, konnte die räumliche Beengtheit zu Spannungen führen, die sich in gewalttätigen Konflikten entluden. Eine ständige Anwesenheit beider Parteien wirkte sich erschwerend auf den Zugang zu Hilfeangeboten aus, selbst wenn diese telefonisch oder per Internet erreichbar gewesen wären. »Während des Lockdowns herrschte eine gruselige Ruhe bei uns im Büro […]. Ich habe die ganze Zeit darauf gewartet, dass das Telefon klingelt. Aber es blieb stumm«, zitiert Aisslinger (2021: 13) die Anwältin für Familienrecht Hedayati, die vor allem mit gewaltbetroffenen Frauen arbeitet.

Makrosystem

Das Makrosystem, in dem kulturelle Werte und Überzeugungsmuster verortet werden, befindet sich auf der vierten Ebene des ökologischen Ansatzes der Gewaltentstehung. In Kulturen, in denen Gewalt als ein legitimes Mittel akzeptiert wird, um

Kontrolle und Disziplinierungsmaßnahmen von Männern gegenüber Frauen auszuüben, wird Gewalt zur Anwendung kommen: »the culture provides a set of cues, directives, and norms which excuse or legitimize the violence of man towards his spouse« (Dutton 1985: 406). Menschen fallen in Krisensituationen in traditionelle Verhaltensmuster zurück. Wenn durch die Politik eines Landes, wirtschaftliche und soziale Ungleichheit in der Verteilung der Ressourcen festgeschrieben oder gefördert werden, kann dies zu einem erhöhten Auftreten häuslicher Gewalt führen. Kurzarbeit und Arbeitslosigkeit infolge der Corona-Pandemie schlägt sich insbesondere in Wirtschaftssektoren mit einem hohen Frauenanteil nieder, z. B. dem Gastgewerbe.

> »Hinzu kommt, dass Frauen häufig ein niedrigeres Kurzarbeitergeld [bei verheirateten Frauen aufgrund ihrer Lohnsteuerklasse, Anm. J. W.] erhalten als Männer. […] Andererseits erhalten Frauen seltener eine Aufstockung des Kurzarbeitergeldes durch die Arbeitgeber. Unter den geringfügig Beschäftigten, die keine Ansprüche auf Kurzarbeitergeld haben und damit dem Risiko des Arbeitsplatzverlustes noch stärker ausgesetzt sind, sind ebenfalls mehrheitlich Frauen vertreten. Im Zusammenspiel mit der Tatsache, dass Frauen auch die Hauptlast der zusätzlichen Sorgearbeit aufgrund des eingeschränkten Kita- und Schulbetriebes tragen, lässt sich folgern, dass Frauen von der Corona-bedingten Wirtschaftskrise in besonderem Maße betroffen sind« (Hammerschmid et al. 2020).

Maßnahmen, die für die Eindämmung der Pandemie sinnvoll und bedeutsam sind, verschärfen wirtschaftliche und soziale Ungleichheit, wodurch auf der Ebene des Makrosystems Risiken der Gewaltentstehung verstärkt werden, die wiederum die drei vorab beschriebenen Ebenen beeinflussen und auch die Risikofaktoren auf diesen verstärken können.

7.2   Häufigkeit/Entwicklung der Fallzahlen

Nicht nur die Corona-Pandemie, sondern auch häusliche Gewalt ist ein globales Thema. Treten bspw. gesellschaftliche oder ökonomische Krisen oder sozialer Stress auf, wird die Steigerung der Fälle häuslicher Gewalt und deren Schwere begünstigt. In den Medien und durch die WHO wurde zu Beginn des Lockdowns in der Corona-Pandemie vor einer deutlichen Zunahme von Gewalt gegen Frauen durch (ehemalige) Beziehungspartner gewarnt (vgl. WHO 2020). Erste Untersuchungen im Jahr 2020 verdeutlichten den Anstieg der Zahlen der Anrufenden bei Hilfetelefonen aufgrund von häuslicher Gewalt. Zu bestimmten Zeiten verdoppelte oder verdreifachte sich die Zahl der Anrufe im Vergleich zum Vorjahreszeitraum (vgl. Schellong 2021). Die Mitarbeiter*innen des bundesweiten Hilfetelefons »Gewalt gegen Frauen« beschreiben eine Zunahme der Anrufe um 20 % im Vergleich zum Vorjahr (vgl. Presse- und Informationsamt der Bundesregierung 2020). Im medizinischen System wurden während des ersten Lockdowns weniger Verletzungen aufgrund von häuslicher Gewalt und weniger Kontakte zu Hilfeangeboten für gewaltbetroffene Personen verzeichnet (vgl. ebd.). Es ist zu vermuten, dass die Angst vor der Ansteckung mit dem Corona-Virus in medizinischen Einrichtungen sowie begrenzte Öffnungszeiten der Notaufnahmen und zu einer späteren medizinischen Versorgung führten (vgl. ebd.).

Dagegen wurden während der Lockerungen der Pandemiemaßnahmen schwerere Verläufe häuslicher Gewalt mit gravierenden Verletzungsfolgen sichtbar, die eine längere und verstärkte Eskalation der Beziehungsgewalt vermuten lassen. Nach Angaben der Gewaltschutzambulanz der Charité Berlin nahmen die Fälle deutlich an Schwere zu (vgl. Senatsverwaltung für Justiz, Verbraucherschutz und Antidiskriminierung 2021). Eine wellenartige Veränderung der Fallzahlen war zu verzeichnen. Diese verringerten sich jeweils im ersten und zweiten Lockdown und nahmen mit den Lockerungen deutlich zu (im Juni 2020 Anstieg um 29 %) (vgl. ebd.).

> »Ausgangsbeschränkungen im Rahmen der Covid-19-Pandemie haben möglicherweise unbeabsichtigte soziale, gesundheitliche und wirtschaftliche Kosten verursacht, da diese mit einer Zunahme von häuslicher Gewalt einhergehen« (Amarel et al. 2020).

Die Resultate der ersten repräsentativen Online-Befragung von 3800 Frauen zwischen 18 und 65 Jahren in Deutschland während der Zeit der Covid-19-bedingten Ausgangsbeschränkungen im Frühjahr 2020 (vgl. Steinert/Ebert 2020) verdeutlichen, dass 3,1 % der befragten Frauen von körperlichen Auseinandersetzungen mit ihren (Ehe-)Partnern im letzten Monat betroffen waren, 3,8 % gaben emotionale Gewalterfahrungen, insbesondere durch Bedrohung durch den Partner an. Für das Verlassen des Hauses mussten 2,2 % der Befragten um die Erlaubnis des Partners fragen. Von 1,5 % aller Befragten wurden Verletzungen infolge häuslicher Gewalt angegeben (vgl. ebd.). Soziale Kontakte wurden bei 4,6 % der Befragten durch den Partner überwacht und reguliert, was auf ein erhöhtes Risiko für häusliche Isolation schließen lässt. Von 3,6 % der befragten Frauen wurden sexuelle Gewalterfahrungen benannt (vgl. Steinert/Ebert 2020). Die Existenz einer hohen Dunkelziffer kann angenommen werden, weil einerseits bei einigen Betroffenen die Kontaktaufnahme zu Hilfeangeboten während der Lockdownzeit in der Corona-Pandemie aufgrund der Kontrolle des Partners nicht möglich war. Andererseits reduzierten besonders zu Beginn der Pandemie professionelle Hilfeangebote ihre Sprechzeiten und den Umfang ihrer Leistungen aufgrund der Kontaktbeschränkungen, sie waren nicht in gewohnter Weise (z. B. persönlich) oder im üblichen Umfang (z. B. durch Einschränkung der Platzzahlen in Schutzprojekten aufgrund der Abstandsregeln) erreichbar. Durch die Kontaktbeschränkungen und die Arbeit im Homeoffice waren direkte soziale Kontakte zu hilfreichen anderen Personen, z. B. Verwandten, Arbeitskolleg*innen, Nachbar*innen, Lehrer*innen der Kinder, die unter Umständen Anzeichen häuslicher Gewalt bemerkt und Hilfe angeboten oder vermittelt hätten, fast nicht mehr möglich (vgl. Fabini 2020).

Inzwischen (2022) kann eine Steigerung der Fälle häuslicher Gewalt empirisch nachgewiesen werden. Die polizeiliche Kriminalstatistik (vgl. Bundeskriminalamt 2021) zeigt für das Jahr 2020 eine Steigerung der Fallzahlen häuslicher Gewalt um 4,9 % auf. Die Anzahl der Betroffenen häuslicher Gewalt erhöhte sich das fünfte Jahr infolge, vier Fünftel (80,5 %) der Betroffenen sind weiblichen Geschlechts.

> »Von 148.031 Opfern häuslicher Gewalt wurden die meisten Opfer bei einer vorsätzlichen einfachen Körperverletzung (91.212), gefolgt von Bedrohung, Stalking und Nötigung (33.022) und gefährlicher, schwerer Körperverletzung oder einer solchen mit Todesfolge (insgesamt 18.097) erfasst. Ferner wurden 3.389 Opfer von sexuellen Übergriffen, sexueller Nötigung und Vergewaltigung, und 1.759 Opfer von Freiheitsberaubung registriert. Insgesamt wurden 460 Personen als Opfer von Mord und Totschlag (0,3 %) erfasst. Die Anzahl der Opfer bei vollendetem Mord und Totschlag lag bei 158, davon 132 weibliche und 26 männliche. Hinzu kommen sieben Fälle von Körperverletzung mit Todesfolge durch Partnerschaftsgewalt bei Frauen und vier Fälle bei Männern. Damit sind 139 Frauen und 30 Männer Opfer von Partnerschaftsgewalt mit tödlichem Ausgang geworden« (Bundeskriminalamt 2021: 6).

Die Zahlen der polizeilichen Kriminalstatistik bilden nur das Hellfeld ab. Es bleibt zu vermuten, dass die Anzahl der tatsächlichen Fälle häuslicher Gewalt während der Pandemie wesentlich höher ist. Vor allem während des Lockdowns fand diese ›hinter verschlossenen Türen‹ statt und wurde vermutlich oft nicht zur Anzeige gebracht.

7.3 Maßnahmen und Empfehlungen zur Gewaltprävention unter Pandemiebedingungen

Aus den bis jetzt gesammelten Erfahrungen und dem Wissen um Risikofaktoren häuslicher Gewalt zu Pandemiezeiten auf unterschiedlichen Ebenen sollten konkrete Empfehlungen und Maßnahmen der Gewaltprävention abgeleitet und umgesetzt werden. Nur so kann häusliche Gewalt auch unter den Bedingungen einer Pandemie rechtzeitig erkannt, Betroffene besser erreicht und geschützt, Präventions-, Beratungs- und Schutzangebote in ausreichender Anzahl bereitgestellt und auf die persönlichen Bedürfnisse und Hilfebedarfe der Betroffenen eingegangen werden. Diese Empfehlungen schließen die politische und zivilgesellschaftliche Ebene, den Bereich des Hilfenetzes bei häuslicher Gewalt und der Sozialen Arbeit sowie das medizinische System ein.

Empfehlungen für Politik und Zivilgesellschaft

Aus dem Vergleich diverser Studien leiten Amarel et al. (2020) Empfehlungen für die Politik und die Zivilgesellschaft ab.

> »Diese Studien heben zwei Schlüsselaspekte hervor, die für die Bekämpfung von häuslicher Gewalt entscheidend sind. Erstens zeigen sie, dass Politikmaßnahmen, die darauf abzielen, Einkommenseinbußen von Familien abzumildern, zu weniger familiärer Gewalt führen. Des Weiteren verbessern sie gleichzeitig die Art und Weise, wie Familien sich selbst helfen – d. h., dass sie nach einer offiziellen Anlaufstelle suchen, die sie als geeignet erachten, um Missbrauchsvorfälle aufzudecken« (ebd.: 54).

Die Empfehlung der Forscher*innen zum erstgenannten Argument ist die Anpassung von Sozialleistungen, damit insbesondere eine Stabilisierung des Einkommens von »Risikofamilien« stattfinden und der Zugang zu diesen erleichtert werden kann. Zur Umsetzung des zweiten Arguments – der Optimierung der Selbsthilfemöglichkeiten von Betroffenen – befürworten Amarel et al. (2020) eine verbesserte Sichtbarkeit von Hilfeangeboten, die Bereitstellung von Notplätzen und die Einstufung von Frauenhäusern und anderen Hilfeeinrichtungen als systemrelevant. Zu Therapien und Beratungsangeboten sollte ein niedrigschwelliger Zugang, notfalls auch online, gewährt werden. Über den erleichterten Zugang zu Therapien und Beratungsangeboten könnte ein verbesserter Zugang auch zu offiziellen Anlaufstellen bei häuslicher Gewalt geschaffen werden. Fälle häuslicher Gewalt könnten frühzeitig auffallen und erkannt werden, wenn Weiterbildungen für Lehrer*innen, Polizist*innen und andere Berufsgruppen zum Phänomen häuslicher Gewalt angeboten und genutzt werden würden. Amarel et al. (ebd.: 55) empfehlen den verstärkten Einsatz von Frauen bei der Polizei, wodurch die Opfer häuslicher Gewalt zu einer erhöhten Inanspruchnahme der Polizei ermutigt werden sollen. Zusammengefasst sehen die Forscher*innen eine Vielzahl an Möglichkeiten, wie Regierungen, aber auch die Zivilgesellschaft, Kosten auf sozialer, gesundheitlicher und wirtschaftlicher Ebene einsparen können,

> »indem sie i) sich auf die Verbesserung des Zugangs zu Sozialleistungen konzentrieren, die das Gesamteinkommen der Haushalte von Risikofamilien erhöhen, und ii) die Prozesse erleichtern, über die Opfer von häuslicher Gewalt Hilfe suchen können, indem die Polizei, Sozialdienste, Schulen und die lokale Gemeinschaft geschult und gestärkt werden, Gewalttaten zu erkennen und zu melden« (ebd.).

Schutzmaßnahmen während der Corona-Pandemie hatten einen verstärkten Verbleib in der Häuslichkeit zur Folge, führten zur ›Unsichtbarkeit‹ häuslicher Gewalt und erhöhten das Auftreten von Risikofaktoren für die Eskalation von Konflikten. Trotz alledem bleibt häusliche Gewalt weiterhin keine Privatsache! Nachbar*innen, Angehörige und andere Personen der Zivilgesellschaft sind aufgefordert, sich über Hilfemöglichkeiten zu informieren, Hilfe anzubieten (ohne sich selbst zu gefährden) und nicht wegzuschauen, damit sie im Notfall in der Lage sind, Zivilcourage zu zeigen und Unterstützung zu vermitteln. Damit häusliche Gewalt im persönlichen Umfeld wahrgenommen werden kann, sollten für das Thema sensibilisiert werden, z. B. durch öffentliche Aushänge in Wohnhäusern oder Plakataktionen. Aus bisher gewonnenen Daten und Erfahrungen kann laut Fabini eine »Sensibilisierung für das Thema häusliche Gewalt durch Kenntnis der verschiedenen Erscheinungsformen« (2020: 28) als Präventionsstrategie abgeleitet werden.

Empfehlungen für die Soziale Arbeit und das Hilfenetz bei häuslicher Gewalt

Seit Beginn der Pandemie wurden einige Präventionsmaßnahmen begonnen (vgl. Hahlweg et al. 2020). Durch das Bundesinvestitionsprogramm »Gemeinsam gegen Gewalt gegen Frauen« wurden seit Januar 2020 120 Millionen Euro zum Ausbau der Frauenhäuser und anderer Hilfeangebote für gewaltbetroffene Frauen zur Verfügung gestellt. Zudem konnten Familien, die nur über ein geringes Einkommen verfügten, einen Notfallkinderzuschlag von bis zu 185 Euro pro Kind in der Zeit von April bis September 2020 zusätzlich zum Kindergeld erhalten. Dieser Zuschlag sollte dazu beitragen, die durch die Pandemie entstandenen finanziellen Einbußen abzufedern. Der Zugang zu informellen Unterstützungssystemen war während des Lockdowns beeinträchtigt und gewaltbetroffene Frauen verbrachten mehr gemeinsame Zeit im Haushalt mit dem Täter. Daher ist davon auszugehen, dass durch die räumliche Eingeschränktheit, fehlende Möglichkeiten der außerhäuslichen Entlastung und ein erhöhtes Stressniveau in Beziehungen verstärkt Aggressionen auftraten. Umso bedeutsamer werden professionelle Beratungen und Schutzangebote während dieser Zeit. Das kostenlose Hilfetelefon »Gewalt gegen Frauen« ist 24 Stunden jeden Tag erreichbar. Die Beratung findet auf Wunsch anonym statt und ist in 18 Sprachen möglich. Eine dauerhafte Finanzierung solch niedrigschwelliger Angebote wird von Hahlweg et al. (2020) gefordert.

Neben den aufgeführten Entwicklungen ist es Zeit für neue Formen der Unterstützung mithilfe des Internets als Ergänzung zum bestehenden Hilfenetz (vgl. ebd.). Hahlweg et al. (vgl. ebd.) befürworten erstens die Entwicklung und Förderung des Aufbaus von Internetplattformen, auf denen ein angemessener Umgang mit familiären Krisensituationen thematisiert wird und erlernt werden kann. Diese Webseiten sollen für Betroffene schnell und unkompliziert erreichbar sein und zudem verständliche, praxisnahe und handlungsorientierte Hilfestellungen für familiäre Konfliktsituationen bieten. Zweitens sollen insbesondere finanzschwache Familien eine finanzielle Unterstützung zur Nutzung von interaktiven Online-Programmen erhalten. Ist es bereits zu einer Eskalation der Streitigkeiten in der Familie gekommen, ist eine Vermittlung von Informationen oft nicht ausreichend, um die Situation zu entspannen. Deshalb soll die Nutzung interaktiver Selbsthilfeprogramme zur Deeskalation der Lage beitragen. Da diese webbasierten Programme oft kostenpflichtig sind, braucht es finanzielle Hilfe, um eine kostenneutrale Nutzung für die Betroffenen zu ermöglichen. Drittens fordern Hahlweg et al. (2020) die Initiierung und Finanzierung von flächendeckenden Aufklärungskampagnen zum Thema »Pflege der Partnerschaft« in onlinebasierten Programmen. Durch Plakataktionen der Bundeszentrale für gesundheitliche Aufklärung an öffentlichen Plätzen oder Beiträge in sozialen Medien, von der Gemeinde ausgestellten »Paar-Briefen« oder Broschüren für Neuverheiratete beim Standesamt sollen diese Selbsthilfeprogramme für Krisensituationen in Partnerschaft und Familie beworben werden. Ergänzend können Podcasts zu Partnerschaft und Familie und die damit verbundenen Herausforderungen oder Flyer, die in Arztpraxen ausgelegt werden, zur Bekanntmachung der Programme beitragen. Hahlweg et al. (vgl. ebd.) empfehlen darüber hinaus die Bildung einer unabhängigen Kommission zur Identifikation von fragwürdigen oder schädlichen Online-Programmen, die eine Liste empfehlenswerter Programme erstellt als vierte Maßnahme der Prävention. Dadurch soll der Zugang zu seriösen Online-Angeboten erleichtert werden.

Was kann darüber hinaus insbesondere für die Soziale Arbeit mit Betroffenen von häuslicher Gewalt hilfreich sein?

Eine direkte persönliche Beratung in Beratungs- und Interventionsstellen wurde durch die Kontaktbeschränkungen und die Maßnahmen zum Infektionsschutz erschwert. Daher wurden telefonische und Online-Hotlines eingerichtet oder deren Angebot erweitert, z. B. das Hilfetelefon »Gewalt gegen Frauen«, die Nummer gegen Kummer oder das Elterntelefon. Für den Moment ist das eine sinnvolle Maßnahme, um gewaltbetroffenen Menschen, trotz fehlender oder eingeschränkter persönlicher Beratung, eine erste Kontaktmöglichkeit zur professionellen Unterstützung zu bieten. Um die Fachlichkeit dieser Angebote zu prüfen, ist die Evaluierung der zusätzlichen und digitalen Angebote notwendig, um ggf. eine Überführung in die Regelfinanzierung anzuschließen. Funktionierende Maßnahmen, die zur Veränderung des Hilfesystems zur Bewältigung der Corona-Krise beigetragen haben, sollten unter Berücksichtigung von Zielgruppen mit besonderen Bedarfen, z. B. Menschen mit unterschiedlichen Arten der Behinderung, beibehalten werden (vgl. Schellong 2021). Das Angebot der niedrigschwelligen Unterbringung von gewaltbetroffenen Frauen und Kindern in Akutsituationen in Frauenhäusern und Zufluchtswohnungen sollte unbedingt aufrechterhalten und in diesen Einrichtungen auch eine persönliche professionelle Beratung gewährleistet werden. Zudem sollten die Hilfesuchenden Informationen über die Pandemie und Infektionsschutzmaßnahmen in den Einrichtungen bekommen, wie sie z. B. die ZIF (Zentrale Informationsstelle der Frauenhäuser) und die Frauenhauskoordinierung zusammengestellt haben. Durch die Erschließung neuer Standorte sollten die durch die Hygienemaßnahmen und Abstandsregeln reduzierten Plätze in Frauenhäusern aufgestockt werden. Neben den Schutzunterkünften sollten zudem alle zivilrechtlichen Möglichkeiten in Fällen häuslicher Gewalt ausgeschöpft werden, nicht nur in der Corona-Situation. Ein Kontakt- und Näherungsverbot für die gewalttätige Person oder eine Wohnungszuweisung für die gewaltbetroffene Person nach dem Gewaltschutzgesetz (GewSchG) kann unter Umständen zu einem größeren Schutz und zur Verhinderung weiterer Gewalttaten beitragen (vgl. ebd.).

Der Ausbau der Hilfemöglichkeiten für Gewaltbetroffene in Umfang, Sprachangebot und Digitalisierung ist wünschenswert. Hilfe und Beratung sollten zusätzlich online angeboten werden, d. h. per Chat, App oder E-Mail, insbesondere wenn aufgrund der Isolation durch den Gewaltausübenden kein direkter Kontakt zu professionellen Hilfeangeboten über Notrufnummern möglich ist (vgl. Steinert/ Ebert 2020). Psychologische Beratung und Therapie sollten zusätzlich online angeboten werden (vgl. ebd.) und deren Nutzung niedrigschwellig sein (vgl. Fabini 2020). Adäquate Unterstützungsangebote sollten gewaltbetroffenen Menschen zur Verfügung stehen, an den steigenden Hilfebedarf angepasst und Informationen darüber stärker in der Öffentlichkeit verbreitet werden. Zudem sieht Fabini eine »professionelle Einschätzung der individuellen Gefährdungslage Betroffener durch Kenntnis spezifischer Risikofaktoren […] (insbesondere die sorgfältige Exploration in Erstkontakten und/oder bei entsprechendem Verdacht)« (2020: 28) sowie »das Ableiten spezifischer professioneller Maßnahmen aus ggf. vorhandenen Risikofaktoren und die Beachtung grundlegender Interventionsprinzipien und -strategien« (ebd.) als bedeutende Präventionsmaßnahmen an.

Professionelle Sozialarbeitende sollten (nicht nur) in Zeiten der Corona-Pandemie in der Lage sein, Anzeichen häuslicher Gewalt zu erkennen und anzusprechen, über Hilfeangebote informiert sein und an diese vermitteln. Um den Betroffenen schnelle und adäquate Hilfen zu ermöglichen, ist eine Vernetzung der Hilfesysteme mit und durch die Soziale Arbeit notwendig. Diese wäre mit im medizinischen Bereich tätigen Personen, Polizist*innen, Anwält*innen und anderen für gewaltbetroffene Frauen bedeutsamen Systemen von Vorteil.

Empfehlungen für das medizinische System

Ein bedeutender Beitrag zur Bewältigung des Erlebten und ein erster Schritt auf dem Weg aus der Gewalt kann im medizinischen System durch eine traumainformierte und gewaltsensible hausärztliche Beratung und Versorgung geleistet werden (vgl. Schellong 2021). Traumasensitive Elemente der Gesprächsführung sind bspw. verständnisvolles Zuhören, die sensible Exploration des Krisenereignisses, dessen Strukturierung und die Erfragung von Ressourcen. Besteht der Verdacht auf häusliche Gewalt, sollte dieser aktiv und konkret angesprochen werden, z. B. in der Form: »Ich möchte Ihnen nicht zu nahetreten, aber ich kenne solche Verletzungen auch als Folge von Schlägen« oder »Sie wirken ängstlich. Was macht Ihnen Angst? Fürchten Sie sich vor Ihrem Partner?« (Schellong 2020: 290).

Dabei sind jederzeit die Grundsätze der Sicherheit, der Wahlfreiheit und der Kontrollierbarkeit der Situation zu beachten. Die gemeinsame Erstellung eines kurzfristigen Planes für die nächsten Stunden kann entlastend und vertrauensfördernd wirken, auch unter Einbezug von Möglichkeiten sozialer Unterstützung. Mit der Herausstellung einer eindeutigen Haltung gegen Gewalt und der Information über individuelle Rechte können Perspektiven erdacht und deren Umsetzung in den nächsten Tagen besprochen werden. Das aktuelle Schutzbedürfnis sollte erfragt und jederzeit berücksichtigt werden. Nur so können adäquate Möglichkeiten aufgezeigt und Anonymität der Beratung angeboten werden. Braucht die gewaltbetroffene Frau eine psychische oder physische Notversorgung, sollte diese gerichtsfest dokumentiert werden. Alternativ sollte die Vermittlung der Frau in eine fachgerechte rechtsmedizinische Untersuchung erfolgen, selbst wenn sie von einer Anzeige absieht. Die Dokumentation von Verletzungen, z. B. durch Fotos, und psychische Befunde können noch Jahre später als Beweise in Gerichtsverfahren herangezogen werden. Eine Weitervermittlung an das Hilfesystem oder die Vereinbarung weiterer Termine sollten abschließend erfolgen (vgl. Schellong 2021). Handlungsempfehlungen zur »Notfallsituation: häusliche Gewalt« (Rosin/Hennings 2020: 250–255) wurden für medizinisches Personal in der Schweiz veröffentlicht. Diese sollen zur bestmöglichen Versorgung von Betroffenen häuslicher Gewalt beitragen. Ein weiterer wichtiger Aspekt, der im Zusammenhang mit häuslicher Gewalt häufig unerwähnt bleibt, »ist die Selbstfürsorge des medizinischen Personals. Entlastende Gespräche und/oder Supervision können einer sekundären Traumatisierung der untersuchenden Person vorbeugen« (ebd.: 255).

Prävention psychischer Belastungen und »protektive« Faktoren häuslicher Gewalt unter Pandemiebedingungen

»Als ›protektiv‹ gelten Faktoren, die entweder das Risiko mindern, von häuslicher Gewalt betroffen zu sein oder die die Auswirkungen von Gewalt auf die körperliche und psychische Gesundheit reduzieren« (Wahren 2016: 59). Risikofaktoren häuslicher Gewalt und deren Zusammenspiel sind komplex. Daher ist es nicht möglich, eine direkte Kausalität zwischen »protektiven Faktoren« und einem geringeren Partnerschaftsgewaltrisiko herzustellen. Trotzdem gibt es Aspekte, die Hinweise auf Ansatzpunkte für die Gewaltprävention geben. Brakemeier et al. (2020) fanden einen positiven Zusammenhang zwischen psychischer Gesundheit während der Corona-Pandemie und empfundener sozialer Unterstützung, Optimismus sowie Selbstwirksamkeit. Diese wirken einerseits psychischen Belastungen entgegen, andererseits wurden sie in anderen Studien (z. B. vgl. Carlson et al. 2002; Coker et al. 2002) als »protektive« Faktoren häuslicher Gewalt identifiziert. Ein positiver Bewertungsstil ist für die psychische Gesundheit einer Person ausschlaggebend (vgl. Brakemeier et al. 2020). Darunter wird verstanden, wie Personen Bedrohungen generell und speziell die persönliche Bedrohung durch COVID-19 bewerten. Sind sie in der Lage, nicht veränderbare Tatsachen der Pandemie zu akzeptieren und positive Aspekte der Pandemie (z. B. des Homeoffices) in den Fokus zu rücken, haben sie weniger psychische Probleme und eine bessere psychische Gesundheit. Psychische Gesundheit kann als »protektiver Faktor« häuslicher Gewalt gelten (vgl. Coker et al. 2002). Mark (2006) fand heraus, dass eine enge Beziehung zwischen privater Zufriedenheit und dem Erhalt Sozialer Unterstützung vorhanden ist, die in einem protektiven Zusammenhang mit allen Gewaltarten steht.

Wenn Menschen unter psychischen Erkrankungen leiden, tragen sie ein erhöhtes Risiko für Gewalterfahrungen (vgl. GiG-net 2008). Dieses ist unabhängig davon, ob einer oder beide Partner*innen psychisch erkrankt sind (vgl. Steinert/Ebert 2020) bzw. die Sorge um erkrankte Angehörige und Freund*innen die psychische Widerstandsfähigkeit schwächt.

> »Auch bestimmte psychopathologische Phänomene treten [als Reaktion auf die Beschränkungen während der Corona- Pandemie, Anm. J. W.] auf. Nicht zuletzt gehen aber auch bestimmte Diagnosen (z. B. Substanzkonsumstörungen) und weitere psychopathologische Phänomene auf Symptomebene (z. B. Misstrauen und Verzweiflung) mit einem erhöhten Gewaltrisiko einher« (Fabini 2020: 28).

Im Umkehrschluss kann also die Förderung psychischer Gesundheit zu einem geringeren Risiko für häusliche Gewalterfahrungen beitragen.

Für die frühzeitige Erkennung von Stressoren, die Entwicklung von Bewältigungsstrategien für eine stärkere Kompetenz im Umgang mit Stressoren und zur Prävention psychischer Belastungen sollen praktische Frühinterventionen ermöglicht werden (vgl. Brakemeier et al. 2020). Zudem betonen die Autor*innen, dass der gesellschaftliche Zusammenhalt gefördert, Solidarität, Empathie und Gemeinsamkeiten betont und soziale Stigmatisierung verurteilt, Selbstwirksamkeit und Kontrollerleben gefördert werden sollte, um psychischen Erkrankungen bzw. deren Chronifizierung entgegenzuwirken (ebd.). Durch die Digitalisierung und flexible Möglichkeiten der Arbeitsgestaltung sollen schwierige arbeitsbezogene Prozesse bewältigt werden. Niedrigschwellige und barrierefreie Präventionsprogramme mit interdisziplinärer Ausrichtung sollten eingerichtet werden, um psychische Belastungen der Corona-Pandemie aufzufangen und somit Gewaltprävention zu leisten. Als weitere gesundheitspolitische Empfehlungen postulieren Brakemeier et al. (vgl.

ebd.) die Umsetzung von Akutmaßnahmen, z. B. die Einrichtung von »Corona-Sprechstunden« durch Psycholog*innen, eine individualisierte Akut- und Kurzzeitkrisenintervention, um Chronifizierungen vorzubeugen. Die Ermöglichung des Zugangs und eine gesteigerte Nutzung von Online-Angeboten, Aus- und Weiterbildungen zur Digitalisierung werden als weitere Akutmaßnahme benannt (vgl. ebd.). Weiterhin empfehlen Brakemeier et al. (vgl. ebd.) Risikofaktoren für psychische Störungen bei der Formulierung und Gestaltung von Corona-Maßnahmen durch die Gesetzgeber zu reduzieren. Das kann z. B. durch die Ermöglichung des Kita- oder Schulbesuches insbesondere für benachteiligte Kinder oder die Ermöglichung sozialer Kontakte sowie die Schaffung flexibler und kreativer Lösungen für Branchen, die besonders durch die Pandemie betroffen sind, umgesetzt werden. Eine weitere Empfehlung ist sprachlicher Art. Sie bezieht sich auf die »Verwendung der Begrifflichkeiten »physical distancing« (körperliche Distanzierung) an Stelle von »social distancing« (soziale Distanzierung) in der Öffentlichkeit, damit der Bevölkerung vermittelt wird, dass soziale und emotionale Nähe trotz Abstandsregeln möglich und notwendig sind« (Brakemeier et al. 2020: 24).

Zusammengefasst kann eine universelle Prävention unter Berücksichtigung positiver Nebenwirkungen und Chancen für die psychische Gesundheit angestrebt werden, die sich auch gewaltpräventiv auswirken könnte. Die Umsetzung der Präventionsstrategie zur Verbesserung der psychischen Gesundheit könnte bspw. erfolgen durch frühzeitige Interventionen, den weiteren Ausbau der Digitalisierung, Programme zur Reduktion der Stigmatisierung oder durch eine Förderung von Initiativen, die den sozialen Zusammenhalt unterstützen.

8 Fazit

Auf allen Ebenen im ökologischen Modell der Gewaltentstehung (ontogenetische Entwicklung, Mikro-, Exo- und Makrosystem) lassen sich Risikofaktoren für das Entstehen häuslicher Gewalt finden, die durch die Maßnahmen zur Eindämmung der Corona-Pandemie verstärkt wurden. Diese sollten ernst genommen und als Warnsignale verstanden werden. Im Sinne einer besseren und frühzeitigeren Gewaltprävention (nicht nur während der Pandemie) sollten Akteur*innen aus Politik und Zivilgesellschaft, der Sozialen Arbeit (vor allem im Anti-Gewalt-Bereich) und dem medizinischen System gemeinsam die unterschiedlichen Ebenen der Gewaltentstehung in den Blick nehmen. Nur so kann koordiniert und in interdisziplinärem Austausch zur Stärkung von »protektiven« Faktoren und zur Eindämmung von Risikofaktoren häuslicher Gewalt beigetragen werden. Für Gewaltbetroffene sollten unabhängig von der gesellschaftlichen Situation adäquate, vernetzte Hilfeangebote zur Verfügung stehen. Diese sollten an den steigenden Hilfebedarf und den Bedarf an veränderte Zugänge zum Hilfesystem in Pandemiezeiten angepasst werden. Nicht nur weil die Istanbul-Konvention, das Übereinkommen des Europarats zur Verhütung und Bekämpfung von Gewalt gegen Frauen und häuslicher Gewalt, 2018 in Deutschland in Kraft getreten ist und die Vertragsstaaten zu aktiven Maßnahmen verpflichtet hat (vgl. Rabe/Leisering 2018). Sondern insbesondere auch, weil jeder Fall häuslicher Gewalt ein Fall zu viel ist, der mit gesundheitlichen Hypotheken, persönlichen und sozialen Auswirkungen, aber auch gesellschaftlichen und persönlichen Kosten einhergeht, Sozial- und Gesundheitssysteme in Anspruch nimmt und vor allem persönliches Leid verursacht, das sich massiv auf die Lebensqualität der Betroffenen und ihr soziales Umfeld auswirkt. Häusliche Gewalt verursacht Schwierigkeiten in unterschiedlichen Lebensbereichen und Probleme, soziale Unterstützung zu erhalten oder zuzulassen.

Die Einschränkung des Erhalts sozialer Unterstützung wie auch die Gewaltfolgen wirken sich negativ auf die gesundheitliche Situation aus. Das kann zu langwierigen Chronifizierungen von gesundheitlichen Beschwerden führen. Haben gewaltbetroffene Frauen die Möglichkeit, passgenaue soziale Unterstützung zu erhalten, wird zum einen das Risiko für erneute Gewalterfahrung und zum anderen die gesundheitliche Belastung gemindert, wodurch wiederum die Unterstützungssituation profitieren kann. Bestehen keine informellen Netzwerke mehr, kommt professionellen Unterstützer*innen die Aufgabe zu, vorübergehend Hilfestellungen zu leisten und den Aufbau informeller Netzwerke zu fördern. Durch den ressourcenorientierten Blick der Sozialen Arbeit kann die Aufdeckung und Förderung von Stärken, personellen und Umweltressourcen sowie »protektiven« Faktoren erfolgen, die zu einer gelingenden Verarbeitung der Gewalterfahrungen und zum Durchbrechen transgenerationaler Gewaltzyklen beitragen können.

> **Soziale Arbeit bei häuslicher Gewalt**
>
> Die Soziale Arbeit, als Spezialistin für das ›Soziale‹ im bio-psycho-sozialen Gefüge von Menschen, nimmt die Chancen und Risiken, die durch soziale und gesellschaftliche Herausforderungen entstehen, in den Blick. Sie kann auf eine langjährige Tradition in der Anti-Gewalt-Arbeit zurückblicken und hat ein eigenes handlungsethisches, -theoretisches und -methodisches Repertoire entwickelt, das in Ko-Produktion mit den Adressat*innen der Hilfen und in interdisziplinärer Zusammenarbeit mit anderen Professionen zur Anwendung kommt (vgl. z. B. Albrecht 2017). Im Mittelpunkt stehen das Selbstbestimmungsrecht der Adressatinnen, die Förderung ihrer Selbsthilfepotentiale und die Berücksichtigung der individuellen Unterstützungsbedarfe.

Grundlegend für die Arbeit mit gewaltbetroffenen Frauen ist eine sichere, bedarfsgerechte und langfristige Finanzierung der Projekte und die Bereitschaft zur Zusammenarbeit aller Beteiligten, insbesondere unter den erschwerten Bedingungen einer Pandemie.

9 Fallbeispiele

Die beiden nachfolgend angeführten Fallbeispiele sollen die Vulnerabilität, aber auch die besondere Situation der gewaltbetroffenen Frauen aufzeigen. Zudem werden die Komplexität der Arbeit mit diesen, die Kooperationsmöglichkeiten und -notwendigkeiten sowie die Rollenvielfalt der Sozialarbeiterinnen im Verlauf des Hilfeprozesses aufgezeigt. Die Fallbeispiele wurden dankenswerterweise von Sozialarbeiterinnen einer Zufluchtswohnung mit Einverständnis der Frauen mit Gewalterfahrung zur Verfügung gestellt.

9.1 Fallbeispiel 1: Frau S.

Frau S. hat mit dreien ihrer Kinder drei Jahre lang in unterschiedlichen Frauenhäusern gewohnt, bevor sie zuletzt in eine Frauenzufluchtswohnung eingezogen ist. Zusammen mit dem gewalttätigen Ex-Partner hat Frau S. vier Kinder, einen 6-jährigen Sohn, eine 11-jährige, eine 16-jährige und eine 17-jährige Tochter. Die älteste Tochter lebt bei ihrem Vater.

Aus voriger Ehe hat Frau S. drei nun erwachsene Kinder. Zu diesen drei Kindern hat sie eine gute Bindung und Kontakt.

Frau S. hat über viele Jahre hinweg extreme Gewalt durch ihren Ex-Partner erlebt. Die körperliche Gewalt gipfelte im Versuch Frau S. anzuzünden, nachdem sie gefesselt und geschlagen wurde. Auch unter massiver psychischer Gewalt litt Frau S. Sie war ständigen Bedrohungen und Beleidigungen ausgesetzt, ihr wurde nachgestellt. Sie wurde in allen Frauenhäusern durch ihren Ex-Partner gefunden und aus einem von ihm und seiner Familie entführt.

Familiendynamik

Frau S. erhält Unterstützung durch ihre erwachsenen Kinder. In der Haushaltsführung ist Frau S. sehr ordentlich. Durch die beiderseitige Verantwortung in der Ehe ist sie von sehr hohen Schulden durch ihren Ex-Partner betroffen, bspw. Mietschulden. Frau S. thematisiert große Ängste vor ihrem Ex-Partner, fühlt sich traumatisiert und berichtet über Schlafstörungen und Gereiztheit. Zudem verspürt sie Übersensibilität und Übererregtheit, indem sie übermäßig schreckhaft ist. Sie gibt depressive Verstimmungen an.

Frau S. ist gut strukturiert und hält zuverlässig Behördengängen und Termine ein. Sie ist Analphabetin und verfügt nicht über einen Schulabschluss. Ihre Sprache ist akzentfrei, obwohl sie einen Migrationshintergrund hat. Sie hat die deutsche Staatsangehörigkeit.

Ressourcen

Trotz der massiven Gewalt- und Fluchterfahrungen verfügt Frau S. über persönliche und soziale Ressourcen. Sie ist, obwohl sie sehr belastet ist, sehr fürsorglich gegenüber ihren Kindern, hat Humor und weist eine hohe Strukturiertheit auf. Darüber hinaus verfügt sie über eine große Kommunikationsfähigkeit. Frau S. erscheint als offene, sympathisch wirkende Frau und hat ein sehr gepflegtes Erscheinungsbild. Sie ist kompetent und in der Lage Hilfe und Unterstützung zu fordern und anzunehmen.

Zu den sozialen und Umweltressourcen zählen die gute Bindung zu ihren erwachsenen Kindern, enge Kontakte innerhalb derselben Stadt mit einer Tochter und ihrem Enkelkind. Darüber hinaus gibt sie gute Kontakte zu anderen Verwandten (u. a. Tante in gleicher Stadt) an. Nach der Trennung von ihrem Partner hat Frau S. neue Freund*innen innerhalb der Stadt gefunden. Als finanzielle Ressourcen können Transferleistungen durch das Jobcenter (Arbeitslosengeld II und Sozialgeld), durch die Unterhaltsvorschusskasse (Unterhaltsvorschuss für die Kinder) und durch die Familienkasse (Kindergeld) betrachtet werden.

Beschreibung des Ex-Partners

Laut Aussage von Frau S. hat der Ex-Partner bereits in der Strafvollzugsanstalt eine Haftstrafe wegen Drogenhandels verbüßt. Frau S. gibt an, dass er psychisch krank sei, allerdings nicht drogenindiziert. Er verfüge über eine hohe Gewaltbereitschaft, die auch innerhalb seiner Herkunftsfamilie besteht. Aufgrund von Mordversuchen seien die Brüder des Ex-Partners zu langen Haftstrafen verurteilt. Der Ex-Partner wird nach Aussage von Frau S. diese niemals in Ruhe lassen. Sie solle zu ihm zurückkehren.

Beschreibung Kind A. (17)

Als erste Tochter wurde sie durch ihren Vater immer stark bevorzugt. Ihm gegenüber zeigt sie sich solidarisch. A. hat bereits Verhaltensweisen ihres Vaters übernommen. Sie wird als aggressiv, intrigant und verlogen dargestellt. Zudem bedrohe sie ihre Geschwister. Frau S. hat eine ambivalente Beziehung zu A., da die Tochter u. a. mehrfach den Aufenthaltsort (Frauenhaus) der Mutter dem Vater preisgegeben hat. Derzeit lebt A. bei ihrem Vater, zuvor hat sie gemeinsam mit ihren Geschwistern und ihrer Mutter in der Zufluchtswohnung gelebt.

Beschreibung Kind B. (16)

Kind B. verfügt über eine gute Bindung zur Mutter und zeigt sich solidarisch mit ihr. B. hat viel Gewalt (körperlich und psychisch) durch ihren Vater erlebt. Als selbst Betroffene und Augenzeugin bei den Gewalttaten des Vaters gegenüber der Mutter hat B. Angst vor ihrem Vater. Sie möchte keinen Kontakt zu bzw. Umgang mit ihrem Vater haben.

Beschreibung Kind C. (11)

Kind C. lebt bei ihrer Mutter in der Zufluchtswohnung. Auf eigenen Wunsch hin hat C. seit einem Jahr Umgang mit ihrem Vater durch das Gericht. C. weist eine ambivalente Beziehung zur Mutter auf. Sie erhält durch ihren Vater viel Aufmerksamkeit, bekommt von ihm Geschenke und macht Ausflüge mit ihm bei den Umgängen. C. telefoniert heimlich mit ihrem Vater, was zu Streitigkeiten zwischen ihr und ihrer Mutter führt.

Beschreibung Kind D. (6)

Kind D. lebt bei seiner Mutter, zu der er eine enge Beziehung hat. D. zeigt hyperkinetische Tendenzen. Er sucht allgemein nach Aufmerksamkeit durch seine Bezugspersonen. Auf eigenen Wunsch hat D. seit einem Jahr Umgänge mit dem Vater, die gerichtlich festgelegt wurden.

Verlauf der Hilfe

Zum Zeitpunkt der Anfrage nach einem freien Platz in der Frauenzufluchtswohnung befand sich Frau S. mit drei ihrer Kinder in einer Kleinstadt im Frauenhaus. Nach eigener Aussage fand sie dort aufgrund ihres Migrationshintergrundes keine Wohnung. Zudem bestand bei ihr der große Wunsch, in die Großstadt zu ziehen, in der ihre erwachsene Tochter wohnt. Diese stand zu dem Zeitpunkt kurz vor der Geburt ihres ersten Kindes. Frau S. empfand die Situation im Frauenhaus als schwierig und für ihre Kinder nicht kindgerecht. Sie beklagt die beengten Verhältnisse und wechselnde Mitbewohnerinnen, die u. a. auch Alkohol und Drogen konsumierten.

Es erfolgte ein längeres Vorgespräch mit Frau S. am Telefon. Dadurch sollte sichergestellt werden, dass Frau S. der Zielgruppe entspricht und die Voraussetzungen für eine Aufnahme in die Zufluchtswohnung erfüllt sind. Als nächstes fand die Kontaktaufnahme mit dem Frauenhaus, in dem Frau S. und ihre Kinder lebten, statt. Der Zeitpunkt für einen möglichen Umzug wurde thematisiert. Nach einem Erstgespräch/Aufnahmegespräch im Büro des Trägers konnte Frau S. und ihren Kindern ein Platz in einer Zufluchtswohnung angeboten werden. Aufgrund der Vielzahl und der Altersstruktur der Kinder fiel die Entscheidung, Frau S. und ihren Kindern eine gesamte Wohnung mit drei Räumen anzubieten. Frau S. willigte ein und es fand der Einzug in die Zufluchtswohnung statt. Frau S. bekam einen befristeten Untermietvertrag für die Dauer von sechs Monaten, der bei Bedarf verlängert werden kann. Die Anmeldung am Wohnort erfolgte, ebenso die Beantragung der Auskunftssperre. Leistungen wurden beim regionalen Jobcenter beantragt, Unterhaltsvorschussstelle und Kindergeldkasse über den Umzug informiert.

Infolge des Umzuges kam es zu Problemen mit dem Schulamt in Bezug auf die weiterführenden Schulen. Dieses hatte mehrere Wochen nicht auf die Anzeige des Bedarfes eines Schulplatzes für das Kind B. reagiert. Frau S. fühlte sich hingehalten. Der Schulpflicht von Kind B. konnte dadurch über mehrere Wochen nicht entsprochen werden. Es folgte ein Gespräch mit einer Mitarbeiterin des Schulamtes. Daraufhin hat die Sozialarbeiterin der Zufluchtswohnung eine Beschwerde an die zuständige Sachbearbeiterin des Schulamtes geschrieben. Anschließend wurde ein Schulplatz für Kind B. gefunden.

Auch bei der Suche nach einem Platz in der Kindertageseinrichtung für das Kind D. traten Schwierigkeiten auf. Unterstützung konnte durch eine interne Anfrage bei vereinseigenen Kindertagesstätten geleistet werden. Trotz allem sucht Frau S. auch selbständig nach einem Betreuungsplatz für Kind D. Infolge ihres Engagements hat sie einen Platz für Kind D. in einer vereinseigenen Kita erhalten.

Ein erhöhter Betreuungsaufwand ergab sich durch den Analphabetismus von Frau S. Da sie die deutsche Sprache nicht schreiben und nicht ausreichend lesen kann, musste die zuständige Sozialarbeiterin gemeinsam mit ihr ihre Behördenpost lesen. Grundsätzlich mussten alle Unterlagen von der Sozialarbeiterin ausgefüllt werden. Es gab daraufhin ein Gespräch mit Frau S. und die Empfehlung an einem Kurs für Analphabet*innen teilzunehmen. Sie konnte jedoch innerhalb des Hilfezeitraumes noch keinen Kurs besuchen, da sie zu der Zeit noch zu sehr belastet war.

Problemlage: Umgänge mit dem Kindesvater vom Gericht gewährt

Die Kinder C. und D. wünschten sich Umgang mit ihrem Vater. Daraufhin hat Frau S. trotz ihrer großen Angst vor ihrem Ex-Partner einen Umgang mit den beiden Kindern gewährt. Kind B. hingegen möchte keinen Umgang mit ihrem Vater. Der Umgang wurde daraufhin mithilfe von Anwält*innen vor Gericht geregelt. Die Anhörungen fanden separat statt, so dass Frau S. nicht auf ihren Ex-Partner traf. Frau S. hat innerhalb des Umgangsverfahrens eine Umgangspflegschaft beantragt, die ihr auch gewährt wurde. Die Umgangspflegschaft sollte vor allem die Übergaben der Kinder sicher gestalten, ohne dass Frau S. auf ihren Ex-Partner trifft. Für das Kennenlernen und die Übergaben mit dem Umgangspfleger wurden durch die zuständige Sozialarbeiterin Räumlichkeiten zur Verfügung gestellt.

Durch die Umgänge mit den Kindern hat der Kindesvater allerdings den Aufenthaltsort von Frau S. und ihren Kindern herausgefunden. Daraufhin informierte uns Frau S., dass der Kindesvater ihren Aufenthaltsort ausfindig gemacht hat und ihnen dort aufgelauert und sie bedroht hat. Das Team hat sich dafür entschieden, den Mietvertrag von Frau S. daraufhin nicht zu kündigen. Grund dafür ist, dass der Kindesvater in den letzten Jahren alle Aufenthaltsorte von Frau S. und ihren Kindern ausfindig machen konnte. Daraufhin mussten diese immer wieder ihren

Aufenthaltsort wechseln, was zu zunehmender Verunsicherung der Familie führte. Frau S. und ihre Kinder konnten so an keinem Ort ankommen, sie waren ständig auf der Flucht. Eine der Drohungen des Ex-Partners gegenüber Frau S. war, dass er sie überall finden würde. Er will damit bewirken, dass sie nie einen stetigen Aufenthaltsort finden wird. Sie könne sich nie ein Zuhause aufbauen. Um dieses Muster zu durchbrechen, haben sich die Sozialarbeiterinnen dafür entschieden Frau S. und ihren Kindern weiterhin einen Platz in der Zufluchtswohnung zu gewährleisten. Ein weiterer Grund für die Entscheidung war, dass Frau S. mit ihren Kindern allein in der Zufluchtswohnung lebte und somit keine anderen Bewohnerinnen durch die Bedrohungen des Ex-Partners von Frau S. gefährdet waren.

Der Kindesvater konnte sich nicht an gerichtliche Vereinbarungen bezüglich der Umgänge und der Übergaben mit dem Umgangspfleger halten. Er lauerte Frau S. und ihren Kindern immer wieder in der Nähe der Zufluchtswohnung nach den Umgangsübergaben auf und installierte zudem eine Ortungs-App bei Kind C. auf dem Smartphone. Dies führte zu einem direkten Zusammentreffen des Kindesvaters mit Frau S. Daraufhin hat die zuständige Sozialarbeiterin gemeinsam mit ihr einen Antrag auf eine einstweilige Anordnung nach § 1 GewSchG (Näherungsverbot) beim Amtsgericht gestellt. Der Beschluss wurde erlassen. Dieser Schritt benötigte viel Unterstützung in Form von Gesprächen und Beratung durch die zuständige Sozialarbeiterin. Frau S. zeigte große Ängste und die Sorge vor weiteren aggressiven Ausbrüchen des Kindesvaters.

Als weitere Herausforderung erwiesen sich die Traumatisierung und Belastung von Frau S. Durch die massive Gewalteinwirkung des Ex-Partners über Jahre hinweg ist Frau S. hoch belastet. Dies äußert sich in Form von Schlafstörungen, Übersensibilität und Gereiztheit. Sie gibt zusätzlich an unter depressiven Verstimmungen zu leiden. Dadurch hatte Frau S. einen hohen Bedarf an persönlichen Gesprächen, vor allem bezüglich ihrer großen Ängste in verschiedenen Bereichen. Die zuständige Sozialarbeiterin der Zufluchtswohnung hat daraufhin gemeinsam mit Frau S. nach einem geeigneten Therapieplatz gesucht und zeitnah einen Platz bei einer mit dem Träger vernetzten Psychotherapeutin erhalten.

Schulden und Wohnungssuche

Aufgrund der massiven Verschuldung von Frau S. (u. a. Mietschulden) hat die Sozialarbeiterin eine Kontaktaufnahme mit der vereinsinternen Schuldnerberatung in die Wege geleitet. Zur Vorbereitung wurden gemeinsam die benötigten Unterlagen vervollständigt und ausgefüllt. Durch die Unterstützung der Schuldnerberatung hat Frau S. innerhalb kürzester Zeit Privatinsolvenz anmelden können. Durch die hohe Verschuldung, die Vielzahl der Kinder und die prekäre Lage auf dem Wohnungsmarkt stellte es sich für Frau S. als sehr schwierig dar, eine eigene Wohnung anmieten zu können. Daraufhin hat die zuständige Sozialarbeiterin sie bei einer Wohnungsvermittlung für Frauen in Gewaltsituationen angemeldet. Auch hier blieb über ein Jahr lang die Vermittlung erfolglos, obwohl die Wohnungsvermittlung Wohnungen über das geschützte Marktsegment vermittelt. Daraufhin nutzte die zuständige Sozialarbeiterin zusätzlich den Kontakt zu einer kooperierenden Wohnungsbaugesellschaft. Durch diesen Kontakt gelang es Frau S. nach langer Suche eine passende Wohnung für sich und ihre Kinder zu finden.

9.2 Fallbeispiel 2: Frau U.

Frau U. flüchtet nach mehrmaligen Vorfällen häuslicher Gewalt zum zweiten Mal mit ihrem Sohn (sechs Jahre) in die Frauenzufluchtswohnung. Sie hat über viele Jahre hinweg durch ihre letzten drei (Ex-)Partner körperliche Gewalt durch Schläge, Einsperren u. a., psychische Gewalt durch massive Beleidigung und Bedrohung, ökonomische Gewalt durch finanzielle Abhängigkeit sowie Nachstellung erlebt. Auch in ihrer Kindheit hat sie bereits häusliche Gewalt zwischen den Eltern beobachten müssen und ist mit ca. 15 Jahren von der Mutter aufgrund von Geldmangel in die Prostitution gedrängt worden. Auch ihr Sohn C. hat von Geburt an die häusliche Gewalt gegen Frau U. direkt und indirekt miterlebt.

Familien-/Beziehungsdynamik

Frau U. hat eine osteuropäische Herkunft und lebt seit acht Jahren in Berlin. Frau U. spricht fast akzentfrei die deutsche Sprache und verfügt nicht über einen (anerkannten) Schulabschluss. Im Herkunftsland besuchte sie die Schule bis zur neunten Klasse, bevor sie diese abbrach. Frau U. hat Schwierigkeiten beim Lesen und Schreiben. Sie arbeitete immer wieder in Gelegenheitsjobs in der Gastronomie, früher war sie als Prostituierte tätig. Frau U. hat massive Schulden (u. a. Mietschulden). Sie leidet unter Schlafstörungen und zeigt eine mangelhafte Selbstfürsorge vor allem in Bezug auf die eigene Gesundheit (z. B. Probleme mit Essen und Gewicht).

Zu den persönlichen Ressourcen zählen innere Stärke (Resilienz) und Arbeitswilligkeit. Frau U. wirkt offen, sympathisch und vertrauensvoll. Sie kann sehr schnell Kontakte knüpfen und ist kontaktfreudig. Mit ihrem Sohn C. hat Frau U. einen liebevollen und fürsorglichen Umgang. Sie sorgt für eine gute (materielle) Versorgung des Sohnes.

Finanzielle Situation

Frau U. bezieht Transferleistungen (Arbeitslosengeld II) durch das Jobcenter, Kindergeld durch die Familienkasse und Unterhaltsvorschuss durch die Unterhaltsvorschusskasse für Sohn C.

Vorgeschichte der Beziehungen

Der Kindesvater (Herr N.) ist deutscher Staatsbürger mit Migrationshintergrund. Er wird durch manipulatives, aufbrausendes und gewalttätiges Verhalten charakterisiert. Häufig konsumiert er Drogen (u. a. Kokain) und ist laut Aussage von Frau U. in illegale Geschäfte (u. a. Drogenhandel) verwickelt.

Herr N. lässt Frau U. nicht in Ruhe und unternimmt immer wieder direkte Kontaktversuche, vor allem auch zu Sohn C., um durch diesen an die Kindesmutter heranzukommen. Seine Beziehung zu Sohn C. ist sehr unstet, da Herr N. über die Jahre hinweg immer wieder abwesend war und zeitweise Aufenthalte in der Türkei hatte. Frau U. beschreibt ihn als manipulativ: Er benutzt den Umgang mit seinem Sohn, um Jobcenterleistungen zu erhalten. Herr N. macht große Geschenke und Versprechungen, die er nicht einhalten kann. Er versucht den Sohn gegen die Kindesmutter aufzubringen, indem er bspw. Lügen über sie erzählt.

Der Exmann Herr R. war bereits zehn Jahre in Haft wegen Mordes im Herkunftsland. Er hat einen unsicheren Aufenthaltsstatus in Deutschland. Herr R. wird durch sehr gewalttätiges und aufbrausendes Verhalten charakterisiert. Herr R. lauert Frau U. immer wieder auf und will eine Scheidung nicht akzeptieren. Herr R. droht ihr damit, sie niemals in Ruhe zu lassen. Direkte Gewalttätigkeiten zeigte Herr R. auch gegenüber C.

Beschreibung Sohn C.

Sohn C. ist sechs Jahre alt. Er hat von Geburt an häusliche Gewalt (mit-)erlebt, als Augenzeuge die Gewalt gegenüber der Mutter und als selbst Betroffener durch die Ex-Partner von Frau U. C. hat eine gute Beziehung zur Mutter. Teilweise tritt C. sehr schüchtern und unsicher auf, sicherlich aufgrund der Geschehnisse, die er von klein auf miterleben musste. C. sucht viel Anerkennung. Er hat eine ambivalente Beziehung zu seinem Vater und befindet sich im Loyalitätskonflikt zwischen Mutter und Vater.

Verlauf der Hilfe

Nach vier Jahren mit einer ähnlichen Problematik in der Beziehung von Frau U. kommt es zur wiederholten Aufnahme in die Zufluchtswohnung. Ihr Partner befindet sich zu dem Zeitpunkt noch in ihrer Wohnung, übt psychische und körperliche Gewalt aus und geht nach Aussage von Frau U. kriminellen Machenschaften nach. Die Abklärung der aktuellen Situation im Aufnahmegespräch geht der Aufnahme von Frau U. mit ihrem Sohn C. in die Zufluchtswohnung voraus. Die Zuständigkeit für Frau U. übernimmt eine andere Kollegin als bei deren vorherigem Aufenthalt. Dadurch soll eine professionelle Distanz gewahrt und, soweit möglich, eine Unvoreingenommenheit hergestellt werden.

Aufgrund von fehlenden Unterlagen sowie neuen Regelungen bezüglich EU-Bürger*innen kam es zu Beginn der Hilfe zu Schwierigkeiten im Beantragen von Arbeitslosengeld II durch Frau U. Da ihr Pass von ihrem (Ex-)Partner entwendet wurde, um ihr zu schaden, hatte sie zunächst große Schwierigkeiten Jobcenterleistungen zu erhalten. Ohne ihren Pass konnte sie sich und ihren Sohn nicht beim Bürgeramt mit der neuen Wohnadresse anmelden und den für die Prüfung eines Leistungsanspruches bei EU-Bürger*innen erforderlichen Auszug aus dem Melderegister erhalten. Allerdings hatte Frau U. derzeit keine finanziellen Mittel, um einen neuen Pass zu beantragen. Zudem änderte sich in der Zeit der Leistungsanspruch für EU-Bürger*innen bezüglich Jobcenterleistungen: Ein Auszug aus dem Melderegister, mit dem nachgewiesen werden konnte, dass ein durchgängiger Aufenthalt in Deutschland von mindestens fünf Jahren vorliegt, reichte nicht mehr, um Leistungen zu beantragen. Aufgrund ihres Sohnes C., der deutscher Staatsbürger ist, hätte Frau U. allerdings einen Anspruch auf Transferleistungen, solange dieser bei ihr seinen gewöhnlichen Aufenthalt hat. Da Frau U. allerdings in dieser Zeit eine ihr verhängte Haftstrafe wegen Erschleichung von Leistungen zur Beförderung mit öffentlichen Verkehrsmitteln absaß, kam der Sohn in dieser Zeit mitunter in die Obhut des Kindesvaters. Das Jobcenter sah im Nachhinein Frau U.s Anspruch auf Leistungen als erloschen an und erstellte einen Negativbescheid.

Unterstützung erhielt Frau U. durch die Sozialarbeiterin der Zufluchtswohnung bei der Beschaffung von finanziellen Mitteln für die Beantragung ihres neuen Passes. Weiterhin erhielt Frau U. Hilfe bei dessen Beantragung. Frau U. stellte einen Antrag auf Übernahme der Kosten für einen neuen Pass beim Jobcenter, der abgelehnt wurde. Folglich wurden durch Unterstützung der Sozialarbeiterinnen Spenden- bzw. Stiftungsgelder akquiriert, wodurch es Frau U. möglich war, einen neuen Pass zu beantragen. Die Ausstellung des neuen Passes dauerte allerdings fast drei Monate.

Nach dem Erhalt des neuen Passes beschaffte sich Frau U. mit Unterstützung der Sozialarbeiterinnen eine Melderegisterauskunft und reichte diese beim Jobcenter ein. Daraufhin erhielt Frau U. die Nachricht, dass diese Auskunft nun nicht mehr leistungsbegründend sei, lediglich eine Bedarfsgemeinschaft mit ihrem Sohn C. Da ihr Sohn zu der Zeit in Obhut des Kindesvaters war, sah das Jobcenter ihren Leistungsanspruch als erloschen an, bis dieser zu ihr zurückkehrte. In dieser Zeit (vier Monate) erhielt Frau U. also keinerlei Leistungen durch das Jobcenter. Auch hier unterstützten die Sozialarbeiterinnen Frau U. und ihren Sohn durch Akquirierung von Spendengeldern, so dass sie die Zeit bis zum Leistungserhalt überbrücken konnte.

Es kam zu häufigen Gesprächen zwischen dem Jobcenter und der Sozialarbeiterin der Zufluchtswohnung, vor allem während Frau U.s Haftstrafe. Die zuständige Sozialarbeiterin nahm Kontakt zur Beauftragten für Chancengleichheit am Arbeitsmarkt des zuständigen Jobcenters auf und konnte dadurch den Sachverhalt erhellen. Nachdem der Sohn nach Frau U.s Haftstrafe wieder bei ihr in der Zufluchtswohnung aufgenommen werden konnte, erhielt Frau U. für sich und ihren Sohn letztendlich Jobcenterleistungen in Form von Arbeitslosengeld II und eine Nachzahlung für die vorangegangenen vier Monate.

Leistungserschleichung, Haftbefehl und Haftantritt

Da Frau U. über die Jahre hinweg immer wieder unter Geldproblemen litt und massive Schulden aufbaute, kaufte sie sich häufig keinen Fahrschein bei der Fahrt mit der S-, U- und Straßenbahn. Sie konnte mehrfach bei der Fahrscheinkontrolle keinen gültigen Fahrschein vorzeigen und erhielt ein erhöhtes Beförderungsentgelt, das sie nicht bezahlen konnte. Die Mahnungen häuften sich, bis es zu einem Haftbefehl gegen sie wegen Beförderungserschleichung kam. Nach mehreren Gesprächen mit der zuständigen Sozialarbeiterin der Zufluchtswohnung sowie dem Jugendamt entschloss sich Frau U. letztendlich ihre Haft (25 Tage) anzutreten. Ihr Sohn C. war in dieser Zeit beim Kindesvater untergebracht. Die Sozialarbeiterin der Zufluchtswohnung erhielt für diese Zeit eine Vollmacht zur Regelung ihrer behördlichen Angelegenheiten (mit dem Bürgeramt, mit dem Jobcenter etc.) und hielt telefonischen Kontakt zu Frau U. bis zu ihrer Entlassung aus der Haft.

Mietschulden und Privatinsolvenz

Als Frau U. mit ihrem Sohn in die Zufluchtswohnung kam, lebte ihr (Ex-)Mann Herr R. noch immer in ihrer Wohnung und weigerte sich die Wohnung zu verlassen. Ebenso verweigerte er die Herausgabe der Schlüssel und die Mietzahlungen. Da Frau U. in den ersten vier Monaten in der Zufluchtswohnung kaum über finanzielle Mittel verfügte (s. o.) konnte sie in dieser Zeit nicht für die Miete aufkommen. Das Jobcenter lehnte zudem den Antrag auf Übernahme der doppelten Miete über einen Zeitraum von drei Wochen hinaus ab, den Frau U. mit der Unterstützung der Sozialarbeiterinnen gestellt hatte. Auch aus den Jahren zuvor hatte Frau U. noch einen Mietrückstand zu verzeichnen, da sie immer wieder finanzielle Schwierigkeiten hatte. Zusammengenommen entstand folglich ein enormer Betrag an Mietschulden.

Frau U. nahm mit Unterstützung der Sozialarbeiterin Beratung bei einer Anwältin in Anspruch, um die Übernahme der doppelten Mietkosten durch das Jobcenter aufgrund von zukünftigem Mietraumverlust ggf. einzuklagen.

Frau U. und die zuständige Mitarbeiterin der Zufluchtswohnung nahmen Kontakt zum Vermieter der alten Wohnung auf und klärten diesen über die prekäre Sachlage auf. Ziel dessen war es, eine Räumungsklage zu verhindern, die Frau U. noch mehr Schulden bereitet hätte. Zudem sollte durch die Abwendung einer Räumungsklage der Wohnraum für Frau U. nach einem Auszug von Herrn R. evtl. als Wohnoption erhalten oder ein Wohnungstausch ermöglicht werden. Über acht Monate hinweg standen Frau U. und die zuständige Sozialarbeiterin in ständigem Kontakt mit dem Vermieter, um ihn über die Sachlage zu informieren und ggf. Schulden zu tilgen. Frau U. nahm mit Begleitung durch die zuständige Sozialarbeiterin an mehreren Gesprächen mit der Sozialberatung des Vermieters zum Wohnungserhalt teil. Dadurch wurde eine Räumung der Wohnung, soweit es ging, herausgezögert. Weiterhin versuchte Frau U. Herrn R. zu einem Auszug zu bewegen, indem sie eine Anzeige bei der Polizei erstattete.

Die Klage vor dem Sozialgericht durch Frau U. hatte keinen Erfolg, das Jobcenter lehnte weiterhin die Zahlungen der doppelten Mietkosten ab. Frau U. musste trotz gutem Kontakt zum Vermieter letztendlich die Wohnung räumen und die Schäden, die durch die häuslichen Gewaltvorfälle entstanden sind (u. a. eingeschlagene Türen), beheben. Mit dem Erhalt der Räumungsklage verließ Frau U.s (Ex-)Mann Herr R. die Wohnung.

Die zuständige Sozialarbeiterin vermittelte Frau U. an die vereinsinterne Schuldnerberatung. Gemeinsam wurden die benötigten Unterlagen vervollständigt und ausgefüllt. Frau U. konnte mithilfe der Mitarbeiterin der Schuldnerberatung innerhalb kurzer Zeit Privatinsolvenz anmelden. Sie plant in einem Zeitraum von fünf Jahren ihre Mietschulden tilgen zu können.

Arbeit

Eine weitere Schwierigkeit, die im Hilfeverlauf auftrat, war die Jobsuche. Da Frau U. über keinen anerkannten Schulabschluss verfügte, gestaltete es sich schwierig einen Job oder gar eine Ausbildung zu finden.

Durch die Unterstützung bei Bewerbungen durch die Sozialarbeiterin und den Arbeitsvermittler des Jobcenters sowie ihre eigene hohe Arbeitsmotivation fand Frau U. nach ihrer Haft dennoch zunächst einen Job in einem Fastfood-Restaurant. Allerdings konnte sie diesen nicht lange halten, da sie durch die Betreuung ihres Sohnes am Wochenende nicht immer verfügbar war. Auch der Vater des Sohnes war in dieser Zeit für eine Betreuung nicht verfügbar, da er sich wiederholt unangekündigt in der Türkei aufhielt.

Durch den Jobverlust wurde Frau U. erneut bei ihrem Arbeitsvermittler des Jobcenters vorstellig. In einem gemeinsamen Gespräch mit diesem und der zuständigen Sozialarbeiterin machte Frau U. deutlich, dass sie gerne eine Ausbildung absolvieren würde. Der Arbeitsvermittler sprach mit Frau U. über ihre Optionen bei einem speziellen Ausbildungsprogramm der Agentur für Arbeit für Menschen ohne Schulabschluss und meldete sie hierfür zunächst für einen berufspsychologischen Test an. Frau U. nahm an dem Test teil. Der Arbeitsvermittler schlug ihr aufgrund ihrer Ergebnisse eine Weiterbildung im Bereich der Gebäudereinigung vor. Diesem Vorschlag folgte Frau U. und begann zeitnah mit der Weiterbildung.

Scheidung

Zeitnah nach ihrem Einzug in die Zufluchtswohnung entschloss Frau U. sich von ihrem Mann Herrn R. scheiden zu lassen, was Herr R. allerdings nicht akzeptieren wollte.

Frau U. vereinbarte gemeinsam mit ihrer zuständigen Sozialarbeiterin einen Termin bei einer Rechtsanwältin für Familienrecht, um ihre Scheidung zu besprechen. Zunächst musste Frau U. warten, bis das Trennungsjahr vorüber war.

Über den Zeitpunkt der Trennung stritt sie sich allerdings mit Herrn R., da dieser wiederholt aussagte, dass es zwischen Frau U. und ihm in der Trennungszeit mehrfach zu einer Zusammenkunft gekommen wäre, was Frau U. verneinte. Herr

R. suchte per Handy oder Internet/soziale Medien immer wieder den Kontakt zu Frau U. und machte ihr Komplimente. Damit wollte er Frau U. vom Scheidungsgedanken abbringen. Als dies nicht wirkte, fing er an sie zu beleidigen sowie ihr zu drohen. Er lauerte ihr zudem mehrfach am Bahnhof und in einem Kiosk in der Nähe des Bahnhofes auf, um sie mit allen Mitteln (auch mit körperlicher Gewalt) davon zu überzeugen, sich nicht scheiden zu lassen.

Frau U. holte sich nach einem Gespräch mit der zuständigen Sozialarbeiterin eine zweite SIM-Karte und Nummer für ihr Handy, reagierte nicht auf die Nachrichten und Androhungen von Herrn R. und blockierte ihn in den sozialen Medien. Als Herr R. ihr am Bahnhof und am Kiosk auflauerte und u. a. handgreiflich wurde, ging Frau U. gemeinsam mit der zuständigen Sozialarbeiterin zur Polizei und tätigte eine Anzeige gegen Herrn R. wegen Beleidigung, Bedrohung und Nachstellung.

Durch die Vorkommnisse zögerte sich der Termin der Scheidung auf längere Zeit hinaus und wurde mehrfach durch Herrn R. und seinen Anwalt verschoben. Da Frau U. weiterhin nicht auf die Androhungen und Anschuldigungen von Herrn R. reagierte, ihre Anzeige vorzeigte und Zusammenkünfte immer wieder mithilfe der Anwältin schriftlich abstritt, kam es letztendlich doch zu einem Scheidungstermin und der Scheidung zwischen Frau U. und Herrn R.

Probleme mit dem Kindesvater, Kinderschutz und Jugendamt: Inobhutnahme von Sohn C. beim Kindesvater

Bevor Frau U. ihre Haftstrafe antrat, kam es wiederholt zu Situationen, in denen es Frau U. nicht möglich war, ihren Sohn von der Kita abzuholen und sie für niemanden erreichbar war. So wurde Sohn C. kurzzeitig (über das Wochenende) durch das Jugendamt in Obhut genommen. Durch die Erzieher*innen der Kita sowie das Jugendamt erfuhren die Sozialarbeiterinnen der Zufluchtswohnung von der Inobhutnahme und konnten Frau U. letztendlich telefonisch erreichen.

Gemeinsam mit der zuständigen Sozialarbeiterin wurde ein Termin beim Jugendamt vereinbart, in die die aktuelle Situation besprochen wurde. Frau U. beschloss gemeinsam mit dem zuständigen Mitarbeiter des Jugendamtes und der zuständigen Sozialarbeiterin der Zufluchtswohnung, dass sie nun ihrem ausstehenden Haftbefehl nachkommen würde. Der Sohn C. sollte in dieser Zeit zunächst bei dem Kindesvater untergebracht werden. Nach der Haft sollte es eine Rückführung des Kindes zu Frau U. geben. Damit Frau U. Unterstützung bei der Erziehung des Kindes erhält, sollte eine Familienhilfe eingerichtet werden.

Frau U. trat ihre Haftstrafe an und der Sohn wurde nach Einwilligung des Kindesvaters bei diesem untergebracht. Allerdings hatte Frau U. seit ihrer Trennung von Herrn N. über die Jahre hinweg immer wieder Probleme und Streitigkeiten mit diesem bezüglich des Umgangs und der Betreuung von Sohn C. Eine Zeit lang pflegte Herr N. einen stetigen Umgang mit C. Dennoch kam es immer wieder zu Abbrüchen der Beziehung. In diesen war Herr N. für Frau U. nicht erreichbar und zeitweise verschwand Herr N. ohne Vorwarnung in die Türkei. So gab es auch nach Entlassung von Frau U. aus ihrer Haft Streitigkeiten zwischen ihr und dem Kindesvater bezüglich des Sorge- und Umgangsrechts für Sohn C. Zunächst wollte der

Kindesvater den Sohn nicht wie vereinbart zu Frau U. zurückführen und versuchte gegen die Vereinbarung mit dem Jugendamt zu arbeiten. Nach einem erneuten Gespräch mit dem Mitarbeiter des Jugendamtes gab der Kindesvater den Sohn allerdings heraus und es wurde eine Familienhilfe bei Frau U. innerhalb der Zufluchtswohnung installiert. Herr N. zog sich wieder mehr zurück und hatte nur gelegentlichen Umgang mit seinem Sohn, z. B. wenn Frau U. am Wochenende arbeiten musste. Dieser Umgang fand allerdings sehr unstet statt. Frau U. arbeitete zunächst konsequent und stetig mit der Familienhilfe zusammen. Die Beziehung zu ihrem Sohn C. stabilisierte sich zunehmend nach dem Vorfall der Inobhutnahme. Nach sechs Monaten, kurz nach dem Auszug von Frau U. aus der Zufluchtswohnung, kam es allerdings erneut zu einer Situation, in der Frau U. ihren Sohn C. nicht abholte. Inzwischen besuchte C. die Schule. Frau U. war für niemanden erreichbar. Von der Schule wurden Jugendamt/Familienhilfe, Polizei und der Kindesvater informiert. Letzterer holte Sohn C. ab und nahm ihn zu sich.

Die zuständige Sozialarbeiterin wurde von der Familienhilfe über den Vorfall informiert und konnte Frau U. letztendlich telefonisch erreichen und sie zu einem Gespräch gemeinsam mit der Familienhilfe motivieren, für die sie bis dato nicht erreichbar gewesen war. Im gemeinsamen Gespräch klärte sich, dass Herr N. den Vorfall genutzt hatte, die Schule des Sohnes zu wechseln. Er setzte Frau U. massiv unter Druck, erzählte Lügen über die Schule und die Familienhilfe und drohte ihr den Kontakt zum Sohn ab sofort gänzlich zu verhindern, weshalb sie sich zurückgezogen hatte. Die Sozialarbeiterin der Zufluchtswohnung versuchte im gemeinsamen Gespräch mit der Familienhelferin Frau U. zu motivieren, sich an das Jugendamt zu wenden und den Vorfall zu klären. Durch die Inobhutnahme wechselte allerdings die Zuständigkeit des Jugendamtes, woraufhin die Familienhilfe abgebrochen wurde und zukünftig keine Unterstützung mehr anbieten konnte.

Gemeinsam mit der zuständigen Sozialarbeiterin vereinbarte Frau U. einen Termin mit dem neu zuständigen Jugendamt sowie bei ihrer Rechtsanwältin, um das Umgangs- und Sorgerecht für Sohn C. gerichtlich zu klären. Es kam zu einer Gerichtsverhandlung, in der beschlossen wurde, dass die Betreuung von Sohn C. nun nach dem Wechselmodell zwischen Kindesmutter und Kindesvater gestaltet werden, der Sohn allerdings seinen Hauptwohnsitz beim Kindesvater behalten und dort fortan zu Schule gehen sollte.

Wohnungssuche mit Privatinsolvenz

Da Frau U. anhand ihrer Situation massive Mietschulden anhäufte und Privatinsolvenz anmeldete, was negative SCHUFA-Einträge nach sich zog, stellte sich die Wohnungssuche für Frau U. auf dem ohnehin prekären Wohnungsmarkt als sehr schwierig dar.

Die zuständige Sozialarbeiterin meldete Frau U. bei einer Wohnungsvermittlung für Frauen in Gewaltsituationen an. Über ein halbes Jahr blieb die Vermittlung trotz Anmeldung über das geschützte Marktsegment durch die Wohnungsvermittlung erfolglos. Daraufhin nutzte die zuständige Sozialarbeiterin den Kontakt zu einer kooperierenden Wohnungsbaugesellschaft und versuchte Frau U. darüber eine

Wohnung zu vermitteln. Nach kurzer Zeit konnte eine passende Wohnung für Frau U. und ihren Sohn gefunden werden.

Literatur

Aisslinger, M. (2021): Der Täter: Ihr Partner. Wie die Anwältin Asha Hedayati für Frauen kämpft, die von ihren Männern misshandelt werden. In: Die Zeit, 18.02.2021, S. 13–15.

Albrecht, R. (2017): Beratungskompetenz in der Sozialen Arbeit: Auf die Haltung kommt es an! In: Kontext Jg. 48, H. 1, S. 45–64.

Amarel, S.; Endl-Geyer, V.; Rainer, H.; Amaral, S. (2020): Familiäre Gewalt und die Covid-19-Pandemie: Ein Überblick über die erwarteten Auswirkungen und mögliche Auswege. In: ifo Schnelldienst, ifo Institut – Leibniz-Institut für Wirtschaftsforschung an der Universität München, Jg. 73, H. 7, S. 52–56.

Anderson, D. K.; Saunders, D. G. (2003): Leaving the abusive partner: An empirical review of predictors, the process of leaving, and psychological well-being. In: Trauma Violence Abuse, Jg. 4, H. 2, S. 163–191.

Antonovsky, A. (1993): Gesundheitsforschung versus Krankheitsforschung. In: A. Franke; M. Broda (Hrsg.): Psychosomatische Gesundheit. Versuch einer Abkehr vom Pathogenese-Konzept (S. 3–14). Tübingen: dgvt Verlag (Forum für Verhaltenstherapie und psychosoziale Praxis; 20).

Antonovsky, A. (1997): Salutogenese. Zur Entmystifizierung der Gesundheit. Tübingen: dgvt.

Badura, B. (1981): Sozialpolitik und Selbsthilfe aus traditioneller und sozialepidemiologischer Sicht. In: B. Badura; C. v. Ferber (Hrsg.): Soziale Unterstützung und chronische Krankheit. Zum Stand sozialepidemiologischer Forschung (S. 147–160). Frankfurt am Main: Suhrkamp.

Badura, B.; Ferber, C. v. (Hrsg.) (1981): Soziale Unterstützung und chronische Krankheit. Zum Stand sozialepidemiologischer Forschung. Frankfurt am Main: Suhrkamp.

Bandura, A. (1977): Self-efficacy: Toward a unifying theory of behavioral change. In: Psychological Review, Jg. 84, H. 2, S. 191–215.

Barnett, O. W. (2001): Why battered women do not leave, part 2. External inhibiting factors-social support and internal inhibiting factors. In: Trauma Violence Abuse, Jg. 2, S. 3–35.

Bartholomew, K. (1990): Avoidance of intimacy: an attachment perspective. In: Journal of social and personal relationship, Jg. 7, S. 147–178.

Bartholomew, K.; Horowitz, L. M. (1991): Attachment style among young adults: A test of a four category model. In: Journal of personality and social psychology, H. 61, S. 226–244.

Beck, U.; Beck-Gernsheim, E. (Hrsg.) (1994): Riskante Freiheiten. Individualisierung in modernen Gesellschaften. Frankfurt am Main: Suhrkamp.

Behling, R.; Eichenberg, C. (Hrsg.) (2021): Die Psyche in Zeiten der Corona-Krise. Stuttgart: Klett-Cotta.

Beiglböck, W.; Feselmayer, S.; Honemann, E. (Hrsg.) (2006): Handbuch der klinisch-psychologischen Behandlung. Wien: Springer.

Belle, D. (1990): Der Stress des Versorgens: Frauen als Spenderinnen sozialer Unterstützung. In: C. Schmerl; F. Nestmann (Hrsg.): Ist Geben seliger als Nehmen? Frauen und social support (S. 36–52). Frankfurt am Main, New York: Campus.

Bengel, J.; Strittmatter, R.; Willmann, H. (2001): Was erhält Menschen gesund? Antonovskys Modell der Salutogenese – Diskussionsstand und Stellenwert; eine Expertise. Köln: BZgA (Forschung und Praxis der Gesundheitsförderung, 6).

Berliner Forum Gewaltprävention (Hrsg.) (2002): Themenschwerpunkt häusliche Gewalt. Berlin.

Betschka, J. (2020): Kriminalität sinkt insgesamt, aber häusliche Gewalt nimmt zu. In: Der Tagesspiegel, 26.03.2020. Online verfügbar unter https://www.tagesspiegel.de/berlin/coronavirus-massnahmen-in-berlin-kriminalitaet-sinkt-insgesamt-aber-haeusliche-gewaltnimmt-zu/25687188.html, zuletzt geprüft am 18.02.2021.

BIG e. V. (o.J.): Berliner Interventionsprojekt gegen häusliche Gewalt. Alte Ziele auf neuen Wegen. Ein neuartiges Projekt gegen Männergewalt an Frauen stellt sich vor. BIG e. V. (Hrsg.). Berlin.

BIG e. V. (2021): Ihr Recht bei häuslicher Gewalt. Berlin. Online verfügbar unter https://www.big-berlin.info/medien/ihr-recht-bei-haeuslicher-gewalt, zuletzt geprüft am 06.03.22.

Blättner, B. (2007): Das Modell der Salutogenese. In: Prävention und Gesundheitsförderung, Jg. 2, H. 2, S. 67–73.

Blümel, S.; Kaba-Schönstein, L. (Hrsg.) (2011): Leitbegriffe der Gesundheitsförderung und Prävention. Glossar zu Konzepten, Strategien und Methoden. Gamburg: Verlag für Gesundheitsförderung.

Böhnisch, L. (2019): Lebensbewältigung. Ein Konzept für die Soziale Arbeit. Weinheim: Beltz Juventa (Zukünfte).

Bonomi, A. E.; Anderson, M. L.; Rivara, F. P.; Thompson, R. S. (2007): Health outcomes in women with physical and sexual intimate partner violence exposure. In: Journal of Women's Health, Jg. 16, H. 7, S. 987–997.

Borgetto, B. (2009): Psychische und soziale Einflüsse auf Gesundheit und Krankheit. In: P.-M. Wippert; J. Beckmann; B. Borgetto (Hrsg.): Stress- und Schmerzursachen verstehen. Gesundheitspsychologie und -soziologie in Prävention und Rehabilitation (S. 20–45). Stuttgart: Thieme.

Boyle, A.; Todd, C. (2003): Incidence and praevalence of domestic violence in a UK emergency department. In: Emergency Medicine Journal, Jg. 20, H. 5, S. 438–442.

Brake, R.; Deller, U. (2014): Soziale Arbeit. Grundlagen für Theorie und Praxis. Opladen [u. a.]: Barbara Budrich.

Brakemeier, E.-L; Wirkner, J.; Knaevelsrud, C.; Wurm, S.; Christiansen, H.; Lueken, H.; Schneider, S. (2020): Die COVID-19-Pandemie als Herausforderung für die psychische Gesundheit. Erkenntnisse und Implikationen für die Forschung und Praxis aus Sicht der Klinischen Psychologie und Psychotherapie. In: Zeitschrift für Klinische Psychologie und Psychotherapie, Jg. 49, H. 1, S. 1–31.

Braun, K.; Bogerts, B. (2001): Erfahrungsgesteuerte neuronale Plastizität. Bedeutung für Pathogenese und Therapie psychischer Erkrankungen. In: Nervenarzt, Jg. 2001, S. 3–10.

Bronfenbrenner, U. (1990): Ökologische Sozialisationsforschung. In: L. Kruse (Hrsg.): Ökologische Psychologie. Ein Handbuch in Schlüsselbegriffen (S. 76–79). München: Psychologie-Verl.-Union.

Bronfenbrenner, U.; Lüscher, K. (1976): Ökologische Sozialisationsforschung. Stuttgart: Klett.

Bronfenbrenner, U.; Lüscher, K.; Cranach, A. v. (1981): Die Ökologie der menschlichen Entwicklung. Natürliche und geplante Experimente. Stuttgart: Klett-Cotta (Sozialwissenschaften).

Brückner, M. (2009): Gewalt im Geschlechterverhältnis. Sozialwissenschaftlicher Blick auf häusliche Gewalt. In: M. K. W. Schweer (Hrsg.): Sex and gender (S. 37–52). Frankfurt am Main: P. Lang.

Brzank, P. (2012): Wege aus der Partnergewalt. Frauen auf der Suche nach Hilfe. Wiesbaden: VS Verlag.

Brzank, P. (2004): Häusliche Gewalt gegen Frauen: Gesundheitliche Versorgung. Das S.I.G.N.A.L.-Interventionsprogramm. Berlin.

Brzank, P.; Hellbernd, H.; Peters, M.; Wieners, K. (2002): Das S.I.G.N.A.L.-Interventionsprojektes (sic!) gegen Gewalt gegen Frauen am Universitätsklinikum Benjamin Franklin. In: Berliner Forum Gewaltprävention (Hrsg.): Themenschwerpunkt häusliche Gewalt (S. 105–111). Berlin (o. V.).

Bundeskriminalamt Wiesbaden (2018): Partnerschaftsgewalt. Herausgegeben von BKA. Wiesbaden.

Bundeskriminalamt Wiesbaden (2021): Partnerschaftsgewalt Kriminalstatistische Auswertung – Berichtsjahr 2020. Wiesbaden: Eigenverlag.

Bundesministerium für Familie, Senioren Frauen und Jugend (BMFSFJ) (2013): Übereinkommen der Vereinten Nationen zur Beseitigung jeder Form von Diskriminierung der Frau. 3. Aufl. Berlin: BMFSFJ.
Bundesministerium für Familie, Senioren Frauen und Jugend (BMFSFJ) (2019): Arbeit mit Tätern in Fällen häuslicher Gewalt: Standard der Bundesarbeitsgemeinschaft Täterarbeit Häusliche Gewalt e. V. 3. Aufl. Berlin: BMFSFJ.
Bundesministerium für Familie, Senioren Frauen und Jugend (BMFSFJ) (2019): Mehr Schutz bei häuslicher Gewalt, Information zum Gewaltschutzgesetz. Herausgegeben von BMFSFJ. Berlin.
Bundesministerium für Familie, Senioren Frauen und Jugend (BMFSFJ) (2019): Verhütung und Bekämpfung von Gewalt gegen Frauen und häuslicher Gewalt. Gesetz zu dem Übereinkommen des Europarats vom 11. Mai 2011 (Istanbul-Konvention). Herausgegeben von BMFSFJ. Berlin.
Bundesministerium für Frauen und Jugend (BMFJ) (1993): Modellprojekt Beratungsstelle und Zufluchtswohnung für sexuell missbrauchte Mädchen von »Wildwasser« – Arbeitsgemeinschaft gegen sexuellen Missbrauch an Mädchen e. V. Berlin. Berlin.
Bundestag (1985): Gesetz zu dem Übereinkommen vom 18. Dezember 1979 zur Beseitigung jeder Form von Diskriminierung der Frau, Nr. 17, S. 647–661. Online verfügbar unter http://www.bgbl.de/xaver/bgbl/start.xav?startbk=Bundesanzeiger_BGBl&jumpTo=bgbl285s0647.pdf, zuletzt geprüft am 15.09.2019.
Buth, S.; Rosenkranz, M.; Holzbach, R.; Neumann, E.; Raschke, P.; Reimer, J.; Verthein, U. (2014): Epidemiologie der Langzeitverschreibung von Medikamenten mit Abhängigkeitspotential in Deutschland – eine prospektive Analyse kassenärztlicher Verschreibungen über fünf Jahre. Herausgegeben von Zentrum für Interdisziplinäre Suchtforschung der Universität Hamburg (ZIS). Online verfügbar unter www.gesundheitsministerium.de, zuletzt geprüft am 20.01.22.
Büttner, M. (Hrsg.) (2020): Handbuch häusliche Gewalt. Stuttgart: Schattauer.
Campbell, J. C.; Kub, J.; Belknap, R. A.; Templin, T. N. (1997): Predictors of depression in battered women. In: Violence Against Women, Jg. 3, H. 3, S. 271–293.
Canadian Women's Foundation (o. J.): The violence at home signal for help. Online verfügbar unter https://canadianwomen.org/signal-for-help/, zuletzt geprüft am 26.03.2022.
Carlson, B. E.; McNutt, L.-A; Choy, D. Y.; Rose, I. M. (2002): Intimate partner abuse and mental health: The role of social support and other protective factors. In: Violence Against Women, H. 6, S. 720–745.
Clemens, V.; Köhler-Dauner, F.; Keller, F.; Ziegenhain, U.; Fegert, J. M.; Kölch, M. (2021): Gewalt in intimen Partnerschaften und psychische Probleme bei Kindern und Jugendlichen. In: Psychotherapeut, Jg. 66, S. 209–216.
Coker, A. L. (2007): Does Physical Intimate Partner Violence Affect Sexual Health? A Systematic Review. In: Trauma Violence Abuse, H. 8, S. 149–177.
Coker, A. L.; Smith, P. H.; Thompson, M. P.; Mckeown, R. E.; Bethea, L.; Davis, K. E. (2002): Social support protects against the negative effects of partner violence on mental health. In: Journal of women's health & gender-based medicine, Jg. 11, H. 5, S. 465–476.
Coker, A. L.; Watkins, K. W.; Smith, P. H.; Brandt, H. M. (2003): Social suppot reduces the impact of partner violence on health: application of structural equation models. In: Preventive Medicine, Jg. 37, H. 3.
COMMITTEE ON THE ELIMINATION OF DISCRIMINATION AGAINST WOMEN (CEDAW) (1989): General recommendation No. 12: Violence against women.
COMMITTEE ON THE ELIMINATION OF DISCRIMINATION AGAINST WOMEN (CEDAW) (1992): General recommendation No. 19: Violence against women.
Deegener, G. (2009): Kindesmisshandlung und Vernachlässigung. In: A. Maercker (Hrsg.): Posttraumatische Belastungsstörungen. Mit 40 Tabellen (S. 345–361). Berlin: Springer.
Deutsche Gesellschaft für Beratung (DGfB) (2003): Beratungsverständnis. Online verfügbar unter http://www.dachverband-beratung.de/dokumente/Beratung.pdf, zuletzt geprüft am 13.02.2022.

Deutsche Gesellschaft für Beratung (DGfB) (2020): Beratungsverständnis der Deutschen Gesellschaft für Beratung (DGfB) German Association for Counseling e. V. Online verfügbar unter https://dachverband-beratung.de/documents/, zuletzt geprüft am 13.02.2022.

Deutsche Vereinigung für Soziale Arbeit im Gesundheitswesen (DVSG) (2021): Kurz-, mittel- und langfristige Folgen und Herausforderungen der Corona-Pandemie aus Sicht der gesundheitsbezogenen Sozialen Arbeit. In: FORUM Sozialarbeit und Gesundheit, Jg. 26, H. 1, S. 48.

DBSH & FBTS (2016): Deutschsprachige Definition Sozialer Arbeit. Online verfügbar unter https://www.dbsh.de/profession/definition-der-sozialen-arbeit/deutsche-fassung.html, zuletzt geprüft am 17.02.2022.

Deutsches Institut für Menschenrechte (2005): Die »General Comments« zu den VN-Menschenrechtsverträgen. Deutsche Übersetzung und Kurzeinführungen. Baden-Baden: Nomos-Verl.-Ges.

Deutsches Institut für Menschenrechte (2022): Internationaler Pakt über wirtschaftliche, soziale und kulturelle Rechte. Online verfügbar unter https://www.institut-fuer-menschenrechte.de/menschenrechtsschutz/deutschland-im-menschenrechtsschutzsystem/vereinte-nationen/vereinte-nationen-menschenrechtsabkommen/sozialpakt-icescr, zuletzt geprüft am 04.03.2022.

Deutsches Institut für Menschenrechte (2022): Zivilpakt (ICCPR). Online verfügbar unter https://www.institut-fuer-menschenrechte.de/menschenrechtsschutz/deutschland-im-menschenrechtsschutzsystem/vereinte-nationen/vereinte-nationen-menschenrechtsabkommen/zivilpakt-iccpr, zuletzt geprüft am 04.03.2022.

DHS – Deutsche Hauptstelle für Suchtfragen e. V. (2020): Sucht und Gewalt. Hamm: Eigenverlag.

Diewald, M. (1991): Soziale Beziehungen: Verlust oder Liberalisierung. Soziale Unterstützung in informellen Netzwerken. Berlin: Ed. Sigma.

Dobash, R. P.; Dobash, R. E. (2002): Gewalt in heterosexuellen Partnerschaften. In: W. Heitmeyer; J. Hagan (Hrsg.): Internationales Handbuch der Gewaltforschung (S. 921–941). Wiesbaden: Westdt. Verl.

Dohmen, T.; Radbruch, J. (2019): Expertise Armut und Handlungskompetenz. Forschungsbericht 529. Herausgegeben von Bundesministerium für Arbeit und Soziales.

Doumas, D. M.; Pearson, C. L.; Elgin, J. E.; McKinley, L. L. (2008): Adult attachment as a risk factor for intimate partner violence: the »mispairing« of partners' attachment styles. In: Journal of interpersonal violence, Jg. 23, H. 5, S. 616–634.

Dutton, D. G. (1985): An ecologically nested theory of male violence towards intimates. In: International Journal of Women's Studies, Jg. 8, S. 404–413.

Dutton, D. G. (1988): The domestic assault of women. Psychological and criminal justice perspectives. Rev. and expanded ed., 1. and 2. printing. Vancouver: UBC Press.

Dutton, M. A. (2002): Gewalt gegen Frauen. Diagnostik und Intervention. Bern: Huber.

Enders-Dragässer, U.; Sellach, B. (1998): Gesundheits- und Gewaltrisiken von Frauen in Armut und Wohnungslosigkeit. In: C. Hüttig (Hrsg.): Gesundheits- und Gewaltrisiken von Frauen in Armut und Wohnungslosigkeit (S. 7–24). Loccum: Evangelische Akademie.

Engelke, E.; Spatscheck, C.; Borrmann, S. (2009): Die Wissenschaft Soziale Arbeit. Werdegang und Grundlagen. Freiburg im Breisgau: Lambertus.

Ernst, G.; Franke, A.; Franzkowiak, P.: Stress und Stressbewältigung. Herausgegeben von BZgA. Online verfügbar unter https://leitbegriffe.bzga.de/alphabetisches-verzeichnis/stress-und-stressbewaeltigung/, zuletzt geprüft am 07.01.2022.

Ernst, M. (2020): Interventionsnetz – die Akteurinnen und Akteure, ihre Aufgaben und rechtlichen Kooperationsmöglichkeiten. In: A. Steingen (Hrsg.): Häusliche Gewalt. Handbuch der Täterarbeit (S. 103–143). Göttingen: Vandenhoeck & Ruprecht.

Europarat (2011): Übereinkommen des Europarats zur Verhütung und Bekämpfung von Gewalt gegen Frauen und häuslicher Gewalt – ein erläuternder Bericht. Online verfügbar unter www.coe.int/conventionviolence.

Fabini, H. (2020): Psychologisches Notfallmanagement in der Corona-/COVID-19-Pandemie. Weinheim/Basel: Beltz.

Faltermaier, T. (2011): Gesundheitsverhalten, Krankheitsverhalten, Gesundheitshandeln. In: S. Blümel; L. Kaba-Schönstein (Hrsg.): Leitbegriffe der Gesundheitsförderung und Prävention. Glossar zu Konzepten, Strategien und Methoden (S. 311–314). Gamburg: Verlag für Gesundheitsförderung,

Faulde, J. (Hrsg.) (2003): Kinder und Jugendliche verstehen – fördern – schützen. Weinheim; München: Juventa-Verl.

Fausch, S.; Wechlin, A. (2010): Empfehlungen für das Vorgehen im Gesundheitsbereich. In: M. Weingartner (Hrsg.): Häusliche Gewalt erkennen und richtig reagieren. Handbuch für Medizin, Pflege und Beratung. 2., überarb. und erw. Aufl. (Prävention und Gesundheitsförderung) (S. 195–241). Bern: Huber.

Flury, R. (2010): Grundsätze der Beratung gewaltbetroffener Frauen. In: Weingartner, M. (Hrsg.): Häusliche Gewalt erkennen und richtig reagieren. Handbuch für Medizin, Pflege und Beratung. 2., überarb. und erw. Aufl. (Prävention und Gesundheitsförderung) (S. 123–130). Bern: Huber.

Ford-Gilboe, M.; Wuest, J.; Varcoe, C.; Davies, L.; Merrit-Gray, M. Campbell J.; Wilk, P. (2009): Modelling the effects of intimate partner violence and access to resources on women's health in the early years after leaving an abusive partner. In: Social Siences and Medicine, Jg. 68, H. 6, S. 1021–1029.

FRA – European Union Agency for Fundamental Rights (2014): Gewalt gegen Frauen: eine EU-weite Erhebung. Wien: Amt für Veröffentlichungen.

Franke, A.; Broda, M. (Hrsg.) (1993): Psychosomatische Gesundheit. Versuch einer Abkehr vom Pathogenese-Konzept. Tübingen: dgvt Verlag (Forum für Verhaltenstherapie und psychosoziale Praxis; 20).

Frauen helfen Frauen e. V. (2013): Wege aus der häuslichen Gewalt. Was kann ich tun? Wer hilft mir? 6. Aufl. Herausgegeben von Frauen helfen Frauen e. V.

Funke-Kaiser, K. (2020): Frauen brauchen mehr Fluchträume. BPtK: Häusliche Gewalt nimmt in der Coronakrise zu. Bundespsychotherapeutenkammer. Online verfügbar unter https://www.bptk.de/frauen-brauchen-mehr-fluchtraeume, zuletzt geprüft am 19.02.2021.

Fydrich, T.; Sommer, G. (2003): Diagnostik sozialer Unterstützung. In: M. Jerusalem; H. Weber (Hrsg.): Psychologische Gesundheitsförderung. Diagnostik und Prävention (S. 79–104). Göttingen: Hogrefe.

Gabriel, S. (2004): Gewalt in Ehe und Partnerschaft. Strategien und Konzepte in der Arbeit mit betroffenen Frauen. Berlin: wvb Wiss. Verl.

Galuske, M. (2003): Methoden der Sozialen Arbeit. Eine Einführung. 5. Aufl. Weinheim: Beltz Juventa.

Geißler-Piltz, B.; Mühlum, A.; Pauls, H. (2005): Klinische Sozialarbeit. München: Reinhardt.

GiG-net (Hrsg.) (2008): Gewalt im Geschlechterverhältnis. Erkenntnisse und Konsequenzen für Politik, Wissenschaft und soziale Praxis. Opladen: Verlag Barbara Budrich.

Gillioz, L. (1997): Domination and violence against women within the couple. In: WHO Regional office for Europe (Hrsg.): European Strategies to comat Violence against Women. Report of the first technical meeting (S. 26–30). Copenhagen, Denmark.

Gloor, D.; Meier, H. (2004): Frauen, Gesundheit und Gewalt im sozialen Nahraum. Repräsentativbefragung bei Patientinnen der Maternité Inselhof Triemli, Klinik für Geburtshilfe und Gynäkologie. Bern: Edition Soziothek.

Gloor, D.; Meier, H. (2010): Zahlen und Fakten zum Thema häusliche Gewalt. In: M. Weingartner (Hrsg.): Häusliche Gewalt erkennen und richtig reagieren. Handbuch für Medizin, Pflege und Beratung. 2., überarb. und erw. Aufl. (S. 17–36). Bern: Huber.

Godenzi, A. (1994): Gewalt im sozialen Nahraum. 2., unveränd. Aufl. Basel: Helbing & Lichtenhahn.

Godenzi, A.; Yodanis, C. (1998): Erster Bericht zu den ökonomischen Kosten der Gewalt gegen Frauen. Schweiz: Universität Freiburg.

Goodkind, J. R.; Gillum, T. L.; Bybee, D. I.; Sullivan, C. M. (2003): The Impact of Family and Friends' Reactions on the Well-Being of Women With Abusive Partners. In: Violence Against Women, Jg. 9, H. 3, S. 347–373.

Goodman, L.; Smyth, K. F.; Borges, A. M.; Singer, R. (2009): When crisis collide: How intimate partner violence and poverty intersect to shape women's health and coping. In: Trauma Violence Abuse, Jg. 10, H. 4, S. 306–329.

Graß, H. L.; Gahr, B.; Ritz-Timme, S. (2016): Umgang mit Opfern von häuslicher Gewalt in der ärztlichen Praxis. In: Bundesgesundheitsblatt, S. 81–87.

Greber, F. (2010): Die Vielfalt und Komplexität häuslicher Gewalt erkennen. In: M. Weingartner (Hrsg.): Häusliche Gewalt erkennen und richtig reagieren. Handbuch für Medizin, Pflege und Beratung. 2., überarb. und erw. Aufl. (Prävention und Gesundheitsförderung) (S. 165–180). Bern: Huber.

Grobe, T. G.; Schwartzer, F. W. (2003): Arbeitslosigkeit und Gesundheit. Themenheft 13 zur Gesundheitsberichterichtserstattung des Bundes.

Guiterres, S. E.; van Puymbroeck, C. (2006): Childhood and adult violence in the lives of women who misuse substances. In: Aggression and Violent Behavior, Jg. 11, H. 5, S. 497–513.

Gutierres, S. E.; van Puymbroeck, C. (2006): Childhood and adult violence in the lives of women who misuse substances. In: Aggression an violent behavior, Jg. 11, H. 5, S. 497–513.

Hagemann-White, C.; Bohne, S. (2003): Versorgungsbedarf und Anforderungen an Professionelle im Gesundheitswesen im Problembereich Gewalt gegen Frauen und Mädchen. (Expertise für die Enquetekommission »Zukunft einer frauengerechten Gesundheitsversorgung in NRW«). Osnabrück.

Hagemann-White, C.; Kavemann, B.; Ohl, D. (Hrsg.) (1997): Parteilichkeit und Solidarität. Praxiserfahrungen und Streitfragen zur Gewalt im Geschlechterverhältnis. Bielefeld: Kleine Verlag.

Hahlweg, K.; Ditzen, B.; Job, A.-K; Gastner, J.; Schulz, W.; Supke, M.; Walper, S. (2020): COVID-19: Psychologische Folgen für Familie, Kinder und Partnerschaft. In: Zeitschrift für Klinische Psychologie und Psychotherapie, Jg. 49, H. 3, S. 157–171.

Haller, B.; Amesberger, H. (2019): Opfer von Partnergewalt in Kontakt mit Polizei und Justiz. Innsbruck; Wien; Bozen: Studienverlag.

Hammerschmid, A.; Schmieder, J.; Wrohlich, K. (2020): Frauen in der Corona-Krise stärker am Arbeitsmarkt betroffen als Männer. Unter Mitarbeit von Deutsches Institut für Wirtschaftsforschung (DIW). DIW. Berlin (42).

Heidemann, C.; Scheidt-Nave, C.; Beyer, A.-K; Baumert, J.; Thamm, R.; Maier, B. et al. (2021): Gesundheitliche Lage von Erwachsenen in Deutschland – Ergebnisse zu ausgewählten Indikatoren der Studie GEDA 2019/2020-EHIS. In: Journal of Health Monitoring, Jg. 6, H. 3, S. 3–27.

Heitmeyer, W.; Hagan, J. (Hrsg.) (2002): Internationales Handbuch der Gewaltforschung. Wiesbaden: Westdt. Verl.

Hellbernd, H.; Brzank, P. (2006): Häusliche Gewalt im Kontext von Schwangerschaft und Geburt: Interventions- und Präventionsmöglichkeiten für Gesundheitsfachkräfte. In: B. Kavemann; U. Kreyssig (Hrsg.): Handbuch Kinder und häusliche Gewalt (S. 88–102). Wiesbaden: VS Verlag.

Hellbernd, H.; Brzank, P.; Wieners, K.; Maschewsky-Schneider, U. (2004): Häusliche Gewalt gegen Frauen: gesundheitliche Versorgung. Das S.I.G.N.A.L.-Interventionsprogramm. Berlin: BMFSFJ.

Hellmann, D. F.; Blauert, K. (2014): Häusliche Gewalt gegen Frauen in Deutschland. In: SWS-Rundschau, H. 54 (1), S. 78–89.

Henderson, A. J. Z.; Bartholomew, K.; Dutton, D. G. (1997): He loves me he loves me not: Attachment and separation solution of abused women. In: Journal of family violence, H. 12, S. 169–191.

Henderson, A. J. Z.; Bartholomew, K.; Trinke, S. J.; Kwong, M. J. (2005): When loving means hurting: An exploration of attachment and intimate abuse in a community sample. In: Journal of family violence, Jg. 20, S. 219–230.

Henry-Hutmacher, C. (Hrsg.) (2008): Schutz des Kindeswohls bei Gewalt in der Partnerschaft der Eltern. Berlin: Konrad-Adenauer-Stiftung e. V.

Herman, J. (2006): Die Narben der Gewalt. Traumatische Erfahrungen verstehen und überwinden. Paderborn: Junfermann.

Herriger, N. (2006): Ressourcen und Ressourcendiagnostik in der Sozialen Arbeit. Online verfügbar unter https://www.empowerment.de; Materialie-5-Ressourcen-und-Ressourcendiagnostik-in-der-Sozialen-Arbeit.pdf, zuletzt geprüft am 17.02.2022.

Herriger, N. (2010): Empowerment in der sozialen Arbeit. Eine Einführung. Stuttgart: Kohlhammer.

Holtzworth-Munroe, A.; Stuart, G. L.: Typologies of male batterers (1994): Three subtypes and the differences among them. In: Psychological Bulletin, H. 116, S. 476–497.

Holtzworth-Munroe, A.; Stuart, G. L.; Hutchinson, G (1997).: Violent versus nonviolent husbands: Differences in attachment patterns, dependency, and jealousy. In: Journal of family psychology, H. 11, S. 314–331.

Hornberg, C.; Schröttle, M.; Bohne, S.; Khelaifat, N.; Pauli, A. (2008): Gesundheitliche Folgen von Gewalt. Unter besonderer Berücksichtigung von häuslicher Gewalt gegen Frauen. Berlin: Robert-Koch-Inst.

House, J. S.; Umberson, D.; Landis, K. R. (1988): Structures and processes of social support. In: Annual Review of Sociology, Jg. 14, S. 293–318.

Humphreys, J.; Lee, K. A. (2009): Interpersonal violence is associated with depression and chronic physical health problems in midlife women. In: Issues in menthal health nursing, Jg. 30, S. 206–213.

Hurrelmann, K. (2000): Gesundheitssoziologie. Eine Einführung in sozialwissenschaftliche Theorien von Krankheitsprävention und Gesundheitsförderung. Weinheim: Juventa-Verl.

Hüttig, C. (Hrsg.) (1998): Gesundheits- und Gewaltrisiken von Frauen in Armut und Wohnungslosigkeit. Loccum: Evangelische Akademie.

Irek, S.; Kohrs, A.; Krope, P. (2015): Intervention gegen Gewalt. Auf der Suche nach einem Anfang. In: P. Krope; J. P. Petersen (Hrsg.): Wege aus der Gewalt? Eine Studie im europäischen Rahmen über häusliche Gewalt gegen Frauen (S. 137–144). Münster, New York: Waxmann.

Jerusalem, M.; Weber, H. (Hrsg.) (2003): Psychologische Gesundheitsförderung. Diagnostik und Prävention. Göttingen: Hogrefe.

Kaiser, I. (2012): Gewalt in häuslichen Beziehungen. Wiesbaden: VS Verlag.

Kavemann, B. (o. J.): Gesellschaftliche Folgekosten der Gewalt gegen Frauen. Unveröffentlichtes Vortragsmanuskript.

Kavemann, B. (1997): Zwischen Politik und Professionalität: Das Konzept der Parteilichkeit. In: C. Hagemann-White; B. Kavemann; D. Ohl (Hrsg.): Parteilichkeit und Solidarität. Praxiserfahrungen und Streitfragen zur Gewalt im Geschlechterverhältnis (S. 179–235). Bielefeld: Kleine Verlag.

Kavemann, B.; Kreyssig, U. (Hrsg.) (2006): Handbuch Kinder und häusliche Gewalt. Wiesbaden: VS Verlag.

Keupp, H. (1994): Ambivalenzen postmoderner Identität. In: U. Beck; E. Beck-Gernsheim (Hrsg.): Riskante Freiheiten. Individualisierung in modernen Gesellschaften (S. 336–350). Frankfurt am Main: Suhrkamp.

Keupp, H. (2003): Prioritäten der Sozialpsychiatrie im globalisierten Kapitalismus. In: Psychologie und Gesellschaftskritik, Jg. 27, H. 1, S. 23–43.

Keupp, H. (25.04.2009): Fragmente oder Einheit? Wie heute Identität geschaffen wird. Vortrag bei der Tagung »Identitätsentwicklung in einer multioptionalen Gesellschaft«. Online verfügbar unter www.ipp-muenchen.de/texte, zuletzt geprüft am 12.12.2021.

Keupp, H.; Ahbe, T.; Gmür, W.; Höfer, R.; Mitzscherlich, B.; Kraus, W.; Straus, F. (2006): Identitätskonstruktionen. Das Patchwork der Identitäten in der Spätmoderne. 3. Aufl. Reinbek bei Hamburg: Rowohlt-Taschenbuch-Verl.

Keupp, H.; Röhrle, B. (1987): Soziale Netzwerke. Frankfurt am Main: Campus.

Ki-Moon, B. (2007): »Gewalt gegen Frauen ist immer ein Verbrechen«. Erklärung zum Internationalen Tag für die Beseitigung der Gewalt gegen Frauen. UNRIC-Pressemitteilung Nr. 210.

Kindler, H. (2006): Partnergewalt und Beeinträchtigungen kindlicher Entwicklung: Ein aktualisierter Forschungsüberblick. In: B. Kavemann; U. Kreyssig (Hrsg.): Handbuch Kinder und häusliche Gewalt (S. 27–47). Wiesbaden: VS Verlag.

Kindler, H. (2008): Partnerschaftsgewalt und Kindeswohl. In: C. Henry-Hutmacher (Hrsg.): Schutz des Kindeswohls bei Gewalt in der Partnerschaft der Eltern (S. 13–36). Berlin: Konrad-Adenauer-Stiftung e. V.

Kindler, H.; Drechsel, A. (2003): Partnerschaftsgewalt und Kindeswohl. In: Das Jugendamt-Zeitschrift für Jugendhilfe und Familienrecht, H. 5, S. 217–222.

Klemperer, D. (2015): Sozialmedizin, Public Health, Gesundheitswissenschaften. Lehrbuch für Gesundheits- und Sozialberufe. Bern: Hogrefe.

Knecht, A.; Schubert, F.-C (Hrsg.) (2012): Ressourcen im Sozialstaat und in der sozialen Arbeit. Zuteilung – Förderung – Aktivierung. Stuttgart: Kohlhammer.

Korittko, A. (2020): Gewalt gegen Kinder. In: Büttner, M. (Hrsg.): Handbuch häusliche Gewalt (S. 99–106). Stuttgart: Schattauer.

Kranich Schneiter, C. (2010): Rechtliche Interventionsmöglichkeiten. In: M. Weingartner (Hrsg.): Häusliche Gewalt erkennen und richtig reagieren. Handbuch für Medizin, Pflege und Beratung. 2., überarb. und erw. Aufl. (S. 131–158). Bern: Huber.

Kriz, J. (2001): Grundkonzepte der Psychotherapie. Weinheim: Beltz PVU.

Krope, P.; Petersen, J. P. (Hrsg.) (2015): Wege aus der Gewalt? Eine Studie im europäischen Rahmen über häusliche Gewalt gegen Frauen. Münster New York: Waxmann.

Krug, E. G.; Dahlberg, L. L.; Mercy, J. A.; Zwi, A. B.; Lozano, R. (2002a): World report on violence and health. Geneva.

Krug, E. G.; Dahlberg, L. L.; Mercy, J. A.; Zwi, A. B.; Lozano, R. (2002b): World report on violence and health. Summary. Geneva.

Krug, E. G.; Dahlberg, L. L.; Mercy, J. A.; Zwi, A. B.; Lozano, R. (2003): Weltbericht Gewalt und Gesundheit. Zusammenfassung. WHO (Hrsg.). Geneva.

Krug, E. G.; Dahlberg, L. L.; Mercy, J. A.; Zwi, A. B.; Lozano, R. (2005): WHO Multi-country study on women's health and domestic violence against women. Geneva: WHO.

Krüger, T. (2020): MHH-Umfrage: Seelische Gesundheit leidet unter Lockdown, mehr häusliche Gewalt, Stress, Angst: Studie des MHH-Zentrums für seelische Gesundheit legt erste Ergebnisse vor. Online verfügbar unter www.mhh.de/kliniken-und-spezialzentren/klinik-fuer-psychiatrie-sozialpsychiatrie-und-psychotherapie/blog/buehne-ankuendigungen, zuletzt geprüft am 21. 12. 2021.

Kruse, L. (Hrsg.) (1990): Ökologische Psychologie. Ein Handbuch in Schlüsselbegriffen. München: Psychologie-Verl.-Union.

Kubany, E. S.; McCaig, Mari A.; Laconsay, J. R. ([2015]): Das Trauma häuslicher Gewalt überwinden. Ein Selbsthilfebuch für Frauen. Göttingen: Hogrefe.

Küken-Beckmann, H. (2020): Zusammenhang zwischen Bindungsmustern und Paargewalt. In: A. Steingen, A. (Hrsg.): Häusliche Gewalt. Handbuch der Täterarbeit (S. 82–89). Göttingen: Vandenhoeck & Ruprecht.

Laireiter, A.-R; Fuchs, M.; Pichler, M.-E (2007): Negative Unterstützung bei der Bewältigung von Lebensbelastungen. In: Zeitschrift für Gesundheitspsychologie, Jg. 15, H. 2, S. 43–56.

Laireiter, A. R. Fuchs M. &. Pichler M. E. (2007): Negative soziale Unterstützung bei der Bewältigung von Lebensbelastungen: Eine konzeptuelle und empirische Analyse. In: Zeitschrift für Gesundheitspsychologie, Jg. 15, H. 2, S. 43–56.

Lamnek, S.; Luedtke, J.; Ottermann, R.; Vogl, S. (2013): Tatort Familie. Häusliche Gewalt im gesellschaftlichen Kontext. Wiesbaden: VS Verlag.

Lampert, T.; Kroll, L. E. (2006): Die Messung des sozioökonomischen Status in sozialepidemiologischen Studien. In: M. Richter; K. Hurrelmann (Hrsg.): Gesundheitliche Ungleichheit – Grundlagen, Probleme, Perspektiven (S. 297–319). Wiesbaden: VS Verlag.

Lampert, T.; Michalski, N.; Müters, S.; Wachtler, B.; Hoebel, J. (2021): Arbeitslosigkeit und Gesundheit. Herausgegeben von Bundeszentrale für politische Bildung. Online verfügbar unter https://www.bpb.de/nachschlagen/datenreport-2021/gesundheit/330131/arbeitslosigkeit-und-gesundheit.

Lampert, T.; Michalski, N.; Müters, S.; Wachtler, B.; Hoebel, J. (2021): Bildung als Ressource für Gesundheit. Herausgegeben von Bundeszentrale für politische Bildung. Online verfügbar unter https://www.bpb.de/nachschlagen/datenreport-2021/gesundheit/330123/bildung-als-ressource-fuer-gesundheit.

Lampert, T.; Saß, A.-C; Häfelinger, M.; Ziese, T. (2005): Armut, soziale Ungleichheit und Gesundheit. Expertise des Robert Koch-Instituts zum 2. Armuts- und Reichtumsbericht der Bundesregierung. Berlin: Robert-Koch-Inst.

Lazarus, R. S.; Folkman, S. (1984): Stress, appraisal, and coping. New York: Springer.

Lehmann, K. (2015): Professionelles Handeln gegen häusliche Gewalt. Der Platzverweis aus der Sicht von Polizei, Beratung und schutzsuchender Frauen. Wiesbaden: VS Verlag.

Lenz, A. (2003): Empowerment zur Stärkung individueller psychosozialer Ressourcen. In: J. Faulde (Hrsg.): Kinder und Jugendliche verstehen – fördern – schützen (S. 119–130). Weinheim; München: Juventa-Verlag.

Leopoldina – Nationale Akademie der Wissenschaften (2020): Coronavirus-Pandemie: Die Krise nachhaltig überwinden. 3. Adhoc Stellungnahme. Online verfügbar unter www.leopoldina.org/publikationen/detailansicht/publication/coronavirus-pandemie-die-krise-nachhaltig-überwinden-2020/, zuletzt geprüft am 12.01.2022.

Leplow, B. (2006): <F45> Psychosomatische Erkrankungen. In: W. Beiglböck; S. Feselmayer; E. Honemann (Hrsg.): Handbuch der klinisch-psychologischen Behandlung (S. 429–442). Wien: Springer.

Levendosky, A. A.; Graham-Bermann, S. A. (2001): Parenting in Battered Women: The effects of Domestic Violence on Women and Their Children. In: Journal of family violence, Jg. 16, H. 2, S. 171–192.

Loidl, R. (Hrsg.) (2013): Gewalt in der Familie. Beiträge zur Sozialarbeitsforschung. Wien; Köln; Weimar: Böhlau.

Maercker, A. (Hrsg.) (2009): Posttraumatische Belastungsstörungen. Berlin: Springer.

Mark, H. (2006): Gewalt und Gesundheit. Eine Untersuchung zu körperlichen und sexuellen Gewalterfahrungen im Zusammenhang mit der gesundheitlichen Lage erwachsener Frauen. München: Dr. Hut.

Martinez, M.; Schröttle, M. et al. (2006): State of the European research on the prevalence of interpersonal violence and its impact on health and human rights. CAHRV-Report 2006. Co-ordination Action on Human Rights Violations funded through the European Commission, 6th Framework Programme, Project No. 506348. Online verfügbar unter www.cahrv.uni-osnabrueck.de.

Moore, C. (2006): Aktuelle Ergebnisse zur Prävalenz häuslicher Gewalt und deren Folgen für die Betroffenen. In: C. Moore (Hrsg.): Neue Wege in der Therapie und Beratungsvernetzung für von häuslicher Gewalt betroffene Frauen und Kinder (S. 12–19). Bremerhaven: Wirtschaftsverlag N. W. Verlag für neue Wissenschaft.

Moore, C. (Hrsg.) (2006): Neue Wege in der Therapie und Beratungsvernetzung für von häuslicher Gewalt betroffene Frauen und Kinder. Bremerhaven: Wirtschaftsverlag N. W. Verlag für neue Wissenschaft.

Müller, I. (2020): Entkommen zu Hause. In: Der Tagesspiegel, 17.10.2020, S. 3.

Müller, U.; Schröttle, M. (2004b): Lebenssituation, Sicherheit und Gesundheit von Frauen in Deutschland. Eine repräsentative Untersuchung zu Gewalt gegen Frauen in Deutschland. Zusammenfassung zentraler Studienergebnisse. Berlin.

Müller, U.; Schröttle, M. (2004a): Lebenssituation, Sicherheit und Gesundheit von Frauen in Deutschland. Eine repräsentative Untersuchung zu Gewalt gegen Frauen in Deutschland. Berlin: BMFSFJ.

Nägele, B.; Böhm, U.; Görgen, T.; Kotlenga, S.; Petermann, F. (2010): IPVoW- Partnergewalt gegen ältere Frauen. Länderbericht Deutschland. Deutsche Hochschule der Polizei, Zoom – Gesellschaft für prospektive Entwicklungen e. V. Göttingen; Münster.

Nestmann, F.: Soziale Unterstützung- Social Support. In: W. Schröer; C. Schweppe (Hrsg.): Enzyklopädie Erziehungswissenschaft Online (EEO) Fachgebiet Soziale Arbeit. Weinheim/ München: Juventa Verl

Nestmann, F. (1988): Die alltäglichen Helfer. Berlin: de Gruyter.

Nestmann, F. (2005): Netzwerkinteraktionen und soziale Unterstützung fördern: Effektivität und Maximen der Nachhaltigkeit. In: U. Otto; P. Bauer (Hrsg.): Mit Netzwerken professionell zusammenarbeiten. Soziale Netzwerke in Lebenslauf- und Lebenslagenperspektive (S. 131–156). Tübingen: dgvt.

Nestmann, F.; Günther, J.; Stiehler, S., et al. (Hrsg.) (2008): Kindernetzwerke. Soziale Beziehungen und soziale Unterstützung in Familie, Pflegefamilie und Heim. Tübingen: dgvt.

Nestmann, F.; Schmerl, C. (1990): Das Geschlechterparadox in der Social Support Forschung. In: Schmerl, C.; Nestmann, F. (Hrsg.): Ist Geben seliger als Nehmen? Frauen und social support (S. 7–35). Frankfurt am Main; New York: Campus.

Nestmann, F.; Sickendiek, U. (2018): Beratung. In: H.-U. Otto; H. Thiersch (Hrsg.): Handbuch Soziale Arbeit. Grundlagen der Sozialarbeit und Sozialpädagogik (S. 153–163). München: Ernst Reinhardt Verlag.

Nestmann, F.; Wehner, K. (2008): Soziale Netzwerke von Kindern und Jugendlichen. In: F. Nestmann; J. Günther; S. Stiehler; K. Wehner; J. Werner (Hrsg.): Kindernetzwerke. Soziale Beziehungen und soziale Unterstützung in Familie, Pflegefamilie und Heim (S. 11–40). Tübingen: dgvt.

Nicholls, T. L.; Hamel, J. (Hrsg.) (2014): Familiäre Gewalt im Fokus: Fakten – Behandlungsmodelle – Prävention; Handbuch. Family interventions in domestic violence dt./Handbuch familiäre Gewalt im Focus. Frankfurt am Main: Ikaru.

Niepel, G. (1994): Soziale Netze und soziale Unterstützung alleinerziehender Frauen. Eine empirische Studie. Opladen: Leske + Budrich.

Nurius, P. S.; Macy, R. J.; Bhuyan, R. L.; Holt, V.; Kernic, M. A.; Rivara, F. P. (2003): Contextualizing depression and physical functioning in battered women: Adding vulnerability and resources to the analysis. In: Journal of interpersonal violence, Jg. 18, H. 12, S. 1411–1431.

Nutz, W. (2013): I steh' zu dir, bei Licht und Schåttn … Das Prinzip der Parteilichkeit in der Sozialarbeit am Beispiel der Opferhilfe. In: R. Loidl (Hrsg.): Gewalt in der Familie. Beiträge zur Sozialarbeitsforschung (S. 73–95). Wien; Köln; Weimar: Böhlau Verlag.

Ortmann, K. (2018): Soziale Arbeit als Beratung. Göttingen: Vandenhoeck & Ruprecht.

Otto, H.-U; Thiersch, H. (Hrsg.) (2018): Handbuch Soziale Arbeit. Grundlagen der Sozialarbeit und Sozialpädagogik. München: Ernst Reinhardt Verlag.

Otto, U.; Bauer, P. (Hrsg.) (2005): Mit Netzwerken professionell zusammenarbeiten. Soziale Netzwerke in Lebenslauf- und Lebenslagenperspektive. Tübingen: dgvt.

Pauls, H. (2011): Klinische Sozialarbeit. Grundlagen und Methoden psycho-sozialer Behandlung. Weinheim: Juventa-Verl.

Pearlin, L. I.; Schieman, S.; Fazio, E. M.; Meersman, S. C. (2005): Stress, Health and the Life Course: Some Conceptual Perspectives. In: Journal of Health and Social Behavior, Jg. 46, H. 2, S. 205–219.

Pearson, R. E. (1997): Beratung und soziale Netzwerke: eine Lern- und Praxisanleitung zur Förderung sozialer Unterstützung. Counseling and social support dt. Unter Mitarbeit von Übers. aus dem Engl. und dt. Bearb.: Frank Nestmann. Weinheim [u. a.]: Beltz.

Peichl, J. (2008): Destruktive Paarbeziehungen. Das Trauma intimer Gewalt. Stuttgart: Klett-Cotta.

Pietromonaco, P. R.; Feldman Barett, L.: Working models of attachment and daily interactions. In: Journal of personality and social psychology, H. 73, S. 1409–1423.

Piispa, M. (2002): Complexity of Patterns of Violence Against Women in Heterosexual Partnerships. In: Violence Against Women, Jg. 8, H. 7, S. 873–900.

Piispa, M.; Heiskanen, M. (2001): The price of violence. The cost of men's violence against women in Finland. Helsinki: Statistics Finland and council for equality, Ministry of social affairs and health.

Plecher, S. (2020): Gewaltopfern bleibt Hilfe verwehrt. In: Sächsische Zeitung, 21.07.2020, S. 22.

Plichta, S. B. (2004): Intimate partner violence and physical health consequences: Policy and practice implications. In: Journal of interpersonal violence, Jg. 19, S. 1296–1323.

Popescu, M.; Drumm, R.; Dewan, S.; Rusu, C. (2010): Childhood Victimization and its Impact on Coping Behaviors for Victims of Intimate Partner Violence. In: Journal of family violence, Jg. 25, H. 6, S. 575–585.

Prasad, N. (2011): Mit Recht gegen Gewalt. Die UN-Menschenrechte und ihre Bedeutung für die Soziale Arbeit: ein Handbuch für die Praxis. Opladen: Verlag Barbara Budrich.

Preis, W. (2001): Grundlagen der Integrativen Fallbearbeitung. Berlin: Rabenstück.

Preis, W. (2015): Kritischer Erfolgsfaktor soziale Fachkräfte: Warum Intuition nicht ausreichend ist. In: Theorie und Praxis der Sozialen Arbeit, H. 2, S. 97–107.
Presse- und Informationsamt der Bundesregierung (2020): »Anonymität und Vertraulichkeit sind unsere Kernmerkmale«, Interview mit der Leiterin des Hilfetelefons »Gewalt gegen Frauen«. Online verfügbar unter https://www.bundesregierung.de/breg-de/aktuelles/interview-frauenhilfetelefon-1786956, zuletzt geprüft am 05.01.2021.
Psychiatrienetz (2017): Psychoedukation. Online verfügbar unter https://www.psychiatrie.de/fr/behandlung/psychoedukation.html, zuletzt geprüft am 02.03.2022.
Rabe, H.; Leisering, B. (Februar 2018): Die Istanbul-Konvention. Neue Impulse für die Bekämpfung von geschlechtsspezifischer Gewalt. Berlin: Deutsches Institut für Menschenrechte.
Radau, I. (2021): Häusliche Gewalt an Kindern in Deutschland. BA. Neubrandenburg. Online verfügbar unter https://digibib.hs-nb.de/resolve/id/dbhsnb_thesis_0000002623, zuletzt geprüft am 26.03.2022.
Richter, M.; Hurrelmann, K. (Hrsg.) (2006): Gesundheitliche Ungleichheit – Grundlagen, Probleme, Perspektiven. Wiesbaden: VS Verlag.
Röck, S. (2020): Frauen als Opfer häuslicher Gewalt. In: A. Steingen (Hrsg.): Häusliche Gewalt. Handbuch der Täterarbeit (S. 29–35). Göttingen: Vandenhoeck & Ruprecht.
Röck, S. (2020): Paardynamik häuslicher Gewalt. In: A. Steingen (Hrsg.): Häusliche Gewalt. Handbuch der Täterarbeit (S. 79–89). Göttingen: Vandenhoeck & Ruprecht.
Roger, C. R. (2003): Die klientenzentrierte Gesprächspsychotherapie. Frankfurt am Main: Fischer- Taschenbuch-Verlag.
Röhrle, B. (1994): Soziale Netzwerke und soziale Unterstützung. Weinheim: Beltz, Psychologie-Verl.-Union.
Rosin, C.; Hennings, E. (2020): Notfallsituation: häusliche Gewalt. In: Swiss Medical Forum – Schweizerisches Medizin-Forum, Jg. 20, H. 15/16, S. 250–255.
Roth, G. (1997): Zwischen Täterschutz, Ohnmacht und Parteilichkeit. Zum institutionellen Umgang mit »Sexuellem Mißbrauch«. Bielefeld: Kleine Verl.
Sabina, C.; Tindale, R. S. (2008): Abuse Characteristics and Coping Resources as Predictors of Problem-Focused Coping Strategies Among Battered Women. In: Violence Against Women, Jg. 14, H. 4, S. 437–456.
Sacco, S. (2017): Häusliche Gewalt Kostenstudie für Deutschland. Gewalt gegen Frauen in (ehemaligen) Partnerschaften. Hamburg: tredition.
Sander, K. (1999): Personzentrierte Beratung. Köln und Basel: GwG Verlag & Edition Beltz.
Sarason, I. G. (Hrsg.) (1985): Social support. Theory, research and applications. Dordrecht: Nijhoff.
Saß, A.-C; Häfelinger, M.; Ziese, T. (2005): Armut, soziale Ungleichheit und Gesundheit. Berlin: RKI.
Schellong, J. (2021): Häusliche Gewalt und Opferschutz in Zeiten der Corona-Pandemie. In: R. Behling; C. Eichenberg (Hrsg.): Die Psyche in Zeiten der Corona-Krise (S. 287–298). Stuttgart: Klett-Cotta.
Schmerl, C.; Nestmann, F. (Hrsg.) (1990): Ist Geben seliger als Nehmen? Frauen und social support. Frankfurt am Main, New York: Campus.
Schmid, G. (2010): Die Situation von Frauen, die Gewalt in der Paarbeziehung erleben. In: M. Weingartner (Hrsg.): Häusliche Gewalt erkennen und richtig reagieren. Handbuch für Medizin, Pflege und Beratung. 2., überarb. und erw. Aufl (S. 37–51). Bern: Huber.
Schröer, W.; Schweppe, C. (Hrsg.) (o. J.): Enzyklopädie Erziehungswissenschaft Online (EEO) Fachgebiet Soziale Arbeit. Weinheim/München: Juventa Verl.
Schröttle, M.; Ansorge, N. (2008): Gewalt gegen Frauen in Paarbeziehungen. Eine sekundäranalytische Auswertung zur Differenzierung von Schweregraden, Mustern, Risikofaktoren und Unterstützung nach erlebter Gewalt. Bielefeld: BMFSFJ.
Schröttle, M.; Khelaifat, N. (2008): Gesundheit – Gewalt – Migration. Eine vergleichende Sekundäranalyse zur gesundheitlichen und Gewaltsituation von Frauen mit und ohne Migrationshintergrund in Deutschland. Berlin: BMFSFJ.
Schweer, M. K. W. (Hrsg.) (2009): Sex and gender. Frankfurt am Main: P. Lang.

Seifert, D.; Püschel, K.; Heinemann, A. (2011): Häusliche Gewalt aus rechtsmedizinischer Sicht. In: FPR Familie Partnerschaft Recht, H. 5, S. 185–187.

Seithe, M. (2008): Engaging. Möglichkeiten klientenzentrierter Beratung in der sozialen Arbeit. Wiesbaden: VS Verlag.

Senatsverwaltung für Gesundheit, Pflege und Gleichstellung (2020): Internationaler Tag gegen Gewalt an Frauen – Häusliche Gewalt weiterhin auf hohem Niveau. Pressemitteilung vom 25.11.2020. Online verfügbar unter https://www.berlin.de/sen/gpg/service/presse/2020/pressemitteilung.1022144.php, zuletzt geprüft am 10.03.2021.

Senatsverwaltung für Gesundheit, Pflege und Gleichstellung Abt Frauen und Gleichstellung (Hrsg.) (2017): Datenlage und Statistik zu häuslicher Gewalt in Berlin 2016. Berlin: Eigenverlag.

Senatsverwaltung für Justiz, Verbraucherschutz und Antidiskriminierung (2021): Entwicklung der häuslichen Gewalt in 2020. Pressemitteilung vom 03.03.2021. Online verfügbar unter https://www.berlin.de/sen/justva/presse/pressemitteilungen/2021/pressemitteilung.1059664.php, zuletzt geprüft am 12.03.2021.

Sickendiek, U.; Engel, F.; Nestmann, F. (2002): Beratung. Eine Einführung in sozialpädagogische und psychosoziale Beratungsansätze. Weinheim: Juventa Verl.

Statistisches Bundesamt (2022): Bevölkerungsstand: Amtliche Einwohnerzahl Deutschlands 2021. Online verfügbar unter https://www.destatis.de/DE/Themen/Gesellschaft-Umwelt/Bevoelkerung/Bevoelkerungsstand/_inhalt.html, zuletzt geprüft am 26.03.2022.

Staub-Bernasconi, S. (1995): Systemtheorie, soziale Probleme und soziale Arbeit: lokal, national, international oder: vom Ende der Bescheidenheit. Bern u. a.: Haupt.

Steinert, J.; Ebert, C. (2020): Gewalt an Frauen und Kindern in Deutschland während COVID-19-bedingten Ausgangsbeschränkungen: Zusammenfassung der Ergebnisse. Online verfügbar unter https://drive.google.com/file/d/19Wqpby9nwMNjdgO4_FCqqlfYyLJmBn7y/view.

Steingen, A. (2020): Bedeutung von Abwehr- und Fragmentierungsmechanismen bei der Aufrechterhaltung von Paargewalt. In: A. Steingen (Hrsg.): Häusliche Gewalt. Handbuch der Täterarbeit (S. 89–101). Göttingen: Vandenhoeck & Ruprecht.

Steingen, A. (Hrsg.) (2020): Häusliche Gewalt. Handbuch der Täterarbeit. Göttingen: Vandenhoeck & Ruprecht.

Steingen, Anja (2020): Phänomen häuslicher Gewalt. In: A. Steingen (Hrsg.): Häusliche Gewalt. Handbuch der Täterarbeit (S. 17–20). Göttingen: Vandenhoeck & Ruprecht.

Stimmer, F.; Ansen, H. (2016): Beratung in psychosozialen Arbeitsfeldern. Grundlagen – Prinzipien – Prozess. Stuttgart: Kohlhammer.

Strasser, P. (2006): »In meinem Bauch zitterte alles«. Traumatisierung von Kindern durch Gewalt gegen die Mutter. In: B. Kavemann; U. Kreyssig (Hrsg.): Handbuch Kinder und häusliche Gewalt (S. 47–59). Wiesbaden: VS Verlag.

Sutherland, C. A.; Bybee, D. I.; Sullivan, C. M. (2002): Beyond bruises and broken bones: the join effects of stress and injuries on battered women's health. In: American Journal of Community Psychology, Jg. 30, H. 5, S. 609–636.

Sutherland, C. A.; Sullivan, C. M.; Bybee, D. I. (2001): Effects of intimate partner violence versus poverty on women's health. In: Violence Against Women, H. 10, S. 1122–1143.

Tesch-Römer, C.; Wurm, S. (2006): Lebenssituation älter werdender und alter Menschen in Deutschland. In: Bundesgesundheitsblatt, Jg. 49, H. 5, S. 499–505.

Thiersch, H. (1995): Lebenswelt und Moral. Beiträge zur moralischen Orientierung sozialer Arbeit. Weinheim: Juventa-Verl.

Thiersch, H.; Grunwald, K.; Köngeter, S. (2012): Lebensweltorientierte Soziale Arbeit. In: W. Thole (Hrsg.): Grundriss Soziale Arbeit. Ein einführendes Handbuch (S. 175–196). Wiesbaden: VS Verlag.

Thole, W. (Hrsg.) (2012): Grundriss Soziale Arbeit. Ein einführendes Handbuch. Wiesbaden: VS Verlag.

Todt, M.; Awe, M.; Roesler, B.; Germerott, T.; Debertin, A. S.; Fieguth, A. (2016): Häusliche Gewalt. Daten, Fakten und Herausforderungen. In: Rechtsmedizin, Jg. 26, S. 499–506.

Truninger, A. (2010): Rolle und Auftrag des Gesundheitswesens. In: M. Weingartner (Hrsg.): Häusliche Gewalt erkennen und richtig reagieren. Handbuch für Medizin, Pflege und Beratung. 2., überarb. und erw. Aufl. (S. 181–194). Bern: Huber.
Wahren, J. (2015): Klinische Sozialarbeit und häusliche Gewalt. Neue Erkenntnisse in der Arbeit mit gewaltbetroffenen Frauen. Hamburg: Diplomica-Verlag.
Wahren, J. (2016): Soziale Unterstützung für gewaltbetroffene Frauen. Neue Wege der Gesundheitsförderung. Marburg: Tectum Verlag.
Walby, S. (2004): The cost of domestic violence. London: Department of trade and industry, women and equality unit.
Walby, S.; Allen, J. (2004): Domestic violence, sexual assault and stalking: Findings from the British Crime Survey. London: home office.
Waldrop, A.; Resick, P. A. (2004): Coping Among Adult Female Victims of Domestic Violence. In: Journal of family violence, Jg. 19, H. 5, S. 291–302.
Walker, L. E. (1994): Warum schlägst Du mich? Frauen werden mißhandelt und wehren sich; eine Psychologin berichtet. München. Zürich: Piper.
Walter, S. (o. J.): Krisen- und Zufluchtswohnung für LSBTI*. Online verfügbar unter https://sebastian-walter.berlin/krisen-und-zufluchtswohnung-fuer-lsbti/, zuletzt geprüft am 26.03.2022.
Wascher, K. (2013): Das Übereinkommen des Europarats zur Verhütung und Bekämpfung von Gewalt gegen Frauen und häuslicher Gewalt. Linz: Trauner Verlag.
Waters, H. et al. (2004): The economic dimensions of interpersonal violence. Geneva: WHO, Department of injuries and violence prevention.
Weingartner, M. (Hrsg.) (2010): Häusliche Gewalt erkennen und richtig reagieren. Handbuch für Medizin, Pflege und Beratung. 2., überarb. und erw. Aufl. Bern: Huber.
Wilcox, B. (1990): Soziale Unterstützung bei der Bewältigung von zerbrochenen Ehen – Eine Netzwerkanalyse. In: C. Schmerl; F. Nestmann (Hrsg.): Ist Geben seliger als Nehmen? Frauen und social support (S. 192–214) Frankfurt am Main, New York: Campus.
Williams, S. L.; Mickelson, K. D. (2007): A psychosocial resource impairment partner model explaining partner violence and distress: Moderating role of income. In: American Journal of Community Psychology, Jg. 40, S. 13–25.
Wilmers, N.; Enzmann, D.; Schaefer, D.; Herbers, K.; Greve, W.; Wetzels, P. (2002): Jugendliche in Deutschland zur Jahrtausendwende: Gefährlich oder gefährdet? Ergebnisse wiederholter, repräsentativer Dunkelfelduntersuchungen zu Gewalt und Kriminalität im Leben junger Menschen 1998–2000. Baden-Baden: Nomos.
Wippert, P.-M; Beckmann, J.; Borgetto, B. (Hrsg.) (2009): Stress- und Schmerzursachen verstehen. Gesundheitspsychologie und -soziologie in Prävention und Rehabilitation. Stuttgart: Thieme.
Wirtz, M. A. (Hrsg.). (2020): Dorsch – Lexikon der Psychologie. 19., überarbeitete Auflage. Bern: Hogrefe.
World Health Organization (WHO) (1997): European Strategies to comat Violence against Women. Report of the first technical meeting. Herausgegeben von WHO Regional office for Europe. Copenhagen, Denmark.
World Health Organization (WHO) (2013): Global and regional estimates of violence against women: prevalence and health of intimate partner violence and nonpartner sexual violence. Genf: World Health Organization.
World Health Organization (WHO) (2015): Global and regional estimates of violence against women. Online verfügbar unter https://www.who.int/reproductivehealth/publications/violence/9789241564625/en/, zuletzt geprüft am 24.02.2021.
World Health Organization (WHO) (2020): Covid-19 and violence against women. Online verfügbar unter https://www.who.int/reproductivehealth/publications/vaw-covid-19/en/, zuletzt geprüft am 24.02.2021.
Wortman, C.; Lehman, D. (1985): Reactions to victims of life crises: Support attempts that fail. In: I.G. Sarason (Hrsg.): Social support. Theory, research and applications (S. 463–489). Dordrecht: Nijhoff.

Wuest, J.; Merritt-Gray, M.; Lent, B.; Varcoe, C.; Connors, A. J.; Ford-Gilboe, M. (2007): Patterns of medication use among women survivors of intimate partner violence. In: Canadian Journal of Public Health, Jg. 98, H. 6, S. 460–464.

Anhang

I Ansprechpartner*innen/Hilfeprojekte/Kontaktdaten

Hilfetelefon Gewalt gegen Frauen

Ein Beratungsangebot rund um die Uhr für Frauen, die Gewalt erlebt haben oder erleben. Auch Angehörige, Freund*innen sowie Fachkräfte werden anonym und kostenfrei beraten.
Tel.: 0800/116 016
Homepage: www.hilfetelefon.de

> In einer akuten Not- oder Krisensituation finden Frauen und ihre Kinder rund um die Uhr Schutz und Aufnahme in einem Frauenhaus.

Frauenhäuser und weitere Hilfeangebote in der Nähe finden

Frauenhauskoordinierung

Suche nach freien Frauenhausplätzen und Fachberatungsstellen
Homepage: www.frauenhauskoordinierung.de

Bundesweite Frauenhaus-Suche

Zentrale Informationsstelle Autonomer Frauenhäuser (ZIF)
Homepage: https://www.frauenhaus-suche.de/

Finden von Beratungsstellen und Notrufen

Bundesverband Frauenberatungsstellen und Frauennotrufe (bff)
Homepage: https://www.frauen-gegen-gewalt.de/de/hilfe-beratung.html

Telefonseelsorge

Die Telefon-Seelsorge ist gebührenfrei und rund um die Uhr erreichbar. Die Beratung erfolgt anonym und ist auch per Chat oder E-Mail möglich.
Tel.: 0800/111 0 111 oder 0800/111 0 222

berta

berta ist eine Anlaufstelle für Betroffene organisierter sexualisierter und ritueller Gewalt. Die Unterstützung erfolgt bundesweit, kostenfrei und anonym.
Tel.: 0800/30 50 750

Bundesverband MEDIATION

Ausgebildete Mediatorinnen und Mediatoren helfen täglich von 9 bis 20 Uhr, bevor die Situation zu Hause eskaliert.
Kostenfreie Konflikt-Hotline Tel.: 0800/247 36 76

Hilfetelefon »Schwangere in Not«

Das Hilfetelefon »Schwangere in Not« bietet Schwangeren in Konfliktlagen anonym, kostenfrei und rund um die Uhr Hilfe und Unterstützung.
Hilfetelefon »Schwangere in Not«: 0800/40 40 020

Nummer gegen Kummer

Berät Kinder, Jugendliche, ihre Eltern und andere Erziehungspersonen deutschlandweit, anonym und kostenlos in allen Fragen, Problemen und in besonders kritischen Situationen.
Kinder- und Jugendtelefon: 116 111
Elterntelefon: 0800/111 0 550

Hilfetelefon Sexueller Missbrauch

Ist eine Anlaufstelle für Menschen, die Entlastung, Beratung und Unterstützung suchen, die sich um ein Kind sorgen oder einfach Fragen zum Thema haben. Die Frauen und Männer am Hilfetelefon sind psychologisch und pädagogisch ausgebildet.
Hilfetelefon Sexueller Missbrauch: 0800/22 55 530 (kostenfrei, vertraulich und anonym)

Hilfe und Information für Senior*innen

Silbernetz

Kostenlos. Anonym. Sprechzeiten täglich von 08–22 Uhr.
Silbernetz: Tel.: 0800/4 70 80 90
Homepage: https://www.silbernetz.org/

Hilfe für Männer

Hilfetelefon Gewalt gegen Männer

Sprechzeiten Mo –Do 8–13 Uhr und 15–20 Uhr, Fr 8–15 Uhr
Hilfetelefon Gewalt gegen Männer: Tel.: 0800/123 99 00
Homepage: https://www.maennerhilfetelefon.de/
Sofort-Chat per Text-Chat zu folgenden Zeiten: Mo 12–14 Uhr, Di 14–15 Uhr, Do 14–15 Uhr und 20–21 Uhr, auch E-Mail-Beratung möglich

Ausgewählte Angebote für Berlin

Pflegetelefon

Das Pflegetelefon hilft pflegenden Angehörigen anonym und vertraulich in ihrer individuellen Situation. Fachleute informieren zu weiteren Beratungs- und Hilfsangeboten in der eigenen Umgebung.
Pflegetelefon: 030/201 79 131 Mo bis Do 9 bis 18 Uhr
E-Mail: info@wege-zur-pflege.de

Gewaltschutzambulanz der Charité

Termin für die rechtsmedizinische Untersuchung und Dokumentation
Mo bis Fr 8:30 bis 15 Uhr
Gewaltschutzambulanz Tel.: 030/450 570 270

Berliner Initiative gegen Gewalt an Frauen e. V. (BIG)

Bietet telefonische Beratung für Frauen, die seelischer und körperlicher Gewalt ausgesetzt sind (auch anonym).
BIG-Hotline: 030/611 03 00, täglich von 8 bis 23 Uhr

Frauenkrisentelefon

Bietet Frauen Beratung in verschiedensten Krisensituationen an.
Frauenkrisentelefon: 030/61 542 43
Persönliche Beratung für Migrantinnen: Terminvereinbarung unter 030/615 75 96 oder SMS/WhatsApp 0157/311 309 64

Schutz und Hilfe für Mädchen und junge Frauen mit Migrationshintergrund

Die Einrichtung Papatya bietet Mädchen und jungen Frauen mit Migrationshintergrund anonym Schutz und Hilfe.
E-Mail: info@papatya.org oder beratung@papatya.org
(Quelle: https://www.berlin.de/familie/de/informationen/hilfe-in-not-und-krisensituationen-150, Zugriff am 02.02.22)

Weiterführende Informationen

Homepage des Bundesministeriums für Familie, Senioren, Frauen und Jugend: https://www.bmfsfj.de/bmfsfj/themen/gleichstellung/frauen-vor-gewalt-schuetzen/hilfe-und-vernetzung/hilfe-und-beratung-bei-gewalt-80640 (**Stand 02.02.2022**)

II Sicherheitsplan

Obwohl ich nicht über alles, was mein*e Partner*in macht, die Kontrolle habe und nicht immer Gewalttätigkeiten voraussehen kann, habe ich verschiedene Möglichkeiten, mich und meine Kinder in Sicherheit zu bringen.

1. Im Notfall kann ich folgendes tun:

Flüchten

Für den Fall einer Flucht habe ich vorher einen/zwei Fluchtwege überlegt und weiß, wie die Türen, Fenster, Aufzüge funktionieren und wohin die Ausgänge führen usw.

Ich deponiere Geld und Ersatzschlüssel _____ (wo), damit ich sie im Notfall griffbereit habe.

Ich kann Ersatzschlüssel, Kopien der wichtigsten Papiere, Kleidung und Kindersachen bei _____ lassen, die*der sie für mich aufbewahrt und mir bringt, wenn ich sie brauche.

Falls ich flüchten muss, gehe ich zu _____. Das habe ich abgesprochen.

Falls ich nicht offen sprechen kann, benutze ich _____ als Codewort, damit meine Kinder wissen, dass wir gehen und meine Freund*innen/Verwandten verstehen, dass ich komme. Das Codewort ist mit ihnen abgesprochen.

Hilfe holen

Ich benutze das abgesprochene Codewort _____ damit meine Freund*innen/Verwandten wissen, dass sie die Polizei benachrichtigen sollen.

Ich kann mit _____ über Gewalt sprechen und sie*ihn bitten, die Polizei zu benachrichtigen, falls er*sie etwas hört oder Verdächtiges wahrnimmt. Ich kann Notrufnummern im Telefon speichern und meinen Kindern zeigen, wie es funktioniert.

Ich erkläre meinen Kindern, wie sie die Polizei oder Feuerwehr anrufen können. Ich vergewissere mich, dass sie die Adresse angeben können.

Ich vertraue meiner Intuition

Wenn ich gewalttätige Auseinandersetzungen kommen sehe, versuche ich, mich in der Nähe des Telefons aufzuhalten und ihn zu beruhigen. Ich muss mich schützen, bis ich ohne Gefahr etwas anderes versuchen kann.

© S.I.G.N.A.L. e. V. 2004, modifiziert von J. W.

2. Ich plane meine Flucht

Die wichtigsten Notfall-Nummern sind
_____

Ich trage immer Kleingeld/Telefonkarte/Handy und die wichtigsten Nummern bei mir. Ich weiß, dass eine detaillierte Handyrechnung meinem Partner zeigt, welche Nummern ich nach der Flucht gewählt habe.

Ich telefoniere nur von einer sicheren Stelle aus, damit mein*e Partner*in nichts hören kann.

Ich kann mit _____ meine Pläne besprechen.

Ich weihe meine Kinder zum Teil ein.

Ich eröffne ein eigenes Bankkonto mit einer eigenen Kreditkarte und mache Kopien von allen wichtigen Dokumenten, die ich bei _____ deponiere.

Ich brauche:
Personalausweis und Pass
Geburtsurkunden
Polizeiliche Anmeldung, Arbeitserlaubnis
Impfbücher, Krankenunterlagen und wichtige Medikamente
Schlüssel
Versicherungsunterlagen
Adressbuch
Krankenversicherungskarte
Führerschein und Fahrzeugpapiere
Bankunterlagen, Wertpapiere und Schmuck
Fotos und mir persönlich wichtige Dinge
Wichtige Spielsachen und Kuscheltiere
Kleidung

© S.I.G.N.A.L. e. V. 2004, modifiziert von J. W.

3. Sicherheit zu Hause und bei der Arbeit

Ich tausche Türschlösser und installiere Sicherheitsschlösser.

Ich vermeide Orte, an denen mein*e Partner*in mich vermutet oder suchen könnte.

Ich regle im Kindergarten/in der Schule, wer meine Kinder abholen darf.

Ich ändere die Telefonnummer.

Bei drohender Gefahr in der Öffentlichkeit, auf dem Weg zur Arbeit, zum Kindergarten etc. mache ich
_____

Ich beantrage bei der Polizei eine Wegweisung.

Ich beantrage beim zuständigen Amts-/Familiengericht eine zivilrechtliche Schutzanordnung (Gewaltschutzgesetz).

4. Ich sorge für mich

Ich kenne eine Anwältin oder einen Anwalt _____, die*der mir helfen kann.

Wenn ich mich schlecht fühle und überlege, ob ich in die gefährliche Situation/Beziehung zurückgehe, dann kann ich _____ anrufen oder mit _____ sprechen oder ich gehe zur Beratungsstelle _____.

Wichtige Telefonnummern und wichtige Dinge, die ich mitnehme:

_____
_____
_____
_____
_____
_____
_____

Notizen:

_____
_____
_____
_____
_____

© S.I.G.N.A.L. e. V. 2004, modifiziert von J. W., vgl. Brzank 2004

III Notfallkoffer

»Das gehört in den ›Notfallkoffer‹ (Dokumente im Original oder Kopie)

- Ausweise und Pässe und Kinderausweis, evtl. Stammbuch
- eigene Geburtsurkunde, die der Kinder und Heiratsurkunde
- Krankenversicherungskarte, Atteste, Sozialversicherungsausweis
- Mietvertrag, Versicherungsverträge (z. B. Bauspar-, Lebens- und Haftpflichtversicherung)
- Arbeitsvertrag, Lohnsteuerkarte, Schul- und Arbeitszeugnisse
- Renten-, Sozial- und Arbeitsamtsbescheide
- evtl. Scheidungsurteil, Sorgerechtsbescheid aus vorheriger Ehe
- Bankunterlagen, Sparbücher, Wertpapiere (Kopien)
- mögliche Kontoauszüge über das aktuelle Gehalt des Ehemannes (wichtig für Jobcenter)
- evtl. Fahrzeugpapiere, Führerschein
- Kleidung, Hygieneartikel, Schulsachen, Lieblingsspielzeug

- Medikamente
- Schlüssel für Auto/Wohnung
- Adressbuch
- Erinnerungen, Tagebücher, Photos und geliebte Dinge«
  (Hilfe für Frauen in Not FIN e. V. (o. J.), online verfügbar unter: https://www.fin-gerolstein.de/index.php/gewalt/notfallplan, zuletzt geprüft am 26.3.22)

IV   Handzeichen bei häuslicher Gewalt

Mit diesem Handzeichen, das von einer kanadischen Frauenorganisation zuerst veröffentlicht wurde, können gewaltbetroffene Frauen auf ihre Situation aufmerksam machen und Hilfe suchen. Besonders gut kann das Signal in Videokonferenzen eingesetzt werden. Dabei sollten die einzelnen Schritte langsam und gut sichtbar ausgeführt werden.

Abb. 3: Handzeichen bei häuslicher Gewalt (Quelle: https://canadianwomen.org/signal-for-help/)